「周易」
우주 자연 법칙식
周 민족주의 봉건 강국 윤리론

3

鄭德熙 編譯解

중문

堯問於舜曰何事 舜曰事天 堯問何任 舜曰任地 堯問何務 舜曰務人
錄尸子句 紫山堂人 蘩靑

요임금께서 舜에게 물으시되 무엇을 섬겨야 하느냐? 순이 대답하되. 하늘을 섬겨야 합니다. 물으시되. 무엇에 맡겨야 하느냐? 대답하되. 땅에 맡겨야 합니다. 물으시되. 무엇을 위해 힘썼냐? 대답하되. 백성들을 위해 힘써야 합니다.

目次

3. 『周易』卷八
    55. 豐卦 ··· 9
    56. 旅卦 ··· 30
    57. 巽卦 ··· 45
    58. 兌卦 ··· 61
    59. 渙卦 ··· 74
    60. 節卦 ··· 89
    61. 中孚卦 ······································ 103
    62. 小過卦 ······································ 120
    63. 旣濟卦 ······································ 138
    64. 未濟卦 ······································ 154

4. 『周易』卷九
    繫辭上傳 ······································ 172
    繫辭下傳 ······································ 245

5. 『周易』卷十

　　說卦傳 ·· 325
　　序卦傳 ·· 385
　　雜卦傳 ·· 402

Ⅲ. 後感文 / 416

　1. 『周易』의 內緣史－중국의 心學史(양명학맥사) ····················· 417
　　　1) 황하문명 思惟시원의 흔적－太極圖 ································· 418
　　　2) 우주자연을 한 가족으로 본 복희씨－八卦 ······················· 419
　　　3) 선사의식을 계승시켜 역사문화를 창도한 문왕·주공－『周易』 ······ 420
　　　4) 『周易』에서 찾아낸 우주자연의 원리－노자의 '道' ············ 421
　　　5) 『周易』에서 '知'·'能'의 의미를 밝혀낸 해설의 명수－공자 ············ 425
　　　6) 『周易』에서 밝혀 낸 仁義禮智의 心性원리－맹자의 心善論 ············ 426
　　　7) 太極圖·八卦·『周易』·道德·知能·心善論의 통섭원리
　　　　　－王陽明의 心卽理－ ··· 428

　2. 『周易』의 外緣史－중국의 君主體制史(주자학맥사) ················ 431

　■ 主要引用書目 簡介 / 436

鑿人之制民使之有欲而得過節使人醇朴不得縱慾無懲有欲各得以足而君道得矣

鑿素秋繁露義證 縈靑

성인이 백성을 제재하는 방법은 백성으로 하여금 욕구를 가지게 하되 절도를 넘지 못하게 하며 백성을 순박하도록 하되 욕심을 풀어놓지 못하게 하여 욕심이 없는 것 같고 또 충족되어야 천하를 다스리는 왕도를 얻을 수 있다.

卷八

55. ䷶ 震上 離下 《豐》：折獄致刑

56. ䷷ 離上 艮下 《旅》：明慎用刑而不留獄

57. ䷸ 巽上 巽下 《巽》：申命行事

58. ䷹ 兌上 兌下 《兌》：朋友講習

59. ䷺ 巽上 坎下 《渙》：享于帝立廟

60. ䷻ 坎上 兌下 《節》：制數度, 議德行.

61. ䷼ 巽上 兌下 《中孚》：議獄緩死

62. ䷽ 震上 艮下 《小過》：行過乎恭, 喪過乎哀, 用過乎儉.

63. ䷾ 坎上 離下 《既濟》：思患而豫防之

64. ䷿ 離上 坎下 《未濟》：慎辨物居方

55. 豐卦의 立體文型圖
     풍괘   입체문형도

(䷶) 《豐》: 豐. 亨, 王假之. 勿憂, 宜日中.

〈彖〉曰: 豐, 大也. 明以動, 故豐. '王假之', 尙大也. '勿憂, 宜日中.' 宜照天下也. 日中則昃, 月盈則食. 天地盈虛, 與時消息, 而況於人乎? 況於鬼神乎?

〈象〉曰: 雷電皆至, 豐. 君子以折獄致刑.

　　　　　　• • •

(− −) 上六: 豐其屋, 蔀其家, 闚其戶, 闃其无人, 三歲不覿, 凶.
〈象〉曰: '豐其屋', 天際翔也. '闚其戶, 闃其无人.' 自藏也.

(− −) 六五: 來章, 有慶譽, 吉.
〈象〉曰: 六五之吉, 有慶也.

(—) 九四: 豐其蔀, 日中見斗. 遇其夷主, 吉.
〈象〉曰: '豐其蔀', 位不當也. '日中見斗', 幽不明也. '遇其夷主', 吉行也.

(—) 九三: 豐其沛, 日中見沫. 折其右肱, 无咎.
〈象〉曰: '豐其沛', 不可大事也. '折其右肱', 終不可用也.

(− −) 六二: 豐其蔀, 日中見斗, 往得疑疾. 有孚發若, 吉.
〈象〉曰: '有孚發若', 信以發志也.

(—) 初九: 遇其配主, 雖旬无咎, 往有尙.
〈象〉曰: '雖旬无咎', 過旬災也.

55 豐卦

(䷶)《豐》・錯(䷺)《渙》・綜(䷷)《旅》・互(䷛)《大過》

(䷶)《豐》: 豐. 亨, 王假之. 勿憂, 宜日中.

【주석註釋】

䷶ : 卦象이다. 下卦 ☲ 離卦(火・麗)와 上卦 ☳ 震卦(雷・動)로 구성되었다. 아래에서 번개의 섬광이 번뜩이자 위에서 우레가 진동하는 자연현상과 이치를 빌려와서 '풍요롭고 성대한' 현상과 이치를 상징했다.

豐 : 卦名이다. '풍요롭다'・'성대하다'・'많다'・'크다'・'충만하다' 등의 의미를 상징한다.

亨, 王假之 : '假'은 '이르다'・'도달하다'는 의미이다.

 이는 사물이 '풍요롭고 성대하면 형통할 것이다.'는 뜻을 설명한 내용이다. 그러나 풍요롭고 성대한 이치에 이를 수 있는 것은 반드시 덕을 지녀야 만이 비로소 실현할 수 있는 것이니, '덕이 있는 군왕은 풍요롭고 성대한 경지에 이를 수 있을 것이다.(王假之)'고 했다.

 덕이 크면 포용하지 않는 바가 없으며 재물이 많으면 이루어지지 않는 바가 없음으로 매사에 막히는 것이 없을 것이니, 이를 '형통할 것이다.(亨)'고 했다. 따라서 '豐, 亨.'이라고 했다. 또한 이르되 : '假'은 '이르다'・'도달하다'는 뜻이다. '豐, 亨.'의 도는 군왕이 숭상하는 바이다. 군왕의 덕을 가지고 있지 않고서는 이에 이를 수가 없음으로 '덕이 있는 군왕은 풍요롭고 성대한 훌륭한 경지에 이를 수 있을 것이다.(王假之)'고 했다. 『正義』

勿憂, 宜日中 : '日中'은 '태양이 '正中에 있다.'는 뜻, 즉 '풍요롭고 성대하고 큰 덕을 보전하고 있다.'는 의미에 비유한 것이다.

　　군왕이 '풍요롭고 성대하면 형통할 것이다.(豊亨)'고 한 것은 다시는 근심할 것이 없다는 뜻인 까닭에 '근심할 필요가 없을 것이다.(勿憂)'고 했다. 무릇 '풍요롭고 성대하면 형통할 것이다.(豊亨)' 즉 근심할 필요가 없는 덕을 작용시킨 연후에 군왕은 온 백성들 앞에 나설 수 있을 것이며 그의 은덕 또한 사방을 두루 비추게 될 것이다. 이는 태양이 正中에 떠 있을 때 천하를 두루 비추는 것과 같은 뜻으로써, '마땅히 태양이 中天에 떠 있는 것과 같이 충만한 빛을 보전할 수 있을 것이다.(宜日中)'고 했다. 『正義』

【번역翻譯】

≪豊≫ : 豊卦는 풍요롭고 성대한 것을 상징한다. 형통할 것이며 덕이 있는 군왕은 풍요롭고 성대한 훌륭한 경지에 이를 수 있을 것이다. 근심할 필요가 없을 것이니 마땅히 태양이 中天에 떠있는 것과 같이 충만한 빛을 보전할 수 있을 것이다.

〈象〉曰 : 豊, 大也. 明以動, 故豊. '王假之', 尙大也. '勿憂, 宜日中.' 宜照天下也. 日中則昃, 月盈則食. 天地盈虛, 與時消息, 而況於人乎? 況於鬼神乎?

【주석註釋】

明以動, 故豊 : '明'은 下卦 離卦를 뜻한다. '動'은 上卦 震卦를 뜻한다.
　　이는 下卦·上卦의 卦象을 사용해서 卦名 ≪豊≫을 해석한 내용으로, 밝은 덕을 사용하여 움직인다면 반드시 '풍요롭고 성대한(豊)' 훌륭한 경지에 이를 것이라는 의미이다.

　　이는 上卦·下卦를 사용해서 卦名 '豊'의 의미를 해석한 내용이다. 움직이나 밝지 않다면 크게 빛날 수가 없다. 밝음을 재질로 삼아 움직인다면 '풍요롭고 성대한(豊)' 훌륭한 경지에 이를 수 있을 것이다. 『正義』

尙大也 : 이는 卦辭 '王假之'를 해석한 내용으로, 군왕이 '풍요롭고 성대한(豐)' 훌륭한 경지에 이를 수 있는 것은 넓고 큰 덕을 숭상하기 때문이라는 의미이다.

'大'란? 군왕이 숭상하는 것이기 때문에 이에 이르게 될 것이다. '尙大'란? 당연히 '아름다운 덕은 넓고 크다.'는 바를 가리키는 것이다. 따라서 다음 문장 '마땅히 천하의 만물을 두루 비출 것이다.(宜照天下也)'고 한 바는 '德'이 보편적으로 '두루두루 시행될 것이다.'는 의미이다. 『王注』

宜照天下也 : 이는 卦辭 '근심할 필요가 없을 것이니 마땅히 태양이 中天에 떠있는 것과 같이 충만한 빛을 보전할 수 있을 것이다.(勿憂, 宜日中.)'를 해석한 내용이다.

태양이 중천에 떠 있을 때는 천하의 만물을 빠짐없이 두루두루 비추어 준다. 군왕은 근심할 필요가 없을 것이며 덕의 빛(은혜)이 널리 미친다는 것은 태양이 중천에 떠 있을 때의 충만함과 같다는 의미이다. 『正義』

日中則昃 : 이 구절은 끝에 이르기까지 '天地와 日月은 꽉 차면 반드시 기울어지는 현상을 가지고 있다.'는 것을 인용해서 卦辭의 언어외적 의미를 발휘하고 있다. 즉 '豐'도 극에 달하면 반드시 쇠퇴할 것이니 '中을 넘어서지 말아야 할 것이다.'는 의미이다.

이는 孔子가 '豐'을 사용하여 만든 교훈의 내용이다. 이상에서 말한, 군왕은 풍요롭고 성대한 덕으로 천하의 백성들 앞에 나서야 할 것이라고 한 것은 태양이 중천에 떠 있는 것과 같아야 할 것이라는 의미이다. 그러나 성해지면 반드시 쇠퇴하는 것이 자연의 보편적 이치이다. 태양이 중천에 이르면 가장 성대해지나 중천을 지나면 곧장 기울어진다. 달도 보름일 때는 꽉 찼다가 보름을 지나면 곧장 기울어진다. 하늘의 추위와 더위도 가고 오며 땅의 언덕과 골짜기도 번갈아 가며 높아졌다가 낮아진다. 꽉 차는 것은 때와 더불어 증식되는 것이며 텅 비는 것은 때와 더불어 소멸되는 것이다. 天地 日月도 오래 갈 수 없는데 하물며 인간과 귀신이 그 가득히 찬 것을 오랫동안 보전해 나아갈 수가 있을 것인가? 『正義』

【번역翻譯】

〈彖傳〉에 이르되 : 豊은 풍요롭고 성대하다는 의미이다. 비유해 본다면, 이는 도덕이 밝게 빛난 연후에 행동으로 실천한다면 곧 풍요롭고 성대한 훌륭한 성과를 얻을 수 있을 것이라는 바와 같은 의미이다. '덕이 있는 군왕은 풍요롭고 성대한 훌륭한 경지에 이를 수 있을 것이다.'고 한 것은 군왕은 넓고 큰 아름다운 덕을 숭상해야 할 것이라는 의미이다. '근심할 필요가 없을 것이니 마땅히 태양이 中天에 떠있는 것과 같이 충만한 빛을 보전할 수 있을 것이다.'고 한 것은 마땅히 풍요롭고 성대한 덕을 가진 빛으로 하여금 천하를 두루두루 비추게 해야 할 것이라는 의미이다. 태양은 중천에 떠 있다가 반드시 곧장 서쪽으로 기울어지며 달은 둥근 보름달이 되었다가는 반드시 곧장 기울어지는 바이다. 천지대자연의 이치는 꽉 찰 때가 있는가 하면 기울어질 때도 있는 것이니 이는 모두 일정한 시기를 따라서 줄어들고 증식되는 것을 연속적으로 바꾸어 나아가기 때문일진데 하물며 인간인들 어찌할 것인가? 하물며 귀신인들 무슨 수가 있을 것인가?

〈象〉曰 : 雷電皆至, 豊. 君子以折獄致刑.

【주석註釋】

雷電皆至, 豊 : ≪豊≫의 上卦 震卦는 '雷(우레)'의 象이고 下卦 離卦는 '電(번개)'·'火(불)'의 象이라는 것을 해석한 내용이다.

  우레(雷)는 天의 위엄스런 움직임이다. 번개(電)는 天의 빛이다. 우레와 번개가 모두 갖추어진다는 것은 위엄과 밝음이 모두 충족된다는 뜻이기 때문에 '풍요롭고 성대한(豊)' 상황이라고 했다. 『正義』

折獄致刑 : 이는 군자는 우레가 위엄있게 진동하는 것을 본 받아 '옥사를 처결해야 할 것(折獄)'이며 번개가 밝은 빛을 발하는 것을 본 받아 '형벌을 심판해야 할 것(致刑)'이라는 뜻을 설명한 내용이다. 즉 刑獄의 일은 사정의 진상을 위반해서는 안 될 것

이라는 의미이다.

【번역飜譯】

〈象傳〉에 이르되 : 우레의 진동과 번개의 빛이 함께 이르는 것을 사용하여 (위엄있는 밝은 덕을 사용하여) 풍요롭고 성대한 즉 훌륭한 상황을 상징했다. 군자는 우레의 위엄스런 진동과 번개의 밝은 빛을 본 받아, 옥사(獄事)를 상세하게 조사해야 할 것이며 형벌을 잘 처리해야 할 것이다.

【해설解說】

본 卦는 上卦 震卦와 下卦 離卦로 구성되었음으로 「大象傳」에서 '獄事를 상세하게 조사해야 할 것이며 형벌을 잘 처리해야 할 것이다.(折獄致刑)'고 했다. ≪噬嗑≫은 下卦 震卦와 上卦 離卦로 구성되었음으로 「大象傳」에서 '형벌을 엄격하게 밝히고 법령을 엄숙하고 바르게 시행해야 할 것이다.(明罰勅法)'고 했다. 그들의 象은 정반대로 되어있다. 양자의 차이에 대해 주자는 다음과 같이 해석했다.

> ≪噬嗑≫은 위에서 밝게 비추면 아래에서 움직일 것이라는 의미이다. 이는 사리를 밝게 터득하여 먼저 세우면 이것에서 본을 받아 범죄인이 없어지게 될 것이며 또한 다른 때를 기다렸다가 이를 사용함으로써 '明罰勅法'이라고 했다. ≪豊≫은 위에서 위엄이 있으면 아래는 밝게 될 것이라는 의미이다. 이는 법을 사용할 때는 반드시 아래 사정의 곡절을 명철하게 살펴야 할 것이니, 그렇지 않고 위에서 위엄있게만 움직인다면 반드시 잘못을 범할 것이라는 의미이다. 따라서 '折獄致刑'이라고 했다. 『朱子語類』

(䷶) 初九 : 遇其配主, 雖旬无咎, 往有尙.

【주석註釋】

遇其配主, 雖旬无咎, 往有尙 : '配主'는 '서로 의지하는 배우자'라는 뜻으로 九四爻를 뜻한다. '旬'은 '균등하다'·'차별이 없다.'는 뜻으로 初九爻·九四爻 모두가 陽爻라는 의미이다.

이 세 구절은 初九爻가 豊의 시점에 당면해, 아래 離의 밝음(明)에 처하여 위 震의 움직이는(動) 곳으로 나아가 配主를 만나보니, 똑같은 陽德을 가지고 있음으로 그들은 서로 빛 날(낼) 수 있을 것이라는 바를 설명한 내용이다. 따라서 '재난에 이르지 않을 것이며(无咎)' '앞으로 나아가면 반드시 존경을 받을 것이다.(往有尙)'고 했다.

   ≪豊≫의 시작에 처하며 그의 배필은 九四爻이기 때문에 陽으로 陽에게로 나아가 밝게 움직임으로써 서로 빛 날(낼) 수 있을 것이다. '旬'은 '균등하다'는 뜻이다. 똑같이 재난에 이르지 않을 것이며 앞으로 나아가면 반드시 존경을 받을 것이라는 의미이다. 初九爻·九四爻는 모두 陽爻이기 때문에 '균등하다(旬)'고 했다. 『王注』

【번역翻譯】

初九爻 : 서로 짝이 될 주인을 만나니, 비록 두 사람이 陽德을 균등하게(차별이 없게) 가지고 있다고 할지라도 역시 재난에 이르지 않을 것이며 앞으로 나아가면 반드시 존경을 받을 것이다.

【해설解說】

'旬'과 '配主'의 뜻에 대해 易學家들은 다음과 같은 각자의 해설 법을 주장했다.

① 鄭玄과 虞翻은 '旬'을 '十日'로 해석했다.
② '旬'이란? '十日'을 뜻한다. '十'은 꽉 찬 숫자를 뜻한다. 즉 初九爻와 九四爻는 그 덕이 서로 부합함으로 비록 충만하고 성대한 시점에 처했다고 할지라도 재난에 이르지 않을 것이라고 했다.
『折中·胡瑗』
③ '配主'는 六二爻를 뜻한다. 初九爻와 六二爻는 陰陽이 서로 짝함으로 계속 나아간다면 존경을 받을 것이다. 六二爻와 六五爻는 본 卦의 주인이기 때문에 六二爻를 配主라고 했고 六五爻를 夷主라고 했다. 『尙氏學·尙先生』

〈象〉曰 : '雖旬无咎', 過旬災也.

【주석註釋】

過旬災也 : '過旬'은 '불균등'을 뜻한다.

세력이 만약 똑같지 않다면 서로 다투어 빼앗고자 할 것이다. 서로 다투어 빼앗고자 한다는 것은 곧 경쟁이 일어나서 서로 위배되는(어긋나는) 행동을 한다는 뜻이니 재난이 초래되기 마련이다. 『正義』

【번역翻譯】

〈象傳〉에 이르되 : '비록 두 사람이 陽德을 균등하게(차별이 없게) 가지고 있다고 할지라도 역시 재난에 이르지 않을 것이다.'고 한 것은 初九爻와 九四爻가 만약 陽德이 똑 같지 않다면 반드시 경쟁을 일으켜서 재난을 초래할 것이라는 의미이다.

(☷) 六二 : 豐其蔀, 日中見斗, 往得疑疾. 有孚發若, 吉.

【주석註釋】

豐其蔀, 日中見斗, 往得疑疾 : '蔀'는 '가리다'·'막히다'·'가리개' 등의 뜻이다.

이 세 구절은 六二爻가 '豐'의 시점에 당면해, 陰으로 陰位에 처한 것이 큰 그 가리개가 밝은 빛을 가리었으며 또한 태양이 마침 中天에 떠 있으나 오히려 어두운 밤에 나타난 북두칠성과 같다는 의미이다. 이로써 六二爻가 六五爻를 만나러 나아가면 반드시 의심을 받는 재난을 만날 것이라는 의미이다.

밝게 움직여야 할 시점에 처해, 스스로 풍요롭고 성대함을 밝고 큰 덕으로 실현할 수가 없는 것은 안에 처해있기 때문이다. 또한 陰으로 陰位에 처함으로써 큰 가리개로 밝은 빛이 가리어 진 바 숨겨져 보이지 않는 까닭에 '큰 가리개가 밝은 빛을 가리었다는 것은 마치 태양이 중천에 떠 있으나 오히려 어두운 밤에 나타난 북두칠성과 같다는 의미이다.(豐其蔀, 日中見斗.)'고 했다. 태양이 중천에 떠 있다는 것은 밝음이 성대하다는 의미이다. 어두운 밤에 나타난 북두칠성이라는 것은 어두움이 지극하다는 의미이다. 성대한 밝음에 처했으나 큰 그 가리개가 밝은 빛을 가린 까닭에 '태양이 마침 중천에 떠있으나 오히려 어두운 밤에 나타난 북두칠성과 같다.(日中見斗)'고 했다. 스스로 밝힐(드러낼) 수 없음으로 나아가면 의심과 미움을 받을 것이라고 했다.『王注』

有孚發若, 吉 : '若'은 語氣詞이다. 이는 六二爻가 스스로 떳떳하고 밝은 덕을 성대하게 할 수는 없으나 中位와 正位에 처함으로 인해 만약 그가 신의와 정성을 발휘한다면 반드시 어두움 속으로부터 탈출할 수 있어 길할 것이라는 의미이다.

'蔀'는 '가리다'·'가리개'의 의미이다. '豊其蔀'란? 豊의 시점에 당면하여, 본래는 밝게 빛났으나 밝게 빛났던 것이 오히려 덮여 가리어졌다는 것이다. 六二爻는 中에 처하며 正을 얻었으며 離卦의 주인으로 日中(태양이 중천에 떠있는)의 象이다. '斗'는 '북두칠성'으로 卦 가운데 六五爻를 가리킨다. '日中見斗'는 六二爻와 六五爻의 관계를 말하고 있다. 六二爻는 본래 日中 즉 밝은 빛이 찬란하게 빛나는 대낮에 처해 있으나 오히려 단지 야간이라야 만이 비로소 볼 수 있는 북두칠성을 보고 있는 것과 같다는 것이다. 이는 대낮이 캄캄한 밤중으로 변하여 밝은 빛이 암흑에 의해 가리어졌다는 것이다. 六五爻는 陰柔로 尊位에 처하는 혼암한 군왕이다. 六二爻가 나아가서 六五爻에게 순종하고자 한다면 반드시 의심과 시기를 받게 될 것이다. 六二爻의 유일한 방법은 '有孚發若'이니, 즉 자신의 일편단심과 지극한 정성을 담은 마음을 사용하여 六五爻의 감동과 깨달음을 이끌어 내는 것이다. 六五爻가 감동하여 깨닫는다면 가리어 막혔던 것은 제거되고 의심도 사라질 것이다. 의심하고 시기하던 것은 믿음으로 바뀌게 됨으로써 결국에는 '길할 것이다.'고 했다. 六二爻가 '日中見斗, 往得疑疾.' 象을 가진 까닭의 핵심은 밝게 움직이나 서로 돕지 않기 때문이다. 六二爻는 離卦의 주인으로 中에 처하며 正을 얻었으니 이는 밝은 곳에 처하여 밝게 행동할 수 있는 자이다. 六五爻는 거동(動)의 몸체이며 陰柔로 正을 얻지 못했으니 거동을 하고자 하나 오히려 움직일 수가 없다. 하나는 밝고 하나는 움직일 수가 없으니 밝고 움직이는 것이 서로 돕지를 못하고 있는 실정이다. 따라서 풍요롭고 성대함을 성취시킬 수가 없는 바이다. 풍요롭고 성대함을 성취시킬 수 없는 까닭에 '日中見斗'의 象이 되었다. 그러나 六二爻는 결국 離明의 주인이며 中正의 재질을 지니고 있음으로 그는 충분히 '有孚發若'의 정신을 사용하여 '往得疑疾'의 곤경을 극복할 수 있음으로써 결국에는 길하게 될 것이다.

【번역翻譯】

六二爻 : 크고 성대한 그 가리개가 밝은 빛을 덮어 가리었다는 것은, 태양이 중천에 떠 있으나 오히려 어두운 밤에 나타난 북두칠성과 같으니 나아가면 반드시 시기와 의심과 미움을 받는 재난을 만날 것이다. 만약 스스로 신의와 정성을 발휘한다면 길할 것이다.

〈象〉曰 : '有孚發若', 信以發志也.

【주석註釋】

信以發志 : '發'은 앞 문장 '發若'의 '發'과 같으며 이곳에서는 '개척하다'는 뜻을 가지고 있다.

어두운 곳에 처해 있으나 나쁜 일을 하지 않는다는 것은 그의 큰 뜻을 개척하는데 대한 믿음이 있다는 의미이다. 『正義』

【번역翻譯】

〈象傳〉에 이르되 : '스스로 신의와 정성을 발휘할 것이다.'고 한 것은 六二爻가 응당히 신의와 정성을 통하여 크고 밝은 뜻을 개척할 것이라는 의미이다.

【해설解說】

卦辭의 '宜日中'을 下卦 즉 下體로 말한다면 六二爻가 中位에 처한다는 뜻이다. 그러나 ≪豐≫으로 본다면, 九三爻와 九四爻가 中位이다. 따라서 '六二爻'·'九三爻'·'九四爻' 모두를 '태양이 중천에 떠 있다.(日中)'고 했다. 剛이 밝음(明)을 낳음으로 初九爻가 九四爻에게 호응해 '나아가면 반드시 존경을 받을 것이다.(往有尙)'고 했다. 柔는 어두움(暗)을 낳음으로 六二爻가 六五爻에게 호응하여 '나아가면 반드시 의심과 미움을 받는 재난을 만날 것이다.(往得疑疾)'고 했다. 『折中·徐幾』

(䷶) 九三 : 豊其沛, 日中見沫. 折其右肱, 无咎.

【주석註釋】

豊其沛, 日中見沫 : '沛'는 '旆(패)'와 통하며 '펄럭이는 장막'을 뜻한다. '沫'는 '어둡다(昧)'는 뜻과 통한다.

> '沫'는 '昧'와 통하며 '작은 별'을 뜻한다. '어슴푸레 밝은 상태'를 뜻한다. 『釋文』

이 두 구절은 九三爻와 上六爻는 서로 호응하는 관계이며 上六爻가 陰爻이니, 陰의 어두운 곳을 향해 나아감으로써 큰 그 펄럭이는 장막이 밝은 빛을 가리고 있는 것과 같으며 또한 태양이 정오의 중천에 떠 있으나 오히려 어두운 밤에 나타난 작은 별과 같아 보인다는 의미이다.

折其右肱, 无咎 : 이는 九三爻에게 조심할 것을 훈계한 내용이다. 九三爻가 나아가는 곳은 어두운 곳이기 때문에 즉 그는 크게 사용될 수 없음으로써 오른쪽 팔뚝이 부러진 것에 비유했다. 이는 자신을 굽히고 진중하게 자신을 지켜 나아가면 재난에 이르지 않을 것이라는 의미이다.

> 큰일을 하는 데에 결국 그는 등용되지 못할 것이며, 가령 오른쪽 팔뚝이 부러진다면 스스로는 지킬 수 있을 것이니 '재난에 이르지 않을 것이다.'고 했다. 『正義』

즉 '豊其沛, 日中見沫'의 상황은 六二爻 '豊其蔀, 日中見斗'에 비해 더욱 심각하다. 六二爻 '豊其蔀'는 마치 태양이 완전히 사라지지 않은 것이 겨우 북두칠성을 볼 수 있는 상황과 같다는 의미이다. 그러나 九三爻의 '豊其沛'는 마치 태양이 완전히 사라져 버려 무명의 지극히 작은 별조차도 역시 볼 수 있으니 밝은 빛은 이미 완전히 암흑에 의해 교체된 상태와 같다는 의미이다. 九三爻는 陽剛으로 明體의 위에 처하며 正을 얻었으니 본래는 밝을 수 있는 체질인데 어찌하여 만난 암흑이 六二爻와 九四爻보다 심각한가? 그 관건은 上六이 그와 서로 돕지 않기 때문이다. 밝고 움직이는 것이 서로 도와야 만이 바야흐로 풍요롭고 성대할 수 있다. 九三爻와 上六爻는 바르게 호응은 하지만 上六爻는 陰柔로 無位의 지위에 처하며 震(動)의 마지막에 처하니 震의 마지막은 곧 停止를 의미함으로 움직일 수가 없다. 밝으나 움직일 수가 없는 까닭에 '豊其沛, 日中見沫' 象이 되었다. 九三爻는 陽剛으로 지극한 밝음의 재질로 지극히 어두운 형편에 처하여 제 멋데로 욕심을 억제하지 않는 행동을 함으로써 어찌할 수 없이 그 밝음은 이미 상실한 상태가 되어 버렸으니 역시 어찌할 수 없을 뿐이다. 그러한 행위는 반드시 재난을 불러올 것이니, '折其右肱'라고 했다. 사람은 일을 할 때 오른쪽 팔뚝에 의지하나 이제 오른쪽 팔뚝이 부러졌으니 다시는 일을 할 수가 없게 되었다. 일을 할 수가 없게 되었다는 것은 즉 재난이 초래되지 않을 것이라는 의미이다.

【번역翻譯】

九三爻 : 크고 성대한 그 펄럭이는 장막이 밝은 빛을 덮어 가리고 있는 것이 태양이 정오의 중천에 떠 있으나 오히려 어두운 밤에 나타난 작은 별과 같아 보인다. 만약 오른쪽 팔뚝이 부러진 것과 같이 자신을 굽히고 진중하게 자신을 지켜 나아가면 재난에 이르지 않을 것이다.

〈象〉曰 : '豊其沛', 不可大事也. '折其右肱', 終不可用也.

【번역翻譯】

〈象傳〉에 이르되 : '크고 성대한 그 펄럭이는 장막이 밝은 빛을 덮어 가리고 있다.'고 한 것은 九三爻가 큰일을 담당할 수 없을 것이라는 의미이다. '오른쪽 팔꿈치가 부러진 것과 같이 자신을 굽히고 진중하게 자신을 지켜 나아간다.'고 한 것은 九三爻가 결국 재능을 발휘할 수 없을 것이라는 의미이다.

【해설解說】

『周易』 가운데에서 취한 것은 비록 虛象인 것 같으나 반드시 天地 사이에서 실존하는 일들이며 거짓으로 날조한 것은 아니다. '日中見斗'의 상황이 심해지면 見沫의 상황에 이르게 되니, 이는 사실상 지극히 어두운 것이 지극히 밝은 것의 내부에 감추어져 있는 것에 비유한 것이다. 그러나 實象으로 본다면 태양이 사라질 때를 말한 것이다. 태양이 많이 사라지면 큰 별이 출현한다. 태양이 아주 많이 사라지면 작은 별 역시 출현한다. 그러한 까닭은 陰氣가 그를 가리기 때문이다. 『折中』

(䷶) 九四 : 豊其蔀, 日中見斗. 遇其夷主, 吉.

【주석註釋】

豊其蔀, 日中見斗 : 九四爻는 陽으로 陰位에 처했음으로 六二 陰爻의 象과 서로 비슷하다.

　　陽으로 陰位에 처했음으로 '큰 그 가리개가 밝은 빛을 덮어 가리었다.(豊其蔀)'고 했다. 『王注』

遇其夷主, 吉 : '夷'는 '平'의 뜻으로 '동등한 자'·'평형 즉 치우치지 않는 자'와 통한다. 따라서 '夷主'는 初九爻를 뜻한다.

　　'夷'는 '같은 무리'를 뜻한다. 즉 九四爻는 初九爻와 호응하는 사이이며 다같이 陽爻로서 서로를 현저하게 드러나게 해주니 그는 길할 것이라는 의미이다. 따라서 '그는 동등한 주인을 만나 길할 것이다.(遇其夷主, 吉.)'고 했다. 九四爻와 初九爻가 서로 교제하여 '주인'이 된다는 것은 '손'과 '주인' 사이라는 의미와 같다. 가령 初九爻가 九四爻에게로 간다면 九四爻가 주인이 됨으로써 그는 '서로 의지할 배우자를 만날 것이다.(遇其配主)'고 했다. 九四爻가 初九爻에게로 간다면 初九爻가 주인이 됨으로써 그는 '동등한 주인을 만날 것이다.(遇其夷主)'고 했다. 두 개의 陽爻는 몸체는 적수이나 둘이서 주인이 되는 것은 같은 상황이기 때문에 初九爻는 九四爻를 '균등하다(旬)'고 했고 九四爻는 初九爻를 '동등하다(夷)'고 했다. 『正義』

九四爻 '豊其蔀, 日中見斗.'의 取象은 六二爻와 같다. 九四爻는 비록 陽剛이며 上體 震의 주인이나 그는 大臣의 지위에 처해있으며 不中不正으로 六五爻 陰暗柔弱의 군왕을 만남으로써 풍요롭고 성대한 경지를 성취시킬 수가 없는 까닭에 '豊其蔀, 日中見斗' 象이 되었다. 다른 한편으로는, 九四爻와 初九爻는 모두 陽爻이자 모두 初爻에 처하며 서로 호응하는 지위에 처하며 밝고 움직이는 것이 서로 기다리는 관계이다. 따라서 初九爻는 '遇其配主'의 象을 가지고 있고 九四爻는 '遇其夷主'의 象을 가지고 있다. 그들은 밝고 움직이는 것이 서로 돕는 관계이기 때문에 밝음(離)의 주인 初九爻가 움직이(震)는 자를 찾아서 주인으로 삼을 것인 까닭에 그의 입장에서 본다면 九四爻는 그의 配主가 되는 것이다. 움직임의 주인 九四爻는 밝음을 찾아가서 주인을 삼으니 그의 입장에서 본다면 初九爻는 그의 夷主가 되는 것이다. 九四爻와 初九爻가 밝고 움직이며 서로 도우니 '길할 것이다.'고 했다. 특히 주의할 것은, 九四爻와 六二爻의 爻辭가 서로 같으나 차이점도 있고 유사한 점도 있다는 것이다. 두 爻의 차이점은 도대체 무엇인가? 같은 것은 '豊蔀見斗'이니, 九四爻는 不中不正이기 때문이고 六二爻는 中에 처함으로 인한 것이다. 九四爻가 그 夷主를 만나 길하게 되는 것은 그가 初九爻와 밝고 움직이는 것이 서로 돕고 또한 아래로 初九爻를 찾아가서 夷主로 삼는 것을 긍정적으로 생각했기 때문이며 六二爻가 '有孚發若, 吉.'한 것은 그가 中에 처했기 때문이다.

【번역飜譯】

九四爻 : 크고 성대한 그 가리개가 밝은 빛을 덮어 가리었다는 것은 태양이 중천에 떠 있으나 오히려 한 밤중에 출현한 북두칠성과 같아 보인다는 의미이다. 그러나 陽德이 서로 平衡(치우치지 않은)의 주인을 만날 수 있으니 길할 것이다.

〈象〉曰 : '豊其蔀', 位不當也. '日中見斗', 幽不明也. '遇其夷主', 吉行也.

【주석註釋】

遇其夷主, 吉行也 :

'行'字 위에 '志'자가 탈락되었다. 즉 본 구절은 마땅히 '遇其夷主吉, 志行也.'라고 해야 할 것이다. 『周易擧正』

【번역飜譯】

〈象傳〉에 이르되 : '크고 성대한 그 가리개가 밝은 빛을 덮어 가리었다.'고 한 것은 九四爻가 처한 위치가 정당하지 않다는 의미이다. '태양이 중천에 떠 있으나 오히려 한밤중에 출현한 북두칠성과 같아 보인다.'고 한 것은 이 시점에서는 어두워서 밝은 빛을 볼 수 없다는 의미이다. '陽德이 서로 평형(치우치지 않은)의 주인을 만날 수 있을 것이다.'고 한 것은 九四爻가 나아가면 마땅히 길할 것이라는 의미이다.

【해설解說】

六二爻의 '豊蔀'·'見斗'는 重陰으로 바르게 호응하지 못한다. 그러나 마음속에 신의와 정성을 발휘한다면 길할 것이라고 한 것은 中位이자 正位이기 때문이다. 九四爻의 '豊蔀'·'見斗'는 中位도 아니고 正位도 아니라는 의미이다. 그러나 그가 夷主를 만나게 되어 길할 것이라고 한 것은 初九爻의 구함에 호응하여 만나기 때문이다. 또한 이르되 : 初九爻와 九四爻는 의리가 서로 같음으로 그 말 역시 같으며 모두 결국에는 길할 것이라고 했다. 『郭氏傳家易說·郭雍』

(䷶) 六五 : 來章, 有慶譽, 吉.

【주석註釋】

來章, 有慶譽, 吉 : 이는 六五爻가 陰爻로 ≪豊≫의 존위에 처하며 몸은 비록 陰柔이나 내적으로는 陽剛 인소를 함유하고 있음으로 천하의 빛나는 인재(六二爻)를 불러들여 빛나는 덕을 풍요롭고 성대하게 함으로써 결국에는 '축복받는 경사로움과 아름다운 명예(有慶譽)'를 얻어 길할 것이라는 의미이다.

≪豊≫六爻 가운데 오로지 初九爻와 六五爻만이 豊을 언급하지 않았다. 初九爻가 豊을 언급하지 않은 것은, 그가 비록 豊에 당면했다고 할지라도 여전히 豊이 아니기 때문이다. 六五爻가 豊을 언급하지 않은 것은, 그가 君位에 처하여 현인을 얻는 경사스러움은 지녔다고는 할지라도 자신이 부유하여 豊이 된 것이 아니기 때문이다. 六五爻는 柔弱한 군왕이며 위에 처하나 陰暗하며 六二爻가 그를 보려고 했으나 가리어져 나아갈 수가 없었으며 나아가면 반드시 의심과 미움을 받게 될 것이라고 했다. 六二爻는 아름답게 빛나는 재능을 가진 자로 아래에서 밝게 처하고 있다. 六五爻는 비록 暗陰할지라도 柔中의 德을 지니고 있음으로 아래로 내려와서 아름답게 빛나는 재능을 가진 자를 등용할 수가 있다. 六五爻가 이와 같이 한다면, 반드시 축복과 아름다운 명예를 얻음으로써 '길할 것이다.'고 했다. 六五爻는 ≪豊≫의 주인이니, 卦辭에서 말한 '王假之'는 다름 아닌 바로 본 爻를 가리킨 것이다. 卦義는 밝은 빛이 천하에 빠짐없이 두루두루 비추는 것에 중점을 두었으니, 六五爻가 이 책임을 수행하는 담당자이다. 그 자신은 비록 明體가 아니라고 할지라도 柔中의 덕을 지니고 있음으로 그는 아래로 내려와서 六二爻의 아름답게 빛나는 재능을 가진 자의 도움을 빌려 풍요롭고 성대한 천하를 만드는 목표를 달성할 수 있을 것이다. 中德을 사용하여 풍요롭고 성대함에 이르게 될 것이며 또한 풍요롭고 성대함을 보전하게 될 것이니, 이것이 卦辭 '勿憂, 宜日中.'의 의미와 부합하는 바이다.

【번역飜譯】

六五爻 : 천하의 빛나는 인재를 불러들여 빛나는 덕을 풍요롭고 성대하게 함으로써 반드시 축복 받는 경사로움과 아름다운 명예를 얻어 길할 것이다.

〈象〉曰 : 六五之吉, 有慶也.

【번역飜譯】

〈象傳〉에 이르되 : 六五爻가 길할 것이라는 것은 반드시 경사로운 일이 있을 것이라는 의미이다.

【해설解說】

　九三爻가 '日中'이라고 한 것은 중천에 떠 있는 태양이 모두가 가리어졌다는 뜻이다. 六五爻가 '日中'이라고 하지 않은 것은 대체로 중천에 떠 있는 태양이 가리어지지 않았다는 뜻이다. 『周易本義通釋·胡炳文』

　六五爻는 君位이다. 象辭에서 '王假之'라고 한 것은 본 위치를 뜻한 것으로, 즉 六五爻가 卦의 주인이라는 의미이다. 卦義가 소중하게 여기는 것은 그의 밝음이 천하를 비추어 사람들을 밝은 곳으로 인도해 주는 데에 있다. 六五爻는 비록 밝은 몸체(明體)는 아니나 아래의 六二爻와 호응하여 文明(문덕이 갖추어진 현인)의 주인이 되었으며 六五爻는 柔中의 덕을 가지고 있음으로 그는 밝은 재능을 바탕으로 스스로 도울 수 있는 자이다. 따라서 卦義가 '근심할 필요가 없을 것이니 마땅히 태양이 中天에 떠 있는 것과 같이 충만한 빛을 보전할 수 있을 것이다.(勿憂, 宜日中.)'고 한 것은 실로 六五爻의 爻義와 부합하는 바이다. 『折中』

(䷶) 上六：豊其屋, 蔀其家, 闚其戶, 闃其无人, 三歲不覿, 凶.

【주석註釋】

豊其屋, 蔀其家, 闚其戶, 闃其无人, 三歲不覿, 凶 : '屋'은 '집 건물'을 뜻한다. '家'는 '방'을 뜻한다. '戶'는 '창문'을 뜻한다. '闚'는 '엿보다'·'몰래보다'는 뜻이다. '闃'은 '아무소리 없이 조용한 상태'를 뜻한다. '覿'은 '만나다'는 뜻이다.

　이 몇 구절은 上六爻가 陰으로 《豊》의 최고점에 처하며 몸체는 柔하고 어두움으로, 즉 '크고 성대한 그 집에서 그가 거처하는 방은 가리어져 있다.(豊其屋, 蔀其家.)'고 하면서 높은 곳에 처해 있으나 깊은 곳에 숨어있는 象을 설명한 내용이다. '창문으로 엿보니 조용할 뿐 아무런 인기척도 나지 않는다.(闚其戶, 闃其无人.)'고 한 것은 삼년 동안 그의 얼굴을 보지 못한 것이 즉 '풍요롭고 성대한' 세상에서 살기는 하지만 사람들과는 스스로 인연을 끊고 있는 것과 같다는 의미이다. 따라서 '흉할 것이다.'고 했다.

크고 성대한 그 집이라는 것은 너무 높은 곳에 있다는 의미이다. 그가 거처하는 방은 가리어져 있다고 한 것은 사는 것이 밝지 못하다는 의미이다. 陰柔로 풍요롭고 성대한 곳에 처하나 지위가 없는 곳에 있다는 것은 최고의 높은 곳에서 어두운 생활을 하고 있다는 뜻이며 이는 스스로 사람들과 인연을 끊고 있다는 의미이니, 어떤 사람인들 그와 함께 하고자 하겠는가? 따라서 '그가 거처하는 방은 가리어져 있음으로 창문으로 몰래 들여다보니 고요할 뿐 아무런 인기척도 없다.(闚其戶, 闃其无人.)'고 했다. 삼년이란 오랜 세월동안 그의 변화한 모습을 알 수가 없으니, 그가 흉한 일을 만났다는 것은 당연한 바이다. '얼굴을 보지 못했다.(不覿)'고 한 것은 사람을 만나지 않는다는 것으로 대체로 변화가 없다는 의미이다. 上六爻가 ≪豊≫의 마지막에 처함으로 변화의 의리를 가지고는 있으나 옮길(실천 할) 수는 없으니, 이는 그의 재능으로는 할 수 없다는 의미이다.『程傳』

上六爻는 가장 구제되지 못하는 爻이며 ≪豊≫六爻 가운데 오로지 본 爻만이 凶한 爻이다. 上六爻와 六五爻는 본래 모두 문제점을 가진 자들이다. 六二爻와 九四爻의 '豊其蔀'는 모두 六五爻가 조성한 것이다. 六二爻의 豊其蔀는 六五爻가 호응함으로 말미암은 것이며 九四爻의 豊其蔀는 위로 六五爻를 받들어서 말미암은 것이다. 그러나 六五爻는 결국 中德을 지님으로써, 사람들을 가렸으나 결국 스스로는 가리지 않았음으로 결국에는 밝게 빛나는 길함을 얻게 되었다. 上六爻는 그렇지 않으니, 즉 上六爻는 마침 九三爻와 호응하며 九三爻의 豊其沛를 조성한 것은 물론이거니와 더욱 심각한 것은 그는 사람들도 가렸고 스스로도 가렸음으로 凶함을 면할 수가 없는 바이다. 이 상황은 ≪明夷≫ 上六爻와 비슷하다. 그 원인을 살펴보면, 上六爻는 陰柔의 체질로서 ≪豊≫의 마지막에 처하며 움직임(震)의 극한 곳에 처하며 또한 가장 높은 곳의 無位 지위에 처하며 최고로 어두운 곳에서 스스로 사람들과 인연을 단절함으로써 스스로를 엄폐함이 심각함으로 거의 구제될 치료법이 없을 뿐이다. '豊其屋', 즉 '크고 성대한 자신의 주택'이란? 上六爻가 지나치게 자신을 높이는데 만족하며 하늘로 날아올라서 제멋대로 날뛰는 것에 비유한 것이다. '豊其家'란? 즉 '크고 성대한 주택 속의 방'은 결과적으로 어떻게 되었는가?의 문제이다. 비단 자기 방문턱으로 하여금 높일 수 없었을 뿐만 아니라 도리어 자신을 가림으로써 고립 되었다는 것에 비유한 것이다. '闚其戶, 闃其无人.'이란? 그는 깊이 은거한 채 때를 가려서 외출하며 오로지 자신만이 있다는 것을 인식하며 사람들에게는 자신을 보여주지 않는다는 것에 비유한 것이다. 그가 사람들에게 자신을 보여주지 않으니 사람들도 그를 볼 수가 없으며 어떠한 사람도 그와 왕래를 하지 않음으로써 창문을 통해 그 방을 엿보았더니 고요할 뿐 한 사람도 보이지 않았으니, 즉 그는 절대적인 고립의 경지에 빠져있는 상황이라는 의미이다. 북두칠성을 볼 수 있고 작은 별을 볼 수 있는 것은 만날 수 있는 상황이나 上六爻의 암흑은 그 지극함이 '闚其戶, 闃其无人.'에 이르렀으니, 결국 어떠한 사람조차도 볼 수 없게 된 상황이라는 의미이다. '三歲不覿'의 '三歲'는 '오랜 세월'을 의미한다. '覿'은 '見'의 의미이다. 上六爻가 혼자서 자신을 가리고 스스로 사람들과 단절하여 사람들에게 자신을 보여주지 않는 것 역시 사람들이 볼 수 없는 상황을 오랫동안 고치지 않고 있다는 의미이다. 스스로 가리는 함정으로 들어간 후 빠져 나올 수가 없으니 그 흉함은 필연적인 것이다.

【번역飜譯】

上六爻 : 크고 성대한 그 집에서 그 방을 가리고 있음으로 창문으로 몰래 들여다보니 고요할 뿐 아무런 인기척도 없으며 삼년 동안 얼굴을 보지 못했으니, 이와 같이 깊은 곳에 숨어서 자신을 감추고 있으니 반드시 흉할 것이다.

〈象〉曰 : '豊其屋', 天際翔也. '闚其戶, 闃其无人.' 自藏也.

【주석註釋】

天際翔 : 새가 하늘 끝을 빙빙 날아다니고 있는 상황을 의미한다.

上六爻가 크고 성대함의 극한 곳에 처하며 위에 처하며 높음으로 인한 것이 하늘 끝에서 빙빙 날고 있는 것과 같다. 『程傳』

【번역飜譯】

〈象傳〉에 이르되 : '크고 성대한 그 집'이라고 한 것은 上六爻가 가장 높은 곳에 처한 것이 새가 하늘 끝에서 빙빙 날고 있는 시점과 같다는 의미이다. '창문으로 몰래 들여다보니 고요할 뿐 아무런 인기척도 없다.'고 한 것은 上六爻가 자신을 감추고 깊은 곳에서 숨어 살고 있다는 의미이다.

【豊】 요점 · 관점

≪豊≫은 사물의 '풍요롭고 성대한' 이치를 설명한 내용이다.

卦辭는 사물이 풍요롭고 성대하면 형통할 것이라는 뜻을 찬양하면서 아울러 '풍요롭고 성대한(豊)' 훌륭한 시기에 잘 처하는 데에는 다음의 두 가지 준칙이 있다는 것을 강조했다.

① 반드시 도덕이 훌륭하고 아름다워야 함으로써 덕이 있는 군왕은 '풍요롭고 성대한 훌륭한 경지에 이를 수 있을 것이다.'고 했다.
② 반드시 밝은 빛은 항상 비추어야 하는 것이기 때문에 '태양이 중천에 있다.'는 것은 '근심할 필요가 없다.'는 의미라고 했다.

본 卦는 비록 '풍요롭고 성대한 것'에서 이름을 취했으나 오히려 보다 깊이 있는 교훈을 제시해 주고 있다. 즉 풍요롭고 성대한 것을 추구하는 것도 쉬운 것이 아니나 풍요롭고 성대한 것을 보전하는 것은 더욱 어렵다는 것이다.

卦 가운데 六爻는 각각 '豊'에 처한 가운데에서 초래되는 得失·善否의 상황을 표명하고 있다. 즉 初九爻는 미미한 陽氣로서 아래에 처하니 조심스럽게 행동하면서 豊을 구한다면 '존경을 받을 것이다.'고 했다. 六二爻는 陰으로서 陰位에 처하며 밝은 빛을 덮어 가리었으니 반드시 '柔中'의 믿음과 덕을 개척한다면 풍요롭고 성대함에 이르러 길할 것이라고 했다. 九三爻는 下卦 離卦의 마지막에 처하며 지나치게 크고 성대한 것이 밝은 빛에 손상을 초래하였으니 '오른쪽 팔꿈치'가 부러지는 것에서부터 비로소 '재난에 이르지 않을 것이다.'고 했다. 九四爻는 陽으로 陰位에 처함으로써 비록 크고 성대한 것이 오히려 밝은 빛을 가리었다고는 할지라도 마땅히 陽剛으로 아래에 있는 初九爻와 만나서 서로 도움을 주고 받으니 길할 것이라고 했다. 六五爻는 陰으로 존위에 처하며 안으로 剛의 미덕을 함유하고 있을 뿐만 아니라 또한

六二爻를 불러들여 빛나는 덕을 풍요롭고 성대하게 함으로써 가장 '축복 받는 경사로움과 아름다운 명예를 얻어 길할 것이다.'고 했다. 上六爻는 가장 높은 곳인 卦의 마지막, 즉 '豊'의 극한점과 '柔'의 어두운 곳에 처함으로 스스로 사람들과 인연을 끊고 깊은 곳에 숨어살고 있음으로 흉할 것이라고 했다.

 六爻의 주제를 종합해 본다면, 上卦와 下卦의 가장 높은 곳에 있는 爻는 모두 지나치게 풍요롭고 성대한 나머지 덕을 손상시키는 象을 하고 있다. 따라서 九三爻와 上六爻는 비록 陰陽으로 호응하고는 있다고 할지라도 '오른쪽 팔꿈치가 부러지는 상황'을 면하지 못하거나 아니면 결국에는 흉함에 이를 것이라고 했다. 무릇 아래에서 中을 지켜 나아가는 자는 모두 조심스럽게 삼가면서 자신을 수양하여 풍요롭고 성대함을 구할 뿐만 아니라 그 풍요롭고 성대함을 잘 보전시켜 나아가는 象이다. 따라서 初九爻·六二爻·九四爻·六五爻는 모두 비록 陰陽이 호응하지는 않으나 오히려 대체로 길하며 특히 六五爻의 길함은 가장 순수한 아름다움을 지니고 있다.

 풍요롭고 성대한 시점에 당면해서는 같은 덕성을 가진 자끼리 서로 돕는 것이 최선이며 陰陽의 호응은 취하지 않아도 될 것이다. 『折中·熊良輔』

 그러나 사물의 발전규율 가운데에서 '풍요롭고 성대한' 상태에 일단 이르는 것은 언제나 순간적이며 상대적인 것일 뿐이며 결국에는 쇠퇴하는 방향으로 나아가게 될 뿐이다.「象傳」에서 ≪豊≫卦象 외의 의미에 대해 말한 '日中則昃, 月盈則食. 天地盈虛, 與時消息.'에서도 알 수 있듯이『周易』의 작자는 본 卦의 주제를 설정할 때 사람들에게 '풍요롭고 성대한 상황'일 때는 그것이 곧장 사라질 것이라는 것을 잊지 말고 꽉 찼을 때는 곧장 비어진다는 것을 잊지 말도록 일깨워 주고자 하는 의식을 가지고 있었던 것이다.

56. 旅卦의 立體文型圖
_{여 괘　　입 체 문 형 도}

(䷷) ≪旅≫: 旅. 小亨, 旅貞吉.
_{여　　여 소형 여정길}

〈彖〉曰:'旅, 小亨.' 柔得中乎外而順乎剛, 止而麗乎明, 是以'小亨, 旅貞吉'
_{단 왈　　여 소형　　유득중호외이순호강　지이려호명　시이소형　여정길}

也. 旅之時義大矣哉!
_{야 여지시의대의재}

〈象〉曰: 山上有火, 旅. 君子以明愼用刑而不留獄.
_{상 왈　산상유화 여 군자이명신용형이불류옥}

• • •

(—) 上九: 鳥焚其巢, 旅人先笑, 後號咷. 喪牛于易, 凶.
_{상구　조분기소　여인선소　후호도　상우우역　흉}

〈象〉曰: 以旅在上, 其義焚也. '喪牛于易', 終莫之聞也.
_{상 왈　이려재상　기의분야　상우우역　종막지문야}

(— —) 六五: 射雉, 一矢亡. 終以譽命.
_{육오　석치　일시망　종이예명}

〈象〉曰: '終以譽命', 上逮也.
_{상 왈　종이예명　상체야}

(—) 九四: 旅于處, 得其資斧, 我心不快.
_{구사　여우처　득기자부　아심불쾌}

〈象〉曰: '旅于處', 未得位也. '得其資斧', 心未快也.
_{상 왈　여우처　미득위야　득기자부　심미쾌야}

(—) 九三: 旅焚其次, 喪其童僕. 貞厲.
_{구삼　여분기차　상기동복　정려}

〈象〉曰: '旅焚其次', 亦以傷矣. 以旅與下, 其義喪也.
_{상 왈　여분기차　역이상의　이려여하　기의상야}

(— —) 六二: 旅卽次, 懷其資, 得童僕, 貞.
_{육이　여즉차　회기자　득동복　정}

〈象〉曰: '得童僕貞', 終无尤也.
_{상 왈　득동복정　종무우야}

(— —) 初六: 旅瑣瑣, 斯其所取災.
_{초육　여쇄쇄　사기소취재}

〈象〉曰: '旅瑣瑣', 志窮災也.
_{상 왈　여쇄쇄　지궁재야}

56 旅卦

(䷷)《旅》・錯(䷻)《節》・綜(䷸)《豊》・互(䷛)《大過》

(䷷)《旅》: 旅. 小亨, 旅貞吉.

【주석註釋】

☶ : 卦象이다. 下卦 ☶ 艮卦(山・止)와 上卦 ☲ 離卦(火・麗)로 구성되었다. 산위에서 불길이 초목을 태우면서 계속 번져 나아가는 자연현상과 이치를 빌려와서 '유랑하는(머무르지 않는)' 현상과 이치를 상징했다.

旅 : 卦名이다. '여행하다'・'먼 길을 떠다닌다.' 즉 '流浪'의 의미를 상징한다.

'旅'란? 남의 집에 붙어서 얻어먹고 사는 식객(食客)을 뜻하며 객지에서 기류하는 것을 으뜸으로 삼는 자 즉 '유랑객'을 칭한다. 본래 거주하던 곳을 잃어버리자 다른 지방에서 의탁하기 위해 유랑하는 것을 '旅'라고 한다. 『正義』

小亨 : '小'는 '陰柔하며 弱小한 것'을 의미하며 또한 일을 할 때 '겸손하며 유순(순응)하며 조심하는 것'을 의미한다. '小亨'은 《睽》의 卦辭 '小事吉'의 의미와 비슷하다.
이는 유랑할 때는 겸손하며 유순(순응)하며 조심하는(柔小) 도로 처신한다면 형통할 것이나 만약 굳세거나 오만하게(剛大) 행동한다면 형통하기가 어려울 것이라는 의미이다. 卦 가운데 六五爻가 柔中으로 존위에 처하며 剛에 순응하고 明에 붙어있는 것이 '겸손하며 유순(순응)하며 조심하면 형통할 것이다.(小亨)'는 象이다.

'小'는 柔를 뜻한다. 귀한 직위에 처하나 剛에 순응하며 大明에 붙어 있음으로 '유랑할 때는 겸손하며 유순(순응)하며 조심하면 형통할 것이다.(旅小亨)'고 했다. 『集解·虞翻』

旅貞吉 : 이는 유랑할 때 비록 작은 일이라고 할지라도 일시적인 미봉책을 쓰거나 경솔하게 행동해서는 절대로 안 될 것이며 정도를 굳건히 지켜 나아가면 반드시 길할 것이라는 의미이다.

　　유랑한다는 것은 한 곳에 상주하는 것이 아님으로 혹시라도 일시적인 미봉책을 쓸 수도 있다. 그러나 道라는 것은 존재하지 않는 곳이 없음으로 스스로 그 정도를 간직해야 할 것이며 순간적으로라도 道를 떠나서는 안 될 것이다. 『本意』

【번역飜譯】

≪旅≫ : 旅卦는 유랑하는(먼 길을 떠다니는) 것을 상징한다. 겸손하며 유순(순응)하며 조심하면 형통할 것이며 유랑할 때에는 정도를 굳건히 지켜 나아가면 반드시 길할 것이다.

〈彖〉曰 : '旅, 小亨.' 柔得中乎外而順乎剛, 止而麗乎明, 是以'小亨, 旅貞吉'也. 旅之時義大矣哉!

【주석註釋】

柔得中乎外而順乎剛 : 이는 六五爻와 上卦의 卦象·下卦의 卦象으로 卦辭의 의미를 해석한 내용이다. 六五爻는 陰으로 外卦의 中位에 처함으로 '柔가 밖에서 中을 얻었다.(柔得中乎外)'고 했다. 위로는 上九爻를 받들고 있음으로 '剛에게 순응한다.(順乎剛)'고 했다. 下卦 艮卦는 '止'이며 上卦 離卦는 '明(火)'이니 '멈추어서 明에 붙었다.(止而麗乎明)'고 했다.

　　剛을 사용하는 것은 유랑하는(유랑객이 지켜야 할) 道가 아니며, 柔를 사용하는 것보다 더 좋은 도는 없다. 그러나 柔가 지나쳐서는 안 될 것이기 때문에 中位에 처하는 것보다 더 좋은 것은 없다. 六으로 五位에 처한 것은 中位로 外體에 속해 있다는 뜻이며 두 개의 剛 사이에 붙어 있음으로 '柔가 밖에서 中을 얻었으며 剛에게 순응한다.(柔得中乎外而順乎剛)'고 했다. 『童溪易傳』

旅之時義大矣哉 : 이는 「彖傳」의 작자가 본 卦의 주제에 대해 찬사한 내용이다.

【번역飜譯】

〈彖傳〉에 이르되 : '유랑할(먼 길을 떠다닐) 때는 겸손하며 유순(순응)하며 조심하면 형통할 것이다.'고 한 것을, 비유해 본다면, 품성이 겸손하고 유순한 사람이 밖에서 中位에 처하며 강한 자에게 순응하며, 평온하고 조용하게 멈추어 있으며 또한 밝은 것에 붙어 있음으로 '겸손하며 유순(순응)하며 조심하면 형통할 것이며 유랑할 때에는 정도를 굳건히 지켜 나아가면 반드시 길할 것이다.'는 것과 같은 의미이다. 유랑할 때의 의미가 얼마나 넓고 큰 것인가!

〈象〉曰：山上有火, 旅. 君子以明愼用刑而不留獄.

【주석註釋】

山上有火, 旅 : ≪旅≫의 下卦 艮卦는 '山'이고 上卦 離卦는 '火'의 象이라는 뜻을 해석한 내용이다.

불이 산 위에 있으니 그 기세는 오래 가지 못할 것이며 유랑하는 象이다. 『集解·侯果』

君子以明愼用刑而不留獄 : 이는 군자가 산과 불로 된 ≪旅≫의 象을 관찰해 본 후, '형벌을 처리할 때(用刑)'는 반드시 '밝고 신중해야(明愼)' 만이 獄事가 오래 끌지 않게 될 것이라는 뜻을 깨달았다는 내용이다.

불이 높은 곳에 있으면 밝음이 비쳐지지 않는 곳이 없으니, 군자가 밝음이 비쳐지는 象을 관찰해 본 후, '밝고 신중하게 형벌을 처리해야 할 것이다.(明愼用刑)'는 뜻을 깨달았다는 의미이다. 밝음은 믿고 의지할 수 없음으로 '신중(愼)할 것'을 훈계했다. 밝으면서도 멈추어져 있는 것 또한 '신중한' 象이다. 불이 머무르지 않고 번져나가는 象 역시 옥사를 체류해서는 안 될 것이라는 의미이다. 『程傳』

【번역飜譯】

〈象傳〉에 이르되 : 산 위에서 타오르고 있는 불은 유랑하는 것을 상징한다. 군자는 이를 본 받아, 밝고 신중하게 형벌을 처리해야 할 것이며 옥사는 稽留시키지 말아야 할 것이다.

【해설解說】

卦辭는 '旅'의 의리를 밝혔으나 「大象傳」에서는 오히려 '刑獄'의 이치를 밝혔으니, 이는 그 대상의 뜻을 확충시켜 보여 준 것이다.

(☲☶) 初六 : 旅瑣瑣, 斯其所取災.

【주석註釋】

旅瑣瑣, 斯其所取災 : '瑣瑣'는 '야비하고 비천한 모습'을 뜻한다. '斯'는 '이것'이라는 의미이다.

이는 初六爻가 陰으로 《旅》의 시작에 처하며 그 지위가 낮은 것이 유랑할 때의 초기에 야비하고 천박한 행동을 하는 것과 같으니, 비록 九四爻와 호응한다고 할지라도 역시 일을 성취시키지는 못할 것이기 때문에 반드시 스스로 '재난을 초래할 것이다.'고 했다.

初六爻는 陰柔로 旅의 시점에서, 천한 아래 자리에 처해 있다. 즉 柔弱한 사람이 유랑할 때 고생스러운 비천한 지위에서 천박하게 존재하고 있다. 뜻이 천박한 사람이 유랑할 때 피곤하면 비루하고 야비해져 비천함이 이르지 않는 곳이 없게 되니, 이로써 업신여김을 받고 재난을 만나게 될 것이다. '瑣瑣'는 야비하고 비천한 형상을 뜻한다. 유랑함으로 인해 피곤해졌을 때 재질이 이와 같은 자라면 위에서 비록 도와준다고 할지라도 어찌할 수가 없을 바이다. 『程傳』

【번역飜譯】

初六爻 : 유랑의 초기에 거동이 야비하고 비천한 이러한 자는 스스로 재난을 초래할 것이다.

〈象〉曰 : '旅瑣瑣', 志窮災也.

【번역飜譯】

〈象傳〉에 이르되 : '유랑의 초기에 거동이 야비하고 비천하다.'고 한 것은 初六爻의 뜻이 비루함으로 인해 스스로 재난을 초래할 것이라는 의미이다.

【해설解說】

初六爻는 유랑할 때 스스로 정도를 존중하여 지켜 나아갈 수 없음으로 '뜻이 비루함으로 스스로 재난을 초래할 것이다.'는 象을 하고 있다.

初六爻는 그 행위를 천박하게 함으로써 「象」에서 그의 뜻을 비루하게 한다고 했다. 『折中·谷家杰』

六二 : 旅卽次, 懷其資, 得童僕, 貞.

【주석註釋】

旅卽次, 懷其資, 得童僕, 貞 : '卽'은 '나아가다'는 뜻이다. 즉 '거주할 곳으로 간다.'는 의미이다. '次'는 '머무르는 곳(客舍·여관)'을 뜻한다.

　이 구절은 六二爻가 '旅의 시점'에 당면해, 柔中으로 正位에 처한 것이 유랑하다가 客舍에서 편안히 머물고 있는 것과 같다는 의미이다. 위로 九三 陽爻를 받드는 것은 재물을 축적하는 것과 같다는 의미이다. 아래로 初六爻를 올라타고 있는 것은 종놈을 얻은 것과 같다는 의미이다. 따라서 마땅히 '정도를 굳건히 지켜 나아간다.'고 했다.

　'卽'은 '나아가다'는 뜻이다. '次'는 '숙소'를 뜻한다. '資'는 '재물'을 뜻한다. 陰으로 二位에 처한 것은 곧 그의 숙소로 가는 것이기 때문에 '유랑하다가 숙박비를 주고 客舍에서 머문다.(旅卽次)'고 했다. 陽을 받든다는 것은 實을 가지고 있다는 것이기 때문에 그는 '재물을 가지고 있다.(懷其資)'고 했다. 初六爻는 비천하고 六二爻는 그를 밟고 있음으로 '종놈을 얻었다(得童僕)'고 했다. 中位와 正位에 처함으로써 '종놈을 데리고 있는 것은 응당히 그가 정도를 굳건히 지켜 나아가기 때문이다.(得童僕, 貞.)'고 했다.

『集解·九家易』

【번역飜譯】

六二爻 : 유랑하다가 숙박비를 주고 客舍에 머물며 재물을 가지고 있으며 종놈을 데리고 있는 것은 응당히 정도를 굳건히 지켜 나아가기 때문이다.

〈象〉曰 : '得童僕貞', 終无尤也.

【번역飜譯】

〈象傳〉에 이르되 : '종놈을 데리고 있는 것은 응당히 정도를 굳건히 지켜 나아가기 때문이다.'고 한 것은 六二爻는 결국 나무랄 데가 없다는 의미이다.

【해설解說】

　六二爻는 柔한 몸체로 中位와 正位에 처함으로 '머무를 객사(次)'도 있고 '재물(資)'도 있고 '종놈(僕)'도 데리고 있다.

六二爻는 ≪旅≫에서 柔順中正의 덕을 가지고 있으며 안으로는 자신을 잃어버리지 않음으로써 자신이 불안하지 않으며 밖으로는 사람들을 잃어버리지 않음으로써 사람들은 그와 함께 하고자 하지 않는 자가 없다. 『折中 · 趙玉泉』

(䷷) 九三 : 旅焚其次, 喪其童僕. 貞厲.

【주석註釋】

旅焚其次, 喪其童僕. 貞厲 : 이는 九三爻가 剛元의 성품으로 中位에 처하지 못하며 유랑할 때 조급하게 움직이며 아래로 六二 陰爻와 친밀하게 이웃하는 것이 아래 사람에게 제 멋대로 베풀어주는 것과 같음으로써 반드시 위 사람의 의심과 미움을 받게 될 것이라는 의미이다. 따라서 '그 숙소(객사)를 불타버리게 하고(焚其次)' '그 종놈을 도망가 버리게 하는(喪僕)' 재난을 만날 것이라고 했다. 이로써 유랑하는 상황에 처했을 때는 '겸손하며 유순(순응)하며 조심하면 형통할 것이다.(小亨)'고 한 道를 잊어버리지 말아야 할 것이다. 따라서 특별히 '그는 정도'를 굳건히 지켜 나아가면 '위험을 면할 것이다.'고 훈계하고 있다. 즉 한 순간이라도 조심하지 않는다면 위험이 곧장 자신의 신체에 이르게 될 것이라는 의미이다.

下卦의 위에 처하며 六二爻와 마음을 합한다. 유랑하는 몸으로 아랫사람에게 베푼다는 것은 침략할 수 있는 권력을 싹 틔워 주는 것이 됨으로 주인으로서 의심을 하게 될 것이다. 따라서 숙소(객사)를 불타버리게 하고 종놈을 도망가 버리게 하며 자신의 신체 역시 위험한 지경에 이르게 할 것이라고 했다. 『王注』

침략할 수 있는 권력을 싹 틔워 준다는 것은 政事를 장악하기 시작하면 점진적으로 군왕의 권세를 탈취하는 경지에 이르게 될 것이라는 의미이다. 이는 齊의 田氏와 같음으로써 주인이 의심하게 되는 바이다. 『正義』

【번역飜譯】

九三爻 : 유랑하는 도중에 (강하고 조급한 성품으로 인해) 그의 객사를 불타버리게 하

고 그의 종놈을 도망가 버리게 할 것이다. 당연히 정도를 굳건히 지켜 나아가면 위험을 면할 수 있을 것이다.

〈象〉曰 : '旅焚其次', 亦以傷矣. 以旅與下, 其義喪也.

【번역翻譯】

〈象傳〉에 이르되 : '유랑하는 도중에 그의 객사를 불타버리게 한다.'고 한 것은 九三爻 역시 이로 인해 손상을 입을 것이라는 의미이다. 유랑객이 아랫사람에게 제 멋대로 베푸는 그 이치는 반드시 상실을 초래할 것이라는 의미이다.

【해설解說】

九三爻의 재난은 下卦의 가장 높은 위치에 처하며 剛爻의 성품으로 中位에 처하지 못하기 때문이다.

> 剛位에 앉아서 剛함을 행사하는 것은 평상시에도 옳지 않는 일일 진데 하물며 유랑하는 도중에 행사한단 말인가? 『折中‧潘夢旂』

(䷷) 九四 : 旅于處, 得其資斧, 我心不快.

【주석註釋】

旅于處, 得其資斧, 我心不快 : '處'는 '잠시 휴식하는 곳', 즉 '안정적으로 거주할 수는 없는 곳'을 뜻한다. '次'와는 자못 다른 의미이다. '資斧'는 '유랑하는 도중에 산이나 들에서 잠시 잠을 자기위해 가시나무(荊棘)를 찍어서 베어내는 데에 쓰는 날카로운 도끼'를 뜻한다.

이 몇 구절은 九四爻가 正位에 처하지 못한 것이, 유랑객이 편안한 거처를 찾지 못하자 오로지 잠시 머물러 쉴 곳을 위해 비록 날카로운 도끼를 구해 가시나무를 찍어서 베어내어 보지만 그의 마음은 결국 '유쾌하지 못하다.(不快)'는 것과 같다는 의미이다.

'斧'는 가시나무를 찍어서 베어냄으로써 숙소를 만들어 편안하게 머물고자 한다는 뜻이다. 비록 上卦의 아래에 처하나 다른 사물에 앞서지 못하며 그는 正位를 얻지 못했으니 평안히 머무를 곳을 찾지 못한다. 유랑객으로서 거처할 곳을 찾았으나 찾지 못하자 예리한 도끼를 구해 잠시 머무를 쉼터를 만들어 보지만 그의 마음은 유쾌하지 못할 뿐이다. 『王注』

九四爻가 陽으로 陰位에 처하며 正位를 상실한 채 산 위에 앉아있는 象이다. 산은 평평하지 않는 땅이기 때문에 당연히 '날카로운 도끼'를 사용하여 가시나무를 찍어서 베어내어야 할 것이다. 『纂疏』

【번역飜譯】

九四爻 : 유랑하는 동안 잠시 머물러 쉴 곳이 마땅하지 않자 날카로운 도끼를 구해 가시나무를 찍어서 베어내어 쉼터를 만드나 나의 마음은 심히 유쾌하지 못할 뿐이다.

〈象〉曰 : '旅于處', 未得位也. '得其資斧', 心未快也.

【번역飜譯】

〈象傳〉에 이르되 : '유랑하는 동안 잠시 머물러 쉴 곳이 마땅하지 않다.'고 한 것은 九四爻가 정당한 지위에 처하지 못했다는 의미이다. '날카로운 도끼를 구해 가시나무를 찍어서 베어내어 쉼터를 만든다.'고 한 것은 이때 마음이 심히 유쾌하지 못하다는 의미이다.

【해설解說】

무릇 卦爻 陽剛은 모두 陰柔보다 낫다고 하나 오로지 ≪旅≫ 만은 그러하지 않다. 六二爻와 六五爻는 모두 柔順으로 길하였고 九三爻와 上九爻는 모두 陽剛으로 재난을 초래하였다. 대개 사람이 몸을 쉬게 할 곳이 없을 때는 부득이 다른 사람에게 의지는 할지라도 어찌 그의 剛明을 믿어서야 되겠는가? 또한 이르되 : 六爻 가운데 六五爻가 가장 좋으며 六二爻는 그 다음으로 좋고 上九爻가 가장 흉하며 九三爻는 그 다음으로 흉하다. 九四爻는 비록 그가 머무를 곳을 찾는다고는 할지라도 잠시 그의 몸을 편안하게 해주는 것에 족해야 할 뿐이다. 『五經蠡測·蔣悌生』

(䷷) 六五 : 射雉, 一矢亡. 終以譽命.

【주석註釋】

射雉, 一矢亡. 終以譽命 : 이는 六五爻가 '旅'의 시점에 당면해, 上卦 離卦의 中位에 처하며 위로 上九爻 陽剛을 받들며 '교화가 잘 된(文明)' 柔順함을 지니며 中道를 실천하고 있는 象이라는 의미이다. 이때는 비록 밖에서 유랑하는 도중에 대체로 손실을 본다고 할지라도 결국 '柔中'과 '교화가 잘 된 덕'을 지녔음으로 길할 것이라고 했다. 따라서 '화살을 쏘아 적중시켜 꿩을 잡았으니 화살 하나는 잃어버렸다.(射雉, 一矢亡.)' 는 것에 비유하였고 아울러 결국에는 '명예와 벼슬(譽命)'을 얻을 것이라고 했다.

'雉'는 교화(文明)된 사물이자 離卦의 象이다. 六五爻는 柔順하고 교화된 자이며 中道를 실천하는 離卦의 주인이다. 따라서 이 爻를 얻은 자는 '射雉'의 象이 된다. 비록 화살을 잃어버려 낭비를 안 한 것이 아니나 손해가 많은 것은 아니며, 결국에는 '명예와 벼슬(譽命)을 얻을 것이다.'고 했다. 『本義』

【번역飜譯】

六五爻 : 화살을 쏘아 적중시켜 꿩을 잡았으니 화살 하나는 잃어버렸다. (작은 손해는 보았으나) 결국에는 아름다운 명예와 벼슬을 얻을 것이다.

〈象〉曰:'終以譽命', 上逮也.

【주석註釋】

上逮 : '逮'는 '미치다'·'따르다'는 뜻이다.
　이는 六五爻가 위로 上九爻의 뜻을 받들어 '명예와 벼슬'을 얻을 것이라는 의미이다.

【번역飜譯】

〈象傳〉에 이르되 : '결국에는 아름다운 명예와 벼슬을 얻을 것이다.'고 한 것은 六五爻가 위로 존자를 잘 따르며 받든다는 의미이다.

【해설解說】

「象傳」의 '柔得中乎外而順乎剛'은 六五爻를 뜻한 것이다.

　　六五爻는 ≪旅≫에서 君의 象이 되지 못했다. 그러나 교화된 덕을 지니고 있음으로써 좋은 명예와 군왕에게 알려지는 소문으로 인해 벼슬을 얻을 것이다. 『折中·朱震』

(☲) 上九 : 鳥焚其巢, 旅人先笑, 後號咷. 喪牛于易, 凶.

【주석註釋】

鳥焚其巢, 旅人先笑, 後號咷 : 이 세 구절은 上九爻의 몸이 '旅'의 시점에 당면해, 陽剛으로 지극히 높은 지위에 처함으로써 반드시 재난을 만나게 될 것이니, 즉 새둥지가 불에 타는 것에 비유한 내용이다. 또한 유랑객이 높은 지위를 얻어 처음에는 '웃을 것(笑)'이나 나중에는 재난으로 인해 '큰소리로 울부짖을 것이다.(號咷)'는 것, 이 역시 지극한 굳셈은 화를 초래할 것이라는 데에 비유한 내용이다.

높고 위태로운 곳에 처하며 그곳을 집으로 삼는다는 것은 새의 둥지를 뜻한다. 유랑객이 높은 지위를 얻었음으로 '처음에는 웃을 것이다.(先笑)' 그러나 그가 지극히 높은 지위에 처하게 되면 많은 사람들이 그를 질투할 것이니, 이로 인해 가까이 할 사람이 없는 몸으로 시새움의 지경에 당면한다는 것은 반드시 흉한 道이기 때문에 '나중에는 큰소리로 울부짖을 것이다.(後號咷)'고 했다. 『王注』

喪牛于易, 凶 : '易'은 '구획한 공터'와 통한다. 즉 '밭의 두둑'·'밭의 경계'를 뜻한다. 이는 황폐한 들판의 밭두둑을 뜻하는 것으로 上九爻가 곤란함의 극한 곳에 처해있다는 것에 비유한 내용이다. 이 또한 하나의 象을 취하여, 上九爻가 '旅'의 궁극시점에 당면해, 밖에서 화를 만난 것이 황폐한 들판의 밭두둑에서 소를 잃어버렸으나 어느 누구도 도와주지 않고 있는 것과 같다는 의미이다. 즉 「象傳」의 '끝까지 소가 간 곳을 듣지 못함으로써 (終莫之聞也)' 흉할 것이라는 바를 설명한 내용이다.

【번역翻譯】

上九爻 : 높은 나무 가지 위의 새 둥지가 불에 타버리고 유랑객이 높은 지위를 얻으니 처음에는 기뻐하면서 웃을 것이나 나중에는 재난을 만났다고 큰 소리로 울부짖을 것이다. 이는 황폐한 들판의 밭두둑에서 소를 잃어버린 것과 같은 현상이니 흉할 것이다.

〈象〉曰 : 以旅在上, 其義焚也. '喪牛于易', 終莫之聞也.

【번역翻譯】

〈象傳〉에 이르되 : 유랑객이 오히려 높은 지위에 처하게 되는 그 이치는 새 둥지를 불태우는 재난을 초래하는 이치와 같은 것이다. '황폐한 들판의 밭두둑에서 소를 잃어버렸다.'고 한 것은 上九爻가 유랑하는 도중에 재난을 만났으나 결국 그의 소식을 아는 자 아무도 없었다는 것을 설명한 것이다.

【해설解說】

　　유랑객은 柔順中正을 귀하게 생각해야 할 것이다. 세 개의 陽爻가 모두 柔順中正을 잃어버렸으나 가장 억세고 거만한(剛亢) 자는 上九爻이다. 『折中 · 徐幾』

　　그러나 上九爻의 흉함은 또한 높은 곳의 끝에 처하여 즐거워하는 것에 있음으로 '先笑後號咷'라고 했다. 이는 ≪同人≫의 九五爻의 '先號咷而後笑'와 반대현상이다.

　　≪同人≫에서 '먼저 큰 소리로 울부짖었다.(先號)'고 한 것은 그 결말을 생각했기 때문이다. ≪旅≫ 上九爻의 웃음(笑)은 그의 끝을 즐겼기 때문이다. 『阮籍集 · 阮籍』

【旅】 요점 · 관점

　　≪旅≫는 전적으로 '유랑객'의 이치에 대해 밝힌 내용이다.

　　유랑객은 스스로를 낮추어야 할 것이다. 「雜卦傳」

　　유랑할 때는 꾸밈이 없어야 할 것이다. 「序卦傳」

　　유랑하는 도중에 친구가 없다면 내 어찌 이곳에서 머무를 수가 있을 것인가! 『思玄賦 · 張衡』

　　이와 같이 고대인은 '유랑객'의 생애는 고독과 수심이 가득한 정서를 가졌다고 동정했다.
　　『周易』의 작자가 ≪旅≫를 만든 의도는, 역시 '유랑할 때(旅)' '거주할 곳'을 찾기가 어렵다는 인소에 유념해서 '유랑할 때에는 잘 처신해야 한다.'는 점을 깨우쳐 주는 데에 있다.
　　卦辭에서 '겸손하며 유순(순응)하며 조심하면 형통할 것이다.' · '정도를 굳건히 지켜 나아가면 길할 것이다.'고 한 것은 '유랑객'은 반드시 정도를 굳건히 지켜 나아가야 할 뿐만 아니라 당연히 겸손하며 유순(순응)하며 조심하며 中道를 지키는 것을 근본으로 삼아야 한다는 것을 표명한 것이다.

六爻를 살펴보면, 무릇 陰柔中順은 모두 길할 것이라고 했으나 비루한 자는 반대로 훈계했으며 陽剛高亢은 모두 위험할 것이라고 했으며 지극히 교만한 자에게는 최악의 흉한 象을 제시했다.

유랑객의 마음이 비루하면 스스로를 욕되게 할 것이며 거만하면 사람들의 미움을 받게 될 것이다. 그는 中道를 견지할 수 있어야 지혜롭다고 말할 수 있는 바이다. 이러한 까닭으로 初六爻는 '방자하고 비천한 자'이며 九四爻는 '유쾌하지 못한 자'이다. 이들은 모두 下卦와 上卦의 아래에 처하는 자들로 비천하여 스스로를 욕되게 하는 자들이다. 九三爻는 '객사를 불타버리게 하는 자'이고 上九爻는 '새둥지를 불타버리게 하는 자'이다. 이들은 모두 下卦와 上卦의 가장 위에 처함으로써 거만하여 미움을 받는 자들이다. 六二爻는 '재물을 보유하고 있는 자'이고 六五爻는 '아름다운 명예와 벼슬을 얻는 자'이니 이들은 모두 柔하며 中位를 잃어버리지 않는 자들이다. 『范文正公集·范仲淹』

이는 六爻의 爻位를 사용하여 그 길흉을 분석한 내용으로 자못 이치에 합당하다. 당연히 본 卦의 요지라고 할 수 있으며 협의의 '유랑객'에게 제한시킨 것만은 아니다. 즉 '유랑객'으로부터 확충시켜 제후에게 임시로 붙어사는 대부들의 난을 제거하는 방법과 성현들의 周游 등이 모두 이 이치에 적용되는 바이다.

넓게는 인생과 만물 모두를 '유랑객(行旅)'으로 볼 수 있는 바이다.

하늘과 땅 사이는 만물의 여관이다.(天地者, 萬物之逆旅.) 「李白·春夜宴桃李園序」

57. 巽卦의 立體文型圖

(䷸)《巽》:巽. 小亨, 利有攸往, 利見大人.

〈彖〉曰:重巽以申命. 剛巽乎中正而志行, 柔皆順乎剛, 是以'小亨, 利有攸往, 利見大人.'

〈象〉曰:隨風, 巽. 君子以申命行事.

• • •

(―) 上九:巽在牀下, 喪其資斧. 貞凶.

〈象〉曰:'巽在牀下', 上窮也. '喪其資斧', 正乎凶也.

(―) 九五:貞吉, 悔亡, 无不利. 无初有終. 先庚三日, 後庚三日, 吉.

〈象〉曰:九五之吉, 位正中也.

(--) 六四:悔亡, 田獲三品.

〈象〉曰:'田獲三品', 有功也.

(―) 九三:頻巽, 吝.

〈象〉曰:'頻巽之吝', 志窮也.

(―) 九二:巽在牀下, 用史·巫粉若吉, 无咎.

〈象〉曰:'紛若之吉', 得中也.

(--) 初九:進退, 利武人之貞.

〈象〉曰:'進退', 志疑也. '利武人之貞', 志治也.

57 巽卦

(䷸)≪巽≫・錯(䷲)≪震≫・綜(䷹)≪兌≫・互(䷥)≪睽≫

(䷸)≪巽≫ : 巽. 小亨, 利有攸往, 利見大人.

【주석註釋】

䷸ : 卦象이다. 上卦·下卦 모두 ☴ 巽卦(風·入)로 구성되었다. 바람이 연이어 불면서 어느 곳이든 순응하여 들어가지 않는 곳이 없는 자연현상과 이치를 빌려와서 '순응하여 들어가는' 현상과 이치를 상징했다.

巽 : 卦名이다. '순응'을 상징한다. 巽은 '바람(風)'을 象으로 하여 '순응하다(順)'·'들어가다(入)'는 의미를 가지고 있다. 무릇 사물이 '순응적'이면 '들어 갈' 수 있음으로 '順'과 '入'이 함께 巽의 의미가 되었다. 巽卦를 중복시킨 뜻은 '순응'을 강조하기 위해서이다.

'巽'은 '겸손하며 순응한다.'는 뜻이다. 「說卦傳」에서는 '巽은 들어가다(入)는 의미이다.'고 했다. '巽'은 '바람(風)'을 象으로 하는 卦이며 바람은 불어서 들어가지 않는 곳이 없음으로 그 의미를 '들어가다(入)'는 것으로 새겼다. 만약 이것을 人事에 적용시킨다면, 자신을 낮추는 겸손한 자이기 때문에 받아들이지 않는 자가 없을 것이라는 의미이다. 따라서 '巽'이란? 겸손하며 순응하는 것을 '體'로 하고 받아들이는 것을 '用'으로 한다는 의미이다. 이로써 '巽'이라는 이름이 부여되었다. 『正義』

小亨 : '小'는 '陰柔弱小한 자'를 뜻하기도 하며 일을 할 때 '겸손하며 순응(유순)하며 조심한다.'는 의미이기도 하다. '小亨'은 ≪旅≫의 卦辭에서 말한 의미와 같다. 이는 '巽'

의 道에 처했을 때는 '陰이 陽에게 순응하고 신하가 군왕에게 순응하는 것을 주제로 한다.' 즉 겸손하며 순응(유순)하며 조심한다면 형통할 것이나 만약 剛大함으로써 윗자리에 있는 자에게 거역을 한다면 형통하기가 어려울 것이라는 의미이다.

卦 가운데 두 개의 陰爻는 모두 上卦와 下卦의 몸체 밑에 있으며 陽剛에 '순응'하는 것에 중심을 두었음으로 '겸손하며 순응(유순)하며 조심하면 형통할 것이다.(小亨)'는 象을 볼 수 있다.

陰이 卦의 주인이기 때문에 '겸손하며 순응(유순)하며 조심하면 형통할 것이다.(小亨)'고 했다. 『集解·陸績』

初六爻와 六四爻는 모두 陽을 받들고 있음으로 '巽'이라고 했다. '巽'이란? '순응(順)'하는 것이며 陽에게 순응함으로써 '小亨'이라고 했다. 『尙氏學』

利有攸往 : 이때 겸손하며 순응(유순)하며 조심하면 반드시 나아가는 데에서 이로움을 얻을 것이라는 의미이다. 卦 가운데 初六爻와 六四爻는 유순하게 행동함으로써 陽을 만나면 형통할 것이라고 했다. 즉 '나아가는 데에서 이로움을 얻을 것이다.(利有攸往)'는 象을 볼 수 있다.

순응(유순)하고 공경스럽게 행동한다면 어떠한 사물이라 할지라도 떨어져 있지(대항하지) 않을 것이다. 『王注』

나아가 陽을 만남으로써 이로울 것이다. 『尙氏學』

利見大人 : 이는 아랫사람이 윗사람에게 순응하고 신하가 군왕에게 순응하는 최종목적은 大人君王의 명령이 시행되는 곳에서 이로움을 얻을 것이기 때문이라는 의미이다. 卦 가운데 九五爻 陽剛이 존위에 처하며 상하가 순응하니 '大人'의 象이다.

大人은 九五爻이다. 『集解·虞翻』

大人은 받아들이는 것을 用으로 삼으니 그 道는 갈수록 융성해질 것이로다! 『王注』

【번역翻譯】

≪巽≫ : 巽卦는 순응을 상징한다. 겸손하며 순응(유순)하며 조심하면 형통할 것이며 앞으로 나아가는 데에서 이로움을 얻을 것이며 대인을 뵙는 데에서 이로움을 얻을 것이다.

〈彖〉曰 : 重巽以申命. 剛巽乎中正而志行, 柔皆順乎剛, 是以'小亨, 利有攸往, 利見大人.'

【주석註釋】

重巽以申命 : '重巽'이란? 上卦·下卦가 모두 '巽'인 것은 '上下가 모두 순응한다.'는 뜻을 가지고 있다는 의미이다.

　이는 上卦의 象과 下卦의 象으로 卦名 '巽'을 해석한 내용이다. 즉 상하가 모두 순응하는 것에 중점을 두고 있다는 뜻이자 이때가 마침 존자가 명령을 내려 훈계하고 있는 시점이라는 의미이다.

　　겸손하지 않다면 명령이 시행되지 못할 것이다. 『王注』

剛巽乎中正而志行 : '剛'은 九五爻를 뜻한다. '巽'은 이곳에서는 피동사로 해석하는 것이 옳다. 따라서 '巽乎中正'은 '中正의 미덕을 사용해서 사람들로 하여금 순응하게 할 것이다.'고 해석해야 한다.

　이 구절은 九五爻가 존위에 처하며 陽剛中正의 덕성을 가짐으로써 많은 爻들이 모두 겸손하게 순응하니, 결국은 그가 내린 '명령'을 실천할 것이라는 의미이다.

　　'剛中正'이란? 九五爻를 뜻한다. 『集解·虞翻』

柔皆順乎剛 : '柔'는 初六爻와 六四爻를 뜻한다.

이 구절은 앞 구절과 함께 卦辭 '小亨, 利有攸往, 利見大人.'의 의미를 해석한 내용이다. 이는 卦 가운데 두 개의 陰爻가 모두 陽爻에게 순응하며 陽爻의 뜻을 받들고 있음으로 '겸손하며 순응(유순)하며 조심하면 형통할 것이다.(小亨)'고 했다.

初六爻와 六四爻는 각각 下卦와 上卦의 아래에 처하며 柔로서 모두 剛에 순응하며 거역하는 법이 없음으로 명령이 시행되어 '小亨' 이하의 의미를 완성하였다. 『古周易訂詁』

【번역飜譯】

〈彖傳〉에 이르되 : 상하가 순응하니 (명령을 내려 잘 타이르면서) 널리 시행할 수 있을 것이다. 비유해 본다면, 陽剛의 존자가 中正의 미덕을 사용해서 사람들로 하여금 순응하게 하니 그의 뜻은 시행될 것이며, 陰柔한 자는 모두 겸손하며 순응하며 조심하면서 위로 陽剛한 자의 뜻을 받드는 까닭에 '겸손하며 순응(유순)하며 조심하면 형통할 것이며 앞으로 나아가는 데에서 이로움을 얻을 것이며 대인을 뵙는 데에서 이로움을 얻을 것이다.'라는 것과 같은 의미이다.

〈象〉曰 : 隨風, 巽. 君子以申命行事.

【주석註釋】

隨風, 巽 : '隨'는 '연속적으로 서로 따른다.'는 의미이다.
 이는 《巽》은 上卦·下卦가 巽으로 모두 '바람(風)'의 象을 하고 있다는 의미를 해석한 내용이다.

《巽》의 體는 상하가 모두 巽이다. 바람은 사물의 어느 곳으로든 들어가 이르지 않는 곳이 없으며 순응하지 않는 곳이 없음으로 '서로 따라 다니면서 불고 있는 바람은 순응을 상징한다.(隨風, 巽.)'고 했다. 『周易口義』

申命行事 : '行事'는 '政事를 시행한다.'는 뜻이다.

　　이는 '군자'는 '바람이 부는(風行)' 象을 본 받아, 대중에게 '명령을 내려(申命)' 천하의 백성들에게 '政事가 잘 시행되도록 해야 할 것이다.(行事)'는 뜻을 설명한 내용이다.

　　군자는 이 순응하는 바람의 象을 본 받아, 그의 명령을 내려 천하에 政事가 시행될 때 이르지 않는 곳이 없게 해야 할 것이며 순응하지 않는 자가 없게 해야 할 것이다.
『周易口義』

【번역飜譯】

〈象傳〉에 이르되 : 부드러운 바람이 계속 서로 따라 다니면서 불고 있는 것은 순응을 상징한다. 군자는 이를 본 받아(바람이 천하를 두루 돌아다니면서 순응하지 않는 곳이 없는 象을 본 받아), 명령을 내려 잘 타이르면서 政事를 시행해야 할 것이다.

【해설解說】

　　≪巽≫은 아래에서 '순응'하는 것에 기초를 세우고 위에서 '명령을 내리는' 것으로 끝을 맺었다. 아래에서 '순응'을 사용하여 위를 받들면 위에서도 '순응'을 사용하여 아래를 다스릴 것이니, 양자는 서로 도우며 서로의 뜻을 받드는 것으로 그 의미를 헤아릴 수 있다. 따라서 「彖傳」에서는 '巽以申命'이라 했고 「大象傳」에서는 '申命行事'라고 했다.

　　군자의 덕은 바람이다. 바람의 덕을 가지고 있으면 아래에서 따르지 않는 자가 없을 것이다. 그러한 연후에 重巽의 의미를 갖추게 된다. 『郭氏傳家易說·郭雍』

(䷸) 初九 : 進退, 利武人之貞.

【주석註釋】

進退, 利武人之貞 : '進退'란? '나아갔다 물러섰다.'하는 것, 즉 '의심스럽다'는 뜻이다.
　　이 두 구절은 初六爻가 陰으로 ≪巽≫의 시작에 처하며 겸손하고 순응함이 너무 지나쳐 마땅히 나아가야할 때 나아가지 못하는 까닭에 '용감한 무인이 정도를 굳건히 지켜 나아가는 데에서 이로움을 얻을 것이다.(利武人之貞)'고 격려했다.

　　初六爻는 陰으로 아래에 처하며 巽의 주인이 되어 겸손하고 순응함이 지나친 까닭에 나아가고 물러서는 것을 과감하게 하지 못하는 象이다. 만약 '용감한 무인이 정도를 굳건히 지켜 나아가는 의지(武人之貞)'를 사용하여 이에 처한다면 그는 미칠 수 없는 곳까지도 이르게 되어 이로울 것이다. 『本義』

【번역飜譯】

初六爻 : 겸손하고 순응함이 너무 지나쳐 나아가고 물러서는 것에 대해 망설이고 있으니 용감한 무인이 정도를 굳건히 지켜 나아가는 데에서 이로움을 얻을 것이다.

〈象〉曰 : '進退', 志疑也. '利武人之貞', 志治也.

【주석註釋】

志治 : '治'는 '세우다'·'다스리다'는 뜻이다.

　　용감한 사람의 剛함과 정도를 굳건히 지켜 나아가는 것을 이용해 그의 뜻을 세운다는 것은 곧 그의 뜻이 잘 다스려질 것이라는 의미이다. 『程傳』

【번역飜譯】

〈象傳〉에 이르되 : '겸손하고 순응함이 너무 지나쳐 나아가고 물러서는 것에 대해 망설이고 있다.'고 한 것은 그의 의지는 유약하고 의심과 두려움이 많다는 의미이다. '용감한 무인이 정도를 굳건히 지켜 나아가는 데에서 이로움을 얻을 것이다.'고 한 것은 그가 건강한 의지를 세워 잘 다스려 나아갈 것을 격려한 내용이다.

【해설解說】

≪巽≫이 '순응하다'는 것은 初六爻와 六四爻가 모두 陰爻로 주인이라는 의미이다. 그러나 初六爻는 위치가 낮고 지극히 유약함으로 그는 해 낼 수 없을 것이라는 데에 대한 두려움을 가지고 있음으로 '용감한 무인이 정도를 굳건히 지켜 나아가는 것'을 사용해 그를 격려했다.

(䷸) 九二 : 巽在牀下, 用史·巫紛若吉, 无咎.

【주석註釋】

巽在牀下 : 이는 九二爻가 '巽'의 시점에 당면해, 陽으로 陰位에 처하며 지나치게 겸손한 혐의를 가지고 있음으로 절개를 굽히고 '침상 아래'에 있는 것에 비유했다.

用史·巫紛若吉, 无咎 : '用'은 '… 에게 시행한다.'는 뜻이나 이곳에서는 '본을 받다.'는 뜻을 가지고 있다. '史'·'巫'는 고대에 신을 섬기는 자, 즉 '祝史(神明에게 고하는 일을 맡은 벼슬아치)'·'巫覡(여자 무당과 박수인 남자무당)'을 합한 명칭이다. '紛若'이란? '대단히 많은 모양'을 뜻한다. '若'은 '語氣詞'이다.

이 두 구절은 九二爻가 권세에 천하게 순응하거나 비굴하게 굽혀서는 안 될 것이라고 훈계하면서, 九二爻는 中道를 굳건히 지켜 나아가야 할 것이라고 격려하면서, 祝史나 巫覡이 겸손하고 공손하게 신을 섬기는 것을 본받는다면 대단히 길할 것이며 반드시 재난이 없을 것이라고 했다.

겸손함이 지나치면 正道를 잃어버리게 되어 재난의 경지로 들어가게 될 것이다. 中位에 처한 까닭에 하늘의 神과 대지의 鬼에게는 지극한 겸손함을 실천해도 될 것이며, 권세에 그를 사용하지 않는다면 '대단히(紛若)' 길할 것이며 재난이 없을 것이다. 따라서 '神明에게 고하는 일을 맡은 벼슬아치(祝史)'와 '무당과 박수(巫覡)'가 겸손하게 하늘의 신과 대지의 귀를 받드는 것과 같이 할 수 있다면 대단히 길할 것이며 반드시 재난이 없을 것이다.(用史·巫紛若吉, 无咎.)'고 했다. 『王注』

【번역翻譯】

九二爻 : 침상 아래에 낮게 처하여 순응하는 것을 祝史가 겸손하고 공손하게 신명을 받들고 무당과 박수(巫覡)가 겸손하고 공손하게 하늘의 神과 대지의 鬼를 받드는 것과 같이 할 수 있다면 대단히 길할 것이며 반드시 재난이 없을 것이다.

〈象〉曰 : '紛若之吉', 得中也.

【번역翻譯】

〈象傳〉에 이르되 : '대단히 길할 것이다.'고 한 것은 九二爻가 中道를 지켜 나아갈 수 있기 때문이다.

【해설解說】

　九二爻는 陽德을 가지고 있음으로 '巽'의 시점에 당면하여, 당연히 正道로 윗사람에게 순응할 것이며 권세에는 비굴하게 굴지 않을 것이기 때문에 爻辭는 '신을 섬기는 것'을 사용하여 격려했고 「象傳」에서는 '中道를 지켜 나아갈 수 있을 것이다.(得中)'고 했다.

(☴) 九三 : 頻巽, 吝.

【주석註釋】

頻巽, 吝 : '頻'은 '찡그리다(顰)'는 뜻으로 '눈살을 찌푸리며 우울해 한다.'는 의미이다.
　이 두 구절은 九三爻가 ≪巽≫ 下卦의 마지막에 처하며 위로는 六四 陰爻가 올라 타고 억누르고 있으니 눈살을 찌푸리며 마음이 위축된 채 섭섭한(억울한) 마음으로 순응하고 있음으로 '애석할 것이다(吝)'고 했다.

九三爻는 剛正이나 六四爻가 올라타고 있으니 괴로운 마음으로 순응한다. 이러한 까닭으로 '애석할 것이다(吝)'고 했다. 『王注』

【번역飜譯】

九三爻 : 눈살을 찌푸리며 우울한 기분으로 마지못해(억지로) 순응하니 장차 애석한 일이 생길 것이다.

〈象〉曰 : '頻巽之吝', 志窮也.

【번역飜譯】

〈象傳〉에 이르되 : '눈살을 찌푸리며 우울한 기분으로 마지못해(억지로) 순응하니 장차 애석한 일이 생길 것이다.'고 한 것은 九三爻의 마음이 위축되어 있다는 의미이다.

【해설解說】

　　九三爻는 正位에 처하나 아래로는 陰을 타고 앉을 수 없고 위로는 오히려 柔에게 능멸을 당하고 있으니 결국에는 굴욕을 참으면서 순응함으로「象傳」에서 이를 '마음이 위축되어 있다.(志窮)'고 했다.

(☴) 六四 : 悔亡, 田獲三品.

【주석註釋】

悔亡, 田獵三品 : '三品'은 '三類'와 같은 뜻이다. 이곳에서는 고대 귀족들이 사냥으로 얻은 물품을 다음 세 종류의 용도로 분류하여 효과적으로 사용했다는 것을 의미한다.

① 햇볕에 건조시켜 乾肉으로 만들어 豆器에 담아 祭物로 사용한다.

② 손님 접대용으로 사용한다.
③ 군왕의 요리용으로 충당한다. 『禮記·王制』

이 두 구절은 六四爻가 剛을 올라타고 있음으로 '후회하게(悔)' 되어있으나 陰으로 陰位에 처하며, 즉 正位에 처하며 또한 九五 陽爻의 뜻을 받들고 있음으로 '후회가 사라질 것이다.(悔亡)'고 했다. 六四爻는 군왕의 명령을 잘 받들어 시행함으로써 반드시 폭력을 제거하고 공을 세워 갈수록 크게 될 것이기 때문에 '田獲三品'을 사용해 비유하였다.

剛을 올라타고 있음으로 후회할 것이다. 그러나 正位에 처하며 九五爻의 뜻을 받들 때 겸손하게 봉행하니 비록 柔로서 剛을 부리기는 하나 존자에 의지해 정도를 실천하고 있는 자이다. 그가 군왕의 명령을 시행할 때는 반드시 강한 힘을 얻어 어질지 못한 자들을 멀리할 것이다. 얻어서 유익한 것은 三品보다 더 좋은 것이 없다. 따라서 '후회는 사라질 것이며 사냥을 하여 三品을 얻을 것이다.(田獲三品)'고 했다. 三品의 용도는, 첫째는 乾豆(사냥으로 얻은 물품을 햇볕에 건조시켜 乾肉으로 만들어 豆器에 담아 祭物로 사용한다.)이고 둘째는 賓客(손님 접대용으로 사용한다.)이며 셋째는 充君之庖(군왕의 요리용으로 충당한다.)이다. 『王注』

【번역翻譯】

六四爻 : 후회는 사라질 것이며 사냥을 해서 세 종류로 사용할 물품(제사의 제물용·손님의 접대용·군왕의 요리용)을 얻을 것이다.

〈象〉曰 : '田獲三品', 有功也.

【번역翻譯】

〈象傳〉에 이르되 : '사냥을 해서 세 종류로 사용할 물품을 얻을 것이다.'고 한 것은 六四爻가 군왕의 명을 받들어 시행하여 공훈을 세울 것이라는 의미이다.

【해설解說】

≪巽≫은 初六爻에서는 '武人'의 '貞'을 사용하여 격려했고 六四爻에서는 '田獵'의 '功'을 사용하여 칭찬해줌으로써 '순응'의 도는 역시 세우는(이루는) 바가 있다는 것을 보여 주었다.

≪巽≫의 六四爻는 지극히 柔한 자이기 때문에 '사냥을 해서 얻는' 공적을 세우기에는 적합하지 않다. 그러나 그는 九五爻 剛에 순응함으로써 그것을 얻게 된다. 또한 이르되 : 巽(순응)의 이치가 어찌 柔弱하고 두려움에 떠는 의미만 있을 것인가?『郭氏傳家易說』

(䷸) **九五 : 貞吉, 悔亡, 无不利. 无初有終. 先庚三日, 後庚三日, 吉.**

【주석註釋】

貞吉, 悔亡, 无不利 : 이는 九五爻가 '巽'의 시점에 당면해, 陽으로 陽位에 처하는 것이, 심히 '겸손하지' 않아 '후회(悔)'하는 것처럼 보이나 中正의 덕을 사용하여 명령을 내리는 군왕인 까닭에 '후회는 사라질 것이며 길할 것이며 이로울 것이다.(悔亡, 吉, 利.)'고 했다.

陽으로 陽位에 처함으로 겸손함을 잃어버렸다. 그러나 中正의 덕을 지켜 나아가면서 명령을 선포하니 누구도 그를 거역하지 않을 것이다. 따라서 '정도를 굳건히 지켜 나아가면 길할 것이며 후회가 사라질 것이며 이롭지 않은 바가 없을 것이다.(貞吉, 悔亡, 无不利.)'고 했다.『王注』

无初有終 : 이는 九五爻가 剛直하게 명령을 발포함으로 인해 처음에는 대중들이 복종하지 않을 것이나 中正의 덕을 사용하여 사악함을 제거함으로써 결국에는 그의 명령이 순조롭게 시행될 것이라는 의미이다.

先庚三日, 後庚三日, 吉 : '庚'은 '天干' 숫자 가운데에서 일곱 번째 위치에 있다. 즉 '己' 뒷자리에 있으며 '中을 넘어선' 숫자이기 때문에 고대인들은 이를 '변경'의 뜻을 상징할 때 사용했다. 이곳에서는 '새 명령을 다시 선포한다.'는 象으로 사용했다.

이 두 구절은 '庚日보다 삼일 먼저 새 명령을 공포해서' '庚日보다 삼일 뒤에 새 명령을 실천한다.'는 것에 비유한 것으로(天干은 甲·乙·丙·丁·戊·己·庚·辛·壬·癸이다. 庚은 변경을 의미한다. 庚의 앞 삼일은 '丁'으로서 이날은 '신중'을 의미한다. 庚의 뒤 삼일은 '癸'로서 '헤아리다'는 의미가 있다. 따라서 '변경하기 전에는 신중을 기해야 할 것이며 변경한 후에는 잘 헤아려 실천해야 할 것이다.'고 해석하면 될 것이다.), '일을 시작할 초기에는 순탄하지 않을 것이나 결국에는 有終의 미를 거두게 될 것이다.(无初有終)'는 의미와 같이 사용했다. 진일보 적으로 九五爻가 '명령을 선포한다면(申命)', 마땅히 中道를 신중하게 지켜 나아가면서 그 일들을 순차적으로 실천해 나아가야 만이 비로소 백성들의 마음속에 깊이 자리를 잡을 수 있을 것이며 상하가 순응하여 잘 따를 것이며 아울러 '길할 것이다.'고 했다.

'庚의 앞 삼일과 庚의 후 삼일은 길할 것이다.(先庚三日, 後庚三日, 吉.)'고 한 것은 명령을 변경하는 이치는 마땅히 이와 같이 해야 한다는 의미이다. 甲은 일의 시작이고 庚은 변경의 시작이다. 十干 가운데에서 '戊己'는 中의 위치이며 中을 지난다는 것은 곧 변화를 의미함으로 '庚'이라고 했다. 『程傳』

【번역飜譯】

九五爻 : 정도를 굳건히 지켜 나아가면 길할 것이며 후회가 사라질 것이며 이롭지 않는 바가 없을 것이다. 새 명령을 공포하면 처음에는 심히 순조롭지 않을 것이나 결국에는 반드시 통창할 것이다. 먼저 변경을 상징하는 庚의 앞 삼일에 새 명령을 발포해서 庚의 뒤 삼일에 새 명령을 시행한다면 상하가 순응하여 잘 따름으로써 반드시 길할 것이다.

〈象〉曰 : 九五之吉, 位正中也.

【번역飜譯】

〈象傳〉에 이르되 : 九五爻의 길한 象은 그가 正位에 단정하게 처하면서 中道를 잘 지켜 나아가기 때문이다.

【해설解說】

≪蠱≫가 난리를 평정하고 질서 있는 세상을 회복하는 상황을 말할 때 卦辭에서 '先甲三日, 後甲三日.'이라고 했다. ≪巽≫은 명령을 공포하고 따르는 상황을 말할 때 九五爻에서 '先庚三日, 後庚三日.'이라고 했다. 양자는 모두 처음에도 신중하고 나중에도 신중하라는 의미를 가지고 있다.

(☰) 上九 : 巽在牀下, 喪其資斧. 貞凶.

【주석註釋】

巽在牀下, 喪其資斧. 貞凶 : '資斧'는 '齊斧'라고도 한다. 이는 '예리한 도끼'를 뜻한다. 이 세 구절은 上九爻가 ≪巽≫의 마지막에 처하며 陽剛의 체질로서 순응함이 너무 지나친 것이, '침상 아래에서' 순응하고 있는 象과 같다는 뜻이자 '날카로운 도끼(資斧)'를 잃어버린 것처럼 강건하고 결단력있는 본성을 상실하여 자못 재난을 맞이할 象과도 같다는 뜻으로, '정도를 굳건히(貞)' 지켜 나아가면 '흉함을 방지할 수 있을 것이다.'고 경고한 내용이다.

≪巽≫의 마지막에 처하며 순응함이 너무 지나침으로 '침상 아래에서 순응하고 있다.'고 했다. '도끼'는 결단력있게 단절하는 물건이다. 지나치게 순응함으로써 正道를 상실하는 것은 결단성을 상실하는 것과 같은 의미이다. 따라서 '그는 堅剛하고 날카로운 도끼를 잃어버렸으니 정도를 굳건히 지켜 나아가면 흉함을 방지할 수 있을 것이다.(喪其資斧, 貞凶.)'고 했다.『王注』

【번역飜譯】

上九爻 : 순응이 지극하여 침상 아래에서 굴복하고 있는 것이 견강하고 날카로운 도끼를 잃어버린 것과 같다. 정도를 굳건히 지켜 나아가면 흉함을 방지할 수 있을 것이다.

〈象〉曰:'巽在牀下', 上窮也. '喪其資斧', 正乎凶也.

【주석註釋】

正乎凶 : '정도를 굳건히 지켜 나아가면 흉함을 방지할 수 있을 것이다.'는 의미이다.

【번역飜譯】

〈象傳〉에 이르되 : '순응이 지극하여 침상 아래에서 굴복하고 있다.'고 한 것은 上九爻가 극단적으로 곤궁한 위치에 있다는 의미이다. '견강하고 날카로운 도끼를 잃어버린 것과 같다.'고 한 것은 上九爻가 마땅히 陽剛의 正道를 지켜 나아가면 흉함을 방지할 수 있을 것이라는 의미이다.

【해설解說】

上九爻와 九二爻는 다같이 '巽在牀下'의 象이다. 그러나 上九爻는 九二爻가 하늘의 神과 땅의 鬼를 받들며 순응하는 것과 같이는 할 수 없으며 극한적으로 '순응'함으로써 剛正의 덕을 크게 상실했다. 따라서 爻辭에서 이미 '견강하고 날카로운 도끼를 잃어버렸다.'는 것에 비유했으며 또한 '정도를 굳건히 지켜 나아가면 흉함을 방지할 수 있을 것이다.'고 격려했다.

【巽】요점 · 관점

≪巽≫은 '순응'을 주제로 하고 있다. 陰陽의 이치로 본다면, 陰이 陽에게 순응한다는 뜻이다. 군신의 도에 비유한다면, 신하가 군왕에게 순응한다는 의미이다.

卦辭는, 이때 '겸손하며 순응(유순)하며 조심하면 형통할 것이며 앞으로 나아가는 데에서 이로움을 얻을 것이다.'라고 했다. 다른 한편으로는 '상하가 겸손하며 순응하는 귀착점에서는 大人이 새 명령을 공포한 것이 시행되어 이로울 것이다.'라고 했다.

卦의 여러 개 爻가 '순응'의 내적의미를 밝히고 있으나 무조건적이며 맹종적인 비열한 순응은 강조하지 않았으며 간혹 '剛健'의 덕을 사용할 것을 격려하고 있다.

初六爻는 '용감한 무인이 정도를 굳건히 지켜 나아가는 데에서 이로움을 얻을 것이다.'로 격려했고 六四爻는 '사냥하는' 공적으로 격려했다. 즉 初六爻와 六四爻는 모두 반드시 유순하면서 강할 수 있는 아름다움을 가지고 있다고 했다. 九三爻는 剛한 자로서 柔한 자에게 굴복함으로 인해 '애석한(吝)' 일이 생길 것이라고 했고 上九爻는 陽의 성품을 지니고 있음에도 불구하고 극한적으로 순응하기 때문에 '흉함(凶)'을 초래할 것(정도를 굳건히 지켜 나아가면 흉함을 방지할 수 있을 것이다.)이라고 했다. 즉 九三爻와 上九爻는 모두 剛德을 상실함으로 인해 위험에 이르게 될 것이라는 의미이다. 九二爻와 九五爻가 길할 것이라고 한 것은, 즉 九二爻는 剛中의 도로서 하늘의 神과 대지의 鬼에게 순응하며 잘 받드는 것과 같이했기 때문이지 권세에 굴복한 것과 같이 하지 않았기 때문이며 九五爻는 中正의 덕으로 새 명령을 공포하여 시행함으로 한 卦의 존자 역할을 다해 내었기 때문이다.

六爻가 제시하는 '순응'의 의미, 즉 아래에서 위에 순응하거나 위에서 아래로 하여금 순응하게 하는 것을 막론하고 다음 두 가지 원칙을 벗어나지 않고 있다.

① '巽'의 道는 정도를 굳건히 지켜 나아가는 데에 있지 아첨하는 데에 있는 것이 아니다.
② '巽'의 시점에서는 반드시 행동을 해야만 한다.

따라서 '순응'은 마땅히 陽剛氣質에 근본을 두며 '굴종'의 의미와는 다른 것이다.

58. 兌卦의 立體文型圖

(☱) ≪兌≫ : 兌. 亨, 利貞.

〈彖〉曰 : 兌, 說也. 剛中而柔外, 說以利貞. 是以順乎天而應乎人. 說以先民, 民忘其勞. 說以犯難, 民忘其死. 說之大, 民勸矣哉!

〈象〉曰 : 麗澤, 兌. 君子以朋友講習.

• • •

(− −) 上六 : 引兌.

〈象〉曰 : 上六'引兌', 未光也.

(—) 九五 : 孚于剝, 有厲.

〈象〉曰 : '孚于剝', 位正當也!

(—) 九四 : 商兌未寧, 介疾有喜.

〈象〉曰 : 九四之喜, 有慶也.

(− −) 六三 : 來兌, 凶.

〈象〉曰 : '來兌之凶', 位不當也.

(—) 九二 : 孚兌, 吉, 悔亡.

〈象〉曰 : '孚兌之吉', 信志也.

(—) 初九 : 和兌, 吉.

〈象〉曰 : '和兌之吉', 行未疑也.

58 兑卦

(☱)《兑》· 錯(☶)《艮》· 綜(☴)《巽》· 互(䷤)《家人》

(☱)《兑》: 兑. 亨, 利貞.

【주석註釋】

☱ : 卦象이다. 上卦·下卦가 모두 ☱ 兑卦(澤·悅)로 구성되었다. 두 연못의 물이 서로에게 스며드는 자연현상과 이치를 빌려와서 상호간에 '기쁨을 증가시키는' 현상과 이치를 상징했다.

兑 : 卦名이다. '기쁨'을 상징한다.

亨, 利貞 : 이는 사물이 '기뻐할' 때에는 반드시 '형통할 것이다.(亨)'는 의미이다. 그러나 '사악하다면' 기뻐할 수 없음으로 '정도를 굳건히 지켜 나아가는 데에서 이로움을 얻을 것이다(利貞).'고 경고한 내용이다.

　'연못(兑)'은 만물을 윤택하게 살아가게 하는 까닭에 만물이 모두 '기뻐한다'는 것을 의미한다. 人事에 옮겨 본다면, 군왕이 은혜를 베풀어 백성들을 양육하니 백성들이 기뻐하지 않는 자가 없다는 의미이다. 백성들이 기쁘도록 은혜를 베푸는 까닭에 '형통할 것이다.(亨)'고 했다. 만물을 기뻐하게 하는 것을 기뻐한다는 것은 아첨과 사악함에 빠지는 바를 두려워한다는 것이며 정도를 굳건히 지켜 나아가는 데에서 이로움을 얻을 것이라는 의미이다. 따라서 '기쁠 것이며 형통할 것이며 정도를 굳건히 지켜 나아가는 데에서 이로움을 얻을 것이다.(兑, 亨, 利貞.)'고 했다. 『正義』

【번역飜譯】

≪兌≫ : 兌卦는 기쁨을 상징한다. 형통할 것이며 정도를 굳건히 지켜 나아가는 데에서 이로움을 얻을 것이다.

〈彖〉曰 : 兌, 說也. 剛中而柔外, 說以利貞. 是以順乎天而應乎人. 說以先民, 民忘其勞. 說以犯難, 民忘其死. 說之大, 民勸矣哉!

【주석註釋】

剛中而柔外, 說以利貞 : '剛中'이란? 九二爻와 九五爻가 陽剛으로 中位에 처한다는 의미이다. '柔外'란? 六三爻와 上六爻가 陰柔로서 內卦·外卦의 밖(外)에 처한다는 의미이다.

이는 卦 가운데 九二爻·九五爻·六三爻·上六爻의 象을 사용해서 卦辭 '亨, 利貞.'을 해석한 내용으로, 밖은 부드럽고 기쁨이 충만하며 안은 剛健함을 잃지 않고 있으며 안은 剛正하며 밖은 기쁨이 충만함을 잃지 않고 있으니 즉 內外剛柔가 겸비함으로써 아첨함도 없고 포악함도 없어 결국에는 '기쁨(兌)'에 처하게 되어 형통할 것이며 정도를 굳건히 지켜 나아가는 데에서 이로움을 얻을 것이라고 했다.

기뻐하면서 剛을 피하면 아첨이 되고 剛하면서 기쁨을 피하면 포악함이 된다. 안으로는 剛(剛中)하고 밖으로는 柔(柔外)함으로 '사물의 정을 기쁨에 이르게 할 것이며 아울러 정도를 굳건히 지켜 나아가는 데에서 이로움을 얻을 것이다.(說以利貞)'고 했다. 剛中함으로써 정도를 굳건히 지켜 나아가는 데에서 이로움을 얻을 것이다. 柔外함으로써 기쁨에 처하게 되어 형통할 것이다. 『王注』

是以順乎天而應乎人 : 이 구절은 '기쁨'의 의미는 '天道와 人情에 應合하는 것이다.'는 뜻을 넓게 밝힌 내용이다. 문장의 결구 가운데에서는 또한 위의 문장을 이어서 아래 문장을 열어주는 작용을 한다.

天은 剛德이니, 부드럽게 극복하는 힘을 가지고 있음으로 剛하나 그 기쁨을 잃어버리지 않는다. '說以利貞'이란? 위로 天에 순응한다는 의미이다. 사람의 마음은 은혜를 베푸는 것을 기뻐하니, 은혜를 베푸는 것으로 사람을 기쁘게 한다는 것은 아래로 사람들에게 호응한다는 의미이다. 『正義』

說以先民, 民忘其勞. 說以犯難, 民忘其死 : 이 네 구절은 '기쁨'의 도를 진일보 발휘한 것으로, '君子大人'이 만약 기꺼이 백성들보다 먼저 걱정하고 먼저 힘써 일하고 위험한 곳을 무릅쓰고 나아간다면 백성들 역시 기꺼이 '자신들이 힘든 것도 잊어버리고(忘其勞)' '자신들이 죽는 것도 잊어버릴 것이다.(忘其死)'는 의미이다.

뜻에 맞을 때 기뻐하며 평안할 때 기뻐한다는 것은 모두 고통스럽지 않다는 의미이다. 오로지 힘들고 어려운 상황에 처했음에도 불구하고 기뻐한다는 것은 비로소 진정한 기쁨을 맛 볼 줄 안다는 의미이다. 성인은 이로 인해 백성들보다 먼저 함으로써 백성들로 하여금 힘들고 고통스러운 것도 사양하지 않게 하며 어려움에 나아간다고 할지라도 두려워하지 않게 할 뿐이다. 『折中·呂祖謙』

說之大, 民勸矣哉 : '勸'은 '힘써 하도록 격려한다.'는 뜻이나 이곳에서는 '스스로 힘쓴다.'는 의미로 사용했다.
이 두 구절은 앞 문장을 맺은 말로서, '기쁨'의 의미가 넓고 위대한 것을 최고로 칭찬한 내용이다.

백성들에게 힘써 하도록 격려한다는 것과 백성들 스스로 힘쓴다는 것은 의미상 거리가 멀다. 이러한 까닭으로 성인은 이를 훌륭하게 생각해서 '기쁨의 의미가 이렇게도 넓고 위대한 것이니 백성들로 하여금 스스로 힘쓰게 할 지어다!(說之大, 民勸矣哉!)'고 했다. 『誠齋易傳』

【번역翻譯】
〈彖傳〉에 이르되 : 兌는 기쁨을 의미한다. 비유해 본다면, 陽剛은 中位에 처하며 마음속에 신의와 정성을 품고 있으며 陰柔는 온화하게 밖에 처하며 겸손하고 순응적으로 사물을 대접하니, 사물의 정을 기쁨에 이르게 할 뿐만 아니라 정도를 굳건히 지켜 나아가는 데에서 이로움을 얻을 것이라는 것과 같다는 의미이다. 이러한 까닭에 올바른 기쁨이란 하늘의 이치에 순응하며 인간의 정에 應合하는 것이다. 군자와 대인이 기꺼이 백성들보다 먼저 고생을 마다하지 않아야 만이 백성들 역시 힘써 일할지라도 고통을 잊어버릴 수 있을 것이다. 기꺼이 위험하고 험난한 곳을 향해 나아가면서도 어렵고 험난함을 피하지 않아야 만이 백성들 역시 생명이 버려진다고 할지라도 죽음에 대한 두려움을 잊어버릴 수 있을 것이다. 기쁨(기꺼이)의 의미가 이렇게도 넓고 위대한 것이니 백성들로 하여금 스스로 힘쓰게 할 지어다!

〈象〉曰 : 麗澤, 兌. 君子以朋友講習.

【주석註釋】

麗澤, 兌 : '麗'는 '이어지다'·'붙다'는 뜻이다.
 이는 ≪兌≫의 上卦·下卦가 모두 兌이며 모두 '澤'의 象이라는 것을 해석한 내용이다.

 '麗澤'이란? 두 개의 연못이 서로 붙어있는 것을 뜻한다. 두 개의 연못이 서로 붙어 있으면 서로에게로 스며들어서 서로에게 이로움을 증가시키는 象이 된다. 『程傳』

君子以朋友講習 : '講習'은 '학문'의 도를 뜻한다. '講'은 '밝혀지지 않은 것을 밝히는 것'을 뜻하고 '習'은 '익히지 못한 것을 배우는 것'을 뜻한다.
 이는 군자는 ≪兌≫의 두 연못이 서로 붙어서 기뻐하는 象을 본 받아, '친구(朋友)' 간에 서로 '강습(講習)'하는 것을 즐겨야 할 것이라는 의미이다.

 同門을 '朋'이라 하고 同志를 '友'라고 한다. '朋友'란? 모여서 道義를 講習하는 관계이니, 서로 기쁨을 크게 하는 것으로는 이 보다 더 좋은 것은 없다. 『正義』

【번역飜譯】

〈象傳〉에 이르되 : 두 개의 연못이 이어져 있다(서로에게로 스며든다.)는 것은 기쁨을 상징한다. 군자는 이를 본 받아, 기쁘게(기꺼이) 좋은 同門·同志들과 함께 밝혀지지 않은 것을 서로 밝혀 내어야 할 것이며 익히지 못한 것을 서로 배워야 할 것이다.

【해설解說】

「大象傳」에서 '朋友講習'을 사용하여 '기쁨'의 의미를 전개시킨 것은 '治學'을 취해 비유한 것이다. 이는『論語·學而』의 '學而時習之, 不亦說乎! 有朋自遠方來, 不亦樂乎!'와 같은 뜻을 가지고 있다.

　　만약 同志도 없이 혼자서 배운다면 견문이 좁고 학식도 천박할 것이다. 따라서『論語』에 '배우기만 하고 밝혀지지 않는 것을 찾아내지 못해 이야기할 거리가 없다면 유쾌하지 못할 것이로다! 모르는 것을 때때로 익혀서 배운다면 기쁘지 않을 것인가!'라고 했다. 그리고 '同門과 同志가 먼 곳으로부터 나를 찾아와 강습하고자 하니 즐겁지 아니하겠는가!'라고 했다.『周易集說·兪琰』

(☱) 初九 : 和兌, 吉.

【주석註釋】

和兌, 吉 : 이는 初九爻가 '悅'의 시점에 당면해, 陽으로 아래 陽位(正位·當位)에 처하며 九四爻와 호응하지 않으며 즉 얽매이지 않으며 넓고 평화롭고 기쁜 마음으로 사람을 대접하는 象을 가졌다는 뜻을 설명한 내용이다. 또한 剛健한 성질로 나쁜 행위를 하지 않음으로 사람들이 의심하지 않으니 '길할 것이다.'고 했다.

　　'兌'의 처음에 처하며 어느 하나의 爻와도 호응하지 않으며 연결된 무리들도 없으니 '평화롭고 기쁘게 지낼 것이다.(和兌)'고 했다. 기쁨은 아첨에 있는 것이 아니며 이를 실천하여 사람들의 의심을 받지 않으니 길할 것은 당연한 이치이다.『王注』

【번역飜譯】

初九爻 : 평화롭고 기쁜 마음으로 사람을 대접하니 길할 것이다.

〈象〉曰 : '和兌之吉', 行未疑也.

【번역飜譯】

〈象傳〉에 이르되 : '평화롭고 기쁜 마음으로 사람을 대접하니 길할 것이다.'고 한 것은 初九爻의 행위가 단정함으로써 사람들이 의심하지 않는다는 의미이다.

【해설解說】

初九爻는 처음의 위치에 처하며 체질이 陽剛하며 평화롭고 기쁜 마음으로 단정하게 처세하니 결국에는 길할 것이다.

(☱.) 九二 : 孚兌, 吉, 悔亡.

【주석註釋】

孚兌, 吉, 悔亡 : 이는 九二爻가 '兌'의 시점에 당면해, 陽으로 陰位에 처함으로써 비록 '正位를 상실하여' '후회'는 한다고 할지라도 剛中으로 믿음을 가지고 있으며 마음속에 신의와 정성을 품고 기쁘게 사람을 접대하니 '길할 것이다.(吉)'·'후회는 사라질 것이다.(悔亡)'고 했다.

九二爻는 기뻐하며 中位를 상실하지 않았으며 신의를 품고 있는 자이다. 기뻐하며 신의를 품고 있으니, 즉 길함이 그를 따를 것이기 때문에 '마음속에 신의와 정성을 품고 기쁘게 사람을 접대하니 길할 것이다.(孚兌, 吉.)'고 했다. 사실상 그는 正位를 상실하였지만 신의를 품고 있어 길할 것이며 후회도 사라질 것이라고 했다. 『正義』

【번역飜譯】

九二爻 : 마음속에 신의와 정성을 품고 기쁘게 사람을 접대하니 길할 것이며 후회도 사라질 것이다.

〈象〉曰 : '孚兌之吉', 信志也.

【주석註釋】

信志 : 이는 '마음속에 신의와 정성을 품고 있다.'는 의미이다.

마음속에 품고 있는 것을 '뜻'이라고 한다. 九二爻는 剛實로 中位에 처함으로 신의와 정성이 마음 가운데(中)에 있다고 했다. 『程傳』

【번역飜譯】

〈象傳〉에 이르되 : '마음속에 신의와 정성을 품고 기쁘게 사람을 접대하니 길할 것이다.'고 한 것은 九二爻의 뜻에 정성과 믿음 그리고 진실이 담겨져 있다는 의미이다.

(☱) 六三 : 來兌, 凶.

【주석註釋】

來兌, 凶 : '來'는 '와서 찾는다.(구한다)'는 뜻이다.
이는 六三爻가 下卦의 마지막에 처하며 正位에 처하지 않으며 上六爻와도 호응하지 않으며, 그는 九二爻·初九爻 두 개의 陽爻를 찾아와서 함께 기쁨을 도모하고자 함으로써 그는 '兌'에 처하나 사악하고 거짓된 象을 가진 자이니 '흉할 것이다.'고 했다.

陰柔의 체질로 正位에 처하지 않으며 찾아와서 기쁨을 구하고자 하는 자이다. 바르지 않으면서 기쁨을 구한다는 것은 사악하고 거짓됨을 가진 자이기 때문이다. 『王注』

【번역翻譯】

六三爻 : 먼저 와서 기쁨을 꾀하며 구하니 흉할 것이다.

〈象〉曰 : '來兌之凶', 位不當也.

【번역翻譯】

〈象傳〉에 이르되 : '먼저 와서 기쁨을 꾀하며 구하니 흉할 것이다.'고 한 것은 六三爻의 처한 위치가 정당하지 않다는 의미이다.

【해설解說】

六三爻의 흉함은 陰으로 陽位에 처했음에도 불구하고 기쁨을 구하는 마음이 절실하기 때문이다.

陰으로 陽位에 처함으로 위치가 정당하지 않다. 아첨과 사악함으로 기쁨을 구하는 것이 반드시 흉하게 되는 까닭이다. 『集解 · 李鼎祚』

(䷹) 九四 : 商兌未寧, 介疾有喜.

【주석註釋】

商兌未寧, 介疾有喜 : '商'은 '헤아리다' · '생각하여 분별한다.'는 뜻이다. '介'는 '굳게 지켜 나아가며 변하지 않는다.' · '막아서 끊는다.'는 뜻이다. '疾'은 六三爻가 '아첨과 사악한 질환을 가지고 있다.'는 의미이다.

이 두 구절은 九四爻가 陽剛으로 正位를 상실한 채, 아래로는 六三爻 아첨을 잘하는 자와 이웃하며 위로는 九五爻 존자의 뜻을 받드는 상황이기 때문에 그 '기쁨(悅)'을 잘 헤아려야 함으로써 마음이 편안하지 못할 것이라는 의미이다. 그러나 만약 六三爻의 아첨과 사악한 환을 끊어버리고 확고히 정도를 엄격히 지켜 나아간다면 기쁨을 누릴 것이라고 했다.

九四爻는 위로는 九五爻의 中正을 받들고 아래로는 六三爻 柔邪한 자와 이웃함으로써 생각한 말을 결단력 있게 할 수가 없으며 안정을 찾지 못하고 있다. 그러나 체질이 陽剛이기 때문에 정도를 굳건히 엄격하게 지켜 나아갈 수 있으며 柔邪한 자를 확고히 미워할 수 있는 까닭에, 이와 같이 한다면 곧 기쁨을 누리게 될 것이다. 『本義』

【번역飜譯】

九四爻 : 그 기뻐할 일을 잘 헤아려야 함으로써 마음이 편안하지 못할 것이나 아첨하는 자들의 사악한 질환을 확고히 끊어버릴 수 있으니 기쁨을 누릴 것이다.

〈象〉曰：九四之喜, 有慶也.

【번역飜譯】

〈象傳〉에 이르되 : 九四爻가 기쁨을 누리게 되는 것은 축복 받을 가치가 있는 象을 지녔기 때문이다.

【해설解說】

九四爻는 剛으로 柔位에 처해있다. 九四爻는 六三爻 아첨하는 소인과 이웃하니, 마음속으로는 六三爻의 잘못을 알고 있지만 실질적으로는 六三爻의 아첨을 즐기고 있다. 따라서 기뻐할 일을 잘 헤아려야 함으로써 가슴속에서 취해야 할 것인가 버려야 할 것인가에 대한 교전이 치열하니 편안하지 못할 뿐이다. 성인은 이러함을 격려하여 : '아첨하는 자들의 사악한 질환을 확고히 끊어버릴 수 있으니 기쁨을 누릴 것이다.(介疾有喜)'고 했다. 『楊氏易傳·楊簡』

(䷹) 九五 : 孚于剝, 有厲.

【주석註釋】

孚于剝, 有厲 : '剝'은 '상하다'・'다치다'・'타락하다'・'깎여 없어진다.'는 뜻으로, 즉 '소인의 도는 성장하고 군자의 도는 사라질 것이다.'는 의미이다. 이는 上六爻는 군자를 상하게 하는 소인이라는 것에 비유한 내용이다.

이 두 구절은 九五爻가 비록 陽剛中正이기는 할지라도 오히려 上六 陰爻와 이웃함으로써 上六爻가 끌어당겨 유혹하자 九五爻는 마음속으로 上六爻 소인을 믿으며 기쁨을 함께 나눔으로써 '위험할 것이다.(有厲)'고 경고한 내용이다.

上六爻와 이웃하며 서로 마음을 맞춘다. 존위에 바르게 처하나 陽을 기꺼이 믿지 않고 陰을 기꺼이 믿으니 '陽剛을 상하게 하는 陰柔의 소인에게 믿음을 보낸다.(孚于剝)'고 했다. '剝'은 소인의 도가 자라난다는 의미이다. 『王注』

【번역飜譯】

九五爻 : 陽剛을 상하게(다치게) 하는 陰柔의 소인에게 정성과 믿음을 보내니(그에게 유혹되어 기쁨을 서로 나누고 있으니) 위험할 것이다.

〈象〉曰 : '孚于剝', 位正當也!

【주석註釋】

位正當 : 이는 '正當'한 위치에 있는 九五爻가 '陽剛을 상하게 하는 陰柔의 소인에게 정성과 믿음을 보내는 것'은 옳지 않다는 바를 책망한 내용이다.

【번역飜譯】

〈象傳〉에 이르되 : '(九五爻는 결국) 陽剛을 상하게(다치게) 하는 陰柔의 소인에게 정성과 믿음을 보낸다.(그에게 유혹되어 기쁨을 서로 나누고 있다.)'고 한 것은 다만 九五爻가 처한 정당한 위치가 아까울 뿐이로다!는 의미이다.

(䷹) 上六 : 引兌.

【주석註釋】

引兌 : '引'은 '유혹하다' · '유인하다'는 뜻이다.

이는 上六爻가 陰爻로 ≪兌≫의 마지막에 처하며, 한 卦 기쁨의 주인이 되어 기쁨의 극에 달한 자신을 어찌할 줄 몰라 하며 九五爻 · 九四爻 두 개의 陽爻를 유인해서 기쁨을 서로 나누고 있는 象을 말한 내용이다.

上六爻는 기쁨의 주인이며 陰으로 기쁨의 극에 처하며 아래 두 개의 陽爻를 유인해서 기쁨을 서로 나누고 있다. 그러나 반드시 그가 쫓아서는 안 되는 까닭에 九五爻는 마땅히 경계해야 할 것이라고 했으며 上六爻는 그의 吉 · 凶을 말하지 않았다. 『本義』

【번역飜譯】

上六爻 : 다른 사람을 유인하여 기쁨을 서로 주고 받는다.

〈象〉曰 : 上六'引兌', 未光也.

【번역飜譯】

〈象傳〉에 이르되 : 上六爻의 '다른 사람을 유인하여 기쁨을 서로 주고 받는다.'고 한 것은 기쁨의 도가 빛날 수 없을 것이라는 의미이다.

【兌】 요점 · 관점

'기쁨(兌)'은 인간이 항상 가지고 있는 감정이다. 경쾌한 노래는 귀를 기쁘게 하고 아름다운 경치는 눈을 기쁘게 한다.

卦辭에서 이미 사물의 정이 기쁨을 느끼면 형통할 것이며 '기쁨'이란 응당히 정도를 굳건히 지켜 나아가는 것이라는 내용으로 본 卦의 의미를 제시했다.

卦의 六爻 가운데 두 개 陰爻는 모두 柔로서 아첨하여 기쁨을 누리기 때문에 부정적인 象으로 취급되었다. 네 개 陽爻의 상황은 각각 다르다. 즉 初九爻는 剛正으로 평화로움과 기쁨을 함께 누리는 최고의 길한 상황에 놓여있다. 九二爻는 마음속에 신의와 정성 품고 기쁨을 누리기 때문에 '길할 것이다.' · '후회도 사라질 것이다.'고 했다. 九四爻는 그 기쁨을 들추어내어 선택하며 잘 헤아린 까닭에 '기쁨을 누릴 것이다.'고 했다. 九五爻는 존위에 처하나 소인을 기꺼이 믿고 따르는 까닭에 '위험할 것이다.'라는 심각한 경고를 했다.

卦 전체의 의미를 살펴본다면, 陽剛은 陰柔에게 끌려 다니지 말 것이며 타고 난 바른 덕을 잘 지켜 나아갈 것이며 결단코 사악하고 아첨하는 자들과는 교제를 끊어야만이 비로소 '기쁨'의 지극한 아름다움을 성취시킬 수 있을 것이라고 했다. 이와 반대로 바른 덕을 멀리한 채 잘못된 기쁨을 누린다면 곧 사람들로부터 얻은 기쁨이든 사람들로 인해 기뻐하게 된 것이든 모두 머지않아 재난으로 초래될 것이라고 했다. 이로써 우리는 『周易』이 긍정적으로 제시하는 '기쁨'은 도덕적 준칙 상에서 만이 모색되고 있다는 것을 알 수 있다.

59. 渙卦의 立體文型圖
   환괘   입체문형도

(☴☵) 《渙》: 渙. 亨, 王假有廟, 利涉大川, 利貞.
         환   환 형 왕격유묘 이섭대천 이정

〈彖〉曰: '渙, 亨.' 剛來而不窮, 柔得位乎外而上同. '王假有廟', 王乃在中
  단 왈   환 형 강래이불궁   유득위호외이상동   왕격유묘   왕내재중
也. '利涉大川', 乘木有功也.
야   이섭대천   승목유공야

〈象〉曰: 風行水上, '渙'. 先王以享于帝立廟.
  상 왈 풍행수상 환   선왕이향우제립묘

• • •

(━) 上九: 渙其血去逖出, 无咎.
    상구 환기혈거적출 무구

〈象〉曰: '渙其血', 遠害也.
  상 왈   환기혈   원해야

(━) 九五: 渙汗其大號, 渙王居, 无咎.
    구오 환한기대호 환왕거 무구

〈象〉曰: '王居无咎', 正位也.
  상 왈   왕거무구   정위야

(━ ━) 六四: 渙其羣, 元吉. 渙有丘, 匪夷所思.
      육사 환기군 원길 환유구 비이소사

〈象〉曰: '渙其羣元吉', 光大也.
  상 왈   환기군원길   광대야

(━ ━) 六三: 渙其躬, 无悔.
      육삼 환기궁 무회

〈象〉曰: '渙其躬', 志在外也.
  상 왈   환기궁   지재외야

(━) 九二: 渙奔其机, 悔亡.
    구이 환분기궤 회망

〈象〉曰: '渙奔其机', 得願也.
  상 왈   환분기궤   득원야

(━ ━) 初六: 用拯馬壯吉.
      초육 용증마장길

〈象〉曰: 初六之吉, 順也.
  상 왈 초육지길 순야

59 渙卦

(☴☵)《渙》・錯(☳☱)《豐》・綜(☵☴)《節》・互(☶☳)《頤》

(☴☵)《渙》: 渙. 亨, 王假有廟, 利涉大川, 利貞.

【주석註釋】

☴☵ ; 卦象이다. 下卦 ☵ 坎卦(水・險)와 上卦 ☴ 巽卦(風-木・入-遜)로 구성되었다. 바람이 물위에서 부니 물결이 빙글빙글 무늬를 그리면서 퍼져 나아가는 자연현상과 이치를 빌려와서 '흩어지는' 현상과 이치를 상징했다.

渙: 卦名이다. '흩어지다'・'해체되다' 등의 의미를 상징한다. '渙'字의 뜻은 다음 두 가지로 생각해 볼 수 있다.

① '散' 즉 '흩어지다'는 뜻이다.

'渙'은 '흩어지다'는 뜻이다. 下卦 坎卦와 上卦 巽卦, 즉 바람이 물 위에서 불자 물결이 흩날려 헤어지고 찢어지고 분산되는 象을 함으로 '흩어지다'는 뜻을 상징 했다. 『本義』

② '文' 즉 '(물결)무늬가 찬란하다.'는 뜻이다. 이는 '散'의 뜻에서 발전한 것이다. 사물(물결)이 흩어지나 혼란스럽지 않으며 질서 정연하게 하나의 '中心'을 둘러싸고 퍼져 나아가는 '자연 무늬 결의 아름다움'을 의미한다.

'渙'은 '빙빙 돌면서 퍼져 나아간다.(흩어져 나아간다.)'는 뜻이자 또한 '무늬모양'을 뜻한다. 바람이 물 위에서 부니 '물결의 무늬가 만들어진다.'는 의미이다. 『六十

四卦經解 · 朱駿聲』

물 위에서 바람이 부니 '물결이 흩어졌다 모여든다.' 이것이 '渙'의 의미이다. 『京傳』

亨, 王假有廟, 利涉大川, 利貞 : '假'은 '感格' 즉 '감동시켜 이르게 한다.' · '감동시켜 통하게 한다.'는 뜻이다.

이는 사물이 '渙(흩어지는)'의 시점에 당면해, 형체는 비록 쓸모없이 해체된다고 할지라도 영혼(신령)은 반드시 모여들게 될 것이니, 즉 '흩어지는 것'과 '모여드는 것'이 서로 기대어 작용함으로써 반드시 형통할 것이라는 의미이다. 따라서 '王假有廟'를 사용해 '신령의 도움을 모은다.'는 것에 비유했고 '利涉大川'을 사용해 '인간의 힘을 합하면 곤경에서 헤어날 수 있다.'는 것에 비유했다. 아울러 '利貞'을 사용해서 이때의 행동은 반드시 '올바르게 해야 한다.'고 했다.

≪渙≫과 ≪萃≫는 서로 반대현상이다. '假廟'란? 귀신이 이미 흩어진 바를 모은다는 의미이다. '涉川'이란? 人力이 같지 않는 바를 모은다는 의미이다. 대개 정성을 다하면 감격할 것이니, 즉 저승과 이승이 호응하지 않는 바가 없을 것이라는 의미이다. 秦과 越이 같은 배를 탔다는 것은, 즉 心力이 같지 않는 것이 아니라는 의미이다. 이 양자는 흩어지는 것은 모여드는 것의 큰 실마리라는 의미이다. 그러나 그에게 바르게 행하지 않는다면, 반드시 神을 더럽힐 것이며 재앙을 저지를 수 있을 것이기 때문에 '정도를 굳건히 지켜 나아가는 데에서 이로움을 얻을 것이다.(利貞)'고 했다. 『折中』

【번역翻譯】

≪渙≫ : 渙卦는 흩어지는 것을 상징한다. 형통할 것이며 군왕이 아름다운 덕으로 신령을 감격시켜 불러들이면 廟祭를 보전할 수 있을 것이며 거센 물결이 도도히 흐르는 험난한 큰 하천을 건너는 데에서 이로움을 얻을 것이며 정도를 굳건히 지켜 나아가는 데에서 이로움을 얻을 것이다.

> 〈彖〉曰 : '渙, 亨.' 剛來而不窮, 柔得位乎外而上同. '王假有廟', 王乃在中也. '利涉大川', 乘木有功也.

【주석註釋】

剛來而不窮, 柔得位乎外而上同 : '剛'은 九二爻를 뜻한다. '柔'는 六四爻를 뜻한다.
　　이는 九二爻 陽剛이 下卦에 처하며 初六爻·六三爻·六四爻와 끝없이 교왕한다는 것과 六四爻는 上卦에서 正位에 처하며 九五爻·上九爻의 뜻을 받들며 마음으로 협력하는 것을 사용해, 陰陽은 흩어져야 모일 수 있다는 뜻을 설명하면서 卦辭 '渙, 亨.'의 의미를 해석한 내용이다.

王乃在中 : 이는 卦辭 '王假有廟'를 해석한 내용이다. 즉 九五爻가 正位·中位에 처하며 지극한 정성으로 신령을 감격시킴으로써 '모여들게 하고 흩어지게 하는 주인'이라는 의미이다.

乘木有功 : 이는 卦辭 '利涉大川'을 해석한 내용으로, 上卦 巽卦는 '木'의 象이고 下卦 坎卦는 '水'의 象인 것이, 배가 물 위를 질주하는 것과 같다는 의미이다. 즉 사람들이 힘을 합하여 험난한 상황을 헤쳐 나아가는 것에 비유한 내용이다.

【번역飜譯】

〈彖傳〉에 이르되 : '흩어지니 형통할 것이다.' 비유해 본다면, 陽剛한 자가 앞서 와서 陰柔 가운데에 처하니 어려움이 없을 것이며 陰柔한 자는 밖에서 正位에 처하며 위에서 陽剛한 자와 뜻을 화합하는 것과 같다는 의미이다.(그리하여 陰陽이 비록 흩어졌다고는 할지라도 심령은 모여들어 통할 것이라는 의미이다.) '군왕이 아름다운 덕으로 신령을 감격시켜 불러들이면 廟祭를 보전할 수 있을 것이다.'고 한 것은 군왕이 사람들의 마음을 모을 수 있는 正位·中位에 처한다는 의미이다. '거센 물결이 도도히 흐르는 험난한 큰 하천을 건너는 데에서 이로움을 얻을 것이다.'고 한 것은 목선을 타고 힘을 합해 물살이 거센 하천을 건넌다면 반드시 성공할 것이라는 의미이다.

〈象〉曰 : 風行水上, '渙'. 先王以享于帝立廟.

【주석註釋】

風行水上, 渙 : ≪渙≫의 上卦 巽卦는 '風'을 象으로 하고 下卦 坎卦는 '水'를 象으로 한다는 것을 해석한 내용이다.

先王以享于帝立廟 : 이는 '先王'이 '바람이 물 위에서 부는' 象을 관찰해 본 후 '흩어지는 가운데에서 모여든다.'는 이치를 깨닫고, '天帝에게 제사를 올리고(享帝)'·'宗廟(帝王家의 祠堂)를 건립하자' 천하 백성들의 마음이 돌아와 뭉쳐졌다는 것을 설명한 내용이다.

백성들의 마음을 거두어 모여들게 하는 데에는 宗廟 만한 것이 없다. 제사로 올리는 보답은 그 마음으로부터 나오는 것이다. 따라서 '天帝에게 제사를 올리고(享帝)'·'宗廟를 건립하면(立廟)' 백성들의 마음이 돌아올 것이다. 백성들의 마음을 동여메고 흩어지는 것을 화합시키는 이치는 이 방법보다 더 좋은 것이 없다. 『程傳』

【번역飜譯】

〈象傳〉에 이르되 : 바람이 물 위에서 분다는 것은 '흩어지는 것'을 상징한다. 선대의 군왕이 이를 본 받아, 天帝에게 제사를 드리고 종묘를 건립하는 것을 통해 백성들의 마음을 돌아오게 하여 뭉쳐지게 했다.

【해설解說】

본 卦의 이름은 '渙(흩어지다)'에서 따온 것으로, '흩어지나 어지럽지 않으며 무늬도 찬란하다.'는 의미를 가지고 있다. 무릇 사물은 모여들면 반드시 스스로 흩어지게 된다. 질서 정연함을 가지고 있다가 질서있게 흩어진다. 흩어지는 가운데에서 모여드는 것을 볼 수 있다는 것은 형체는 흩어지나 영혼은 모여든다는 의미이다. 이것이 곧 '渙(흩어지다)'의 이치이다.

≪渙≫의 卦象은 '바람이 물 위에서 부는' 象으로, 즉 수면 위에 잔물결이 일어나는 것을 자연

의 '아름다운 무늬'로 본 것이다. 따라서 ≪渙≫의 卦象은 후대 文論家들에 의해 응용되었으며 '自然成文'說의 원형이 되었다.

(☴) 初六 : 用拯馬壯吉.

【주석註釋】

用拯馬壯吉 : '拯'은 '건지다'·'구제하다'는 뜻이다.

　　이는 初六爻가 陰으로 ≪渙≫의 시작에 처하며 위로 九二爻를 받들고 있는 것이, 건장한 말의 도움을 받아 자신의 陰柔弱質로부터 구제되는 것과 같다는 의미이다. 이로써 '흩어지는 것(渙)'에서 구제되어 흩어짐에 이르지 않게 되니 '길할 것이다.'고 했다.

　　卦의 처음에 처한 것은 '渙'의 시작이라는 의미이다. 시작에서 흩어졌을 것이나 이것이 구제 되었으니 힘은 이미 전환되었다. 또한 건장한 말을 가지고 있게 되었으니 그의 길함은 알 수 있는 바이다. 初六爻는 흩어지는 것을 구제할 재주는 가지고 있지 않으나 九二爻에게 순응함으로써 그의 象占이 이와 같이 나타났다. 『本義』

【번역飜譯】

初六爻 : 건장한 좋은 말의 힘을 빌려서 구제되니 길할 것이다.

〈象〉曰 : 初六之吉, 順也.

【번역飜譯】

〈象傳〉에 이르되 : 初六爻의 길함은 九二爻의 뜻에 순응하며 받드는 것으로 말미암은 것이다.

【해설解說】

初六爻는 坎의 험난함 아래에 처하며 '흩어지는(渙)' 상황의 시작에 당면해 있으나 일찍 '구제됨으로써' 흩어짐으로부터 벗어날 수 있었다.

다섯 개의 爻는 모두 '흩어지다(渙)'는 말을 하고 있으나 유독 初六爻만이 '흩어지다(渙)'는 말을 하지 않고 있다. 이는 흩어지는 상황이 일찍 수습되어 '흩어지는 상황에 이르지 않는다.'는 의미이다. 『周易本義通釋·胡炳文』

(☴) 九二 : 渙奔其机, 悔亡.

【주석註釋】

渙奔其机, 悔亡 : '机'는 '几(앉을 때에 몸을 기대는 도구, 즉 案席)'·'几案(책상)'과 통하는 것으로 初六爻에 비유하였다.

이 두 구절은 九二爻가 '흩어지는(渙)' 시점에 당면해, 몸이 험난함에 처함으로써 '후회(悔)'할 상황이 되었으나 陽剛으로 中位에 처하며 初六爻와 호응하지는 않으나 이웃하고 있는 것이, '机'에 의지하고 있는 것과 같다는 의미이다. 즉 陰陽이 서로 화합함으로써 '후회가 사라질 것이다.(悔亡)'고 했다.

흩어지는(渙) 시점에서 험난한 가운데(中)에 있으니 그가 '후회할 것'이라는 바를 알 수 있다. 만약 편안히 쉴 수 있는 곳으로 달려갈 수 있다면 '후회는 사라질 것이다.(悔亡)' '机'란? '앉을 때에 몸을 기대는 도구'를 뜻한다. '俯'란? '아래로 간다.'는 뜻이다. '奔'이란? '서둘러 간다.'는 뜻이다. 九二爻와 初六爻가 비록 바르게 호응하는 관계는 아니나 흩어지는 시점에 당면해, 양자는 모두 함께 할 짝이 없으니(初六爻와 六四爻는 같은 陰爻이고 九二爻와 九五爻는 같은 陽爻이기 때문에 서로 호응할 수 없는 관계이다.) 陰陽으로 서로 친한 이웃이 되어 서로를 구제해 준다. 즉 서로 의지하는 관계로 지낼 수 있다. 따라서 九二爻는 初六爻를 '앉을 때에 몸을 기대는 도구(机)'로 보았으며 初六爻는 九二爻를 '구제해 주는 건장한 말(馬)'이라고 생각했다. 『程傳』

【번역飜譯】

九二爻 : 흩어지는 시점에서 그는 几案과 같이 의지할 것을 제공해 주는 곳으로 서둘러 달려가니 후회가 사라질 것이다.

〈象〉曰 : '渙奔其机', 得願也.

【주석註釋】

得願 : 九二爻가 '初六爻의 도움을 받는다.'는 의미이다. 즉 陰陽은 서로 화합하는 것이니, 흩어졌다가 모여들기 때문에 '원하는 바를 성취시킬 것이다.(得願)'고 했다.

【번역飜譯】

〈象傳〉에 이르되 : '흩어지는 시점에 그는 几案과 같이 의지할 것을 제공해 주는 곳으로 서둘러 달려간다.'고 한 것은 九二爻가 결국에는 陰陽이 화합하는 소원을 성취시킬 것이라는 의미이다.

【해설解說】

九二爻는 陽剛으로 中位에 처하며 陰陽이 화합하는 소원을 이룬다. 따라서 그 근본을 굳건히 하면 모여드는 시점에 흩어질 수 있는 바이다.

모여들고 흩어지는 이치는 먼저 그 근본을 굳건히 해야만 한다. 剛中으로 안에 처하니 근본을 굳건히 한 象이다. 机란? 의지해서 앉는 도구이다. 의지해서 편안하게 처한 연후에 활동한다면 어려움이 없을 것이다. 『折中』

(䷺) 六三 : 渙其躬, 无悔.

【주석註釋】

渙其躬, 无悔 : 이는 六三爻가 '흩어지는(渙)' 시점에 당면해, 下卦의 마지막에 처하며 上九爻와 서로 호응하며 자신의 몸을 부서지게(흩어지게) 해가면서 上九爻를 따름으로써 '후회하는 바가 없을 것이다.(无悔)'는 象을 설명한 내용이다.

『易』 가운데에 六三爻가 上九爻와 호응하여 길한 곳이 몇 군데 있다. 本爻는 '渙'의 시점에 당면해, 上九爻에게 호응하여 자신의 몸을 잊어버리고 上九爻 만을 쫓는 象을 하고 있다. 『折中』

【번역飜譯】

六三爻 : 자신의 몸을 부서지게 하니(자신의 몸이 부서지도록 陽剛 존자의 뜻을 따르니) 후회하는 바가 없을 것이다.

〈象〉曰 : '渙其躬', 志在外也.

【번역飜譯】

〈象傳〉에 이르되 : '자신의 몸을 부서지게 한다.(자신의 몸이 부서지도록 陽剛 존자의 뜻을 따른다.)'고 한 것은 六三爻의 의지가 밖으로 발전하고자 하는 데에 있다는 의미이다.

【해설解說】

六三爻에서 上九爻까지 네 개의 爻가 '흩어지는(渙)' 시점을 말할 때, 흩어질 때가 되면 흩어지고 모여들 때가 되면 모여든다고 했다. 이는 곧 ≪渙≫이 가지고 있는 '모여들고'·'흩어지는' 것은 서로 의존하는 관계라는 의미를 보여 준 것이다.

(䷺) 六四 : 渙其羣, 元吉. 渙有丘, 匪夷所思.

【주석註釋】

渙其羣, 元吉 : '羣'이란? '이해나 생각 등이 같은 사람끼리 모여 당 외의 사람들을 배척하는 단체(朋黨)'를 뜻한다.

　　이는 六四爻가 正位를 얻어 九五爻의 뜻을 받드나 아래로는 호응하지 않으며 사사로움도 없음으로 朋黨을 해체시키는 象을 가지고 있으니 '지극히 길할 것이다.(元吉)'고 했다.

　　陰으로 正位에 처하며 위로 九五爻를 받들고 있다는 것은 흩어지는 것을 막는 책임자라는 의미이다. 아래로 더불어 호응하지 않는 것은 그 붕당을 해체시킬 수 있는 象이라는 의미이다. 『本義』

渙有丘, 匪夷所思 : '丘'는 '山嶽(山丘)'으로 '크다(大)'는 뜻에 비유했다.

　　이 두 구절은 앞 문장을 이어서 六四爻는 이미 그 '붕당'을 해체시켰을 뿐만 아니라 또한 작은 붕당을 큰 당으로 만들어 '천하를 하나로 통일시킨' 공적을 이루었으니, 이는 평범한 사람의 생각으로는 해낼 수 없는 일이라는 뜻을 설명한 내용이다.

　　그가 작은 붕당을 해체시킨 후 큰 당을 만들었다는 것은 흩어진 자들로 하여금 다시 모여들게 하여 山嶽처럼 큰 당을 만들었다는 의미이다. 이는 비상한 사람만이 생각해낼 수 있는 일이다. 『本義』

【번역飜譯】

六四爻 : 그 붕당을 해체시켰으니 지극히 길할 것이다. 작은 붕당을 해체시켜 산악처럼 큰 당을 만들었으니 이는 평범한 사람의 생각으로는 해낼 수 없는 일이다.

〈象〉曰:'渙其羣元吉', 光大也.

【주석註釋】

光大:

　무릇 사사로운 붕당을 건립하는 자들은 모두 마음이 어둡고 협소한 자들이다. 오로지 털 하나 만큼의 사사로움도 없어야, 즉 光明正大해야 만이 스스로 그 붕당을 해체시킬 수 있음으로 '품 덕이 光明正大하다.(光大也)'고 했다. 『來氏易注』

【번역飜譯】

〈象傳〉에 이르되 : '그 붕당을 해체시켰으니 지극히 길할 것이다.'고 한 것은 六四爻의 품 덕이 光明正大하다는 의미이다.

【해설解說】

　六四爻의 '지극히 길할 것이다.(元吉)'고 한 것은 '해체시키는' 가운데에서 '모여드는' 이치를 볼 수 있기 때문이다.

　≪渙≫의 六四爻에서 '그 붕당을 해체시켰으니 지극히 길할 것이다.'고 했다. 무릇 '붕당'을 성인이 해체시키고자 한 것은 천하를 하나로 통일해야 하기 때문이다. 아울러 이르되 : 대개 人心이 흩어질 때는 각각 서로 붕당을 만들게 됨으로 하나로 통일될 수가 없다. 오로지 六四爻 만이 소인들의 私黨을 해체시켜 천하의 公道를 성취시킬 수 있는 까닭에 이곳에서 '크게 길할 것이다.(元吉)'고 했다. 『朱子語類』

(☰) 九五 : 渙汗其大號, 渙王居, 无咎.

【주석註釋】

渙汗其大號, 渙王居, 无咎 : 이 세 구절은 九五爻가 존위인 '君位'에 처하며 陽剛中正

으로 '渙'의 시점에 당면해, 명령을 발포할 때는 당연히 '땀을 흘리는 것'처럼 즉 땀이 몸속에서 나오면 다시는 들어갈 수 없는 것과 같이 절대로 바꾸지 않는 위엄이 있어야 할 것이라는 것과 또한 모았던 것을 반드시 흩어서 나누어 준다면 '민심'을 모을 수 있을 것이기 때문에 '반드시 재난이 없을 것이다.(无咎)'고 했다.

陽剛中正으로 존위에 처하며 ≪渙≫의 시점에 당면해, 그가 명령을 발포하고 그가 모았던 것을 나누어 준다면 흩어지는 것을 구제할 수가 있어 재난이 없을 것이다. 또한 이르되 : '汗(땀)'이란? 몸속에서 나오면 다시는 몸속으로 되돌아 들어가지 못하는 사물이다. '渙王居'에 대해 陸贄는 '작게 모은 것을 해체시켜 크게 모여들게 한다.'는 의미라고 했다. 『本義』

【번역飜譯】

九五爻 : 그가 큰 명령(詔書·勅命)을 발포할 때는 몸속에서 흘러나오는 땀(땀은 일단 몸속에서 나오면 다시는 몸속으로 되돌아 들어갈 수 없다.)과 같이 반드시 시행해야 할 것이며 또한 군왕이 존위에서 모았던 것을 흩어서 나누어 준다면 천하의 인심을 모여들게 할 수 있음으로 반드시 재난이 없을 것이다.

【해설解說】

'渙汗其大號, 渙王居, 无咎.'에 대해 다음과 같은 해석도 가능할 것이다.

인체의 노폐물을 땀으로 배출시키듯이 국가의 오랜 폐단을 큰(위엄있는 훌륭한) 칙명으로 해결하는 것은 渙의 시점에서 강건한 군왕만이 할 수 있음으로 '재난이 없을 것이다.'고 했다.

〈象〉曰 : '王居无咎', 正位也.

【번역飜譯】

〈象傳〉에 이르되 : '군왕이 존위에서 모았던 것을 흩어서 나누어 준다면 천하의 인심을 모여들게 할 수 있음으로 반드시 재난을 없을 것이다.'고 한 것은 九五爻가 군왕의 尊位에 바르게 처해있다는 의미이다.

(䷺) 上九 : 渙其血去逖出, 无咎.

【주석註釋】

渙其血去逖出, 无咎 : '血'은 '恤(근심)'과 통한다. '逖'은 '두려워하다'는 뜻이다.
　　이는 上九爻가 ≪渙≫의 극한점에 처하니, 즉 흩어지는 것이 극에 달한 연후에는 다시 사방으로부터 모여들어 천하가 '하나로 통일되는 즉 다시는 전날과 같이 흩어지지 않는' 상황이 출현될 것이기 때문에 '근심'과 '두려움'으로부터 벗어나게 되어 '재난이 없을 것이다.'고 했다.

【번역翻譯】

上九爻 : 흩어지면 (흩어짐이 극에 달한 연후에는 다시 사방으로부터 모여들게 됨으로써) 그 제서야 근심으로부터 벗어나고 두려움으로부터 벗어나게 되니 재난이 없을 것이다.

〈象〉曰 : '渙其血', 遠害也.

【번역翻譯】

〈象傳〉에 이르되 : '흩어지면 (흩어짐이 극에 달한 연후에는 다시 사방으로부터 모여들게 됨으로써) 그 제서야 근심으로부터 벗어나게 될 것이다.'고 한 것은 재난으로부터 멀어질 것이라는 의미이다.

【渙】 요점·관점

≪渙≫은 '흩어지다'는 의미이지 '어지럽다'는 의미는 아니며 아울러 '흩어지는 것'과 '모여드는 것'의 대립적 관계를 서로 의존하는 하나의 관계로 보았다.

卦辭는 '군왕'이 사당에 제사 올리는 것을 '신령'의 도움을 모으는 것에 비유했고 거센 물결이 도도히 흐르는 험난한 큰 하천을 건너는 것을 '인심'을 모아서 어려운 난국을 구제하는 것에 비유함으로써, 사물의 형태는 비록 흩어진다고 할지라도 신령이 근본적으로 모여 든다면 반드시 형통할 것이라는 바를 설명하면서 이 시점에서 일을 행하면 정도를 굳건히 지켜 나아가는 데에서 이로움을 얻을 것이라는 뜻을 강조했다.

卦 가운데 六爻는 비록 모두 '渙'의 시점에 처했다고는 할지라도 陰陽剛柔가 서로 이웃하거나 서로 호응하고 있는 까닭에 이미 '모여드는' 氣象에 노출되어 있다.

初六爻는 陰爻로 아래에 처하며 九二爻는 陽剛으로 中位에 처하여, '渙'의 시점에 당면했을지라도 두 마음이 서로 연결되어있음으로 初六爻는 '良馬'의 도움을 얻어 '길할 것이다.'고 했고 九二爻는 '几案'에 의지함으로써 '후회가 사라질 것이다.'고 했다. 六三爻와 上九爻는 剛柔로 서로 호응하거나 혹은 그 자신(六三爻)을 부서지게 해 가면서 존자(上九爻)를 따름으로 '후회하는 바가 없을 것이다.'고 했고 흩어짐이 지극한 곳에서 모여드는 기상을 볼 수 있으니 '재난이 없을 것이다.'고 했다. 六四爻와 九五爻의 상황은 더욱 모범적이다. 六四爻는 위로 九五爻의 뜻을 받들며 작은 붕당을 해체시켜 품질이 양호한 큰 당을 만들었고 九五爻는 陽剛으로 '尊主'의 자리에서 모은 것을 나누어 주며 민심을 모여들게 하는 '훌륭한 덕'을 가지고 있다. 이로 인해 六四爻는 '지극히 길할 것이다.'고 했고 九五爻는 '반드시 재난이 없을 것이다.'고 했다.

본 卦는 '渙'의 道에 처했을 때, 흩어지기는 하지만 문란하지는 않으며 흩어지되 모여들 수 있는 기점 위에다 근본을 세웠다.

철학적 입장에서 본다면, 사물의 '흩어지는 것'과 '모여드는 것'은 이미 대립과 통일의 특정규율을 가지고 있다는 것을 보여 준 내용이다.

흩어지는 것은 그의 形迹을 뜻하는 것이고 흩어지지 않는 것은 그의 정신을 뜻하는 것이다. 『周易學說·馬振彪』

이는 본 卦의 내재적 의미를 표현한 내용이다.

卦象 '風行水上'은 '자연 물결무늬의 아름다움'을 폭로한 미학적 의미를 담고 있다. 이것이 본 卦의 또 하나 특징이다.

'바람이 물 위에서 불 때 만들어지는 잔물결'은 자연의 신묘한 경관을 가지고 있음으로써 '문장의 신묘함'을 추론할 수 있다. 『周易學說·馬振彪』

이러한 추론은 '形迹은 흩어진다고 할지라도 정신은 모여든다.(形散神聚)'· '흩어지는 모양은 문채를 가지고 있다.(渙然有文)'는 卦義와 서로 부합한다. 이로 인해 ≪渙≫에 들어있는 미학적 인소 역시 주의해 볼만 한 내용이다.

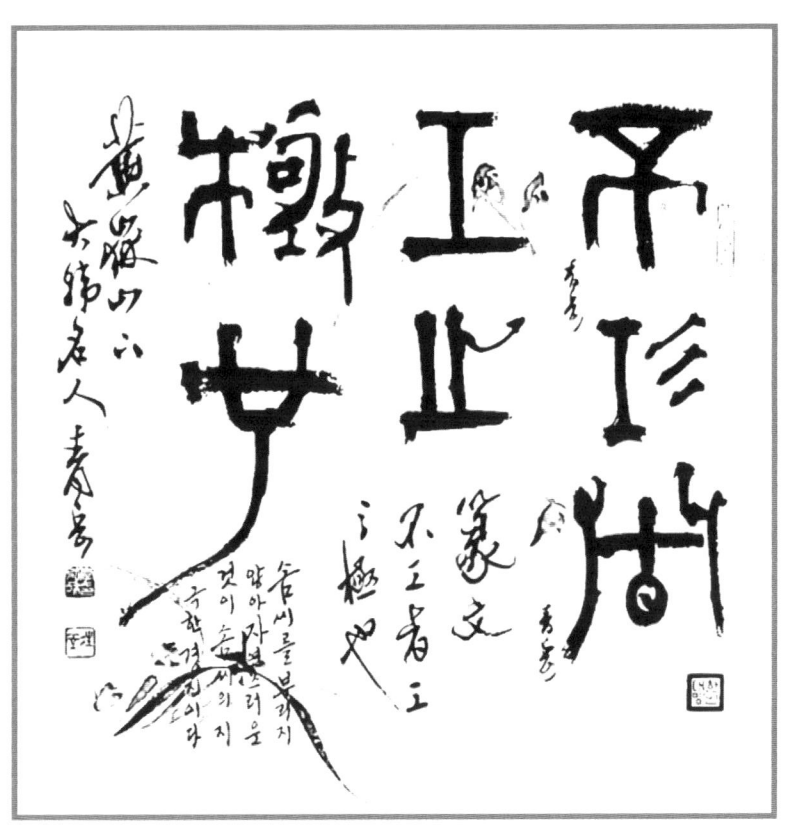

60. 節卦의 立體文型圖
　　　　절괘　　입체문형도

(☱☵) ≪節≫: 節. 亨. 苦節不可, 貞.
　　　　절　　절 형 고절불가 정

〈彖〉曰:'節, 亨.' 剛柔分而剛得中.'苦節不可, 貞.'其道窮也. 說以行險, 當
　　　　절 형 강유분이강득중 　　고절불가 정 기도궁야 열이행험 당

位以節, 中正以通. 天地節而四時成. 節以制度, 不傷財不害民.
위이절 중정이통 천지절이사시성 절이제도 불상재불해민

〈象〉曰:澤上有水, 節. 君子以制數度, 議德行.
　　　　택상유수 절 군자이제수도 의덕행

　　　　　　•　　　•　　　•

　　　　　상육　고절 정흉 회망
(− −) 上六: 苦節. 貞凶, 悔亡.

　　　　　　고절정흉　기도궁야
〈象〉曰:'苦節貞凶', 其道窮也.
상 왈

　　　　구오　감절 길 왕유상
(—) 九五: 甘節, 吉, 往有尚.

　　　　　　감절지길 위거중야
〈象〉曰:甘節之吉, 位居中也.
상 왈

　　　　육사 안절 형
(− −) 六四: 安節, 亨.

　　　　　　안절지형 승상도야
〈象〉曰:'安節之亨', 承上道也.
상 왈

　　　　육삼 부절약 즉차약 무구
(− −) 六三: 不節若, 則嗟若, 无咎.

　　　　　　부절지차 우수구야
〈象〉曰:'不節之嗟', 又誰咎也!
상 왈

　　　　구이 불출문정 흉
(—) 九二: 不出門庭, 凶.

　　　　　　불출문정 실시극야
〈象〉曰:'不出門庭', 失時極也.
상 왈

　　　　초구 불출호정 무구
(—) 初九: 不出戶庭, 无咎.

　　　　　　불출호정 지통색야
〈象〉曰:'不出戶庭', 知通塞也.
상 왈

60 節卦

(䷻)≪節≫・錯(䷷)≪旅≫・綜(䷺)≪渙≫・互(䷚)≪頤≫

(䷻)≪節≫ : 節. 亨. 苦節不可, 貞.

【주석註釋】

䷻ : 卦象이다. 下卦 ☱兌卦(澤・悅)와 上卦 ☵ 坎卦(水・險)로 구성되었다. 연못에 물이 담겨있는 자연현상과 이치를 빌려와서 '적당하게 절제하는' 현상과 이치를 상징했다.

節 : 卦名이다. '절제'・'절도'・'조절'・'정지' 등을 상징한다.

亨 : 이는 매사는 적당하게 절제해야 만이 형통할 것이라는 의미이다.

苦節不可, 貞 : 이는 정면과 반면으로 그 의미를 살펴 볼 수 있다. 먼저 지나치게(고통스러울 정도) 절제를 한다면 事理를 상하게 함으로써 '해서는 안 될 것이다.(不可)'는 바와 '절제'는 마땅히 '정도'를 지켜 나아가야 만이 그 도가 통하게 됨으로써 '정도를 굳건히 지켜 나아가야 할 것이다.(貞)'는 의미이다.

【번역飜譯】

≪節≫ : 節卦는 절제하는 것을 상징한다. 형통할 것이다. 지나치게 절제를 해서는 안 될 것이며 응당히 정도를 굳건히 지켜 나아가야 할 것이다.

【해설解說】

'不可貞'에 대해, 옛 주석에서는 대부분 連讀했으나 해석이 학자마다 다르다. 이곳에서는 王

弼의 설을 참고로 했다.

'貞'을 '바르다(正)'로 해석한다면, 절제가 지나쳐 고통스럽다면 사물이 감당할 수 없을 것이며 사물이 감당할 수 없다면 '바른 상태(正)로 회복할 수 없을 것이다.'는 의미이다. 『王注』

〈彖〉曰 : '節, 亨.' 剛柔分而剛得中. '苦節不可, 貞.' 其道窮也. 說以行險, 當位以節, 中正以通. 天地節而四時成. 節以制度, 不傷財不害民.

【주석註釋】

剛柔分而剛得中 : '剛'은 上卦 坎卦가 陽卦라는 의미이다. '柔'는 下卦 兌卦가 陰卦라는 의미이다. '剛得中'은 九二爻와 九五爻를 의미한다.

　이는 上卦・下卦의 卦象과 九二爻・九五爻의 爻象으로 卦名과 卦辭 '節, 亨.'의 의미를 해석한 내용이다.

　坎卦는 陽이고 兌卦는 陰으로 陽이 위에 있고 陰이 아래에 있으며 剛・柔가 나뉘어졌다. 剛・柔가 나뉘어졌으나 혼란스럽지 않으며 剛은 中位에 앉아 절제의 주인이 되어 절제의리를 실천하고 있다. 절제의 존귀함은 剛・柔를 나누고 남・여를 구별하는 것만큼 좋은 것은 없다. 『王注』

其道窮也 : 이는 上六爻가 上卦에서 궁극에 처해있는 象으로 卦辭 '苦節不可, 貞.'을 해석한 내용이다.

　上卦에서 가장 높은 곳에 처하며 陽(九五爻)을 올라타고 있음으로 '곤궁할 것이다.'고 했다. 『集解・虞翻』

說以行險, 當位以節, 中正以通 : '說'은 '기쁨(悅)'의 의미로 下卦 兌卦가 '기쁨(悅)'을 상징한다는 뜻이다. '險'은 上卦 坎卦가 '험난함'을 상징한다는 의미이다. '當位'는 六

四爻와 九五爻가 陰陽으로 각자 正位에 처한다는 의미이다. '中正'은 九五爻를 의미한다.

이는 下卦・上卦의 卦象과 六四爻・九五爻의 爻象을 가지고 '節制'는 반드시 '기쁨(悅)'을 위반하지 않으며 적당하여 '中'을 넘지 않는 이치라는 것을 진일보 적으로 밝힌 내용이다.

연속적으로, 즉 二體(下卦・上卦)와 六四爻・九五爻가 正位에 처해 절제를 실천함으로써 형통할 것이라는 바를 거듭 해석한 내용이며 '지나친 절제'는 좋은 것이 아니라는 것을 밝힌 내용이다. 『正義』

天地節而四時成. 節以制度, 不傷財不害民:

이하는, 즉 天地와 人으로 '節'의 의미를 넓혀서 밝힌 내용이다. 天地는 기후의 순서를 사용해서 절제하며 추위와 더위로 하여금 가고 오게 하여 각각 그 차례를 따르게 함으로써 사계절의 공적을 성취시키고 있다. 군왕은 제도를 사용하여 절제해야 할 것이며 절제를 사용하면 道를 얻게 될 것이고 절제를 열심히 하면 때를 맞출 수 있을 것이니, 즉 재산을 낭비하지 않음으로써 백성들을 해치지 않게 될 것이다. 『正義』

【번역飜譯】

〈彖傳〉에 이르되 : '절제를 하면 형통할 것이다.'고 한 것은 즉 剛柔와 上下가 구분됨으로 인해 陽剛이 中道를 얻을 것이라는 의미이다.(절제를 주재할 것이라는 의미이다.) '그러나 지나치게 절제를 해서는 안 될 것이며 마땅히 정도를 굳건히 지켜 나아가야 할 것이다.'고 한 것은 (이와 같이 하지 않음으로 인해) 절제의 도는 반드시 곤궁함에 이르게 될 것이라는 의미이다. 사물의 정이 기쁘면 험난함을 뛰어 넘는 것에 용감하게 나아가며 처한 지위가 적당하면 스스로 절제하는 것을 깨닫게 되며 中位에 처하면서 정도를 굳건히 지켜 나아가면 하는 일이 반드시 창달할 것이다. 천지자연은 절제를 하기 때문에 일 년 사계절이 비로소 형성될 수 있는 바이다. 군왕은 典章制度를 사용하여 절제를 해야 만이 재산을 낭비하지 않을 것이며 백성들을 헤치지 않게 될 것이다.

〈象〉曰 : 澤上有水, 節. 君子以制數度, 議德行.

【주석註釋】

澤上有水, 節 : ≪節≫의 下卦 兌卦는 '澤(연못)' 象이고 上卦 坎卦는 '水(물)' 象이라는 것을 해석한 내용이다.

연못 위에 물이 있으니 제방을 사용해 조절해야 할 것이다. 『集解·侯果』

制數度, 議德行 : '數度'는 '禮數法度'의 준말로 '신분에 맞게 각각 다른 법도를 준수한다.'는 의미이다. '議'는 '모여서 의논한다.'는 뜻이다.
　이는 '군자'가 ≪節≫의 卦象을 본 받아, 예법을 만들어 '節制'의 준칙이 되게 해야 할 것이라는 바와 사람들 덕행의 우열을 의논해서 맡을 직책을 결정해야 할 것이라는 바를 설명한 내용이다.

'數度'란? 尊卑禮命의 多少를 뜻한다. '德行'이란? 인재가 감당할 직책의 優劣을 뜻한다. 군자는 '節'을 본 받아, 그 禮數等差를 만들어 모든 이가 법도를 가지게 해야 할 것이며 사람의 덕행을 의논하여 관리를 등용함으로써 모든 이가 적절하게 배치되도록 해야 할 것이다. 『正義』

【번역飜譯】

〈象傳〉에 이르되 : 큰 연못 위에 물이 있다(둑을 쌓아서 제방을 만든다.)고 한 것은 절제를 상징한 것이다. 군자는 이를 본 받아, 신분에 맞게 각각 다른 법도(禮數法度)를 만들어 준칙으로 삼게 해야 할 것이며 도덕적 행위를 상세하게 의논하여 마땅한 곳에 임용해야 할 것이다.

【해설解說】

본 卦「大象傳」에 대해 학자들은 다음과 같은 해석을 하기도 했다.

물이 연못 가운데에 있다는 것은 곧 절제된 상태라는 의미이다.『正義』

연못이 물을 담고 있는 데에는 마땅히 용량이 한정되어 있다. 연못이 비워지면 물을 담아야 할 것이나 연못에 물이 꽉 차면 물을 내보내야 할 것이다. 물은 연못에 의해 조절되어야 할 것이다.
『漢上易傳·朱震』

(☱) 初九 : 不出戶庭, 无咎.

【주석註釋】

不出戶庭, 无咎 : '戶庭'은 '뜰(방문 밖)에 있는 정원'을 뜻한다.

이는 初九爻가 ≪節≫의 시작에 처하며 위로 六四爻와 호응해야 하나, 앞길에 九二爻가 가로막고 있어 절제하며 신중해야함으로써 결국에는 '뜰(방문 밖)에 있는 정원을 넘어가지 않으니 반드시 재난이 없을 것이다.(不出戶庭, 无咎.)'고 했다.

'戶庭'이란? '뜰(방문 밖)에 있는 정원'을 뜻한다. 陽剛이 正位에 처하나 ≪節≫의 시작에 처해있음으로 행동해서는 안 될 것이며 절제하며 멈추어야 할 것이라는 의미이다.『本義』

九二 陽爻가 가로막고 있음으로 넘어가지 않는다. 따라서 넘어가지 않으면 '반드시 재난이 없을 것이다.(无咎)'고 했다.『尚氏學』

'통할 때는 나아가고 막혔을 때는 멈출 줄 알아야 할 것이다.(知通塞)'고 한 것은 九二爻가 가로막고 있다는 의미이다.「象傳」

【번역飜譯】

初九爻 : (절제하고 신중함으로) 뜰(방문 밖)에 있는 정원을 넘어가지 않으니 반드시 재난이 없을 것이다.

〈象〉曰 : '不出戶庭', 知通塞也.

【번역翻譯】

〈象傳〉에 이르되 : '(절제하고 신중함으로) 뜰(방문 밖)에 있는 정원을 넘어가지 않는다.'고 한 것은 初九爻가 길이 뚫렸으면 나아가고 길이 막혔으면 멈추어야 한다는 이치를 심도 있게 헤아릴 줄 안다는 의미이다.

【해설解說】

'不出戶庭'은 또한 '말을 조심하며 기밀을 지켜야 할 것이다.'는 상징적의미를 가지고도 있다. 공자는 「繫辭傳」에서 본 爻義를 다음과 같이 말하고 있다.

군주가 기밀을 지키지 않으면 신하를 잃어버릴 것이며 신하가 기밀을 지키지 않으면 자신의 몸을 잃어버릴 것이니, 즉 일의 낌새가 비밀로 지켜지지 않으면 재난이 만들어 질 것이다. 군자는 이를 본 받아, 비밀을 신중히 지켜 누설되지 않게 해야 할 것이다. 「繫辭傳」

(䷻.) 九二 : 不出門庭, 凶.

【주석註釋】

不出門庭, 凶 : '門庭'은 '대문 안에 있는 정원'을 뜻한다.

이는 九二爻가 陽으로 陰位에 처함으로써 절제에 잡혀있다는 뜻이며, 六三爻・六四爻 두 개의 陰爻가 앞에서 기다리고 있음으로 길은 탁 트였으나 正位를 상실하여 호응하지 못하는 근심을 품고 있으니, '대문 안에 있는 정원을 넘어가지 못하니 흉할 것이다.(不出門庭, 凶.)'고 했다.

九二爻는 두 개의 陰爻와 가까이 지내고 있다. 陽이 陰을 만나면 통한다. 통할 때 나아가면 이로울 것이나 결국 나아가지 못하는 것은 기회를 잃어버렸기 때문이다. 따라서 흉할 것이라고 했다. 『尙氏學』

【번역飜譯】

九二爻 : (절제에 구속되어) 대문 안에 있는 정원을 넘어가지 못하니 흉할 것이다.

〈象〉曰 : '不出門庭', 失時極也.

【주석註釋】

失時極 :

'極'은 '용마루(棟)'를 뜻한다. 용마루는 집의 척주(屋脊)이며 집의 中位에 처함으로 '極'을 '中'이라고 했다. 시기적으로 '極'을 상실했다는 것은, 즉 적당한 시기를 놓쳤다는 의미이다. 『尙氏學』

【번역飜譯】

〈象傳〉에 이르되 : '(절제에 구속되어) 대문 안에 있는 정원을 넘어서지 못할 것이다.'고 한 것은 九二爻가 적당한 시기를 놓쳤다는 의미이다.

【해설解說】

初九爻는 길이 '막혔을 때' 절제하여 나아가지 않았다. 九二爻는 길이 '통했을 때' 절제에 구속되어 나아가지 못했다. 初九爻는 '기미를 알아 차렸다.'는 것을 알 수 있으나 九二爻는 '시기를 놓쳤다.'는 것을 알 수 있다. 따라서 初九爻는 '반드시 재난이 없을 것이다.'고 했으나 九二爻는 '흉할 것이다.'고 했다.

(☱) 六三 : 不節若, 則嗟若, 无咎.

【주석註釋】

不節若, 則嗟若, 无咎 : '若'은 '語氣助詞'이다. '嗟'는 '슬퍼하며 탄식한다.'는 뜻이다. 이는 六三爻가 陰으로 陽位에 처하며 ≪節≫ 下卦의 마지막에 처하며 두 개의 陽爻를 올라타서 능멸하고 있으니, 교만하고 오만하며 절제를 할 수 없는 象이라는 의미이다. 그러나 만약 슬퍼하며 탄식하면서 스스로 후회하고 반성한다면 역시 '재난을 면할 것이다.'고 했다.

【번역飜譯】

六三爻 : 절제를 할 수 없으니, 그리하여 슬퍼하고 탄식하며 후회한다면 재난은 면할 것이다.

〈象〉曰 : '不節之嗟', 又誰咎也!

【주석註釋】

又誰咎 : 이는 '반드시 재난을 면할 것이다.'는 뜻으로 ≪同人≫ 初九爻 「象傳」과 같은 의미이다.

【번역飜譯】

〈象傳〉에 이르되 : '절제를 할 수 없으니, 그리하여 슬퍼하고 탄식하며 후회한다.'고 한 것은 누군들 재난을 가할 수 있을 것인가?의 의미이다.

(䷻) 六四 : 安節, 亨.

【주석註釋】

安節, 亨 : 六四爻는 柔正의 위치에 처하며 九五爻의 뜻을 받들며 순응하며 침착하고 조용하게(安存하게·얌전하게) 절도를 지켜 나아가는 象이기 때문에 결국에는 '형통할 것이다.(亨)'고 했다.

【번역飜譯】

六四爻 : 침착하고 조용하며 절도있게 받들며 나아가니 형통할 것이다.

〈象〉曰 : '安節之亨', 承上道也.

【주석註釋】

承上道 :

　　六四爻는 正位에 처해 九五爻를 받드니, 즉 위로는 군왕과 통함으로써 '위에 있는 존자의 도에 순응하며 잘 받든다.(承上道也)'고 했다. 『集解·九家易』

【번역飜譯】

〈象傳〉에 이르되 : '침착하고 조용하며 절도있게 받들며 나아가니 형통할 것이다.'고 한 것은 六四爻가 존자의 도에 순응하며 (존자의 도를) 잘 받들며 정중하게 지켜 나아간다는 의미이다.

【해설解說】

　　六三爻는 正位를 상실했을 뿐만 아니라 兌卦 澤의 극에 처했음으로 程度가 넘쳐 '절제를 할 수 없다.(不節)'고 했다. 그러나 六四爻는 正位에서 九五爻 군왕의 뜻에 순응하며 군왕의 뜻을 받들기 때문에 '침착하고 조용하며 절도 있게 받든다.(安節)'고 했다. 『周易集說·兪琰』

（䷻） 九五：甘節, 吉, 往有尚.

【주석註釋】

甘節, 吉, 往有尚：'甘'은 '맛이 좋다.'·'아름답다'·'즐겁다'는 뜻이다.

　　이는 九五爻가 陽剛中正으로 아래 두 개의 陰을 올라타고 있으며 ≪節≫의 주인으로 아름답고 적절하게 절제를 실천함으로써 '길할 것이다.'·'나아가면 반드시 존경을 받을 것이다.(往有尚)'고 했다.

　　中位·正位에 처하며 ≪節≫의 주인이 되어 中道를 잃어버리지 않고 있으니, '재산을 낭비하지 않을 것이며 백성들을 해치지 않을 것이다.(不傷財, 不害民.)'고 했다. 『王注』

【번역飜譯】

九五爻：적당하게 절제함으로써 사람들로 하여금 아름답게 알맞다는 감동을 갖게 할 것이니 길할 것이며 나아가면 반드시 존경을 받을 것이다.

〈象〉曰：'甘節之吉', 位居中也.

【번역飜譯】

〈象傳〉에 이르되：'적당하게 절제함으로써 사람들로 하여금 아름답게 알맞다는 감동을 갖게 할 것이니 길할 것이다.'고 한 것은 九五爻 존자가 正位·中位에 처해 있다는 의미이다.

【해설解說】

'甘節'은 上六爻 '苦節'과 반대의 의미이다.

『禮記』에 '和爲貴(화목함을 귀하게 삼아야 할 것이다.)'라고 한 것은 절제가 그 가운데에 있다는 의미이다. 무릇 사람들이 마음을 지나치게 꾸미고 외형을 지나치게 장식하는 것은 모두가 '苦'이니, 그 지나친 것을 제거하면 곧 '甘'이 된다. 窮함을 알면 통하게 되는 것이니, 이는 오로지 中正하기 때문이다. 제도로서 절제를 하고 상하를 구분하여 각각 그 재능의 적당함을 가지게 한다면 백성들도 스스로 부지불식간에 이로 말미암을 것이니, 절제를 한다면 무엇인들 아름답지 않을 것인가!
『重定費氏學·左光斗』

(䷻) 上六 : 苦節. 貞凶, 悔亡.

【주석註釋】

苦節. 貞凶, 悔亡 : '貞凶'은 '정도를 굳건히 지켜 나아가면 흉함을 방지할 수 있을 것이다.'는 의미이다.

이 세 구절은 上六爻가 ≪節≫의 가장 높은 곳에 처함으로써 절제가 지나치게 고통스러워 사람이 감당할 수 없는 象을 하고 있다는 의미이다. 그러나 柔로서 최고 높은 곳에 처하니 그는 正位를 상실하지는 않았다. 따라서 爻辭에서는 그를 격려하여 '정도를 굳건히 지켜 나아가면 흉함을 방지할 수 있을 것이다.(貞凶)'고 했고 '후회도 장차 사리질 것이다.(悔亡)'고 했다.

【번역飜譯】

上六爻 : 절제가 지나치면 사람으로 하여금 고통을 감당할 수 없게 할 것이다. 응당히 정도를 굳건히 지켜 나아가면 흉함을 방지할 수 있을 것이며 후회도 장차 사라질 것이다.

〈象〉曰 : '苦節貞凶', 其道窮也.

【번역飜譯】

〈象傳〉에 이르되 : '절제가 지나치면 사람으로 하여금 고통을 감당할 수 없게 할 것이나 응당히 정도를 굳건히 지켜 나아가면 흉함을 방지할 수 있을 것이다.'고 한 것은 上六爻의 절제이치는 이미 곤궁해졌다는 의미이다.

【節】 요점 · 관점

『周易』의 작자는 ≪節≫을 만들면서 '절제'는 응당히 '정도를 굳건히 지켜 나아가야 할 것이다.' · '알맞아야 할 것이다.'는 이치를 집중적으로 천명했다.

卦辭에서 이미 節制하면 형통할 것이나 '지나친 절제'를 해서는 안 될 것이라고 경고했다.

卦 가운데 六爻는 두 개씩 서로 대비되니, 즉 세 개는 正의 象이고 세 개는 反의 象을 하고 있다.

初九爻와 九二爻는 이웃해 있으나, 初九爻는 '뜰(방문 밖)에 있는 정원을 넘어가지 않으니 반드시 재난이 없을 것이다.'고 했으나 九二爻는 '대문 안에 있는 정원을 넘어가지 못하니 흉할 것이다.'고 했다. 즉 九二爻는 初九爻와 반대상황에 처해있다. 六三爻와 六四爻도 이웃해 있으나, 六四爻는 柔로서 正位에 처해 '침착하고 조용하며 절도 있게 받들며 나아간다.'는 상황이나 六三爻는 柔로서 正位에 처하지 못해 '절제를 할 수 없다.'는 상황이다. 즉 六三爻는 六四爻와 반대상황에 처해있다. 九五爻와 上六爻도 이웃해 있으나, 九五爻는 中位에 처해 절제가 '아름답게' 잘 이루어졌으나 上六爻는 中을 넘어섬으로 인해 절제가 지나쳐 '고통스럽게' 되었다. 즉 上六爻는 九五爻와 반대상황에 처해있다. 『折中 · 邱富國』

그 가운데에서 재난을 당하는 자는 모두 不中 · 不正으로 말미암은 것이다. 가장 길한 爻는 당연히 中正(甘節)의 九五爻이다.

≪節≫의 기본 뜻은, 규율을 가지고 있는 '절제'는 사물의 정상적인 발전에 유리할 것이나 이에 반대라면 재난을 초래할 것이라는 바에 있다.

이는 자연계와 인류사회의 여러 物象에서 널리 볼 수 있는 현상이다. 즉 계절의 전개와 동식물의 번식 그리고 인류의 喜怒哀樂과 衣食住의 현상 등 모두는 '절제'와 관련이 있다.

고대 경제사상 가운데 '비용을 절약해서 백성들을 사랑해야 할 것이다.(節用愛民)'는 관점 역시 ≪節≫의 의미와 밀접한 관계를 가지고 있다.

歐陽修는 본 卦를 분석하여, '군자가 자신에게 있는 것을 절제하는 까닭은 그것을 다른 사물을 사랑하는 곳에 사용하기 위한 것이다.'고 했다. 즉 「象傳」의 '군왕은 典章制度를 사용하여 절제를 해야 만이 재산을 낭비하지 않을 것이며 백성들을 해치지 않게 될 것이다.(節以制度, 不傷財不害民.)'고 한 것이 바로 그 뜻이다. 『易童子問·歐陽修』

이러한 시각으로 보았을 때 ≪節≫은 모종의 정도 상에서 『周易』 작자의 경제사상이 반영된 것이라고 할 수 있다.

61. 中孚卦의 立體文型圖

(䷼) ≪中孚≫ : 中孚. 豚魚吉, 利涉大川, 利貞.

〈彖〉曰 : '中孚', 柔在內而剛得中. 說而巽, 孚乃化邦也. '豚魚吉', 信及豚魚也. '利涉大川', 乘木舟虛也. 中孚以利貞, 乃應乎天也.

〈象〉曰 : 澤上有風, 中孚. 君子以議獄緩死.

• • •

(─) 上九 : 翰音登于天, 貞凶.

〈象〉曰 : '翰音登于天', 何可長也!

(─) 九五 : 有孚攣如, 无咎.

〈象〉曰 : '有孚攣如', 位正當也.

(- -) 六四 : 月幾望, 馬匹亡, 无咎.

〈象〉曰 : '馬匹亡', 絶類上也.

(- -) 六三 : 得敵, 或鼓或罷, 或泣或歌.

〈象〉曰 : '或鼓或罷', 位不當也.

(─) 九二 : 鳴鶴在陰, 其子和之. 我有好爵, 吾與爾靡之.

〈象〉曰 : '其子和之', 中心願也.

(─) 初九 : 虞吉, 有它不燕.

〈象〉曰 : 初九'虞吉', 志未變也.

61 中孚卦

(䷼)≪中孚≫・錯(䷽)≪小過≫・綜(䷼)≪中孚≫・互(䷚)
≪頤≫

(䷼)≪中孚≫: 中孚. 豚魚吉, 利涉大川, 利貞.

【주석註釋】

☰ : 卦象이다. 下卦 ☱ 兌卦(澤・悅)와 上卦 ☴ 巽卦(風・入)로 구성되었다. 연못 위에서 바람이 부니 연못 구석구석 두루 미치지 않는 곳이 없는 자연현상과 이치를 빌려와서 '신의와 정성을 두루 미치게 하는(베푸는)' 현상과 이치를 상징했다.

中孚 : 卦名이다. '마음속에 신의와 정성을 품고 있다.'는 것을 상징한다.

    신의와 정성이 마음속에서 발동되는 것을 '中孚'라고 한다. 『正義』

豚魚吉 : '豚' '작은 돼지(아기돼지)'를 뜻한다. '豚魚'는 '작은 돼지와 작은 물고기'를 뜻하는 것으로, 즉 '은밀하게 숨어서 사는 사물'에 비유한 것이다.

  이 구절은 신의와 정성이 작은 돼지와 작은 물고기에게 까지도 미친다는 것으로, '신의와 정성을 품고 있는 마음(有孚)'의 덕이 널리 하찮은 사물에게까지 미침으로써 길할 것이라는 바에 비유한 내용이다.

   '물고기'는 동물 가운데 세상을 피해 어두운 곳에서 살고 있다. '작은 돼지'는 짐승 가운데 작고 천한 자이다. 즉 군왕이 마음속에 신의와 정성을 품고 있다면 비록 은밀하게 숨어서 사는 하찮은 사물에게까지도 그의 신의와 정성이 모두 미치게 될 것이다. 『正義』

마음속에 신의와 정성을 품고 있으면 작은 돼지와 불고기에게도 감동을 줄 것이다. 즉 미치지 않는 곳이 없으니 길할 것이라는 의미이다. 『程傳』

利涉大川, 利貞 : 이는 '신의와 정성을 품고 있는 마음'의 덕은 곧 거센 물결이 도도히 흐르는 험난한 큰 하천을 건너는 데에서 이로움을 얻을 것이며 정도를 굳건히 지켜 나아가는 데에서 이로움을 얻을 것이라는 의미이다.

【번역飜譯】

≪中孚≫ : 中孚卦는 마음속에 신의와 정성을 품고 있는 것을 상징한다. (신의와 정성은) 작은 돼지와 작은 물고기까지도 감화시킬 수 있음으로 길할 것이며 거센 물결이 도도히 흐르는 험난한 큰 하천을 건너는 데에서 이로움을 얻을 것이며 정도를 굳건히 지켜 나아가는 데에서 이로움을 얻을 것이다.

【해설解說】

伊川은 '가운데에 있는 것을 孚라고 하는데, 이는 일을 할 때 신의와 정성으로 한다는 뜻으로 굉장히 좋은 말이다.'고 했다. 伊川은 『字說』을 인용해서 '"孚"字가 爪(손톱·잡다)와 子(알)의 뜻으로 구성된 것은 새가 알을 품고 있는 象과 같다는 의미이다. 오늘날의 "乳"字의 한 변은 "孚"字로부터 나온 것이다. 대개 가운데에 품고 있다는 것은 실재로 물건을 가지고 있다는 뜻이다. 가운데에 실재로 물건을 가지고 있다는 것은 사람이 스스로 그를 믿기 때문이다.'고 했다. 『朱子語類』

〈彖〉曰 : '中孚', 柔在內而剛得中. 說而巽, 孚乃化邦也. '豚魚吉', 信及豚魚也. '利涉大川', 乘木舟虛也. 中孚以利貞, 乃應乎天也.

【주석註釋】

柔在內而剛得中 : '柔'는 六三爻·六四爻를 뜻한다. '剛'은 九二爻·九五爻를 뜻한다.

　　이는 卦 가운데 네 개 爻의 결구를 사용해서 卦名 '中孚'를 해석한 내용이다. 卦 전체를 살펴본다면, 두 개의 陰爻가 가장 안에 있는 것이 '중간이 비어있는(中虛)', 즉 私心이 없는 지극한 정성으로만 채워져 있는 것과 같다. 上卦와 下卦로 본다면, 두개의 陽爻(九二爻·九五爻)가 나뉘어져 있고 그 가운데에 처한 것이 '중간에 실물이 있는(中實)', 즉 신의를 가지고 있는 것과 같음으로 '中孚'라고 했다.

　　두 개의 柔가 안에 있는 것은 마음속에 私心을 비운 채 '정성'만을 담고 있는 象이다. 두 개의 剛이 上卦와 下卦의 가운데에 있는데, 가운데 실물이 '신의'의 象이다. 이러한 것이 '中孚'가 된 이유이다. 『程傳』

說而巽, 孚乃化邦也 : '說'은 下卦 兌卦가 '기쁨(悅)'을 상징한다는 뜻이다. '巽'은 上卦 巽卦가 '겸손·화평·순응(和順)'을 상징한다는 뜻이다.

　　이 두 구절은 下卦·上卦의 卦象으로 卦名 '中孚'의 의미를 재해석한 내용이다. 下卦와 上卦가 신의와 정성을 교류하고 있다는 것 즉 그들 상호간의 신의와 정성이 '국가를 변화·발전시킬 수 있을 것이다.(化邦)'는 의미이다.

　　上卦 巽卦·下卦 兌卦, 즉 위에서 지극한 정성으로 아래에 순응하며 겸손할 뿐만 아니라 아래에서도 역시 마음속에 신의와 정성을 품고 기꺼이 위에 순응하고 있다는 의미이다. 이와 같이 한다면 그들이 가지고 있는 마음속의 신의와 정성은 국가를 변화·발전시킬 수 있을 것이다. 『程傳』

信及豚魚也 : 이는 卦辭 '豚魚吉'을 해석한 내용이다.

　　신의와 정성이 작은 돼지와 작은 물고기에게까지도 미친다는 것은 신의와 정성의 도가 지극하다는 뜻이기 때문에 길할 것이라고 했다. 『程傳』

乘木舟虛 : '木'은 '선박'을 뜻한다. 즉 上卦 巽卦는 '木'을 뜻하고 下卦 兌卦는 '연못(澤)'

을 뜻하니 따라서 물위에서 선박을 타고 있는 象이다. '虛' 역시 '선박'을 뜻하니, '木舟虛' 세 글자를 합하면 '선박(船)'이 된다. 본 구절은 卦辭 '利涉大川'을 해석한 내용이다.

卦 가운데 비어있는(陰爻) 것이 비어있는 배의 象이다. 『正義』

乃應乎天也 : 이는 卦辭 '利貞'을 해석한 내용이다.

天德은 剛正하여 기운과 질서에 차질이 없으니, 이를 정직하며 신의가 있다고 한다. 지금 신의도 있고 정직함도 잃지 않은 것은 天에 호응한다는 것이니, 이는 中孚의 흥성함을 의미하는 까닭에 '利貞'이라고 한 말은 반드시 이루어질 것이다. 『正義』

【번역飜譯】

〈彖傳〉에 이르되 : '마음속에 신의와 정성을 품고 있다.'고 한 것을, 비유해 본다면, 柔順이 안에 처하여 겸허한 자세로 지극한 정성을 다하고 있을 뿐만 아니라 剛健은 밖에 처하며 中實하여 믿음을 품고 있는 것과 같다는 의미이다. 그리하여 아래에 있는 자는 기뻐하고 위에 있는 자는 和順하니 신의와 정성의 덕이 온 나라를 교화시킬 수 있을 것이다. '(신의와 정성은) 작은 돼지와 작은 물고기까지도 감화시킬 수 있음으로 길할 것이다.'고 한 것은 신의와 정성이 이미 돼지와 물고기와 같은 미물에게까지도 미치고 있다는 의미이다. '거센 물결이 도도히 흐르는 험난한 큰 하천을 건너는 데에서 이로움을 얻을 것이다.'고 한 것은, 이 시점에서는 木船을 탄 것과 같이 아무런 장애물 없이 강을 잘 건널 수 있을 것이라는 의미이다. 마음속에 신의와 정성을 품고 또한 정도를 굳건히 지켜 나아가는 데에서 이로움을 얻을 것이라고 한 것은 天의 剛正한 미덕에 호응하여 합일하기 때문이다.

【해설解說】

사람은 반드시 마음속이 비어있는 상태 즉 마음속에 한 개의 사물도 붙어있지 않아야 만이 진실하고 거짓이 없게 된다. 대개 '實'이란? 속이지 않는 것을 뜻한다. 사람이 남을 속이는 것은 곧 자신을 속이는 것이 되며 이는 마음 가운데 사사로운 물질이 별도로 붙어 있기 때문이다. 남을 속이지 않는 자는 마음에 사사로운 것이 붙어 있지 않은 자이다. 이러한 까닭으로 천하에게 지극한 정성을 다할 수 있는 자는 천하에게 마음을 지극히 비울 수 있는 자이다. 신령스럽고 밝으며 어떠한 것도 붙어있지 않는 상태는 사물이 닦아오는 데로 순응할 수 있을 뿐이니, 이를 비었다(虛)고 하며 이를 정성(誠)이라고 한다. 『重定費氏學·曾國藩』

〈象〉曰 : 澤上有風, 中孚. 君子以議獄緩死.

【주석註釋】

澤上有風, 中孚 : ≪中孚≫ 下卦 兌卦는 '연못(澤)'의 象이고 上卦 巽卦는 '바람(風)'의 象이라는 것을 해석한 내용이다.

바람이 연못 위에서 불면 두루 미치지 않는 곳이 없다. 그것은 신의와 정성이 사물에 미치어 이르지 않는 곳이 없는 것과 같음으로써 연못 위에서 바람이 부는 것을 '中孚'라고 했다. 『正義』

議獄緩死 : '군자'는 '中孚'의 象을 본 받아, 신의와 정성의 덕을 넓게 베풀어야 할 것이며 刑獄을 신중하게 의논해야 할 것이며 사형을 관대하게 집행해야 할 것이다.

군자가 刑獄을 의논할 때는 그의 정성을 다해야 할 것이다. 사형을 결정할 때는 그의 동정심을 극도로 발휘해야 할 것이다. 따라서 정성스런 마음(誠意)은 항상 관대함에서 찾아야 할 것이다. '緩'이란? '관대하다'는 뜻이다. 천하의 중대한 일을 하는 데에 있어서 정성을 다하지 않으면 안 될 것이다. 刑獄을 신중하게 의논하고 사형을 관대하게 집행하는 것이 최고로 훌륭한 일이다. 『程傳』

刑獄을 신중하게 의논하고 사형을 관대하게 집행한다는 것은 마음속의 신의와 정성이 죄인에게까지 미쳐 善으로 대접한다는 의미이다. 『尚氏學』

【번역飜譯】

〈象傳〉에 이르되 : 큰 연못 위에서 따뜻한 바람이 불고 있다는 것은(신의와 정성의 덕을 널리 베풀고 있는 것과 같다.) 마음속에 신의와 정성을 품고 있다는 것을 상징한다. 군자는 이를 본 받아, 신의와 정성의 덕을 사용해서 刑獄을 신중히 의논하고 사형을 관대하게 집행해야 할 것이다.

(䷼) 初九 : 虞吉, 有它不燕.

【주석註釋】

虞吉, 有它不燕 : '虞'는 '침착하고 조용하다.' · '편안하다'는 뜻이다. '燕'은 '잔치를 열다.' · '편안하다' · '즐겁다' 등의 의미가 있으나 이곳에서는 '편안하다'는 뜻으로 사용된다. '有它'는 다른 곳에 호응한다는 뜻으로, 이곳에서는 '六四爻에 호응한다.'는 의미이다.

≪中孚≫는 전체 卦의 內外 · 上下가 모두 하나의 '孚'로 이루어졌다. 六爻는 모두 밖으로 호응을 구하지 않으며 전적으로 호응에 잡아 매이는 자를 끊어버릴 수 있음으로써 '孚(신의와 정성)'가 된 것이다. ≪中孚≫는 '孚'가 그 가운데에 있기 때문에 밖에다 기대하지 않으며 밖에서 구하지도 않는다. 따라서 六爻는 호응하지 않는 자가 길할 것이며 호응하는 자는 흉할 것이라고 했다.

初九爻와 六四爻는 바르게 호응하는 관계이기 때문에 근본적으로는 반드시 흉할 것이나 初九爻가 아래에서 침착하고 조용하게 처하며 스스로를 지켜 나아가며 자신을 편안하게 하며 다른 자를 찾지 않음으로 길할 것이라고 했다. '有它不燕'은 가령 初九爻의 마음이 움직여 뜻이 변함으로써 六四爻에게 신의와 정성을(孚) 구한다면 그는 곧 편안하지 못할 것이라는 의미이다. 즉 이 두 구절은 初九爻가 陽으로 ≪中孚≫의 시작에 처함으로써 침착하고 조용하게 신의와 정성을 지켜 나아갈 수 있어 길할 것이라는 의미이다. 비록 六四爻와는 바른 호응관계이나 九二爻가 앞에서 막고 있으니 '다른 곳(有它)'으로 가서 호응한다면, 즉 九四爻에게로 가서 호응한다면 편안하지 못할 것이라는 의미이다.

【번역飜譯】

初九爻 : (신의와 정성을) 침착하고 조용하게 지켜 나아간다면 길할 것이나 달리 그를 찾는다면(구한다면) 편안하지 못할 것이다.

〈象〉曰 : 初九'虞吉', 志未變也.

【주석註釋】

志未變 :

  初九爻의 위치는 엎드려 은둔해 있으며 변함없이 六四爻에 호응하고자 한다. 『集解 · 荀爽』

【번역飜譯】

〈象傳〉에 이르되 : 初九爻가 '(신의와 정성을) 침착하고 조용하게 지켜 나아간다면 길할 것이다.'고 한 것은 그를 찾고자(구하고자) 하지 않는 마음이 변하지 않았다는 의미이다.

【해설解說】

初九爻는 '사용하지 말 것이다.(勿用)'는 위치에 처해, 신의와 정성을 신중하게 지켜 나아갈 뿐 구하는 것(찾는 것)이 없으니 반드시 길할 것이라는 의미이다.

  初九爻는 아래에서 침착하고 조용하게 처하며 그를 구하지(찾지) 않을진데 어찌하여 길함은 이와 같은가? 『折中 · 項安世』

(☲.) 九二 : 鳴鶴在陰, 其子和之. 我有好爵, 吾與爾靡之.

【주석註釋】

鳴鶴在陰, 其子和之 : '鶴'은 九二爻에 비유한 것이다. '陰'은 '山陰'으로 九二爻가 두 개의 陰爻 아래 처해있다는 것에 비유한 것이다. '其子'는 九五爻에 비유한 것이다.
    이 두 구절은 九二爻가 陽剛으로 中位에 처하며 신의·정성·성실함이 외부에까지 소문이 자자하다는 것을 설명한 내용이다. 九五爻는 上卦에 처하며 역시 정성스런 덕성으로 멀리 있는 九二爻와 서로 잘 호응한다는 의미이다.

    九二爻는 '中孚'의 實(陽爻)이며 九五爻 역시 '中孚'의 實로서 九二爻와 호응한다. 『本義』

我有好爵, 吾與爾靡之 : '我'와 '吾'는 모두 九二爻를 뜻한다. '爵'은 『說文』에서는 '마시는 그릇(飲器)'이라고 했으며 『說文通訓定聲』에서는 '술잔(酒器)'이라고 했다. '好爵'은 '맛 좋은 술'·'훌륭한 술'을 뜻한다. '爾'는 九五爻를 뜻한다. '靡'는 '함께 술잔을 주고받는다.'는 의미이다.
    이 두 구절은 九二爻와 九五爻가 신의와 정성으로 서로 감응하여 통하는 것이, 훌륭한 맛의 술을 함께 마시며 함께 즐기고 있는 것과 같다는 것을 진일보 적으로 설명한 내용이다.

【번역飜譯】

九二爻 : 하얀 털의 학이 산의 북쪽에서 부르짖고 있으니 그의 같은 무리가 소리를 높여 그에게 화답하고 있다. 내가 맛 좋은 술을 가지고 있으니 나는 당신과 술잔을 주고받으며 함께 즐기기를 원하는 바이다.

〈象〉曰 : '其子和之', 中心願也.

【주석註釋】

中心願 : '中心'은 '마음속'을 뜻한다. 九五爻와 九二爻가 신의와 정성으로 서로 호응하기를 원하고 있다는 의미이다.

【번역飜譯】

〈象傳〉에 이르되 : '하얀 털의 학 그의 같은 무리가 소리를 높여 그에게 화답하고 있다.'고 한 것은 마음속으로부터 우러나오는 진실과 정성으로 원하고 있다는 의미이다.

(☰) 六三 : 得敵, 或鼓或罷, 或泣或歌.

【주석註釋】

得敵, 或鼓或罷, 或泣或歌 : '敵'이란? 六三爻와 六四爻가 모두 陰이기 때문에 '적(敵)'이라고 했다. '罷'는 '고달프다'·'수척하다'는 뜻이다.

　　六三爻는 陰柔로서 正位를 상실했으며 六四爻와는 적대관계이며 마음속에 신의와 정성이 없을 뿐만 아니라 조급하게 움직이는 象을 가지고 있음으로 북을 두드리며 나아가고자 한다. 그러나 六四爻는 柔正에 처해있음으로 六三爻는 六四爻에게 이길 수가 없고 다만 피곤함으로 인해 물러나게 될 뿐이다. 또한 六四爻의 반격을 두려워한 나머지 근심과 슬픔에 흐르는 눈물을 금할 수가 없을 뿐이다. 그러나 六四爻는 정도를 지켜 나아감으로 침략을 가하지 않으니 결국 아무런 근심 없이 '노래(歌)를 부르게 될 것이다.'고 했다.

　　六三爻는 陰으로 陽位에 처함으로 나아가고자 하는 자이다. 나아가고자 하다가 적과 마주치게 됨으로 '어떤 때는 북을 두드리며 진격할 것이다.(或鼓)'고 했다. 六四爻는 정도를 실천하며 九五爻의 뜻을 받드는 자이니, 六三爻가 이길 수 있는 상대가 아님으로써 '어떤 때는 전패하여 퇴각할 것이다.(或罷)'고 했다. 침략과 업신 당하는 것을 두려워함으로써 '어떤 때는 슬픔의 눈물을 흘릴 것이다.(或泣)'고 했다. 六四爻는 순응의 도를 실천하는 자이며 다른 사물에게 해를 가하지 않는 까닭에 六三爻가 물러나 있어도 상처를 받지 않을 것이니 '어떤 때는 즐겁게 노래를 부를 것이다.(或歌)'고 했다. 자신의 힘을 헤아리지 못함으로써 나아가고 물러나는 것을 잘 조정하지 못하니, 그의 피곤함을 알 수 있는 바이다. 『王注』

【번역飜譯】

六三爻 : (마음속에 신의와 정성이 없으니) 강한 적군 앞에 임박하여, 어떤 때는 북을 두드리며 진격할 것이고 어떤 때는 전패하여 퇴각하는 피로함을 맛볼 것이며 (적군의 반격을 두려워함으로 인해) 어떤 때는 슬픔의 눈물을 흘릴 것이며 (적군의 침입이 없음으로 인해) 어떤 때는 즐겁게 노래를 부를 것이다.

〈象〉曰 : '或鼓或罷', 位不當也.

【번역飜譯】

〈象傳〉에 이르되 : '어떤 때는 북을 두드리며 진격할 것이고 어떤 때는 전패하여 퇴각하는 피로함을 맛볼 것이다.'고 한 것은 六三爻의 위치가 정당하지 않다는 의미이다.

【해설解說】

六三爻가 정당한 위치에 처하지 못함으로써 그는 스스로 적을 만들며 결국에는 '북을 두드리기도 하고'·'퇴각하기도 하며'·'슬프게 울기도 하고'·'노래를 부르기도 하는' 象을 가지게 되었다. 이는 곧 마음속에 신의와 정성이 없는 까닭에 사사로운 잡념이 일어나 여러 방면으로 오락가락하며 언행이 일정하지 못함으로써 결국에는 피로하기만 할 뿐 이로움이 없을 것이라는 의미이다.

사람이 신의와 정성이 부족하면, 말과 행동 사이에 변동이 일정하지 않는 것이 이와 같은 바이다. 『折中·劉牧』

(䷼) 六四 : 月幾望, 馬匹亡, 无咎.

【주석註釋】

月幾望, 馬匹亡, 无咎 : '幾望'이란? 달이 조금 더 있어야 꽉 찬 보름달이 되는 즉 '아직은 완전한 보름달이 되지 않은 상태'를 뜻한다. '匹'은 '배필'·'짝'을 뜻하는 것으로, 初九爻와 六四爻는 陰陽으로 서로 잘 호응한다는 의미이다.

이는 六四爻가 '中孚'의 시점에 처해, 柔順으로 正位에 처하며 위로 九五爻의 뜻을 받드는 것이, '陰德'이 바야흐로 성하기는 했으나 여전히 꽉 차지는 않은 것과 같으니 결국 '달이 거의 보름달이 되어가는' 象을 가지고 있다는 의미이다. 이미 스스로 온 정성을 다해 九五爻를 섬기니 마음을 나누어 初九爻와 호응할 수가 없다. 따라서 반드시 말이 그 짝을 떠나보내야 만이, 즉 初九爻와 헤어져야 만이 (六四爻가 전념하여 九五爻를 섬길 수 있음으로) 비로소 '재난에 이르지 않을 것이다.(无咎)'고 했다.

六四爻는 陰으로 正位에 처하며 위치는 군왕과 가깝게 있음으로써 '月幾望'의 象을 하고 있다. '훌륭한 말은 짝을 떠나보냈다.(馬匹亡)'고 한 것은 初九爻가 자신과는 짝이 되지만 六四爻가 初九爻를 거절하고 위로 九五爻에게만 전념하여 신의와 정성을 보냄으로 '馬匹亡'의 象이 되었다는 의미이다. 이렇게 九五爻를 한 마음으로 섬긴다면 '재난에 이르지 않을 것이다.(无咎)'고 했다. 『本義』

【번역翻譯】

六四爻 : 달은 보름달에 접근했으며 훌륭한 말은 짝을 떠나보냈으니 재난에 이르지 않을 것이다.

〈象〉曰 : '馬匹亡', 絶類上也.

【주석註釋】

絶類上 : '類'는 '初九爻'를 뜻한다. '上'은 '위를 받든다.'·'위를 따른다.'는 뜻이다.

六四爻가 初九爻와의 관계를 단절하고 위로 九五爻를 따른다는 의미이다. 『程傳』

【번역飜譯】

〈象傳〉이르되 : '훌륭한 말은 짝을 떠나보냈다.'고 한 것은 六四爻가 그의 배필과의 관계를 끊어버리고 위로 九五爻를 받든다는 의미이다.

【해설解說】

본 爻의 의미는 '中孚'의 시점에 당면해, '陰順'의 덕을 가진 성품은 반드시 하나에만 신의와 정성으로 전념해야 한다는 것이다. 따라서 六四爻는 반드시 初九爻와의 관계를 '단절해야 만 이' 비로소 九五爻의 뜻을 잘 받들 수 있을 것이라고 했다.

신의와 정성은 두 개를 동시에 받아들이지 못한다. 『折中』

(䷼) 九五 : 有孚攣如, 无咎.

【주석註釋】

有孚攣如, 无咎 : '攣'이란? '끌어 당겨서 동여맨다.'는 뜻이다. '如'는 '語氣助詞'이다.
이는 《中孚》의 주인 陽剛中正의 九五爻가 신의와 정성으로 '천하'의 민심을 넓게 끌어당겨서 동여맨다는 의미이다. 즉 '천하'의 백성들 역시 신의와 정성으로 서로 호응하고 있음으로 '재난이 없을 것이다.(无咎)'고 했다.

존위에 처하며 中正의 덕을 지니고 있다는 것은 지극한 신의와 지극한 정성을 마음속에 품고 있다는 의미이다. 지극한 신의와 지극한 정성이 마음속에서 발동된 그것을 천하의 백성들에게 나누어 준다면 천하의 민심을 넓게 끌어당겨서 동여 맬 수 있을 것이다. 上下·內外가 모두 신의와 정성으로 서로 통한다면 군왕의 도는 실현될 것인데 어찌 재난이 있을 수 있을 것인가?『折中·胡瑗』

【번역飜譯】

九五爻 : 신의와 정성을 사용해서 천하의 민심을 넓게 끌어당겨서 동여매니 재난이 없을 것이다.

〈象〉曰 : '有孚攣如', 位正當也.

【번역飜譯】

〈象傳〉에 이르되 : '신의와 정성을 사용해서 천하의 민심을 넓게 끌어당겨서 동여맨다.'고 한 것은 九五爻가 中正의 정당한 위치에 처한다는 의미이다.

【해설解說】

「象傳」의 '孚乃化邦'이 바로 본 爻를 뜻한다.

六爻 가운데 다섯 개 爻는 '孚'를 말하지 않았으나 오로지 九五爻 만이 이를 말한 것은 九五爻가 '孚'의 주인이기 때문이다. (胡炳文)

(䷼) 上九 : 翰音登于天, 貞凶.

【주석註釋】

翰音登于天, 貞凶 : '翰'은 '높이 날아간다.'는 뜻이다. '翰音'은 '높이 날아가는 새의 울음소리'를 뜻한다.

　이는 上九爻가 ≪中孚≫의 가장 높은 곳에 처하며 신의와 정성은 쇠퇴해지고 허위가 일어나더니 결국 '날아가는 새의 울음소리(翰音)'가 천공을 뚫고 높은 허공 가운데에로 올라가 버리는 象이 되었다는 의미이다. 그러나 결국에는 陽剛의 본질을 가지고 있음으로 爻辭는 '반드시 정도(貞)'를 굳건히 지켜 나아가면 '흉함을 방지할 수 있을 것이다.(凶)'고 훈계했다.

　'翰'은 '높이 날아간다.'는 뜻이다. '날아다니는 소리(飛音)'란? 소리가 날아다닌다는 것으로 사실상 그를 따르지 않는다는 의미이다. 上九爻가 본 卦의 가장 높은 곳에 처한다는 것은 신의와 정성의 마지막에 처한다는 것이며 신의와 정성의 마지막이라는 것은 신의와 정성이 쇠퇴했다는 것이자 신의와 정성이 마음속에서는 없어지고 밖으로는 화려하게 치장한다는 의미이다. 따라서 '날아가는 새의 울음소리가 천공을 뚫고 높은 허공 가운데에로 올라가 버린다.(翰音登于天)'고 했다.『王注』

　신의와 정성이 쇠퇴하면 거짓이 일어난다. 날아가는 새의 울음소리가 천공을 뚫고 높은 허공 가운데에로 올라가 버린다는 것은 헛된 소문이 멀리까지 들린다는 의미이다.『正義』

【번역翻譯】

上九爻 : 날아가는 새의 울음소리가 천공을 뚫고 높은 허공 가운데에로 올라가 버리니 (헛된 소문이 멀리까지 들리니 신의와 정성이 유지되지 못한다.) 반드시 정도를 굳건히 지켜 나아가면 흉함을 방지할 수 있을 것이다.

〈象〉曰 : '翰音登于天', 何可長也!

【번역翻譯】

〈象傳〉에 이르되 : '날아가는 새의 울음소리가 천공을 뚫고 높은 허공 가운데에로 올라가 버린다.'고 한 것은 이러한 헛된 소문이 어떻게 오래 갈 수 있을 것인가!의 의미이다.

【해설解說】

九二爻는 '하얀 털의 학이 산 북쪽에서 부르짖는다.(鳴鶴在陰)'고 했고 上九爻는 '날아가는 새의 울음소리가 천공을 뚫고 높은 허공 가운데에로 올라가 버린다.(翰音登于天)'고 했다. 하나는 성실하고 하나는 허위적인 것으로 반대현상이다.

九二爻가 산의 북쪽에서 부르짖으니 九五爻가 그에게 화답하였다. 上九爻는 날아가는 새의 울음소리가 천공을 뚫고 높은 허공 가운데에로 올라가 버리니 그 도는 대체로 상반되는 바이다. (蘇軾)

【中孚】 요점 · 관점

≪中孚≫는 '마음속에 신의와 정성을 품고 있다.'는 의미를 천명한 내용이다.

卦辭는 '작은 돼지와 작은 물고기까지도 감화시킬 수 있음으로 길할 것이다.'는 내용을 사용해서 신의와 정성의 덕은 응당히 미물에게까지도 널리 미칠 수 있다는 것에 비유했다. 이 시점에서는 거센 물결이 도도히 흐르는 험난한 큰 하천을 건너는 데에서 이로움을 얻을 것이며 정도를 굳건히 지켜 나아가는 데에서 이로움을 얻을 것이라고 했다.

卦 가운데 여러 개 爻는 각기 다른 각도로 그 이치를 설명하고 있다. 初九爻는 아래 위치에서 신의와 정성을 침착하고 조용하게 지켜 나아갔고 九二爻는 마음속의 신의와 정성으로 사물을 실재적으로 감화시켰다. 六四爻는 오로지 마음을 하나로 하여 신의와 정성을 이르게 했을 뿐 두 개의 마음으로 나누지 않았다. 九五爻는 신의와 정성을 널리 베푸는 존자의 위치에 앉아 있다. 이 네 개 爻는 비록 처한 위치는 같지 않으나 陰陽이 구별되며 모두 '신의와 정성'을 가진 정면형상이다. 六三爻는 마음에 신의와 정성을 품고 있지 않아 언행이 시도 때도 없이 변화하며 上九爻는 신의와 정성이 쇠퇴해지고 거짓이 생겨나며 헛소문이 멀리까지 들리게 되니 '신의와 정성'이 없는 반면형상이다.

六爻 가운데에서 가장 추앙 받는 것은 九二爻와 九五爻이다. 九二爻는 '하얀 털의 학이 산의 북쪽에서 부르짖고 있으니 그의 같은 무리가 소리를 높여 그에게 화답하고 있다.'는 것을 사용해서 비유했다. 賈誼는 이를 확대해서 다음과 같이 해석했다.

사랑을 보내는 자에게는 그 사랑이 다시 돌아올 것이며 복을 주는 자에게는 그 복이 다시 돌아올 것이다. 『新書·春秋』

九五爻는 '신의와 정성'을 사용해서 '천하'의 민심을 넓게 끌어당겨서 동여매는 象을 가지고 있다. 더욱이 '나라를 통치하는 자들'에게 반드시 '백성들로부터 신의와 정성을 얻어야 할 것이다.'는 기대와 희망을 卦辭와 함께 제시했다. 신의와 정성이 '작은 돼지와 작은 물고기에게까지도 미친다.'는 것과 '만물을 감화시킨다.'는 관점은 서로 합일하는 내용이다.

군왕이 안에서 지극한 정성으로 움직인다면 만백성들은 반드시 감응하여 닮아올 것이다. 堯舜의 정성은 천하를 감화시켰을 뿐만 아니라 天地까지도 감동시켰다. 따라서 황량한 들판에서 부는 바람을 따라 봉황과 기린은 춤을 추었으며 아래의 미물까지도 모두 감동을 받았다. 『易』에서 말하는 '마음속의 신의와 정성은 작은 돼지와 작은 물고기까지도 감화시킬 수 있음으로 길할 것이다.'고 한 바가 곧 이 의미이다. 『新序·雜事篇·劉向』

≪中孚≫에서 제시한 '신의와 정성'의 의미는 일반적으로 사회도덕과 정치윤리를 이야기한 것이다. 따라서 중국고대사회의 윤리사상 가운데에서 '信(신의)'이라는 도덕범주의 역사연원을 연구할 때는 사실상 본 卦에서 중요한 재료를 제공받을 수 있을 것이다.

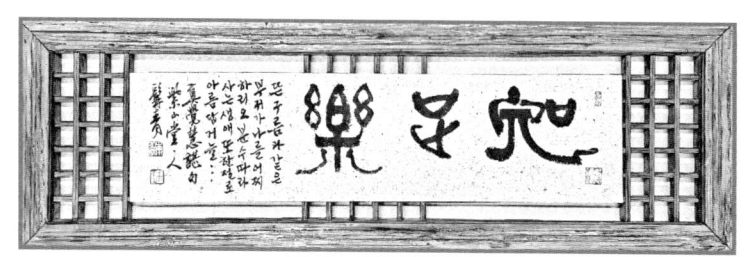

62. 小過卦의 立體文型圖

(☷) 《小過》: 小過. 亨, 利貞. 可小事, 不可大事. 飛鳥遺之音, 不宜上, 宜下, 大吉.

〈彖〉曰: 小過, 小者過而亨也. 過以利貞, 與時偕行也. 柔得中, 是以小事吉也. 剛失位而不中, 是以不可大事也. 有飛鳥之象焉. '飛鳥遺之音, 不宜上, 宜下, 大吉.' 上逆而下順也.

〈象〉曰: 山上有雷, 小過. 君子以行過乎恭, 喪過乎哀, 用過乎儉.

(− −) 上六: 弗遇過之. 飛鳥離之, 凶, 是謂災眚.

〈象〉曰: '弗遇過之', 已亢也.

(− −) 六五: 密雲不雨, 自我西郊. 公弋取彼在穴.

〈象〉曰: '密雲不雨', 已上也.

(—) 九四: 无咎, 弗過遇之. 往厲必戒, 勿用, 永貞.

〈象〉曰: '弗過遇之', 位不當也. '往厲必戒', 終不可長也.

(—) 九三: 弗過防之, 從或戕之, 凶.

〈象〉曰: '從或戕之', 凶如何也!

(− −) 六二: 過其祖, 遇其妣. 不及其君, 遇其臣, 无咎.

〈象〉曰: '不及其君', 臣不可過也.

(− −) 初六: 飛鳥以凶.

〈象〉曰: '飛鳥以凶', 不可如何也.

62 小過卦

(䷽)《小過》・錯(䷼)《中孚》・綜(䷽)《小過》・互(䷛)《大過》

(䷽)《小過》: 小過. 亨, 利貞. 可小事, 不可大事. 飛鳥遺之音, 不宜上, 宜下, 大吉.

【주석註釋】

䷽ : 卦象이다. 下卦 ☶ 艮卦(山・止)와 上卦 ☳ 震卦(雷・動)로 구성되었다. 산위에서 우레가 진동하는 자연현상과 이치를 빌려와서 '작은 일을 조금 더 지나치게 실천하는' 현상과 이치를 상징했다.

小過 : 卦名이다. '작은 것(陰)이 지나치다.(小過)'는 것을 상징한다. '小過'는 '大過'와 대조적인 의미를 가지고 있다.

　이 卦는 밖의 陰爻 네 개가 가운데 陽爻 두 개를 숫자적으로 초월했으니, 陰爻를 '小'라고 하는 까닭에 '小過'라고 했다. 그는 '작은 것(일)이 지나치다.'・'작은 일을 조금 더 지나치게 실천한다.' 등의 의미를 상징한다.

亨, 利貞 : 이는 '小過'의 시점일 때 형통할 것이라는 의미이다. 그러나 '지나칠 때' 또한 '正'을 근본으로 하지 않을 수 없는 까닭에 '정도를 굳건히 지켜 나아가는 데에서 이로움을 얻을 것이다.(利貞)'고 했다.

可小事, 不可大事 : '小事'란? '柔小'한 일을 뜻한다. '大事'란? '剛大'한 일을 뜻한다.

　'小過'의 시점에서는, 지나치게 할 수 있는 것은 작은 일 뿐이다. 큰일은 지나치게 해서는 안 될 것이다. 『周易集說』

'大事'란? 천하에서 국가와 관계있는 일을 뜻한다. '小事'란? 일상생활 상에서 항상 실천하는 일을 뜻한다. 『折中』

飛鳥遺之音, 不宜上, 宜下, 大吉 : 이 몇 구절은 '날아다니는 새(飛鳥)'를 象으로 취하여, '小過'는 겸손하고 유순함에 중점을 두어 아래에 처하는 것은 옳으나 위에 처하는 것은 옳지 않다는 것에 비유한 내용이다.

날아다니는 새가 그의 울음소리를 남기며 애처롭게 그가 처할 곳을 찾아 헤매니, 날아서 올라 갈수록 적당한 기거 처는 없을 것이며 아래로 내려오면 오히려 편안한 기거 처를 얻을 수 있을 것이다. 날아서 올라 갈수록 더욱 어렵게 되는 것은 날아다니는 새보다 더한 것은 없다. 『王注』

날아다니는 새는 사람 보다 훨씬 높은 곳에 있다. 그러나 남기는 울음소리는 들을 수 있으니, 이 역시 지나치게 높은 곳에서 날아다닌다는 것이 아니라 '小過'일 뿐이라는 뜻이다. 순응을 거역하는 자가 날아서 위로 향하면 바람의 저항 세력을 받게 될 것이다. 아래로 내려오면 그 형세가 순응적으로 될 것이다.(처하는 환경조건이 편안해질 것이다.) 『重定費氏學』

새는 날아다니다가 반드시 산으로 돌아오며 계곡으로 모여든다. 산으로 돌아오지 않는다는 것은 어려움에 처해있다는 뜻이고 계곡으로 모여들지 않는다는 것은 죽었다는 의미이다. 따라서 '마땅히 위로 올라가지 말고 마땅히 아래로 내려와야 크게 길할 것이다.(不宜上, 宜下, 大吉.)'고 했다. 『管子』

【번역飜譯】

≪小過≫ : 小過卦는 작은 것이 지나치다는 것을 상징한다. 형통할 것이며 정도를 굳건히 지켜 나아가는 데에서 이로움을 얻을 것이다. 보통의 작은 일을 시행할 수 있으나 천하의 이익을 도모하는 큰일을 실천해서는 안 될 것이다. 비유해 본다면, 날아다니는 새가 슬픈 울음소리를 남기며 힘차게 날아오르는 데에서는 마땅함을 얻지

못할 것이며 아래로 내려와 편안한 서식처를 구하는 데에서는 마땅함을 얻을 것이며 크게 길할 것이라는 바와 같다는 의미이다.

> 〈彖〉曰: 小過, 小者過而亨也. 過以利貞, 與時偕行也. 柔得中, 是以小事吉也, 剛失位而不中, 是以不可大事也. 有飛鳥之象焉. '飛鳥遺之音, 不宜上, 宜下, 大吉.' 上逆而下順也.

【주석註釋】

小者過而亨也: 이는 卦辭 '小過, 亨.'을 해석한 내용이다.

'小過'란? '작은 것(일)이 지나치다.'는 의미이다. 대개 일은 한 쪽으로 기울어진 것에서 잘못이 있게 된다. 그 잘못을 바르게 한다는 것은 작은 것이 지나치기를 기다린 연후에 한 쪽으로 기울러진 것을 中으로 돌아오게 한다는 의미이다. '지나치다'는 의미는 보통의 이치에 비해서 지나치다는 것이다. 지나쳤다가 다시 中으로 돌아오면 그 사용됨이 곤란하지 않을 것이니 형통할 것이라고 했다. 『折中·朱震』

與時偕行: 이는 卦辭 '利貞'을 해석한 내용으로, '小過'의 이치는 반드시 정당한 시점에서 실천할 것이며 함부로 행동해서는 안 될 것이라는 의미이다.

굽은 것을 바르게 하고 바른 것을 잘못되게 하는 것은 시세의 마땅함에 호응하는 것이며 이는 예사로운 일이 아니다. 『正義』

柔得中, 是以小事吉也. 剛失位而不中, 是以不可大事也: '柔'는 六二爻·六五爻를 뜻한다. '剛'은 九三爻·九四爻를 뜻한다.
이 네 구절은 卦 가운데 柔爻와 剛爻가 처한 위치의 특점을 사용해서 卦辭 '可小事, 不可大事.'를 해석한 내용이다.

이는 六二爻와 六五爻는 柔로서 中位에 처하며 九四爻는 正位를 상실한 채 不中에 처하며 九三爻는 正位에 처하나 역시 不中이니 '보통의 작은 일을 시행할 수는 있으나 천하의 이익을 도모하는 큰일을 실천해서는 안 될 것이다.(可小事, 不可大事.)'는 의미이다. 柔順한 사람은 오로지 작은 일만 행할 수 있다. 柔하면서 中位를 얻어 작은 일을 때에 알맞게 행하는 까닭에 '작은 일을 행하면 길할 것이다.(小事吉)'고 했다. 剛健한 사람은 큰일을 행할 수 있다. 正位를 상실한 채 不中에 처한다는 것은 큰일을 알맞은 때에 맞추어 실천하지 못한다는 의미로, '천하의 이익을 도모하는 큰일을 실천해서는 안 될 것이다.(不可大事)'고 했다. 『正義』

有飛鳥之象焉 : 이는 卦辭가 '飛鳥遺之音, 不宜上, 宜下.'를 취해 象으로 비유했다는 내용이다.

'날아다니는 새가 슬픈 울음소리를 남기며 힘차게 날아오르는 데에서는 마땅함을 얻지 못할 것이며 아래로 내려와 편안한 서식처를 구하는 데에서 마땅함을 얻을 것이다.(飛鳥遺之音, 不宜上, 宜下.)'고 한 것은 즉 '날아다니는 새(飛鳥)'의 象을 의미한다. 『王注』

두 개의 陽爻가 안에 있고 상하에 각각 陰爻가 있는 것이 날아다니는 새가 깃촉(날개)을 펴고 있는 象과 같다. 『集解·宋衷』

上卦는 '艮(山)'을 엎어놓은 象이고 下卦 역시 '艮'이니, '艮은 鳥이다.' 따라서 날아다니는 새의 象이 되었다. 즉 上卦와 下卦가 모두 '艮'이라는 의미이다. 『尚氏學』

上逆而下順也 : '上逆'은 六五爻가 위에 처하며 剛(九四爻)을 올라타고 있다는 의미이다. '下順'은 六二爻가 아래에 처하며 九三 陽爻의 뜻을 받들고 있다는 뜻이다.
이는 卦辭 '飛鳥遺之音, 不宜上, 宜下, 大吉.'의 의미를 해석한 내용이다.

이는 六五爻는 九四爻의 剛을 올라타고 있고 六二爻는 九三爻의 뜻을 받들고 있는 것을 사용해서, '不宜上, 宜下, 大吉.'의 의미를 해석한 내용이다. 위에서는 剛을 올라타고 앉아 거역하고 있으며 아래에서는 陽의 뜻을 받들어 순응하고 있다는 의미이다. 『正義』

【번역翻譯】

〈彖傳〉에 이르되 : '작은 것이 지나치다(小過)'는 것은, 보통의 柔小한 일은 지나친 바가 있어야 형통할 수 있다는 의미이다. 지나친 바가 있으면 정도를 굳건히 지켜 나아가는 데에서 이로움을 얻을 것이라고 한 것은 응당히 일정한 시점에 맞추어 이 도를 받들어야 할 것이라는 의미이다. 비유해 본다면, 陰柔로서 中位에 처하며 편중하지 않는 까닭에 보통의 柔小한 일을 시행한다면 길할 것이며 陽剛으로 正位를 상실했으며 中道를 지켜 나아가지 못하는 까닭에 천하의 이익을 도모하는 큰일(剛大한 일)을 실천해서는 안 될 것이라는 바와 같은 의미이다. 卦 가운데는 날아다니는 새에 비유한 象을 가지고 있다. '날아다니는 새가 슬픈 울음소리를 남기며 힘차게 날아오르는 데에서는 마땅함을 얻지 못할 것이며 아래로 내려와 편안한 서식처를 구하는 데에서는 마땅함을 얻을 것이며 크게 길할 것이다.'고 한 것은 위를 향해 큰 뜻을 펼치려고 하는 것은 거역하는 일이며 아래를 향해 작을 일을 시행하는 것이 곧 편안하고 순조로울 것이라는 의미이다.

〈象〉曰 : 山上有雷, 小過. 君子以行過乎恭, 喪過乎哀, 用過乎儉.

【주석註釋】

山上有雷, 小過 : 이는 ≪小過≫의 下卦 艮卦는 '山'의 象이고 上卦 震卦는 '雷'의 象이라는 뜻을 설명한 내용이다.

우레가 산 위에서 진동하니 그 소리가 보통을 넘는다. 따라서 '小過'라고 했다. 『程傳』

行過乎恭, 喪過乎哀, 用過乎儉 : 이는 군자는 ≪小過≫의 象을 본 받아, 행동거지를 공손하게 할 때나 喪事의 애통함을 표현할 때나 비용을 節儉하는 등의 평범한 작은 일에는 다소간의 지나침이 있어야 만이 풍습의 폐단을 바르게 할 수 있다는 의미이다.

소인의 허물은 업신여김과 사치에 빠지는 것이니, 군자는 이를 바르게 하고자 '행동은 조금 더 지나치게 공손해야 할 것이며 상사 때는 조금 더 지나치게 애통해야 할 것이며 돈을 쓸 때는 조금 더 지나치게 절약해야 할 것이다.'고 했다. 『正義』

【번역飜譯】

〈象傳〉에 이르되 : 산 정상에서 우레가 진동하고 있다(그 소리가 보통을 넘는다.)는 것은 작은 것이 지나치다는 것을 상징한다. 군자는 이를 본 받아, 행동거지는 조금 더 지나치게 공손해야 할 것이며 喪事 때는 조금 더 지나치게 애통해야 할 것이며 돈을 쓸 때는 조금 더 지나치게 절약해야 할 것이다.

【해설解說】

「大象傳」에서 말한 세 가지 예는 모두 겸손하고 자애롭고 유순하게 베푸는 행위로서 卦辭 '可小事, 宜下.'의 의미와 합일한다.

'小過'는 조금 더 자애로운 은혜의 종류이나 '大過'는 강직하고 엄격하며 과단성 있는 굳센 기상을 뜻한다. '小過'는 '작은 일이 지나치다.' 혹은 '작은 것에서 지나치다.'는 의미를 가지고 있다. 즉 '행동거지는 조금 더 지나치게 공손해야 할 것이며 상사 때는 조금 더 지나치게 애통해야 할 것이며 돈을 쓸 때는 조금 더 지나치게 절약해야 할 것이다.(行過乎恭, 喪過乎哀, 用過乎儉.)'고 한 것은 모두 작은 것보다 지나치게 하는 것이 좋다는 의미로, 한 발 물러서서 자신을 낮추라는 의미이다. 『朱子語類』

(䷽) 初六 : 飛鳥以凶.

【주석註釋】

飛鳥以凶 : '以'는 連詞로서 '그리고'·'그러나(而)'의 뜻과 같다.

이는 初六爻가 '小過'의 시작에 처하며 본래 당연히 '아래로 내려가야 함에도' 불구하고 '날아다니는 새'가 기세를 거꾸로 하여 날아올라 九四爻와 호응함으로 흉할 것이라고 했다.

'小過'는 위로 오르면 거역이 되고 아래로 내려오면 순응이 된다. 上卦에 호응하고자 날아오르면 거역하는 것이 되어 발을 붙일 곳이 없을 뿐이다. 따라서 '飛鳥'는 '흉할 것이다.'고 했다. 『王注』

【번역飜譯】

初六爻 : 날아다니는 새가 형세를 거역하여 위로 날아오르니 장차 흉할 것이다.

〈象〉曰 : '飛鳥以凶', 不可如何也.

【주석註釋】

不可如何 : '어찌할 수 없다.'는 것은 곧 '구제되기가 어렵다.'는 의미이다.

【번역飜譯】

〈象傳〉에 이르되 : '날아다니는 새가 형세를 거역하여 위로 날아오르니 장차 흉할 것이다.'고 한 것은 初六爻가 스스로 흉함을 자초하니 그것은 어찌 할 수 없다는 의미이다.

【해설解說】

初六爻는 中位와 正位에 처하지 않으며 앞에서는 六二爻가 가로막고 있으니, 물러나서 그는 '아래'의 도에 처해야 만이 편안할 수 있다. 그럼에도 불구하고 오히려 위로 호응하고자 하니, 이로 인해 스스로 흉함을 초래할 것이다.

(䷽) 六二 : 過其祖, 遇其妣. 不及其君, 遇其臣, 无咎.

【주석註釋】

過其祖, 遇其妣. 不及其君, 遇其臣, 无咎 : '祖'는 '祖父'의 뜻이며 九四爻에 비유한

것이다. '妣'는 '祖母'의 뜻이며 아래 문장의 '君'과 함께 六五爻에 비유한 것이다. '臣'은 六二爻에 비유한 것이다. '그 신하를 만난다.(遇其臣)'고 한 것은 '군왕이 그 신하를 얻는다.'는 의미이다.

　이 몇 구절은 六二爻가 柔順中正으로 九三爻를 지나서 九四爻의 '祖父'를 뛰어 넘어 六五爻의 '祖母'를 만나게 될 것이라는 바를 설명한 내용이다. 그러나 六五爻는 '君位'이기 때문에 六二爻가 감히 제멋대로 뛰어넘지는 못할 것이며 신하로서 그를 섬기게 될 것이니, 六五爻는 결국 그 신하를 만나게(얻게) 됨으로써 '그 군왕에게까지는 미치게 하지 않으니 즉 접근(함께·필적)하지 않으니 군왕은 그 신하를 만나게(얻게) 될 것이다.(不及其君, 遇其臣.)'고 했다. 六二爻가 처한 위치는 '小過'의 시점에 당면해, 이와 같이 이미 지나치거나 지나치지 않아야 만이 비로소 '재난이 없을 것이다.(无咎)'

　　六二爻가 柔順中正으로 九三爻와 九四爻를 뛰어넘어 六五爻를 만나는 것은 곧 陽을 지나서 도리어 陰을 만나는 것이다. 이처럼 六五爻에게까지 미치게 하지 않는 것은 스스로 자신의 분수를 알기 때문이다. 따라서 '군왕에게까지는 미치게 하지 않으니 군왕은 그 신하를 만나게(얻게) 될 것이다.(不及其君, 遇其臣)'고 했다. 대개 지나치거나 지나치지 않는다는 것은 정도를 지켜 나아가며 中道를 실천한다는 의미이니, 즉 '반드시 재난이 없을 것이다.(无咎)'는 이치이다. 『本義』

【번역翻譯】

六二爻 : 그 조부를 뛰어넘어 그 조모를 만날 것이다. 그러나 그 군왕에게까지는 미치게 하지 않으니 군왕은 그제서야 그 신하를 만나게(얻게) 되어 반드시 재난이 없을 것이다.

【해설解說】

　　'母'를 '妣'라고 한다. '妣'는 六二爻이며 '祖'는 九三爻이다. 六二爻는 六五爻에 호응하고자 하나 六五爻는 震卦의 군왕이며 호응하고자 하지 않음으로써 '不及其君'이라고 했다. '艮'은 '臣'이며 九三爻는 艮卦의 主爻이며 六二爻는 九三爻를 받들고 있음으로 '遇其臣'이라고 했다. 『尚氏學』

〈象〉曰:'不及其君', 臣不可過也.

【번역飜譯】

〈象傳〉에 이르되 : '군왕에게까지는 미치게 하지 않는다.'고 한 것은 六二爻가 신하로서 尊上을 뛰어넘어서는 안 될 것이라는 의미이다.

【해설解說】

六二爻가 '반드시 재난이 없는' 까닭은 '지나친 것'과 '지나치지 않는 것' 가운데에서 적당하게 주선하는 장점을 가지고 있기 때문이다.

때로는 지나치게 하고 때로는 못 미치게 하는 것 모두는 그 때와 분수에 알맞게 해야 할 것이며 中에서 벗어나지 않아야 할 것이다. 이는 '지나침(過)'의 도가 있는 곳에서는 '지나치지 않게 하는 것이(无過)' '반드시 재난이 없을 것이다.(无咎)'는 의미이다. 『童溪易傳 · 王宗傳』

(䷽) 九三:弗過防之, 從或戕之, 凶.

【주석註釋】

弗過防之, 從或戕之, 凶:'防'은 '방어하다'는 뜻이다. '之'는 '語氣詞'이다. '從'은 부사로서 '수반하다' · '따르다'는 뜻이다. '戕'은 '해치다'는 뜻이다.

이는 九三爻가 下卦의 최상에 처하며 작은 것(陰)이 큰 것(陽) 보다 지나친 시점에 처하며 陽剛으로 正位에 처하며 스스로 강성함을 믿어 방어하는 것을 지나치게 긍정하지 않으니, 사람들이 장차 그를 해칠 것이기 때문에 '흉할 것이다.(凶)'고 했다.

'小過'일 때는 매사가 적당함을 지난 연후라야 中을 얻게 된다. 九三爻는 剛으로 正位에 처하며 여러 陰爻들이 해치고자 하는 자이다. 그리고 스스로 자신의 剛함을 믿음으로써 방어하는 것을 지나치게 긍정하지 않는 까닭에 凶한 象을 가지게 되었다. 『本義』

【번역飜譯】

九三爻 : 그들을 방어하는 것을 지나치게 긍정하지 않으면서 장차 그들을 따른다면(받아들인다면) 그들이 가하는 상해를 받아 흉하게 될 것이다.

〈象〉曰 : '從或戕之', 凶如何也!

【주석註釋】

凶如何 : 흉한 현상이 상당히 심하다는 의미이다.

【번역飜譯】

〈象傳〉에 이르되 : '장차 그들을 따른다면(받아들인다면) 그들이 가하는 상해를 받을 것이다.'고 한 것은 九三爻의 흉함이 얼마나 심각할 것인가!의 의미이다.

【해설解說】

九三爻의 '凶'함은 작은 일을 소홀히 하는 데에 있고 방어하는 것을 지나치게 (過防) 원하지 않는 데에 있다.

'小過'란? 작은 일이 지나치다(작은 일을 지나치게 한다.)는 의미이다. 작을 일이 지나치다는 것은 작은 것을 공경하고 보잘 것 없는 것을 신중하게 생각하라는 의미이다. 九三爻는 지나치게 剛함으로써 이 의미를 고려하지 않기 때문에 주변에 대한 방어를 지나치게 하지 않아 상해를 만나는 象이 되었다. 「傳」에서 '군자가 작은 사물에게도 직무를 다한다면 큰 환난을 만나지 않을 것이다.(君子能勤小物, 故無大患.)'고 한 것이 바로 본 爻의 의미이다. 『折中』

(䷽) 九四 : 无咎, 弗過遇之. 往厲必戒, 勿用, 永貞.

【주석註釋】

无咎, 弗過遇之. 往厲必戒, 勿用, 永貞 : '弗過'란? 九四爻는 正位를 상실했으며 지나치게 剛하지 않다는 의미이다. '遇之'란? 初六爻를 만난다는 의미이다. '往'은 '앞으로 나아가 初六爻와 호응한다.'는 의미이다.

이는 九四爻가 陽爻로 陰位에 처하며 지나치게 剛하지 않으며 결국 下卦의 初六爻를 만나게 될 것이니, 즉 '마땅히 아래로 내려가는(宜下) 象을 가짐으로써 '재난이 없을 것이다.(无咎)'고 했다. 그러나 이미 正位를 상실했기 때문에 만약 주동적으로 앞으로 나아가 初六爻와 호응한다면 스스로 신중하고 조용하게 지켜 나아가야 할 정도를 상실하게 될 것이다. 따라서 '나아가면 위태로운 일이 발생할 것이다.(往厲)'고 경고함과 아울러 그에게 '재능을 사용하지 말고 정도를 오랫동안 굳건히 지켜 나아가야 할 것이다.(勿用, 永貞.)'고 훈계했다.

九四爻가 初六爻와 호응하기 위해 '마땅히 아래로 내려가는 것(宜下)'은 이치에 합당한 것이기 때문에 '재난이 없을 것이다.'고 했다. 그러나 正位를 상실한 剛으로 위에 처하니 비록 아래와 호응을 할지라도 마음씨가 오만한 까닭에 '나아간다면 위태로운 일이 발생할 것이다.(往厲)'고 경고하면서 '재능을 사용하지 말 것이며 정도를 오랫동안 굳건히 지켜 나아가야 할 것이다.(勿用, 永貞.)'고 훈계했다. 『重定費氏學』

【번역翻譯】

九四爻 : 재난이 없을 것이며 지나치게 剛强하지 않으니 곧 陰柔를 만나게 될 것이다. 그러나 주동적으로 나아가 應合한다면 장차 위태로운 일이 발생할 것이니 반드시 힘써 스스로 경계해야 할 것이며 재능을 사용하지 말 것이며 정도를 오랫동안 굳건히 지켜 나아가야 할 것이다.

〈象〉曰:'弗過遇之', 位不當也. '往厲必戒', 終不可長也.

【번역飜譯】

〈象傳〉에 이르되 : '지나치게 剛強하지 않으니 곧 陰柔를 만나게 될 것이다.'고 한 것은 九四爻가 정당한 陽剛의 위치에 처하지 않았다는 의미이다. '주동적으로 나아가 應합한다면 장차 위태로운 일이 발생할 것이니 반드시 힘써 스스로 경계해야 할 것이다.'고 한 것은 만약 나아가 陰과 호응한다면 결국 오랫동안 무사할 수 없을 것이라는 의미이다.

【해설解說】

'小過'의 시점에 당면해, 九四爻는 正位를 상실했으니, 이로 인해 반드시 조용하게 자신을 지켜 나아가면서 '재능을 사용하지 말 것이며' 정도를 오랫동안 굳건히 지켜 나아가야 할 것이다.' 九四爻가 初六爻에 대한 관계로 본다면, '만나는 것(遇)'은 좋으나 '나아가(往)' 호응해서는 안 될 것이라는 의미이다. 즉 九四爻에게 조심하며 거짓된 행동을 하지 말 것을 요구하고 있다. 그렇지 않고 만약 한 뜻으로 혼자서 밀고 나아간다면 반드시 '无咎'가 '凶'으로 변할 것이다.

(䷽) 六五 : 密雲不雨, 自我西郊. 公弋取彼在穴.

【주석註釋】

密雲不雨, 自我西郊 : 이는 六五爻가 陰爻로 존위에 처하며 아래의 陽爻와 호응하지 않는 것이, 서쪽 교외 陰의 방향에서는 오로지 짙은 구름이 빽빽하게 펼쳐져 있을 뿐 陽이 없음으로써 짙은 구름이 비로 변화하지 못하고 있는 현상과 같다는 의미이다.

'小過'는 작은 것이 큰 것보다 지나치다는 의미이다. 六의 陰爻가 五의 위치를 얻었으니 陰이 성한 기세이다. 따라서 '짙은 구름으로 있을 뿐 비가 되지 못한 상태(密雲不

雨)'로 '서쪽 교외(西郊)'에 이르렀다고 했다. 무릇 '비(雨)'란? 陰이 위에 있고 陽은 陰을 가리고 있어 통하지가 않자 즉 더운 수증기가 올라가 비가 되는 것이나 지금은 艮止가 아래에 있어 교류가 되지 못함으로 '비로 되지 못했다.(不雨)'고 했다. 이러한 까닭으로 ≪小畜≫은 '위로 올라가서 형통하게 되었으니 즉 비로 되지 못했다.(不雨)'고 했으며 ≪小過≫는 '陽이 위로 교류를 하지 못하니 역시 비로 되지 못했다.(不雨)'고 했다. 즉 비록 陰이 위에서 성한 기세를 가지고 있으나 그는 베풀지를 못하고 있다는 의미이다.『王注』

公弋取彼在穴 : '公'은 六五爻를 뜻한다.

　　五는 臣의 최고 위치이자 陰이 극성한 위치이다. 따라서 '公'이라고 했다. '弋'은 화살을 쏘는 것을 뜻한다. '穴'은 동굴 안에 교활한 짐승이 숨어있다는 뜻으로, 폭로되지 않은 재난이나 해로운 일에 비유한 것이다.『王注』

　　이 구절은 앞 두 구절의 의미를 이어서, 六五爻가 비록 천하를 직접 통치할 수는 없으나 '王公'이 되어 신하의 직분을 지나칠 정도로 실천함으로써 폐단을 바로잡고 나쁜 점을 제거할 것이라는 바를 설명한 내용이다.

　　'弋'란? '화살을 높이 쏘아 올린다.'는 뜻이다. 穴이란? '아래에서 숨어 엎드려 있다.'는 뜻이다. 공이 화살을 쏘아서 동굴 가운데에 있는 사물을 얻는다는 것은 성현이 비록 그 일을 지나치게 시행했다고 할지라도 그 뜻은 아래를 바로잡는 데에 있다는 것과 같은 의미이다.『周易口義』

【번역飜譯】

六五爻 : 짙은 구름이 빽빽이 펼쳐져 있을 뿐 비로 내리지 못하고 있으며 그것은 우리가 살고 있는 도시의 서쪽 교외로부터 일어나고 있다. 王公이 있는 힘을 다해 동굴에 숨어있는 나쁜 맹수를 화살로 쏘아 포획할 것이다.

〈象〉曰 : '密雲不雨', 已上也.

【주석註釋】

已上 : 陰이 이미 높은 곳에 올라가 陽의 화합을 얻지 못함으로써 '비로 내리지 못하고 있다.'는 의미이다.

【번역飜譯】

〈象傳〉에 이르되 : '짙은 구름이 빽빽이 펼쳐져 있을 뿐 비로 내리지 못하고 있다.'고 한 것은 六五爻의 陰氣가 왕성하여 이미 높은 곳에 처해있다는 의미이다.

【해설解說】

본 爻「象傳」의 '已上'과 ≪小畜≫「象傳」의 '尙往'의 의미는 서로 통한다.

'密雲不雨'에 대해, ≪小畜≫에서의 '尙往'은 陽氣가 위에서 움직이나 陰氣가 陽氣를 축적하기에는 힘이 부족함으로써 '陽氣가 오히려 위를 향해 떠나버렸다.'는 의미이다. ≪小過≫에서의 '已上'은 陰이 陽을 넘어서서 陰이 이미 위에 있다는 의미이다. 하나는 陽이 過했고 하나는 陰이 過했으니, 모두 陰陽이 조화되지 못한 象이기 때문에 비가 될 수 없다고 했다.『折中·龔煥』

(䷽) 上六 : 弗遇過之. 飛鳥離之, 凶, 是謂災眚.

【주석註釋】

弗遇過之 : 이 구절은 上六爻가 ≪小過≫의 마지막에 처하며 陰爻로 가장 높은 곳에 처하며 넘어선 것이 지극함으로써 아래에 있는 陽爻와 응합할 수 없을 뿐만 아니라 또한 자신의 오만하고 굳건한 성품이 이미 陽剛의 성품을 초월했음으로 '陽剛과 화합할 수 없으며 오히려 陽剛을 더욱 넘어서 버렸다.(弗遇過之)'고 했다.

陰陽의 氣는, 즉 같은 氣는 서로 밀어내고 다른 氣는 서로 감응한다. 上六爻가 陽으로 변하면 九三爻와는 서로 밀어내게 되어 친하게 만날 수가 없으며 단지 그를 넘어설 뿐이다. 먼저 '弗遇'라고 한 것은 上六爻는 본래 九三爻를 만날 수 있는 이치이나 그가 만나지 않는다는 것이며 그가 스스로 그렇게 한다는 뜻이다. 『重定費氏學』

飛鳥離之, 凶, 是謂災眚 : '離'는 '근심하다'·'병이나 재앙을 만난다.'는 뜻과 통한다. 이는 '날아다니는 새가 화살에 맞는다.'는 것을 의미한다. '災眚'은 '재앙'을 뜻한다. 이는 날아다니는 새가 끝까지 날아오르나 화살에 맞는 象으로, 上六爻가 지나침이 지극해 스스로 재앙을 초래한다는 것에 비유한 내용이다.

소인의 지나침이 결국 최고의 극한점까지 도달하나 지나침의 한계를 알지 못하니 그의 오만함이 극도에 달했다는 의미이다. 오만함이 지나치게 지극하니 장차 어떻게 만날 수 있을 것인가? 날아다니기만 한다면 장차 어디에 몸을 의탁할 것인가? 재앙은 자신이 초래한 것이니 다시 무슨 말을 할 수 있단 말인가! 『王注』

소인의 몸으로 지나친 행위를 하니 만날 수가 없으며 반드시 그물에 걸린 새와 같은 신세가 될 것이다. 上六爻는 날아다니는 새와 같이 날아다니기만 할 뿐 의탁할 곳을 찾지 않으니 반드시 화살을 맞는 것과 같은 재앙을 당할 것이다. 『正義』

【번역飜譯】

上六爻 : 陽剛과 만날 수 없으며 도리어 陽剛을 더욱 넘어서 버렸다. 날아다니는 새(부단하게 날아 움직이는 새)가 화살에 맞아 죽음을 맞이하는 것과 같으니 흉할 것이며 이러한 현상을 재앙이라고 부른다.

〈象〉曰 : '弗遇過之', 已亢也.

【번역飜譯】

〈象傳〉에 이르되 : '陽剛과 만날 수 없으며 도리어 陽剛을 더욱 넘어서 버렸다.'고 한 것은 上六爻가 이미 극한 곳에 처했다는 의미이다.

【해설解說】

≪復≫의 上六爻에서는 '迷復, 凶, 有災眚.'이라고 했고 본 爻에서는 '飛鳥離之, 凶, 是謂災眚.'이라고 했으나 그 의미는 다르다. '凶'은 자신으로 인해 만들어지는 것이고 '災眚'은 외부로부터 초래되는 것이다. '(마음은 돌아가고 싶으나) 길을 잃어버려 돌아갈 방법을 모른다.(迷復)'고 한 것은 '凶'으로 인해 '災眚'이 초래된 경우이다. 그러나 본 爻는 '凶'이 곧 '災眚'이다. 지나치게 극한 시점에 당면해 스스로 지켜내지 않았으며(못했으며) 속된 풍속을 따라 이곳에 이르렀다. 初六爻와 함께 할 당시에는 지나침이 없었으나(한도를 벗어나지 않았으나) 날아다님으로부터 '凶'함에 이르는 바가 점진적으로 구별되어 나아갔다. 이 말은 두 卦의 '災眚' 語句배치의 다른 점을 비교한 것으로 참고할 만하다.

【小過】 요점·관점

≪小過≫는 사물은 때에 따라 반드시 '작은 것이 지나친다.(小過)'는 이치를 가지고 있다는 바를 설명한 내용이다.

전체 卦의 주제는 대체로 두 가지 방향에서 보아야 할 것이다.

① '小過'의 이치는 반드시 '柔小之事'의 상황에 놓였을 때 사용해야 할 것이다. 즉 卦辭에서 말한 '보통의 작은 일을 시행할 수 있으나 천하의 이익을 도모하는 큰일을 행해서는 안 될 것이다.(可小事, 不可大事.)'는 의미이다.
② '지나침'의 본질은 겸손하고 공손하며 낮추고 유순한 상황에서 실현된다. 즉 卦辭에서 말한 '힘차게 날아오르는 데에서는 마땅함을 얻지 못할 것이며 아래로 내려와 편안한 서식처를 구하는 데에서는 마땅함을 얻을 것이며 크게 길할 것이다.(不宜上, 宜下, 大吉.)'는 의미이다. 그러나 '지나친 것'이 비록 '柔小之事'의 상황에 놓였을 때 사용된다고 할지라도 반드시 '正'의 기초위에서 건립되어야 할 것이다. 그렇지 않을 경우에는 장차 큰 재난을 초래할 것이다. 이것이 卦辭에서 '利貞'을 강조한 이유이다.

卦 가운데 여러 개 爻의 吉·凶 상황이 위의 의미를 하나하나 발휘시키고 있다. 그 가운데 六二爻·六五爻는 陰柔로 中位에 처해 '小過'의 의미를 가장 잘 표현하고 있다. 初六爻·上六爻는 비록 陰爻이나 모두 '아래로 내려와 편안한 서식처를 구하는 데에서 마땅함을 얻을 것이다.(宜下)'는 이치를 거역했음으로 '흉할 것이다.(凶)'고 했다. 九三爻·九四爻 두 개의 陽爻 가운데 九三爻는 지나치게 剛하여 스스로 내려가지 않았으며 九四爻는 柔에 처하여 아래로 내려 갈 수 있었다. 따라서 九三爻는 '흉할 것이다.(凶)'고 했고 九四爻는 '재난이 없을 것이다.(无咎)'고 했다. 즉 '宜下'의 준칙이 본 卦에서 가장 중요한 관건이라는 것을 알 수 있다.

「大象傳」의 '행동거지는 조금 더 지나치게 공손해야 할 것이며 喪事 때는 조금 더 지나치게 애통해야 할 것이며 돈을 쓸 때는 조금 더 지나치게 절약해야 할 것이다.(行過乎恭, 喪過乎哀, 用過乎儉.)'고 한 것과 '군자는 보다 더 위로 오르고자 하는 사람이 아니다.(君子不欲多上)『左傳·桓公五年鄭伯』'고 한 것은 '아래로 내려와 편안한 서식처를 구하는 데에서는 마땅함을 얻을 것이다.(宜下)'는 의미와 부합한다.

63. 旣濟卦의 立體文型圖
<small>기 제 괘   입 체 문 형 도</small>

(䷾) ≪旣濟≫: 旣濟. 亨小, 利貞. 初吉終亂.

〈彖〉曰: '旣濟, 亨.' 小者亨也. '利貞', 剛柔正而位當也. '初吉', 柔得中也.
'終止則亂', 其道窮也.

〈象〉曰: 水在火上, 旣濟. 君子以思患而豫防之.

• • •

(− −) 上六: 濡其首, 厲.

〈象〉曰: '濡其首, 厲', 何可久也!

(—) 九五: 東鄰殺牛, 不如西鄰之禴祭, 實受其福.

〈象〉曰: '東鄰殺牛', 不如西鄰之時也. '實受其福', 吉大來也.

(− −) 六四: 繻有衣袽, 終日戒.

〈象〉曰: '終日戒', 有所疑也.

(—) 九三: 高宗伐鬼方, 三年克之. 小人勿用.

〈象〉曰: '三年克之', 憊也.

(− −) 六二: 婦喪其茀, 勿逐, 七日得.

〈象〉曰: '七日得', 以中道也.

(—) 初九: 曳其輪, 濡其尾, 无咎.

〈象〉曰: '曳其輪', 義无咎也.

63 旣濟卦

(䷾)《旣濟》・錯(䷿)《未濟》・綜(䷿)《未濟》・互(䷿)
《未濟》

(䷾)《旣濟》: 旣濟. 亨小, 利貞. 初吉終亂.

【주석註釋】

䷾ : 卦象이다. 下卦 ☲ 離卦(火・麗)와 上卦 ☵ 坎卦(水・險)로 구성되었다. 솥 안에 물(날곡식과 물)을 넣고 아궁이에 불을 짚히면 영양분이 풍부한 익은 음식물로 완성되는 자연현상과 이치를 빌려와서 '완성(성취・성공)'의 현상과 이치를 상징했다.

旣濟 : 卦名이다. '물을 건너는 상황이 이미 끝났다.'는 것을 사용하여 '일이 이미 성취(완성)되었다.'・'일을 이미 성취시켰다.' 등의 의미를 상징한다.

'濟'? '물을 건너다'・'성취하다'는 의미이다. '旣'란? '모든 것을 남김없이 다했다.'는 의미이다. 만사가 모두 성취되었음으로 '旣濟'라고 했다. 『正義』

亨小, 利貞 : '亨小'는 '小亨'과 같은 의미이다. '小'는 陰柔를 뜻한다.

이는 '旣濟'의 시점에서는 큰 것이 형통할 뿐만 아니라 작은 것도 역시 모두 형통할 것이니, 이는 卦 가운데 六爻가 모두 正位에 처해있기 때문이다. 그리고 이때는 또한 정도를 굳건히 지켜 나아가는 데에서 마땅함을 얻을 것이기 때문에 '정도를 굳건히 지켜 나아가는 데에서 이로움을 얻을 것이다.(利貞)'고 했다.

이미 만사가 모두 성취되었다는 것은, 만약 작은 것이라고 할지라도 불통되었다면 성취될 수 없었을 것이라는 의미이다. 따라서 '이미 일이 성취되었다는 것은 작은 것조차도 형통함을 얻었다는 의미이다.(旣濟, 亨小也.)'고 했다. 작은 것도 오히려 형통할 진데 하물며 큰 것이야! 크고 작은 것과 剛하고 柔한 것이 각각 자신의 위치를 지키며 모두 자신의 正位에 처해 있다. 이 시점에 당면해, 정도가 아니면 이롭지 못할 것인 까닭에 '정도를 굳건히 지켜 나아가는 데에서 이로움을 얻을 것이다.(利貞)'고 했다. 『正義』

初吉終亂 : 이는 '일이 성취된' 후에는 응당히 신중하게 성취된 것을 지켜 나아가야지 그렇지 않으면 장차 위험과 혼란을 초래하게 될 것이라고 훈계한 내용이다.

사람들은 모두 편안하게 처할 때는 위태로운 것을 생각할 수 없으며 (생각하지 않으며) 마무리는 처음(시작)과 똑같이 신중하게 해야 하는 까닭에 비록 모두가 길하다고 할지라도 오늘 '旣濟'의 처음(시작)에서부터 경고하고 나선 것이다. 만약 덕을 향해 나아가지 않고 학업을 닦지 않는다면 종극에는 위험과 혼란을 초래하게 될 것이다. 『正義』

【번역飜譯】

≪旣濟≫ : 旣濟卦는 일이 이미 성취된 것을 상징한다. 이 시점에서는 柔小한 것조차도 형통할 것이며 정도를 굳건히 지켜 나아가는 데에서 이로움을 얻을 것이다. 만약 성취된 초기의 길함을 신중하게 지켜 나아가지 않는다면 가장 마지막에는 위험과 혼란을 초래하게 될 것이다.

〈彖〉曰 : '旣濟, 亨.' 小者亨也. '利貞', 剛柔正而位當也. '初吉', 柔得中也. '終止則亂', 其道窮也.

【주석註釋】

旣濟, 亨, 小者亨也 : 이는 卦辭 '旣濟, 亨小.'를 해석한 내용이다.

'이미 성취되었다.(旣濟)'는 것은 모든 것이 성취되었다는 의미이다. 따라서 '작은 것(小者)' 조차도 남김없이 모두 성취되었음으로, 작은 것을 들어 '이미 성취되었다.(旣濟)'는 뜻을 밝혔다. 『王注』

卦辭에서는 '旣濟, 亨小.'라고 했으나 「象傳」에서는 '旣濟, 亨.'이라고 하여 '小'字를 생략했다.

剛柔正而位當 : 이는 卦 가운데 六爻의 剛柔가 모두 正位에 처한다는 뜻으로 卦辭 '利貞'을 해석한 내용이다.

剛柔가 바르다는 것(正)은 처한 위치가 정당하다는 것, 즉 사악한 것은 행하지 않는다는 의미이다. 따라서 오로지 '正'하다는 것은 '정도를 굳건히 지켜 나아가는 데에서 이로움을 얻을 것이다.(利貞)'는 의미이다. 『王注』

세 개의 剛과 세 개의 柔 모두가 正으로 처한 위치가 모두 정당하다. 六十四卦 가운데 유독 本 卦 만이 이러할 뿐인 까닭에 특별히 이를 칭찬하고 있다. 『折中·兪琰』

初吉, 柔得中也. 終止則亂, 其道窮也 : '柔得中'은 六二爻가 柔順으로 中位에 처한다는 의미이다. '止'는 '멈추어서 나아가지 않는다.'는 뜻이다.
이는 卦辭 '初吉終亂'을 해석한 내용이다.

'中'은 六二爻를 뜻한다. 『集解·虞翻』

剛이 正位에 처하고 柔가 中位에 처했음으로 '初吉'이라고 했다. 正道 끝이 있고 濟(성취)도 그침이 있다. '그치다(止)'는 것은 마지막이 혼란스럽다는 뜻이니, '마지막이라고 해서 성취의 길함을 지켜 나아가고자 하는 신중한 의지를 멈추어버리고 처음과 같이 하지 않는다면 장차 혼란을 초래하게 될 것이라는 바는 일의 성취된 이치가 이미 다해서 곤란해 졌다는 의미이다.(終止則亂, 其道窮也.)'고 했다. 『集解·侯果』

본 卦의 六二爻와 九五爻는 剛柔가 모두 正位와 中位에 처했다. 「象傳」에서는 단지 '柔得中'이라고만 했으나 사실상 柔가 剛을 포용한다는 것으로, 柔가 오히려 中을 견지해 나아가는데 하물며 剛은 어떠해야 할 것인가? 그 의미는 당연히 卦辭에서 말한 '亨小'와 함께 '剛柔大小'가 같다는 것을 가리킨 내용이다.

柔小한 자임에도 오히려 中位에 처한다는 것은, 즉 剛大한 이치는 모두 그 성취함을 완성한다는 의미이다. 『正義』

【번역飜譯】

〈彖傳〉에 이르되 : '일이 이미 성취되어 형통할 것이다.'고 한 것은 이 시점에서는 柔小한 것조차도 형통할 것이라는 의미이다. '정도를 굳건히 지켜 나아가는 데에서 이로움을 얻을 것이다.'고 한 것은 陽剛陰柔가 모두 단정하게 행동하는 데에서 이로움을 얻을 것이며 처한 위치가 적당하다는 것을 설명한 것이다. '초기의 길함'이라고 한 것은 柔小한 자 역시 剛大한 자와 같이 中道를 견지하면서 치우치지 않을 것이라는 의미이다. '가장 마지막이라고 해서 성취된 초기의 길함을 신중하게 지켜 나아가고자 하는 의지를 멈춘다면 장차 혼란을 초래하게 될 것이다.'고 한 것은 일의 성취된 이치가 이미 다해서 곤궁해졌다는 의미이다.

【해설解說】

「彖傳」의 '終止則亂'은 한편으로는 '성취(旣濟)'의 마지막에 이르면 반드시 혼란이 발생하기 시작한다는 객관적인 규율을 의미한 것이자 다른 한편으로는 '혼란'이 발생하는 것은 또한 '멈추어 나아가지 않고 게으름을 피우며 분발하지 않는 주관적 인소'로 말미암은 것이라는 뜻을 표명한 내용이다.

〈象〉曰 : 水在火上, 旣濟. 君子以思患而豫防之.

【주석註釋】

水在火上, 旣濟 : 《旣濟》의 上卦 坎卦는 '水'의 象이고 下卦 離卦는 '火'의 象이라는 것을 해석한 내용이다.

물(水)이 불(火) 위에 있는 것은 밥을 짓는 象이다. 음식은 이렇게 완성(성취)되는 것이며 性命(생명)도 이렇게 완성(성취)되는 것이기 때문에 '물이 불 위에 있는 것(水在火上)'을 '旣濟'라고 했다. 『正義』

思患而豫防之 : '豫'는 곧 '預'이다.

이는 군자가 ≪旣濟≫의 卦象을 관찰해 본 후, '성취된 초기의 길함을 신중하게 지켜 나아가지 않는다면 가장 마지막에는 위험과 혼란을 초래하게 될 것이다.'고 한 이치를 깨달았음으로 '일이 성취된 후에 출현할 수 있는 우환을 헤아려서 사전에 먼저 방어하는 설비를 갖추어 놓아야 할 것이다.(思患而豫防之)'는 바를 설명한 내용이다.

있을 때는 없을 때를 잊지 말아야 할 것이며 이미 성취되었을 때는(旣濟) 성취되지 못했을 때(未濟)를 잊지 말아야 할 것이다. 『王注』

六爻가 이미 모두 正位에 처했으니 반드시 다시 혼란해질 것이기 때문에 군자는 이를 본 보기로 하여 후환이 있을 것을 생각하여 미리부터 그것을 예방해 나아가야 할 것이다. 질서가 지켜질 때 혼란해 질 것이라는 바를 잊어서는 안 될 것이다. 『王注』

【번역飜譯】

〈象傳〉에 이르되 : 물이 불 위에 있는 것은(날곡식을 익혀서 완성시킨다.) 일이 이미 성취된 것을 상징한다. 군자는 이를 본 받아, 일이 성취된 후에 출현할 수 있는 우환을 헤아려서 사전에 먼저 방어하는 설비를 갖추어 놓아야 할 것이다.

【해설解說】

「大象傳」의 '思患豫防'은 卦辭 '初吉終亂'이 가지고 있는 훈계를 진일보 적으로 발전시켜 표현한 내용이다.

성취될 때는 비록 우환이 없을 때이나 우환은 매번 성취된 후에 발생하는 것이다. 군자는 이러함을 고려해서 사전에 먼저 방어하는 설비를 갖추어 놓아야 만이 '처음의 길함'을 보전할 수 있을 것이며 '가장 마지막에 초래될 위험과 혼란'에 대한 근심도 사라질 것이다. 『大易緝說·王申子』

(䷾) 初九 : 曳其輪, 濡其尾, 无咎.

【주석註釋】

曳其輪, 濡其尾, 无咎 : 이는 初九爻가 '旣濟'의 시작에 처해, 위로 六四爻와 호응은 하되 서둘러 호응하지는 않으며 성취한 것을 조심하며 신중하게 지켜 나아가는 象을 하고 있음으로써, 수레의 바퀴를 뒤로 끌어 당겨서 앞으로 맹렬하게 나아가지 못하게 하며 꼬리를 젖게 하여 신속하게 나아가지 못하게 하는 데에 비유했다. 일이 성취된 초기에 이와 같이 신중하게 지켜 나아간다면 '반드시 재난이 없을 것이다(无咎)'

수레의 바퀴는 아래에 있고 여우의 꼬리는 뒤에 붙어있는 것이 바로 初爻의 象이다. 바퀴를 뒤로 끌어 당겨서 수레가 앞으로 맹렬하게 나아가지 못하게 해야 할 것이며 꼬리를 물에 젖게 하여 여우가 신속하게 강을 건널 수 없게 해야 할 것이다. '이미 성취된 상태(旣濟)'의 초기에 이와 같이 주의해서 경계한다면 '반드시 재난이 없을 것이다.(无咎)'는 이치가 성립될 것이다. 『本義』

본 爻는 '그의 꼬리를 젖게 해야 할 것이다.'고 했고 上六爻는 '그의 머리를 젖게 해야 할 것이다.(濡其首)'고 했다. 모두 '작은 여우'가 강을 건널 때의 모습을 가리킨 것으로 ≪未濟≫의 '小狐濡尾'의 象과 일치한다. 여우가 강을 건널 때는 반드시 꼬리를 번쩍 들어 수면에 닿게(젖게)하지 않아야 만이 비로소 빠른 속도로 강을 건널 수 있다.

짐승이 물을 건널 때는 반드시 그의 꼬리를 들어 올린다. 『程傳』

여우는 반드시 그의 꼬리를 번쩍 들어 올린 후에 강을 건너며 꼬리를 젖게 하면 요동치지 못함으로 빠른 속도로 강을 건널 수가 없다. 『周易淺述』

【번역飜譯】

初九爻 : 그 수레의 바퀴를 뒤로 끌어당기며(수레로 하여금 앞으로 맹렬하게 나아가지

못하게 한다.) 작은 여우가 강을 건널 때 그의 꼬리를 물에 젖게 한다면(여우로 하여금 빠른 속도로 나아가지 못하게 한다.) 반드시 재난이 없을 것이다.

〈象〉曰:'曳其輪', 義无咎也.

【번역翻譯】

〈象傳〉에 이르되 : '그 수레의 바퀴를 뒤로 끌어당긴다.'고 한 것은 初九爻의 행위가 성취된 상태를 조심하고 신중하게 잘 지켜 나아가는 것에 부합하니 재난을 초래하지 않을 것이라는 의미이다.

【해설解說】

初九爻는 '일이 이미 성취된' 초기에 처하며 陽剛으로 아래에 처하며 겸손하고 신중하며 안정됨으로써 '성취된 상태를 잘 지켜 나아갈 수 있을 것이다.'

剛이 正位에 처하며 행동을 경솔하게 하지 않음으로써 '그 수레의 바퀴를 뒤로 끌어당긴다.'·'그의 꼬리를 젖게 한다.'는 象을 가지게 되었다. 이로써 성취된 것을 지켜 나아가니 '재난을 초래하지 않을 것이다.(无咎)'는 이치가 성립되는 것이다. 『來氏易注·來知德』

(䷾) 六二 : 婦喪其茀, 勿逐, 七日得.

【주석註釋】

婦喪其茀, 勿逐, 七日得 : '婦'는 六二爻에 비유했다. '茀'은 고대 귀족의 부인들이 수레를 탈 때 노출되지 않게 하기 위해 '앞뒤를 가리는 장식품'을 뜻한다. '七日'은 반성할 수 있는 '적당한 시간'을 의미한다.

'七日'에 대해서는 다음 두 가지 주장이 제시되고 있다.

① '빠른 시간'을 의미한다.
② '적당한 시간'을 의미한다.

즉 '十'은 '盈數'이며 '五'는 '半數'이며 '三'은 半數에 못 미치는 수이며 '七'은 半數는 넘겼으나 盈數에는 못 미치는 수이다. 따라서 지나치게 길지도 않고 지나치게 짧지도 않는 '적당한 시간'을 의미한다.

이는 六二爻가 九五爻와 호응하는 것이, '九五爻'의 부인이 柔順中正함으로써 '수레의 가리개를 잃어버렸으나' 뒤쫓아 가서 찾지 않고 조용히 기다리자 스스로 돌아오는 것과 같다는 의미이다. 이는 '旣濟'에 처함으로써 반드시 성취된 것을 상실하지 않을 것이니, 드디어 '七日'에 이르자 다시 그 '茀'을 가지게 되었다는 의미이다.

六二爻는 柔中으로 正位에 처하며 위로 九五爻 中正의 주인과 호응하며 光明中正한 성품을 가지고 있다. 수레의 가리개가 없어진 것에 대해 의심하지 않고 조용하게 그가 돌아오기를 기다린다. 이것이 柔中의 최고 미덕이다. 『周易學說·劉沅』

【번역飜譯】

六二爻 : 부인이 수레를 탈 때 앞뒤를 가리는 가리개를 잃어버렸으나 (외출하기가 어렵게 되었다.) 뒤쫓아 가서 심문하며 수색할 필요가 없을 것이니, 七日이 지나기 전에 잃어버렸던 것을 반드시 다시 가지게 될 것이기 때문이다.

〈象〉曰 : '七日得', 以中道也.

【번역飜譯】

〈象傳〉에 이르되 : '七日이 지나기 전에 반드시 잃어버렸던 것을 다시 가지게 될 것이다.'고 한 것은 六二爻가 中正의 치우치지 않는 도를 지켜 나아갈 것이라는 의미이다.

【해설解說】

「彖傳」의 '初吉, 柔得中也.'는 바로 六二爻를 뜻한 내용이다.

(☷·) 九三 : 高宗伐鬼方, 三年克之. 小人勿用.

【주석註釋】

高宗伐鬼方, 三年克之. 小人勿用 : '高宗'은 '商王 武丁의 號'이다. '鬼方'은 '국가 이름'으로 고대 서북지구 '험윤(玁狁)' 부락 가운데 하나이다.

이는 九三爻가 陽剛으로 ≪旣濟≫ 下卦의 마지막에 처한 것이, '일이 성취된' 후에도 오히려 남은 우환을 제거하는 데에 있는 힘을 다하는 것과 같음으로 '고종이 鬼方을 정벌한 것'에 비유했다. 이때는 비록 餘患이 존재했을 뿐이었으나 역시 '三年에 걸쳐 귀방을 정복하는(三年克之)' 정신력과 지구력 있는 노력이 비로소 그 성취됨을 안전하게 보전할 수 있게 했다는 의미이다. 만약 초조하게 부딪히며 앞으로 나아가는 소인들이 임용되었다면 반드시 위험과 혼란을 초래하게 되었을 것이기 때문에 '소인은 임용하지 말아야 할 것이다.(小人勿用)'고 경고했다.

'鬼方'은 작은 오랑캐 국이다. 高宗은 商나라가 융성할 때의 군왕이다. 강성한 군왕이 작은 오랑캐 국을 삼년이란 긴 세월이 걸러서야 완전하게 정복했다는 것은 마음 씀씀이가 신중하지 않으면 불가능한 일이다. 『淮南九師道訓』

대개 국운이 융성한 세상에서는 백성들을 부지런하게 하기가 어렵다. 소인들은 융성할 때는 쇠망할 것을 염려하지 못하며 성공하고 나면 어려움이 닥칠 것을 고려하지 못함으로써 '임용하지 말아야 할 것이다.(勿用)'고 훈계한 것이다. 『重定費氏學·潘士藻』

【번역飜譯】

九三爻 : 商의 高宗이 鬼方을 토벌하는 데에 삼년이란 오랜 세월동안 공을 들여 결국

승리를 거두었다. 초조하게 부딪히면서 앞으로 나아가는 소인은 임용하지 말아야 할 것이다.

〈象〉曰 : '三年克之', 憊也.

【번역飜譯】

〈象傳〉에 이르되 : '삼년이란 오랜 세월동안 공을 들여 결국 승리를 거두었다.'고 한 것은 九三爻의 지구력 있는 노력이 피로에 지친 정도에까지 이르렀다는 의미이다.

【해설解說】

九三爻는 陽으로 陽位에 처하며 품성이 剛亢함으로써 爻辭는 정면과 반면으로 교훈을 제시하고 있다. '소인은 임용하지 말아야 할 것이다.(小人勿用)'고 한 것은 '처음의 길한(初吉)' 상황을 유지해 나아갈 수 없음으로써 '마지막에 위험과 혼란을 초래하게 될 것(終亂)'을 두려워하기 때문이다.

(䷾) 六四 : 繻有衣袽, 終日戒.

【주석註釋】

繻有衣袽, 終日戒 : '繻'는 '아름다운 비단'을 뜻하는 것으로, 이곳에서는 '아름다운 복장'을 가리킨다. '有'는 '어떠한 때(或)'의 뜻이다. 이곳에서는 '멀지 않다.'는 의미를 가지고 있다. '袽'는 '헤어진 옷'·'누더기'를 뜻한다.

이 두 구절은 六四爻가 柔順으로 正位에 처하고 上卦의 시작에 처함으로써 '旣濟'의 이치가 멀지 않아 전환되는 바가, 아름답던 복장도 머지않아 누더기 옷으로 변하는 것과 같다는 의미이다. 따라서 그는 '종일토록 조심하며 경계하는 것(終日戒)'을 게을리 해서는 안 될 것이라고 경고했다. 즉 정도를 굳건히 지켜 나아가야 만이 재난을 방지할 수 있을 것이라는 의미이다.

아름다운 복장도 머지않아 누더기 옷으로 변할 것이라는 것은 성취할(旣濟) 때가 있으면 역시 '미성취(未濟)'의 때가 올 것이라는 것과 같은 의미이다. 따라서 종일토록 방비해야 할 것이며 조심하며 신중하게 경계해야 할 것이며 누더기 옷이 될 시기가 있다는 것에 대해 의심을 품고 두려워해야 할 것이라고 했다. 『周易義海提要·陸希聲·石介』

【번역飜譯】
六四爻 : 아름다운 복장도 머지않아 해어진 누더기 솜옷으로 변할 것이니, 응당히 종일토록 재난이 일어날 것에 대한 경계를 늦추지 말아야 할 것이다.

〈象〉曰 : '終日戒', 有所疑也.

【번역飜譯】
〈象傳〉에 이르되 : '종일토록 재난이 일어날 것에 대한 경계를 늦추지 말아야 할 것이다.'고 한 것은 六四爻가 의심을 품고 두려워해야 할 것이라는 의미이다.

(䷾) 九五 : 東鄰殺牛, 不如西鄰之禴祭, 實受其福.

【주석註釋】
東鄰殺牛, 不如西鄰之禴祭, 實受其福 : '東鄰'·'西鄰'은 가설로서 '저것'·'이것'이라는 의미이다. 이곳에서는 九五爻를 훈계하기 위해서 설정하였다. '殺牛'는 '성대하게 제사를 거행한다.'는 의미이다. '禴祭'는 '소박한 제물로 제례를 올린다.(薄祭)'는 의미이다.

이는 九五爻가 ≪旣濟≫의 존위에 처하며 陽剛中正의 성품으로 일은 성취되었고 물품도 성대한 상황에 처함으로써, 동쪽과 서쪽에 있는 이웃이 제례를 올리는 象을 취해 훈계하면서 공경하고 삼가며 덕성을 닦는 데에 힘을 기우려야 만이 '복을 받을 것이며(受其福)' 재난도 면할 것이라는 뜻을 설명한 내용이다.

　　九五爻는 陽剛中正으로 사물이 크게 풍성한 시점에 당면함으로써 東鄰·西鄰의 祭禮를 빌려 경계해야 할 것이라는 바와 두려워해야 할 것이라는 바를 알려 주고 있다. 무릇 '祭禮'란? 時를 지켜 올리는 것을 최고로 생각하니 時를 지키는 것은 참으로 중요한 일이다. 즉 밝은 덕(明德)이 향기가 나면 메기장·차기장(黍稷)을 제수(祭需)로 올릴 수 있고 밝은 참마음(明信)이 빛나면 늪 풀(沼毛)을 제수로 올릴 수 있다. 이러한 까닭으로 '동쪽의 이웃 국가가 소를 잡아서 성대하게 제례를 거행하지만 서쪽의 이웃 국가가 성심으로 소박한 제물을 사용해서 禴祭를 올리는 것만 못하니, 성심으로 時를 지켜 제례를 올리는(제물의 성대함과 소박함에 관계없이) 국가가 실재로 신령이 내리는 복을 더욱 절실하게 받게 될 것이다.(東鄰殺牛, 不如西鄰之禴祭, 實受其福.)'고 한 것은 時를 지켰다는 것이지 제물이 풍부했다는 뜻이 아니다. 東·西는 이것·저것을 의미한다. 『折中·潘士藻』

　　'東'은 '陽'이고 '西'는 '陰'이다. 九五爻가 존위에 처한다는 것은 시기가 이미 지났다는 것으로, 六二爻가 아래에서 시작하는 적당한 시기에 처한 것만 못하다는 의미이다. 『本義』

【번역翻譯】

九五爻 : 동쪽의 이웃국가가 소를 잡아서 성대하게 제례를 거행한다고 할지라도 서쪽의 이웃국가가 소박한 제물을 사용하여 성심으로 禴祭를 거행하여 신령이 내리는 복을 더욱 실지적으로 받는 것만 같지 못할 것이다.

【해설解說】

　　九五爻는 陽剛中正의 君位이며 天下가 가장 태평하고 物産이 가장 풍요로운 시점이다. 이로써 교만한 마음이 군왕의 가슴 속에서 싹트고 있는 시점이기도 하며 제사를 時에 맞추는 것과 정성을 다하는 것을 잊을 수 있는 시점이기도 함으로써 경고한 내용이라고 할 수 있다. 그러나 九五爻는 中正이기 때문에 時에 맞게 정성을 다해 제사를 거행하니 신령이 내리는 복을 받게 될 것이라고 격려한 내용이라고도 할 수 있다.

〈象〉曰:'東鄰殺牛', 不如西鄰之時也.'實受其福', 吉大來也.

【주석註釋】

時:'적당한 시기'를 뜻한다.

【번역飜譯】

〈象傳〉에 이르되:'동쪽의 이웃 국가가 소를 잡아서 성대하게 제례를 거행한다.'고 한 것은 서쪽의 이웃 국가가 時에 맞추어 성심으로 약제(禴祭)를 거행하는 것만 못하다는 의미이다. '서쪽의 이웃국가가 신령이 내리는 복을 더욱 실지적으로 받을 것이다.'고 한 것은 길함은 장차 끊임없이 찾아 올 것이라는 의미이다.

【해설解說】

九五爻는 '성취됨(旣濟)'이 가장 성대할 때 가장 교만한 상황으로 도덕을 닦지 않을 가능성이 있음으로써 爻辭는 '東西鄰國'으로 경고했으며 또한 '禴祭' 明德으로 격려했다.

(䷾) 上六:濡其首, 厲.

【주석註釋】

濡其首, 厲:이는 上六爻가 陰으로 '旣濟'의 마지막에 처하니, 성취됨이 극에 이르면 마지막에는 위험과 혼란이 초래될 것이기 때문에 여우가 강을 건널 때 그의 머리를 물에 젖게 하는 象을 가지고 그 형세가 반드시 '위험에 처할 것이다.(厲)'는 상황을 제시한 내용이다.

≪旣濟≫의 극한점에 처한 것은 이미 성취의 도가 다했다는 의미이니, 즉 未濟(미성취)의 방향을 향해 나아가고 있다는 의미이다. 『王注』

≪旣濟≫의 극한점은 험한 본체(險體), 즉 坎의 윗자리이다. 그리고 陰柔로서 가장 윗자리에 처한 것은 여우가 강을 건널 때에 그의 머리를 물에 젖게 하는 象이라는 의미이다. 『本義』

【번역飜譯】

上六爻 : 작은 여우가 강을 건널 때에 그의 머리를 젖게 한다면 위험에 처하게 될 것이다.

〈象〉曰 : '濡其首, 厲', 何可久也!

【번역飜譯】

〈象傳〉에 이르되 : '작은 여우가 강을 건널 때에 그의 머리를 젖게 한다면 위험에 처하게 될 것이다.'고 한 것은 사물이 성취된 후에 만약 신중하게 살피지 않는다면 어떻게 성취된 상황을 오랫동안 유지시켜 나아갈 수가 있겠는가!에 비유한 내용이다.

【해설解說】

'凶'이라고 하지 않고 '厲'라고 한 것은, 장차 사람들이 위험함을 알고 서둘러 고쳐 나아간다면 곧 성취됨을 보전해 나아갈 수 있을 것이라는 의미이다. 『周易集說·王申子』

【旣濟】 요점·관점 ─────────────

≪旣濟≫ 卦名의 의미는 '물을 건너는 상황이 이미 끝났다.'는 것을 빌려서 '일이 이미 성취되었다.'는 것에 비유한 것이다. 그러나 전체 卦의 요지는 오히려 '성취된

상황을 지켜 나아가는 것이 어렵다.'는 이치를 발휘하고 있다.

본 卦의 卦辭로 본다면, 비록 '일이 이미 성취되었을 때'는 大小를 가리지 않고 모두 형통할 것이나 '정도를 굳건히 지켜 나아가는 데에서 이로움을 얻을 것이다.(利貞)'는 것을 사용해서 '正'을 지켜 나아가는 것을 잊어버리지 말 것을 강조했다. 그리고 '初吉終亂', 이는 이때 약간이라도 공경하고 삼가는 것에 유념하지 않는다면 반드시 혼란을 다시 초래하게 될 것이라는 바를 훈계 한 내용이다.

卦 가운데 六爻의 내용은 경계하라는 의미를 가지고 있지 않는 것이 없다. 初九爻는 '그 수레의 바퀴를 뒤로 끌어당긴다.(曳輪)', 즉 '앞으로 맹렬하게 나아가지 말 것'을 훈계했고 六二爻는 '부인이 수레를 탈 때 앞뒤를 가리는 가리개를 잃어버렸으나 (외출하기가 어렵게 되었다.) 뒤쫓아 가서 심문하며 수색하지 말 것(喪茀勿逐)'을 훈계했다. 그리고 九三爻는 '소인은 임용하지 말아야 할 것(小人勿用)'을 훈계했고 六四爻는 '종일토록 재난이 일어날 것에 대한 경계를 늦추지 말 것(終日戒)'을 훈계했다. 九五爻는 '동쪽의 이웃 국가에서 소를 잡아 성대하게 제례를 거행하는 것(東鄰殺牛)'을 훈계했고 上六爻는 더욱 심하게 '여우가 강을 건널 때 그의 머리를 젖게 한다면 위험에 처하게 될 것(濡首厲)'을 훈계했다.

이로 보건데, '旣濟'의 시점에서는 비록 만사가 모두 성취되었다고는 할지라도 이미 성취된 국면을 안전하게 보전해 나아가는 것이 오히려 쉬운 일이 아니라는 것을 강조하는 데에 중점을 두었다. 「大象傳」의 '군자는 이를 본 받아, 일이 성취된 후에 출현할 수 있는 우환을 헤아려서 사전에 먼저 방어하는 설비를 갖추어 놓아야 할 것이다.(君子思患而豫防之)'고 한 것은 실로 깊은 의미를 제시해 주는 내용이다.

> 사람의 감정은 위험한 상황에 처하면 사려 깊은 생각을 하게 되나 편안한 국면에 처하면 생각이 위태로워지니, 우환은 항상 게으름에서 발생한다. 이러한 까닭으로 '군자'란? '일이 이미 성취되었을 때' 우환이 발생할 것을 생각해서 그것을 미리 예방해 나아가는 자이다. 『易童子問 · 歐陽修』

이는 본 卦의 요지와 부합하는 내용이다.

64. 未濟卦의 立體文型圖

(䷿) 《未濟》: 未濟. 亨. 小狐汔濟, 濡其尾, 无攸利.

〈彖〉曰: '未濟, 亨.' 柔得中也. '小狐汔濟', 未出中也. '濡其尾, 无攸利.' 不續終也. 雖不當位, 剛柔應也.

〈象〉曰: 火在水上, 未濟. 君子以愼辨物居方.

• • •

(⚊) 上九: 有孚于飮酒, 无咎. 濡其首, 有孚失是.

〈象〉曰: '飮酒濡首', 亦不知節也.

(⚋) 六五: 貞吉, 无悔. 君子之光, 有孚吉.

〈象〉曰: '君子之光', 其暉吉也.

(⚊) 九四: 貞吉, 悔亡. 震用伐鬼方, 三年有賞于大國.

〈象〉曰: '貞吉悔亡', 志行也.

(⚋) 六三: 未濟, 征凶, 利涉大川.

〈象〉曰: '未濟征凶', 位不當也.

(⚊) 九二: 曳其輪, 貞吉.

〈象〉曰: 九二貞吉, 中以行正也.

(⚋) 初六: 濡其尾, 吝.

〈象〉曰: '濡其尾', 亦不知極也.

64 未濟卦

(䷿)《未濟》·錯(䷾)《旣濟》·綜(䷾)《旣濟》·互(䷾)
《旣濟》

(䷿)《未濟》: 未濟. 亨. 小狐汔濟, 濡其尾, 无攸利.

【주석註釋】

䷿ : 卦象이다. 下卦 ☵ 坎卦(水·險)와 上卦 ☲ 離卦(火·麗)로 구성되었다. 물(날곡식과 물)을 담은 솥은 아래에 있고 불은 솥 위에서 타오르니 불을 아무리 열심히 짚혀본들 익은 음식물로 완성되지 않는 자연현상과 이치를 빌려와서 '완성되지 못한(미완성·미성취·미성공)' 현상과 이치를 상징했다.

未濟 : 卦名이다. '일이 완성(성취)되지 않았다.'·'일을 성취시키지 못했다' 등의 의미를 상징한다. 《未濟》의 六爻는 모두 正位를 상실했음으로 '완성(성취)'의 현상과 이치인 《旣濟》와는 정반대 상황이다.

亨 : '일이 성취되지 않았을 때는' 그 일로 하여금 성취되게 재촉하게 함으로써 '형통할 것이다.(亨)'고 했다.

성취되지 않은 것(未濟)은 성취될 수 있는 이치를 가지고 있는 까닭에 '형통할 것이다.'고 했다. 『正義』

小狐汔濟, 濡其尾, 无攸利 : '汔'은 '접근하다'는 뜻이다.
이는 앞 문장 '亨'을 이어서 제시된 것으로, '성취되지 않은 것(未濟)'이 비록 '성취

될 수 있는(旣濟)' 이치를 가지고 있다고는 할지라도 만약 일을 처리할 때 마음에 공경성과 신중성을 품고 있지 않다면, 즉 '작은 여우가 강을 거의 다 건넜을 즈음에(즈음이라고 할지라도) 오히려 그의 꼬리를 물에 젖게 한다면 강을 완전하게 건널 수 없게 될 것이다.'와 같은 현상이 일어날 것이라는 의미이다.

여우는 물을 건널 수 있는 짐승이나 꼬리를 젖게 한다면 건널 수가 없다. 『本義』

'汔'이란? '거의'라는 뜻이다. 강을 거의 다 건넜을 즈음에 꼬리를 물에 젖게 한다는 것은 건너지 못하는 것(성취되지 못하는 것)과 같다는 의미이다. 『本義』

사람들에게 공경하고 신중한 마음을 가질 것을 경고한 것으로, 강을 건너기 시작할 때부터 완전히 건널 때까지 한 순간도 공경하고 신중한 마음을 잊어버리지 말라는 의미이다. 『折中』

【번역飜譯】

≪未濟≫ : 未濟卦는 일이 성취되지 않은 것을 상징한다. 그 일로 하여금 성취되게 재촉하는 노력을 함으로써 형통할 것이다. 만약 작은 여우가 강을 거의 다 건넜을 즈음에(즈음이라고 할지라도) 그의 꼬리를 물에 젖게 한다면 이로운 바가 없을 것이다.

【해설解說】

卦辭 '小狐'의 象은 初六爻 '濡其尾'와 부합하며 '일이 성취되지 않았을 때(未濟)'는 처음부터 끝까지 신중하고 또 신중해야 할 것이라는 의미를 강조한 내용이다.

'작은 여우(小狐)'란? 전적으로 初六爻를 뜻한다. ≪旣濟≫의 혼란은 가장 마지막에 있고 ≪未濟≫의 어려움은 시작에 있으니, 이 시점을 지나면 건너지 못할 바가 없을 것이다. 初六爻 爻辭에서도 역시 '그의 꼬리를 물에 젖게 한다.'고 했다. 즉 「象傳」 가운데 작은 여우는 初六爻를 가리켜 밝힌 것이다. 『喬氏易俟·喬萊』

> 〈象〉曰 : '未濟, 亨.' 柔得中也. '小狐汔濟', 未出中也. '濡其尾, 无
> 攸利.' 不續終也. 雖不當位, 剛柔應也.

【주석註釋】

柔得中 : '柔'는 六五爻를 뜻한다.

　이 구절은 六五爻의 爻象으로 卦辭 '未濟, 亨.'을 해석한 내용이다.

　　柔로서 中位에 처하며 剛을 거역하지 않고 있다. 剛健함을 받아들일 수 있음으로 亨通할 것이라고 했다. 『王注』

　　이는 六五爻가 柔로서 中位에 처하며 아래 九二爻와 호응한다는 것으로 '未濟'가 '亨通할 수 있는' 까닭을 해석한 내용이다. 『正義』

未出中 : 九二爻가 下卦 坎卦의 中位에 처하며 험난한 곳을 빠져 나올 수 없을 것이라는 뜻을 가리킨 내용이다.

不續終 : 初六爻가 아래에 처하며 '꼬리를 물에 젖게 함으로' 인해 힘이 약해져 끝까지 건널 수 없게 되니, 결국 九二爻로 하여금도 역시 험난한 가운데서 벗어나기 어렵게 함으로써 '건너는(濟)' 일이 성취되지 못할 것이라는 내용이다.

　이 구절은 앞의 문장 '未出中'에 부합하는 것으로, 卦辭 '小狐汔濟, 濡其尾, 无攸利.'의 의미를 해석한 내용이다.

　　'未出中'은 九二爻를 뜻하며 九二爻가 험난한 가운데에서 탈출 할 수 없을 것이라는 의미이다. '끝까지 지속될 수 없다.(不續終)'고 한 것은 初六爻를 가리킨 것이니, 初六爻가 아래에 있는 것이 바로 '꼬리'라는 뜻이다. 九二爻가 험난한 곳으로부터 탈출을 할 수 없는 까닭은, 初六爻의 陰柔가 힘이 약함으로써 머리는 이미 건넜으나 꼬리가 아직 건너지 못했으니 그 다음을 계속 할 수 없다는 의미이다. 『周易淺述』

雖不當位, 剛柔應也 : 이 두 구절은 六爻가 모두 正位에 처하지는 못했으나 剛柔가 서로 호응하고 있음으로 '未濟'가 '旣濟'로 될 수 있을 것이라는 것과 '未濟'가 '형통'할 수 있는 까닭에 대한 이치를 재해석한 내용이다.

> 正位에 처하지 못했음으로 '성취되지 않았다.(未濟)'고 했다. 剛柔가 서로 호응함으로써 '성취 될 것이다.(可濟)'고 했다. 『王注』

【번역飜譯】

〈彖傳〉에 이르되 : '일이 성취되지 않았으나 그 일로 하여금 성취되게 재촉하는 노력을 함으로써 형통할 것이다.'고 한 것은 柔順함으로 인해 中道를 견지해 나아갈 수 있기 때문이다. '작은 여우가 강을 거의 다 건넜을 즈음'이라고 한 것은 험난한 경지 가운데에서 아직 탈출하지 못했다는 것에 비유한 내용이다. '그의 꼬리를 물에 젖게 한다면 이로운 바가 없을 것이다.'고 한 것은 그 일로 하여금 성취되게 재촉하는 노력을 끝까지 지속하지 않는다는 의미이다. 卦 가운데 六爻가 처한 위치가 비록 모두 적당하지는 않으나 陽剛陰柔가 오히려 서로 호응하고 있다.(이것이 일로 하여금 성취를 촉진시킬 수 있는 요소가 될 것이다.)

〈象〉曰 : 火在水上, 未濟. 君子以愼辨物居方.

【주석註釋】

火在水上, 未濟 : ≪未濟≫의 上卦 離卦는 '火'의 象이고 下卦 坎卦는 '水'의 象이라는 것을 해석한 내용이다.

> 불이 물 위에 있으니 날곡식을 익히는 일이 완성(성취)될 수가 없다. 즉 사물을 완성할 수 없음으로 '불이 물 위에 있으니 완성되지 못할 것이다.(火在水上, 未濟.)'고 했다. 『王注』

君子以愼辨物居方 : '居'는 '처하다'는 뜻이다. '方'은 '장소'를 의미한다.

이는 '군자'가 ≪未濟≫의 水火・剛柔가 모두 正位에 처하지 못한 象을 관찰해 본 후, '미성취'・'미완성'・'미성공'의 시점에서는 반드시 사물을 신중하게 판단해서 그들로 하여금 각각 적당한 곳에 처하도록 해 준다면 '성취'・'완성'・'성공'을 촉진시킬 수 있다는 바를 깨달았다는 의미이다.

사물을 신중하게 판별해서 사물로 하여금 모이고 나뉘게 해 주어야 할 것이다. 거처할 장소를 신중히 고려하여 장소를 사용하여 같은 사물(同種)이 서로 모이게 해 주어야 할 것이다. 즉 자신들의 자리를 각각 정해 주어 혼란이 없게 해 주어야 할 것이다. 陽은 陽位에 처하게 하고 陰은 陰位에 처하게 하여 '성취되지 않은 것(未濟)'을 '성취되게(旣濟)' 해 주어야 할 것이다. 『來氏易注』

【번역翻譯】

〈象傳〉에 이르되 : 불이 물 위에 있는 것(날곡식을 익히기가 어렵다.)은 일이 성취되지 않은 것을 상징한다. 군자는 이를 본 받아, 사물을 신중하게 판별하여 사물로 하여금 각각 자신에게 적당한 장소에 처하도록 해 주어야 만이 만사가 성취될 수 있을 것이다.

【해설解説】

'성취되지 않는(未濟)' 이치에 처해 있을 때는 '신중함'을 위주로 해야 함으로 「大象傳」에서 '신중(愼)'을 강조했다.

반드시 '신중(愼)'을 기해야 하는 이유는 그것이 '성취되지 않았기(未濟)' 때문이다. 물과 불이 교류하기는 어려운 일이다. 일찍 분명하게 구별을 짓지 못한 것을 판별해야 할 것이니, 그들이 적당한 곳에 거주하지 못한다면 모두가 살아나기 어려울 것이다. 『重定費氏學・項安世』

(䷿) 初六 : 濡其尾, 吝.

【주석註釋】

濡其尾, 吝 : 이는 初六爻가 柔로서 坎卦의 험난한 상황 아래에 처하며 '未濟'의 시점에 당면했으나 오히려 서둘러 九四爻와 호응하고자 함으로써 신중하게 中을 지켜 나아갈 수 없게 되었으니, 작은 여우가 '그의 꼬리를 물에 젖게 한(濡其尾)' 象과 같이 되었다는 의미이다. '건너는(濟)' 것을 성취시키지 못함으로써 그의 행위는 반드시 '애석함을(吝)' 간직하게 될 것이라고 했다.

≪未濟≫의 시작에 처한다는 것은 험한 상황의 가장 아래에 있다는 의미로 구제될 수 없는 상황이다. 그에게(九四爻) 호응하고자 나아간다면 나아가자마자 곧장 물에 빠지게 될 것이다. 『王注』

卦辭에서 말한 '작은 여우(小狐)'는 바로 본 爻를 의미한 것이다. 『折中·張振淵』

【번역飜譯】

初六爻 : 작은 여우가 강을 건널 때 그의 꼬리를 물에 젖게 한다면 반드시 애석함을 간직하게 될 것이다.

〈象〉曰 : '濡其尾', 亦不知極也.

【주석註釋】

不知極 : '不知極'은 初六爻가 아래에 처하며 中位를 상실했다는 의미이다.

'極'은 '中'이다. 『集解』

『說文』에서는 '極은 용마루(棟)이다.'고 했다. 『逸雅』에서는 '棟은 中이다.'고 했다. 즉 '용마루'는 집의 '中心'이 되기 때문이다. 『纂疏』

'極'이란? '끝(終)'을 뜻한다. 즉 「象傳」'濡其尾, 无攸利, 不續終.'의 의미이다. 그의 재능을 헤아리지 못하고 나아가다가 그의 꼬리를 물에 젖게 한다는 것 역시 마지막까지 잘 건너지 못할 것이라는 바를 헤아리지 못했다는 의미이다. 『來氏易注』

【번역飜譯】

〈象傳〉에 이르되 : '작은 여우가 강을 건널 때 그의 꼬리를 물에 젖게 한다.'고 한 것은 初六爻 역시 신중하게 中道를 지켜 나아가야 한다는 것을 너무 모르고 있다는 의미이다.

【해설解說】

≪旣濟≫ 初九爻의 '그의 꼬리를 물에 젖게 한다면 반드시 재난이 없을 것이다.(濡其尾, 无咎.)'고 한 것과 본 爻의 '그의 꼬리를 물에 젖게 한다면 반드시 애석함을 간직하게 될 것이다.(濡其尾, 吝.)'고 한 것은 象은 같으나 의미가 다르다.

≪旣濟≫ 初九爻 陽剛은 正位에 처하며 離明의 몸체이며 旣濟의 시점에 당면해 느리고 빠른 것을 알며 가볍게 나아가지 않음으로 '반드시 재난이 없을 것이다.(无咎)'고 했다. 그러나 본 爻는 재질은 柔하나 正位에 처하지 않았으며 坎險의 아래에 처했을 뿐만 아니라 未濟의 시점에 당면해 모험하며 서둘러 나아가다가 '꼬리를 물에 젖게 했으니(濡尾)' 강을 완전히 건널 수 없음으로써 '애석함을 간직하게 될 것이다.(吝)'고 했다. 『周易淺述·陳夢雷』

(䷿) 九二 : 曳其輪, 貞吉.

【주석註釋】

曳其輪, 貞吉 : 이는 九二爻가 剛中으로 '未濟'의 시점에 처해, 비록 六五爻와 호응은 할지라도 오히려 험난한 상황을 벗어나지 못하자 신중하게 고려하며 감히 가볍게 나아가지 않고 있음으로 '그 수레의 바퀴를 뒤로 끌어당기는(曳其輪)' 象을 가지고 있다고 했다. 이는 신중하게 정도를 굳건히 지켜 나아감으로써 길할 것이라는 의미이다.

九二 剛中은 힘이 충분함으로써 건널 수 있는 자이다. 그러나 몸이 坎險 가운데에 있어 크게 사용할 수 없음으로 그 수레의 바퀴를 뒤로 끌어 당겨 감히 가볍게 나아가지 못하게 하며 시기를 기다렸다가 움직이게 한다면 길할 것이다. 즉 시기와 힘을 헤아리지 않고 용감하게 고난을 향해 나아간다면 실패하기에 적당할 것이라는 의미이다. 『折中·潘夢旂』

【번역飜譯】

九二爻 : 그 수레의 바퀴를 뒤로 끌어당기며(앞으로 맹렬하게 나아가지 못하게 한다.) 정도를 굳건히 지켜 나아가면 길할 것이다.

〈象〉曰 : 九二貞吉, 中以行正也.

【번역飜譯】

〈象傳〉에 이르되 : 九二爻가 정도를 굳건히 지켜 나아가면 길할 것이라고 한 것은 中道를 지켜 나아감으로써 하는 일이 단정하고 치우치지 않을 것이라는 의미이다.

【해설解說】

九二爻는 '未濟'의 시점에서는 구제될 것이며 또한 坎險에 처했으나 오로지 신중만 기한다면 장차 성공할 수 있을 것이라는 의미이다.

'旣濟'일 때도 初九爻·六二爻가 감히 가볍게 건널 수가 없었을 진데 하물며 '未濟'일 때야 어떠하겠는가? 따라서 본 爻의 '수레바퀴를 뒤로 끌어당긴다.'는 훈계는 ≪旣濟≫와 같은 것이다. 한 자리의 차이는 시기가 다르다는 의미이다. 『折中』

(☲☵) 六三 : 未濟, 征凶, 利涉大川.

【주석註釋】

未濟, 征凶 : 이는 六三爻가 '未濟'의 시점에서, 柔로서 坎險의 위에 처하며 힘도 약하고 正位도 상실했다는 의미이다. 이때 성급하게 나아가는 것은 적당한 처사가 아니기 때문에 '나아가면 반드시 흉할 것이다.(征凶)'고 했다.

陰의 체질로서 正位를 상실하고 험난함에 처하니 스스로를 구제할 수 없는 자이다. 不正한 몸과 스스로를 구제할 수 없는 약한 힘으로 나아갈 것을 도모한다면 그는 자신의 몸을 잃어버리게 될 것이다. 따라서 '나아가면 흉할 것이다.(征凶)'고 했다. 『王注』

利涉大川 : 이 구절은 六三爻가 아래 九二爻와 이웃하니, 만약 스스로 나아갈 것을 도모하지 않고 九二爻와 같은 배를 타고 함께 강을 건넌다면 험난한 상황을 지나는 어려움을 물리칠 수 있을 것이라는 의미이다. 즉 坎險의 상황으로부터 탈출할 수 있어 그 일을 성취하게 됨으로 '거센 물결이 도도히 흐르는 험난한 큰 하천을 건너는 데에서 이로움을 얻을 것이다.(利涉大川)'고 했다.

九二爻는 어려움을 구제할 수 있는 자이다. 六三爻가 九二爻와 이웃하자 자신의 고집을 버리고 자신을 九二爻에게 맡겨 九二爻에 올라타고 간다면 빠지기야 하겠는가? 건너지 못할 것을 어찌 근심할 것인가? 따라서 '거센 물결이 도도히 흐르는 험난한 큰 하천을 건너는 데에서 이로움을 얻을 것이다.'고 했다. 『王注』

柔로서 剛을 올라타고 있으니 장차 험난함으로부터 벗어날 수 있음으로 '건너는 데에서 이로움을 얻을 것이다.(利涉)'고 했다. 『本義』

【번역翻譯】

六三爻 : 일이 성취되지 않은 시점에서, 서둘러 나아간다면 반드시 흉할 것이나 거센 물결이 도도히 흐르는 험난한 큰 하천을 건너는 데에서 이로움을 얻을 것이다.(험남함으로부터 탈출할 수 있을 것이다.)

〈象〉曰:'未濟征凶', 位不當也.

【번역飜譯】

〈象傳〉에 이르되 : '일이 성취되지 않은 시점에서, 서둘러 나아간다면 반드시 흉할 것이다.'고 한 것은 六三爻가 처한 위치가 적당하지 않다는 의미이다.

【해설解說】

六爻의 爻位가 모두 부당하게 처했으나 유독 六三爻에서만 '처한 위치가 적당하지 않다.(位不當)'고 했다. 이는 六三爻의 재능이 약함에도 불구하고 하체의 윗자리에 처했기 때문이다. 『易集說·兪琰』

(☲) 九四 : 貞吉, 悔亡. 震用伐鬼方, 三年有賞于大國.

【주석註釋】

貞吉, 悔亡 : 이는 九四爻가 陽으로 ≪未濟≫ 上卦의 시작에 처함으로써 일은 장차 성취될 것이며, 비록 正位를 상실해 '후회(悔)'할 일이 생긴다고 할지라도 노력하며 '正'을 향해 나아간다면 '길할 것이며' '후회도 사라질 것이다.(悔亡)'는 의미이다.

　　九로서 四位 즉 正位에 처하지 못했으니 후회할 일이 생길 것이다. 그러나 正道를 향해 노력한다면 후회는 사라질 것이다. 『本義』

震用伐鬼方, 三年有賞于大國 : '震'은 부사로서 '우레가 진동하는 기세'를 뜻한다. '伐鬼方'은 ≪旣濟≫ 九三爻辭와 같은 의미이다. '有賞于大國'은 '분봉되어 대국의 제후가 된다.'는 의미이다. 즉 '대국을 그에게 상으로 준다.'는 뜻이다.

　　이 두 구절은 위 문장의 문맥을 이어서, 九四爻는 반드시 지구력 있게 노력하여 그의 일을 성취시킬 것이라는 바를 설명한 내용이다. 따라서 '伐鬼方'·'三年有賞'으로 비유했다.

　　不貞한 자질로서 正道를 지켜 나아가기 위해 노력하니 그 陽剛의 힘이 오래 가지 않을 수 없음으로, 삼년이라는 오랜 세월동안 공을 들여서 鬼方 정벌을 완성함으로써 상을 받은 象이 되었다. 『本義』

【번역飜譯】

九四爻 : 정도를 굳건히 지켜 나아가면 길할 것이며 후회도 사라질 것이다. 우레와 같은 기세로 鬼方을 정벌했으니, 삼년이라는 오랜 세월동안 분투해서 정벌에 성공하자 분봉되어 대국의 제후가 되었다.

〈象〉曰 : '貞吉悔亡', 志行也.

【번역飜譯】

〈象傳〉에 이르되 : '정도를 굳건히 지켜 나아가면 길할 것이며 후회도 사라질 것이다.'고 한 것은 九四爻가 성취를 도모하는 뜻이 실천되었다는 의미이다.

【해설解說】

　　먼저 '正道를 굳건히 지켜 나아가면 길할 것이며 후회도 사라질 것이다.(貞吉悔亡)'고 한 후에 '鬼方을 정벌했다.(伐鬼方)'고 한 것은 먼저 자신을 수양한 후에 백성들을 다스려야 할 것이라는 의미이다. 『學易記·雷思』

(䷾) 六五 : 貞吉, 无悔. 君子之光, 有孚吉.

【주석註釋】

貞吉, 无悔. 君子之光, 有孚吉 : '君子之光'은 六五爻가 上卦 離卦의 '밝음(明)' 가운데에 처한다는 것에 비유한 내용이다.

이는 六五爻가 ≪未濟≫의 가장 성한 위치에 처하며 몸체의 품성이 '밝음(文明)'으로 인해 정도를 굳건히 지켜 나아가면 반드시 길할 것이며 후회도 없을 뿐만 아니라 또한 九二爻와 호응하고 九四爻와 이웃하는 것이 '군자의 밝은 덕(君子之光)'을 환하게 빛내는 것과 같으며 신의와 정성으로 사물을 접대하니, 이 시점에서는 그의 일이 성취될 수 있음으로 '마음속에 신의와 정성을 품고 있으니 길할 것이다.(有孚吉)'고 했다.

六으로 五位에 처하니 역시 正位는 아니다. 그러나 밝음(文明)의 주인으로 中位에 처하며 剛과 호응하여 마음을 비우고 아래의 도움을 구함으로써 '正道를 굳건히 지켜 나아가면 길할 것이며 후회도 사라질 것이다.(貞吉, 无悔.)'고 했다. 또한 빛의 왕성함을 가지고 있어 신의가 두텁고 거짓이 없으니 길하고 또 길할 것이라고 했다. 『本義』

【번역飜譯】

六五爻 : 정도를 굳건히 지켜 나아가면 길할 것이며 후회도 없을 것이다. 이는 군자의 밝은(빛나는) 덕은 마음속에 신의와 정성을 품고 있기 때문이니 반드시 길할 것이라는 의미이다.

〈象〉曰 : '君子之光', 其暉吉也.

【주석註釋】

暉 :

빛이 왕성한 것을 '暉'라고 한다. '暉'는 '빛이 흩어지는 상태'를 뜻한다. 군자가 덕을 가득히 쌓으면 덕의 빛이 왕성해져서 결국은 사방팔방으로 흩어지는 경지에 이르고 善이 지극한 경지에 달함으로써 거듭 '길할 것이다.'고 했다. 『程傳』

【번역飜譯】

〈象傳〉에 이르되 : '군자의 밝은(빛나는) 덕'이라고 한 것은 六五爻의 밝은 덕성이 현실적으로 빛나게 실천되어 길할 것이라는 의미이다.

【해설解說】

본 爻는 上卦 '離日'의 中에 처하며 '군자의 밝은 덕(君子之光)'을 뜻한 것으로, '未濟'가 변해 '旣濟'로 되는 초상화의 의미를 담고 있다.

六五爻가 未濟의 세상을 만나 빛을 발한 것은 무슨 의미인가? 태양은 여름에 있어서는 구름 낀 날씨에 더욱 무더운 열기를 발산한다. 불은 밤에 있어서는 잠을 잘 때 더욱 강하게 타 오른다. 六五爻는 '未濟'를 변화시켜 '旣濟'가 되게 하니, 그의 밝은 덕이 환하게 빛나는 바가 왕성하다는 것을 어찌 의심할 수 있단 말인가? 『折中·楊萬里』

(䷿) 上九 : 有孚于飮酒, 无咎. 濡其首, 有孚失是.

【주석註釋】

有孚于飮酒, 无咎 : '孚'는 '신의와 정성'을 뜻한다.

이는 上九爻가 陽으로 ≪未濟≫의 극한 곳에 처하니, 즉 사물은 극에 달하면 반드시 돌아오는 이치를 가지고 있음으로써 결국은 '旣濟'로 된다는 뜻을 설명한 내용이다. '旣濟'로 된다는 뜻은 곧 매사는 모두 정당하며 마음에는 근심과 번뇌가 없음으로 아래 사람에게 믿고 일을 맡기며 자신은 '술을 마시면서(飮酒)' 편안히 즐길 수 있어 '재난에 이르지 않을 것이다.(无咎)'는 의미이다.

'未濟'의 극한점에서는 장차 '旣濟'로 돌아오게 된다. '旣濟'의 도에서 맡기는 것은 당연한 것이다. 맡기는 것이 당연하다는 것은 믿음에 의심이 없다는 것이며 자신은 편안하다는 의미이다. 따라서 '다른 사람을 신임하며 한가롭게 술을 마시니 재난에 이르지 않을 것이다.(有孚于飮酒, 无咎.)'고 했다. 『王注』

濡其首, 有孚失是 : '濡其首'는 ≪旣濟≫ 上九爻 爻義와 같다. '是'는 '바르다'·'옳다'는 뜻이다. '失是'란? 즉 '정도를 상실한다.'는 의미이다.

이 두 구절을 반면시각으로 헤아린다면, 上九爻가 만약 안일하게 세월을 보내고 그의 할 일을 버려둔다면 장차 '그의 머리를 물에 젖게 하는(濡其首)' 위험을 초래할 것이라는 의미, 즉 지나치게 다른 사람에게 믿고 맡긴다면 정도를 상실할 것이라는 의미를 설명한 내용이다.

그는 사물을 신임함으로써 편안함을 얻게 되며 일이 잘못되는 것에 대한 근심을 하지 않는다. 정말로 일이 잘못되는 것에 대한 근심을 하지 않고 지극한 즐거움에 빠져든다면 절제하는 방법을 찾지 못할 것이다. 신임을 함으로 말미암아 정도를 상실하게 됨으로써 '작은 여우가 강을 건널 때 그의 머리를 물에 젖게 하는 것과 같이, 그렇게 무한정 다른 사람에게 믿고 맡긴다면 장차 정도를 상실할 것이다.(濡其首, 有孚失是.)'고 했다. 『王注』

【번역飜譯】

上九爻 : 다른 사람에게 믿고 맡기며(다른 사람을 신임하며) 편안하고 한가롭게 술을 마시니 재난에 이르지 않을 것이다. 그러나 (지나치게 편안하고 한가함을 즐긴다면) 작은 여우가 강을 건널 때 그의 머리를 물에 젖게 하는 것과 같이, 그렇게 무한정 다른 사람에게 믿고 맡긴다면 장차 정도를 상실할 것이다.

〈象〉曰 : '飮酒濡首', 亦不知節也.

【번역飜譯】

〈象傳〉에 이르되 : '술을 마시며 편안하고 한가롭게 즐기느라 (작은 여우가 강을 건널 때와 같이) 그의 머리를 물에 젖게 한다면 재난을 만날 것이다.'고 한 것은 上九爻가 이와 같이 한다는 것은 역시 절제하는 방법을 너무 모르고 있다는 의미이다.

【해설解說】

上九爻는 이미 '未濟'로부터 '旣濟'로 전환되었다. 그러나 만약 편안하고 한가롭게 즐기는 상황이 극에 달한다면 반드시 장차 다시 '旣濟'로부터 '未濟'로 돌아가게 될 것이다. 爻辭 '无咎' 두 글자는 '善으로 잘못된 것을 수선한다.'는 뜻을 함유하고 있는 것으로, 즉 깊은 훈계의 의미를 제시하고 있는 용어이다.

≪未濟≫의 마지막에서 근근이 ≪旣濟≫에 이르렀는데 다시 '그의 머리를 물에 젖게 한다.'는 것을 사용해서 훈계했다. '처음부터 끝까지 근심하고 두려워해야 만이 재난에 이르지 않을 것이다.'고 한 것이 바로 『易』의 道이기 때문이다. 『學易記 · 李簡』

【未濟】 요점 · 관점

『周易』六十四卦가 ≪未濟≫를 마지막에 둔 것은 '『易』은 변통하는 원리이다.'는 이 한 가지 의리에 대한 결론을 보여주기 위해서이다.

卦名으로 본다면, ≪未濟≫는 '건너지 못한 상황'을 빌려서 '일이 성취되지 않았다.'는 바에 비유한 것이다.

전체 卦의 요지는 여전히 '일이 성취되지 않았을' 때 만약 신중하게 나아간다면 그 일로 하여금 성취되게 재촉할 것이라는, 즉 '성취되지 않은(未濟)' 가운데 반드시 '성취 될 수 있는(可濟)' 이치가 담겨져 있다는 것을 설명한 내용이다.

그러나 卦辭는 건너기 위해 노력한다면 '형통할 것이다.'는 바를 지적한 것과 동시에 '작은 여우'가 물을 건널 때 '꼬리를 물에 젖게 하는 것'을 사용해서 헛수고만 할 뿐 '이로운 바가 없을 것이다.'는 바에 비유한 것은, 만약 처음부터 끝까지 신중하게 하지 않는다면 물을 완전하게 건너기는 어려울 것이라는 바를 사람들에게 훈계하기 위한 것이었다.

卦 가운데 六爻가 보여 준 것은, 아래의 세 개 爻는 '건널 수 없을 것이니 신중하고 조심할 것'을 훈계하는 바를 주어로 삼았고 위의 세 개 爻는 이미 '旣濟'를 향해 방향을 전환하게 되었으니 그 '행함에 힘쓸 것'을 주어로 삼았다.

內卦 세 개 爻는 坎險한 것이다. 즉 初六爻는 '꼬리를 물에 젖게 하여 애석한 상황에

처한 바'를 말했고 九二爻는 '수레바퀴를 뒤로 끌어당기며 정도를 굳건히 지켜 나아가야 하는 상황'을 말했고 六三爻는 '서둘러 나아간다면 반드시 흉할 것이라고 말한 것은 처한 위치가 적당하지 않다는 의미이다.'고 훈계함으로써 모두가 성취되지 않은 상황을 말했다. 外卦 세 개의 爻는 離明이다. 즉 九四爻는 '鬼方을 정벌함으로써 상을 받게 되었다.'는 것을 말했고 六五爻는 '군자의 밝은(빛나는) 덕은 마음속에 신의와 정성을 품고 있기 때문이다.'고 했으며 上九爻는 '다른 사람에게 믿고 맡기며 편안하고 한가롭게 술을 마시니 재난에 이르지 않을 것이다.'고 함으로써 '未濟'가 '旣濟'로 되었음을 보여주고 있다. 『折中·邱富國』

그러나 六爻의 爻義 가운데 上六爻의 爻義가 가장 의미심장하다. 즉 爻位로 본다면, 시점은 비록 이미 '旣濟'로 전환되었다고는 할지라도 만약 멋대로 절도 없이 행동한다면 반드시 다시 '未濟'로 돌아갈 위험이 도사리고 있음으로써 爻辭에서 이미 '재난에 이르지 않을 것이다.(无咎)'고 하면서도 또한 '정도를 상실할 것이다.(失是)'는 훈계성 발언을 했다.

그 뜻은 사물의 성공과 실패는 때를 따라 모두 전환될 수 있다는 것을 보여주는 데에 있다. 이에 대해 노자는 다음과 같이 말했다.

禍는 福에 의지해 존재하고 福은 禍 밑에 엎드려 있는데 누군들 그들의 끝을 알 수가 있겠는가? 『老子』

六十四卦가 ≪未濟≫에서 끝을 맺은 것에 대해 「序卦傳」에서는 다음과 같이 말했다.

사물은 끝이 없을 뿐이다. 「序卦傳」

즉 사물의 대립과 변화는 끝날 때가 없다는 의미이다.
본 卦의 요지는 사물의 '완전'·'성취(완성)'는 단지 상대적인 것이나 '결함'·'미성취(미완성)'는 오히려 수시로 '완전'과 '성취(완성)'을 수반하면서 존재하고 있다는 것이다. '석양'을 기다리다 보면 '아침 해'가 떠오르는 것과 같이 '성취하지 못한(未濟)' 가운데에서 '성취할 수 있는(可濟)' 이치가 체현된다는 것을 명확하게 보여 주고 있다.

繫易立卦不始太極而始乾坤
陰陽之義也元與太極夫一不可得
而見也其可見可論者必為二矣故言
陰陽而不言太極

錄康有為春秋董氏學句
紫霞堂人解青

周易에서 괘를 만들 때에 주역을 시작하지 않고 건곤으로 시작한 것은 음양의 이치를 따른 것이다. 원과 태극은 천지가 아직 나누어지지 않은 혼돈의 시초이기를 수 없는 것이다. 그것을 볼 수 있고 논할 수 있는 것은 반드시 둘이 되어야 하는 것이다. 따라서 음양을 말하고 태극은 말하지 않았다.

4.『周易』卷九

繫辭上傳

繫辭下傳

繫辭上傳

제 1 장

天尊地卑, 乾坤定矣. 卑高以陳, 貴賤位矣. 動靜有常, 剛柔斷矣. 方以類聚, 物以羣分, 吉凶生矣. 在天成象, 在地成形, 變化見矣. 是故剛柔相摩, 八卦相盪. 鼓之以雷霆, 潤之以風雨 ; 日月運行, 一寒一暑. 乾道成男, 坤道成女. 乾知大始, 坤作成物. 乾以易知, 坤以簡能 ; 易則易知, 簡則易從 ; 易知則有親, 易從則有功 ; 有親則可久, 有功則可大 ; 可久則賢人之德, 可大則賢人之業. 易簡, 而天下之理得矣 ; 天下之理得, 而成位乎其中矣.

【주석註釋】

天尊地卑, 乾坤定矣 : 『周易』은 '陰'·'陽'을 근본으로 삼았다. 乾·坤은 純陽·純陰의 卦이다. 따라서 「繫辭傳」에서 먼저 乾·坤의 성질을 전반적으로 설명하였다.

　　乾·坤은 『易』의 門戶이다. 먼저 天尊·地卑를 밝힘으로써 乾·坤의 위치(형체)를 확정했다. 『韓注』

動靜有常, 剛柔斷矣 : '常'은 '일정한 규율'을 가리킨다. '斷'은 '分'의 뜻 즉 '나누어짐이 매우 분명하다.'는 의미이다.
　　이는 '陰·陽은 動靜·剛柔의 不同한 특징을 지니고 있다.'는 바를 설명한 것이다.

'斷'은 '나누어지다(分)'는 의미이다. '乾'은 剛하며 일정한 규율로 動하며 '坤'은 柔하며 일정한 규율로 靜하다. 陰으로 나뉘고 陽으로 나뉘어 剛·柔를 번갈아 가며 사용한다. 『集解·虞翻』

方以類聚, 物以羣分, 吉凶生矣 : '方'은 '道'의 의미이다.

'方'은 '道'이다. 『集解·九家易』

'方'은 사물이 '향하는 곳'을 의미한다. 『本義』

여러 학자들의 말을 종합해 본다면, '方'은 '의식관념'과 같은 말로서 '추상적 범주'에 속하며 '物'은 동물·식물 등 '구체적 사물'을 의미한다.
이 세 구절은 우주 사이의 각종 사물과 현상을 설명한 것으로, 추상적 관념·구체적 형태를 막론하고 모두 '羣·類로 서로 나누어지고 화합한다.'는 것과 '吉·凶은 同·異의 모순 가운데서 발생한다.'는 바를 설명한 것이다.

'의식관념(方)'은 '類'를 가지고 있고 '사물(物)'은 '羣'을 가지고 있다. 즉 같은 것을 가지고 다른 것을 가진 것은 모여들고 나누어진다. 그들이 같은 것을 따르면 吉하고 그가 나아가는 방향이 어그러지면 凶함으로써 吉·凶이 발생하는 것이다. 『韓注』

在天成象, 在地成形, 變化見矣 : 이는 하늘 위에 있는 '象'과 대지위에 있는 '形'은 모두 '陰陽變化의 이치를 명백히 드러내고 있다.'는 바를 설명한 것이다.

'象'은 '日·月·星辰'을 끌어대어 비유하여 설명한 것이고 '形'은 '山·川·草·木'을 끌어대어 비유하여 설명한 것이다. 매달려 있는 '象'은 움직여 돌아감으로써 어둡고 밝은 것을 생기게 하며 '形'인 산과 늪(연못)은 공기를 유통시키고 구름을 오고가게 하여 비를 내리게 함으로써 변화를 드러낸다.(變化見矣) 『韓注』

'形'은 '山·川·動·植'의 무리를 말한다. 『本義』

剛柔相摩, 八卦相盪 : '摩'는 '서로 정성으로 교류하여(문질러서·갈아서) 감응한다.'는 의미이다. '서로 정성으로 교류하여 감응한다.'는 것은 '陰·陽이 서로 접촉하여 감응한다.'는 의미이다. '盪'은 '밀어 올리면서 변화·발전해(變動) 나아간다.'·'밀어 올리면서 움직여 나아간다.'는 의미이다.

　이 두 구절은 '乾(☰)·坤(☷)이 교감하여 八卦를 이룬다.'는 바를 설명한 것이다. 예를 들것 같으면, 初爻가 교감하면 震(☳)·巽(☴)이 되고 中爻가 교감하면 坎(☵)·離(☲)가 되고 上爻가 교감하면 艮(☶)·兌(☱)가 되는 것과 같이 八卦는 모두 이와 같이 이루어졌다. 八卦는 또한 陰卦·陽卦로 나누어지며(乾·震·坎·艮은 陽卦이며 坤·巽·離·兌는 陰卦이다.) 둘 씩 둘 씩 중첩하여 변동해 나아가니, 즉 六十四卦는 이와 같이 완성되었다. 八卦와 六十四卦의 상징적 의미는 '만물의 탄생은 陰·陽의 교감에 근본을 두고 있다.'는 바를 구체적으로 표현한 것이다.

　'摩'는 '교감하다(交)'는 의미이다. 乾·坤의 初爻가 교감하여 震·巽이 되었고 中爻가 교감하여 坎·離가 되었으며 上爻가 교감하여 艮·兌가 되었으니, 즉 6명의 자녀(6子)가 태어남으로써 八卦 모두가 완성되었다. 八卦는 한 개의 卦가 8개의 卦를 밀어 올리면서 움직여 나아가게 함으로써 六十四卦를 모두 완성하도록 했다. '盪'은 '움직이게 한다.'·'밀어 올린다.'는 의미이다. 重이라고 하지 않고 '盪'이라고 한 것은 한 개의 卦를 이 卦에다 더하고 다시 저 卦에다 더하여 '밀어 올리면서 움직여 나아가게 하면서 분명하게 나누어지게 한다.'는 의미이다. 『尙氏學』

鼓之以雷霆, 潤之以風雨; 日月運行, 一寒一暑 : 이는 '우레와 번개'·'바람과 비'·'해와 달'·'추위와 더위'를 예로 들어 하늘 위 物象의 陰·陽의 변화를 설명한 것이다.

　이 변화를 이루는 것은 '象'이다. 『本義』

乾道成男, 坤道成女 : 이는 인류 남녀의 성별을 예로 들어 대지위에서 존재하는 形體의 陰·陽의 변화를 설명한 것이다.

　이 변화를 이루는 것은 '形'이다. 『本義』

乾知大始, 坤作成物 : '知'는 '爲'와 같은 것으로 아래 '作(만들다·제작하다)'의 의미와 가까우며 그들은 互文이다.

　　'知'는 '爲'와 같으며 '爲' 역시 '作'이다. 『經義述聞·王念孫』

　'乾知大(太)始'란? '大始'는 곧 '太始'이다. 즉 만물은 乾에 의지하여 '최초로 창시되었다.'는 의미이다. '坤作成物'이란? 만물은 坤에 의지하여 '살아나서 성장하고 있다.(生成)'는 의미이다.
　이 두 구절은 乾·坤의 제품 제작행위(作爲) 가운데 乾은 최초로 만물을 개창하는 요소이며 坤은 乾의 뜻을 받들어 만물을 生成하는 존재라는 바를 설명한 것이다.

　　'知'는 '知見(생각·식견·사리를 깨달아 아는 능력)'의 '知'이다. '乾知太始'란? 乾은 天陽의 氣이며 만물은 모두 氣에서 창시되니, 처음 시작할 때는 無形으로 다스릴(營作) 수 없는 까닭에 단지 '知'라고 했다. 이미 만들어진 사물은 다스릴 수 있는 까닭에 '作'이라고 했다. 이 뜻 역시 통하는 것이다. 『正義』

乾以易知, 坤以簡能 : '易'는 '쉽다(平易)'는 의미이다. '知'는 '알아서 깨닫다.'·'환희 안다.'는 의미이다. '簡'은 '간략하다'는 의미이다.
　이 두 구절은 위 문장을 이어서 '乾이 태초에 창시한 바는 자연에서 순수하게 발동된 것으로 어떠한 어려움도 없었다.'·'坤이 만물을 생성하는 바는 乾陽을 순수하게 받들면 되는 것일 뿐 번거로운 수고는 모름지기 하지 않는다.'는 것과 이로 인해 전자는 '사람들이 쉽게 알아서 깨닫게 된다.'는 바와 후자는 '사람들이 간략하게 그 공능을 볼 수 있게 된다.'는 바를 설명한 것이다.

　　天·地의 道는 꾀하지 않아도 훌륭하게 창시되며 수고하지 않아도 훌륭하게 성취되는 것이니 따라서 '易'·'簡'이라고 했다. 尙선생은 '易'·'簡'에 대해 '乾의 덕은 剛健純粹하여 仁을 베풀어 만물을 양육하니(施仁育物) 따라서 易라고 했다. 坤의 덕은 거두어 저장하며(收嗇閉藏) 陽에 순종하여 일을 성취시키니(順陽成事) 따라서 簡이라고 했다.'고 설명했다. 『韓注』

이 말은 지극히 명료하고 유창하다. 『尙氏學』

易則易知, 簡則易從 : 이하 여덟 구절은 '乾坤'·'易簡'의 이치에 대해 여러 겹으로 밝혀 나아가다가 최후에는 人事로 귀결시키면서, 만약 이 이치를 본 받는다면 '賢人의 덕업을 성취시킬 수 있을 것이다.'는 바를 설명한 것이다.

사람이 하는 바는 乾의 쉬움과 같아 즉 그 마음이 아주 분명하면 사람들이 쉽게 알아서 깨달으며, 坤의 간략함과 같아 즉 그 일이 요약되면(주요한 대목을 추려내면) 사람들이 쉽게 따르게 된다. 쉽게 알아서 깨달으면 곧 그와 같은 마음을 가지는 자가 많은 까닭에 親함을 가지게 되고 쉽게 따르면 곧 그와 협력하는 자가 많은 까닭에 공적을 쌓게 된다. 친함을 가지면 안에서 하나가 되는 까닭에 오래갈 수 있으며 공적을 쌓으면 밖에서 화합하는 까닭에 크게 될 수 있다. 德은 자신에게서 이루어지는 것을 말하고 業은 일에서 성취하는 것을 말한다. 위에서 乾·坤의 德이 不同한 점을 말한 것은 '사람이 乾·坤의 이치를 본 받아 이곳에 이른다면 곧 賢人이 될 수 있다.'는 바를 설명한 것이다. 『本義』

易簡, 而天下之理得矣; 天下之理得, 而成位乎其中矣 : '成位'는 '지위를 확정한다.'는 의미이다. '中'은 '적중하다'·'알맞다'·'들어맞다'는 의미이다.

이는 '易'·'簡'의 이치를 종합하여 내린 결론으로, 천하의 도리는 모두 그 가운데 있으니 사람이 그 이치를 터득한다면 곧 '천지의 올바름에 나란히 화합할 수 있을 뿐만 아니라 알맞은 지위에 처하게 된다.'는 바를 설명한 것이다.

'成位'란? 사람의 지위를 이루는 것 즉 사람의 '지위를 확정한다.'는 의미이다. '其中'이란? '天·地의 가운데'를 의미한다. 이곳에서는 즉 이치의 지극한 공적을 구체적으로 실현하는 것은 聖人이 해 내는 일로서 '天·地와 나란히 할 수 있다.'는 의미이다. 『本義』

【번역翻譯】

하늘은 존귀하고 높으며 대지는 비천하고 낮은 것(가까운 것)으로 乾·坤의 위치가 확정되었다. 비천하고 낮으며 존귀하고 높은 것이 세로로 나란히 (위에서 아래에서) 배열되었다는 것은 사물의 지위가 높고 귀함과 지위가 낮고 천함이 각각 그 바른 위치에 자리를 잡았다는 것이다. 하늘의 動(움직임)과 대지의 靜(고요함)은 일정한 규율을 지니며 陽剛·陰柔의 성질로 나누어짐이 매우 분명하다. 하늘 아래에서는 각종 의식관념이 門類로 서로 모여들어 화합하고 각종 동물과 식물은 群體로 서로 구분되며 길함과 흉함이 (同과 異의 모순 가운데서) 생겨난다. 하늘 위에 매달려 있는 것(日·月·星辰)은 表象을 이루고 대지의 면에 붙어 있는 것(山·川·動·植)은 형체를 이루어 사물변화의 이치를 (이러한 형상 가운데로부터) 명백하게 드러낸다. 따라서 陽剛·陰柔는 정성으로 서로 교류하여 감응하며 (그리하여 八卦를 태어나게 했다.) 八卦 또한 서로 밀어 올리면서 변화·발전해 나아간다. (그리하여 六十四卦를 태어나게 했다.) 비유해 본다면, 그들을 두드려 움직이게 하는 데는 우레와 번개를 사용했고 그들을 윤택하게 하는 데는 바람과 비를 사용했고 해와 달이 가고 오는 운행은 추위와 더위가 교체하는 현상을 출현시키는 데 사용한 것과 같은 것이다. (이는 하늘 위에 매 달려있는 表象의 陰·陽변화이다.) 또한 乾道는 남성을 얽어 만들었고 坤道는 여성을 얽어 만들었는 것과 같은 것이다. (이는 대지 위에서 존재하는 形體의 陰陽變化이다.) 乾의 작위(乾이 제품을 제작하는 행위)는 (만물의) 태초 창시에서 구체적으로 실현되었고 坤의 작위(乾의 뜻을 받드는 행위)는 만물을 생성하는(살아나서 성장해 나아가는) 곳에서 구체적으로 실현되고 있다. 乾의 작위는 까다롭지 않고 쉬움으로써 사람들이 알아서 깨닫고 坤의 작위는 간략함으로써 그 공능을 볼 수 있으며, 까다롭지 않고 쉽다는 것은 곧 쉽게 사람들로 하여금 명료히(깨닫게) 한다는 것이고 간략하다는 것은 곧 쉽게 사람들로 하여금 순종하게 한다는 것이며, 쉽게 명료하면(마음이 같은 곳으로 통하면) 곧 사람들과 친근해 지고 쉽게 순종하면(마음을 합심하여 협력하면) 곧 공적을 쌓게 되니, 사람들과 친근해 지는 처세는 곧 오래 갈 수 있고 공적을 쌓아 출세를 하면 곧 넓고 크게 될 수 있으니, 처세가 오래가는 것은 현인의 미덕이고 출세를 넓고 크게 하는 것은 곧 현인의 사업이다. 따라서 乾·坤의 까다롭지 않고 쉬운 것과 간략한 것을 분명하게 깨닫는다는 것은 천하의 이치를 모두 명백하게 알게 된다는 것이며 천하의 이치를 명백하게 이해하여 알게 되면(천지규율을 따르면) 곧 적합한 지위에 처할 수 있게 되는 바이다.

【해설解說】

이상은 제 1장이다.

「繫辭上傳」·「繫辭下傳」은 각 12장으로 나누어졌다. 孔穎達의 『正義』와 朱熹의 『本義』에서 나눈 것이 비교적 통행되고 있다. 본서에서는 주자의 설을 선택했다.

'繫辭' 두 글자의 명칭과 의미는 다음 두 방면으로 해설할 수 있다.

① 卦辭·爻辭를 가리키는 것이다. 즉 『正義』에서 말한 '성인이 卦·爻의 아래에다 이 말을 붙여 놓았다.'·'上·下 두 편의 經辭이다.' 아래문장에서 말한 '繫辭는 吉·凶을 밝힌 것이다.'는 바가 이 의미를 가리킨다.

② 「十翼」 가운데의 「繫辭上傳」·「繫辭下傳」은 經文의 專論을 밝힌 것이다. 즉 『正義』에서 '공자가 본래 지은 「十翼」을 上·下 두 편 經文繫辭로 펼쳐서 말한 것으로 의미를 조리 있게 정리하여 따로 卷을 만들어 총체적으로 「繫辭」라고 불렀다.'라고 한 것이다.

본 장은 '乾·坤' 대의를 종합적으로 서술한 것이다. 내용은 다음과 같이 3절로 나누어 이해를 도왔다.

제 1절 : 본편의 처음부터 '在地成形, 變化見矣.'까지는 乾坤定位를 설명했다.
제 2절 : '是故剛柔相摩'로부터 '坤道成女'까지는 陰陽變化를 설명했다.
제 3절 : '乾知大始'로부터 마지막까지는 '易簡' 철학을 설명했다.

이 3절의 기본내용을 분석해 본다면, '定位'는 우주 사이에서 '절대로 바뀌지 않는 법칙'을 강조한 것이며 '變化'는 사물발전의 '보편적 규율'을 게시한 것이며 '易·簡'은 乾·坤의 이치는 오로지 '한 결 같이 순수할 뿐 어떠한 것도 섞이지 않았으며 쉽게 깨달아 알고 쉽게 따른다.(純一不雜, 易知易從.)'는 바를 가리킨 것이다.

『易』은 1개의 명칭에 3개의 의미를 가지고 있으니, '易·簡'이 그 첫 번째이고 '變易'이 그 두 번째이고 '不易'이 그 세 번째이다. 『正義·序』

이 '3개의 의미'는 마침 본장의 3절 내용과 비슷함으로써 상호간에 인증할 수 있는 바이다.

제 2 장

聖人設卦觀象, 繫辭焉而明吉凶, 剛柔相推而生變化. 是故吉凶者, 失得之象也; 悔吝者, 憂虞之象也. 變化者, 進退之象也; 剛柔者, 晝夜之象也. 六爻之動, 三極之道也. 是故君子所居而安者, 『易』之序也; 所樂而玩者, 爻之辭也. 是故君子居則觀其象而玩其辭, 動則觀其變而玩其占, 是以'自天祐之, 吉无不利.'

【주석註釋】

聖人設卦觀象, 繫辭焉而明吉凶, 剛柔相推而生變化 : '設卦觀象'은 '유형물(物象)의 형상을 관찰하여 卦를 처음 제작했다.'는 의미이다. '繫辭'는 '六十四卦와 三百八十四爻 아래에다 卦辭와 爻辭를 달아 사용했다.'는 의미이며, '剛·柔'는 '陽爻와 陰爻를 말한다.'는 것이다.

이 세 구절은 『周易』의 창작, 즉 『周易』은 '卦象을 통하여 사물의 吉·凶과 變化의 이치를 깨닫게 한다.'는 바를 설명한 것이다.

聖人이 그 卦를 제작했을 때 物象을 쳐다보고 관찰하지 않은 것이 없었고 그 물상을 법(본) 받은 연후에 제작된 卦象에는 곧 吉·凶이 있으니, 吉·凶이 있으나 만약 繫辭가 없었다면 그 이치는 드러나지 못했을 것이다. 따라서 吉·凶의 문장을 卦辭와 爻辭 아래에 붙여 놓음으로써 이 卦와 이 爻의 吉·凶을 명확하게 밝혀낼 수 있게 되었다. 또한 八純卦는 卦와 爻의 그 象이 이미 정해져 있기 때문에 변화가 적을 뿐이니, 剛·柔 두 氣가 서로 밀어 올리면서 움직여 나아가면 陰爻와 陽爻가 교대로 변화하여 六十四卦로 나누어져 三百八十四爻를 가지게 되고 그 변화를 면밀히 따라서 나아가면 사물은 한 몸으로 있는 것이 아니니, 이렇게 변화를 발생시켜 나아가는 것이다. 『正義』

吉凶者, 失得之象也 ; 悔吝者 憂虞之象也 : '悔'는 '뉘우치고 한탄한다.'는 의미이고 '吝'은 '애석하다'는 의미이며 '憂虞'는 '근심하는 생각'・'근심하는 정도'의 형상을 의미한다. '吉'・'凶'・'悔'・'吝'은 모두 『周易』의 占辭이니, 이는 예를 들어 卦辭와 爻辭의 상징적 寓意(어떤 사물에 가탁하여 은연중에 어떤 뜻을 비추어 준다.)를 설명한 것이다.

'吉'은 곧 '얻는 것'이고 '凶'은 곧 '잃는 것'이며, '뉘우치고 한탄하며(悔) 애석하게 생각한다(吝)는 것을 깨달아 안다.'는 것은 곧 '근심하는 생각과 근심하는 정도를 깨달아 안다.'는 것이며 '근심하는 생각과 근심하는 정도를 깨달아 안다.'는 것은 곧 '길한 방향으로 향할 수 있고 흉한 방향은 피할 수 있다.'는 의미이다. 『尙氏學』

變化者, 進退之象也 ; 剛柔者, 晝夜之象也 : 이는 六十四卦 가운데 剛・柔의 變化는 '人事의 進・退와 晝・夜의 교체와 같다.'는 바를 설명한 것이다.

'柔가 변하여 剛으로 향한다.'는 것은 '退가 극에 이르면 進하게 된다.'는 의미이며, '剛이 변하여 柔로 향한다.'는 것은 '進이 극에 이르면 退하게 된다.'는 의미이다. 이미 '변하여 剛이 되었다.'는 것은 곧 '晝(낮)이고 陽이다.'는 의미이며, 이미 '변하여 柔가 되었다.'는 것은 곧 '夜(밤)이고 陰이다.'는 의미이다.' 『本義』

六爻之動, 三極之道也 : '三極'은 '天'・'地'・'人' 三才를 가리킨 것이다.
  이는 六爻의 변화는 '天'・'地'・'人'의 이치를 '구체적으로 실현하고 있다.'는 바를 설명한 것이다.

  이는 進・退를 변화시키는 의미를 널리 밝힌 것으로, 六爻가 교대로 서로 밀어 올리면서 움직여 변화를 발생시켜 나아가는 것은 '天・地・人 三才의 지극한 이치이다.'는 바를 말한 것이다. 『正義』

  ≪乾≫九二에서 鄭玄의 注를 인용해 이르되 : '三才에 있어서 二는 地道이다.'고 했다. 九三에서 정현의 주를 인용해 이르되 : '三才에 있어서 三은 人道이다.'고 했다. 九五에서 정현의 주를 인용해 이르되 : '三才에 있어서 五는 天道이다.'고 했다. ≪乾≫九

二는『孔疏』에서 이르되 : '一・二는 地道이고 三・四는 人道이고 五・六은 天道이다.' 고 했다. 『集解』

「繫辭下傳」에 三才의 이치에 대해 崔憬의 주를 인용해 이르되 : '重卦 六爻 역시 天・地・人의 이치를 겸하고 있으며 兩爻가 一才가 되니 六爻는 三才가 된다.'고 했다. 따라서『本義』에서 이르되 : '六爻의 初・二는 地가 되고 二・四는 人이 되고 五・上은 天이 된다.'고 했다. '動'은 곧 '변화'를 의미하며 '極'은 곧 '지극하다'는 의미이다. '三極'은 '天・地・人의 지극한 이치'를 말한다. 陸績의 注에서 이르되 : '三極이란? 初・四는 下極을 가리키고 二・五는 中極을 가리키고 三・上은 上極을 가리킨다.'고 했다. 『集解』

尚선생은 陸績의 설을 계승하여 이르되 : '下極은 地極이며 中極은 人極이며 上極은 天極이다.'고 지적했다. (『尚氏學』)

≪易≫之序也 : 이곳에서는 六爻의 위치 순서를 가리킨 것으로, '初九・九三' 등과 같은 것을 의미한다. 구절 가운데 설명하는 '군자'가 무사하고 편안하게 거처할 수 있는 까닭은『易』의 위치 순서를 본 받아 그 본래의 지위를 지켜 나아가기 때문이다.

만약 ≪乾≫ 初九에 처한다면 '勿用하는(사용하지 않는)' 데에서 무사하고 편안할 수 있으며 만약 ≪乾≫ 九三에 처한다면 '乾乾하는(부지런하고 씩씩하게 일하는)' 데에서 무사하고 편안 할 수 있다. 이러한 까닭으로 처하는 바가 무사하고 편안한 자는 『易』의 위치 순서를 관찰함에서 말미암는 것이다. 『正義』

自天祐之, 吉无不利 : 이는 ≪大有≫ 上九爻의 爻辭이다.
이는 위 문장을 종합적으로 마무리한 것으로, '군자'가『周易』을 읽는다면 '修身處世에 이로움을 얻는다.'는 바를 설명한 것이다.

【번역翻譯】

聖人이 유형(우주 사이, 즉 공간과 시간 사이에 존재하는 여러 종류)의 형상을 관찰하여 六十四卦를 창작하였을 뿐만 아니라 각 卦와 각 爻의 아래에 글을 지어 달아놓아 吉・凶의 징조를 밝히는 것을 도왔다. 卦 가운데서는 陽剛・陰柔(三百八十四

爻)가 서로 밀어 올리면서 무궁한 변화를 生成해 나아간다. 따라서 (卦辭와 爻辭 가운데의) 吉·凶은 일을 처리함에 있어서 이득을 얻거나 혹은 이득을 상실하는 것을 상징하니, 悔(후회)·吝(애석)은 (일을 처리함에 있어서 이득을 적게 상실함으로) 걱정하거나 근심하는 것을 상징한다. 여러 卦에서 반영되는 변화는 일을 처리함에 있어서 進·退를 저울질하는 것을 상징하니, 剛爻와 柔爻는 白晝(陽)·黑夜(陰)를 상징한다. 六爻의 변동은 위로는 天(大千世界 : 三千세계의 세 번째 즉 中千세계의 천배가 되는 세계)의 이치에 이르고 아래로는 大地의 이치에 이르며 중간으로는 人의 이치에 이르는 것을 포괄하고 있다. 따라서 군자가 거처함이 무사하고 편안하다는 것은 『周易』이 구체적으로 표현하는 바의 일정한 지위에 부합한다는 것이며, 좋아하여 연구하고 음미한다는 것은 卦爻로 배열되어 있는 정밀한 문장의 의미를 말하는 것이다. 이로 인하여 군자는 평상시 거처 소에서는 『周易』의 상징하는 바를 관찰하고 『周易』 문장의 의미를 연구하고 음미할 것이며 행동하는 바에 있어서는 『周易』의 변화를 관찰한 것을 실행할 뿐만 아니라 『周易』의 占筮를 연구하고 음미하는 것으로 한다면 곧 (≪大有≫上九爻에서 말한 바와 같이) '하늘로부터 내려와서 도와주니 길할 것이며 이롭지 않은 바가 없을 것이다.'

【해설解說】

이상은 제 2장이다.
본 장은 제 1장에서 乾·坤 대의를 총설한 것으로부터 방향을 바꾸어 『周易』에 대해 직접적으로 논술하였다.
全章은 上·下로 나누었다.
먼저 『周易』의 창작 시점으로 거슬러 올라가서 『周易』이 가지고 있는 상징적 특징까지 서술하였다. 그러한 후 '군자'는 '象을 관찰하여 문사를 읽으며 변화를 관찰하여 점사를 읽는다면 이치를 밝힐 수 있을 뿐만 아니라 흉함을 피하고 길함으로 나아갈 수 있다.'는 것을 설명하였다.
이로 인해 朱熹는 본장의 내용을 개괄하여 다음과 같이 말했다.

성인이 『易』을 제작하였으니 군자는 『易』을 공부하는 것을 일로 삼아야 할 것이다. 『本義』

제3장

象者, 言乎象者也; 爻者, 言乎變者也. 吉凶者, 言乎其失得也; 悔吝者, 言乎其小疵也; 无咎者, 善補過也. 是故列貴賤者存乎位, 齊小大者存乎卦, 辨吉凶者存乎辭, 憂悔吝者存乎介, 震无咎者存乎悔. 是故卦有小大, 辭有險易; 辭也者, 各指其所之.

【주석註釋】

象者, 言乎象者也 : '象'은 象辭 즉 '卦辭'를 말한다.

　이 두 구절은 '卦辭는 한 卦의 상징의미를 총체적으로 말한 것이다.'는 바를 설명한 것이다.

爻者, 言乎變者也 : '爻'는 '爻辭'를 가리킨다.

　이 두 구절은 '爻辭는 한개 爻의 변화를 나누어서 말한 것이다.'는 바를 설명한 것이다.

　　'爻'는 각 그 변화를 말한 것이다. 『韓注』

　　'爻' 아래에 있는 글을 말한 것이다. 『正義』

列貴賤者存乎位 : '存'은 '在'와 같은 뜻이다. (아래 문장의 '存' 역시 이와 같다.) '位'는 '爻位'를 가리킨다. 六爻의 위치 배열을 初에서부터 上으로 이르게 한 것이나 혹은 낮은 곳으로부터 높은 곳으로 이르게 한 것은 '賤한 것(가까운 것)이 있고 貴한 것이 있다.'는 바를 상징한 것이다.

　　六爻의 위치는 모두 위는 귀하고 아래는 천하다. 『正義』

'二'·'五'는 功이 있는 명예로운 위치(譽位)이고 '三'·'四'는 凶이 있는 두려움이 있는 위치(懼位)이니, 무릇 爻는 자신의 위치를 얻으면 貴해지고 자신의 위치를 잃으면 賤해 진다. 『集解·侯果』

齊大小者存乎卦 : '齊'는 '正'과 같은 뜻이다. 이곳에서는 '확정하다'는 의미이다. '小'는 陰을 주인으로 삼은 卦 즉 ≪否≫와 같은 것을 말한다. '大'는 陽을 주인으로 삼은 卦 즉 ≪泰≫와 같은 것을 말한다.

이는 卦體는 어떤 때는 주인이 陰에 있고 어떤 때는 주인이 陽에 있음으로써 '어떤 때는 小를 상징하고 어떤 때는 大를 상징한다.'는 바를 말한 것이다.

'齊'는 '正'과 같은 의미이다. 陽卦는 大하고 陰卦는 小하니, 卦의 배열은 小·大로 나누어진다. 『集解·侯果』

憂悔吝者存乎介 : '介'는 '纖介' 즉 '먼지처럼 미세하다.'는 의미이다.

이 구절은 근심하는 '悔'·'吝'의 象을 설명한 것으로 적게 상실하도록 예방해야 한다는 것, 즉 앞장에서 '悔吝者, 言乎所疵也.'라고 한 뜻을 계승한 것이다.

'介'는 '먼지처럼 미세하다.'는 의미이다. 王弼이 이르되 : '悔·吝을 근심할 때는 먼지처럼 미세한 만큼이라도 거만해서는 안 된다.'고 했다. 즉 '悔·吝은 작은 결점에서 발생한다.'는 의미이다. 『韓注』

震无咎者存乎悔 : '震'은 '懼(두려움)'와 같은 뜻으로, 즉 '흔들어 움직여 놀라게 하고 두려워하게 한다.'는 의미이다. '悔'는 '뉘우쳐 깨닫는다.'는 의미이다.

이 구절은 두려워서 떨고 있으나 '허물이 없는' 象은 일정한 시기에 이르러 '뉘우치고 깨닫는 곳에 있다.'는 것으로 위 문장 '无咎者, 善補過也.'를 계승한 것이다.

'震'은 '두렵다'는 의미이다. 두려우면 곧 후회하게 되고 후회하면 곧 허물(재난)이 없게 된다. 『尙氏學』

卦有小大, 辭有險易; 辭也者, 各指其所之 : '險'은 '흉악하고 음험하다.'는 의미이다.

'易'는 '길하여 잘 되어 나아간다.'는 의미이다. '之'는 '가다'는 의미로 이곳에서는 '가거나 피하는 방향'을 의미한다.

이 네 구절은 全章을 종합적으로 마무리 지으면서, 卦는 陰·陽으로 나뉘고 글은 吉·凶을 지니고 있으며 卦爻辭의 宗旨는 '吉로 향하고 凶을 피하는 노선을 분별하여 가리켜 주고 있다.'는 바를 설명한 것이다.

卦는 큰 것이 있고 작은 것도 있음으로써 그 長·消에 따라 나누어지고, 글(辭)에는 凶하고 吉한 것이 있음으로써 편안하고 위태로운 것으로 구별된다. 글은 각 그가 향하는 곳을 가리키니 凶하면 즉 피할 수 있는 방향을 가리켜 주고 吉하면 즉 갈 수 있는 곳을 가리켜 주니, 이는 사람들에게 보여주기 위한 것이다. 『折中·潘夢旂』

尙선생이 이르되 : 각각 그가 가는 곳을 가리키는 것에는 두 가지 뜻이 있다. 즉 첫째는 應爻 사이에 향해 가는 곳 즉 初의 四·二의 五·三의 上을 가리키는 것으로, 그 爻는 이곳에 있으나 그 글은 왕왕 應爻를 가리키며 應爻는 곧 가는 곳을 말한다. 둘째는 陰陽 異性의 比附(親近한 곳)·趣適(향해 가는 곳)을 가리키는 것으로, 무릇 爻가 친근한(가까운 이웃) 곳에 있으면 얻는 종류와 잃는 종류로 관계되는 바가 제일 크다. 즉 陽이 陽을 만나면 적이 되고 陰을 만나면 통하며 陰이 陰을 만나면 적이 되고 陽을 만나면 통하게 된다는 의미이다. 『尙氏學』

이 내용은 爻象 대의에 대해 발명한 것으로 지극히 유창하게 해설한 것이다.

【번역飜譯】

彖辭는 全卦의 상징을 종합적으로 해설한(總說) 것이며 爻辭는 각 爻의 변화를 나누어 해설한 것이다. '吉'·'凶'은 일을 처리함에 있어서 성공하거나(얻는 것이나) 그르친 것(상실한 것)을 설명한 것이며 '悔'·'吝'은 일을 처리함에 있어서 다소의 잘못을 저지르는 것을 설명한 것이며 '无咎'는 잘못을 보완하여 잘되게(선하게) 하는 것을 설명한 것이다. 따라서 尊貴·卑賤의 상징은 爻位에다 진열해 놓았고 柔小·剛大의 상징은 卦體에다 확정해 놓았고 吉·凶의 상징은 卦爻辭에다 분별해 놓았고 悔·吝의 상징은 미세하게 작은 결점을 예방하는 데에다 걱정해 놓았으며 无咎의 상징은 마음속으로 뉘우치고 깨닫는 것에다 두려워하며 떨게 해 놓았다. 이러한 까닭으로 卦體는 柔小함도 있고 剛大함도 있으며 卦爻辭는 흉악함도 있고 무사 편안함도 있으니, 卦爻辭는 응당히 나아갈 방향과 피해야 하는 방향을 분별하여 가리켜 주고 있는 것이다.

【해설解說】

이상은 제 3장이다.

본 장은 卦爻辭가 상징하는 범례를 논술한 것이다. 문장 가운데서는 '吉'·'凶'·'悔'·'吝'·'无咎' 등 몇 가지 종류의 가장 잘 볼 수 있는 占辭를 들고 나와서 卦體의 大·小와 爻位의 高·低를 결합하여 기본 내용을 명백히 분석하였다. 최후에는 卦爻辭의 종지로 '사람들은 흉함을 피하고 길함으로 향한다.'는 것을 보여주면서 全章으로 귀결시켰다. 이로 인하여 朱熹는 '본장은 卦爻辭의 통례를 해석한 것이다.『本義』'고 했다.

제 4 장

『易』與天地準, 故能彌綸天地之道. 仰以觀於天文, 俯以察於地理, 是故知幽明之故 ; 原始反終, 故知死生之說 ; 精氣爲物, 遊魂爲變, 是故知鬼神之情狀. 與天地相似, 故不違 ; 知周乎萬物而道濟天下, 故不過 ; 旁行而不流, 樂天知命, 故不憂 ; 安土敦乎仁, 故能愛. 範圍天地之化而不過, 曲成萬物而不遺, 通乎晝夜之道而知, 故神无方而『易』无體.

【주석註釋】

『易』與天地準 : '準'은 '같다(同·等)'·'본받다'·'준칙으로 삼아서 헤아리다.(準擬)'

・'비기다'・'견주다' 등의 의미를 가지고 있다.

이 구절은 『周易』의 창작은 '天・地와 서로 견주었다.' 즉 '天・地와 같이했다.'는 바를 설명한 것이다.

『易』은 天・地를 본 받아서 창작했다. 『韓注』

聖人이 『易』을 창작할 때 天・地와 서로 같게 (균등하게) 했음으로 '天・地에 견주었다.'고 했다. 즉 '乾健'은 '天을 본받았다.' 그리고 '坤順'은 '地를 본받았다.'는 것이 바로 이러함이다. 『正義』

彌綸天地之道 : '彌'는 '大'와 같은 뜻이다. '綸'은 '絡(둘러싸다・묶다・줄・그물)'과 같은 말이다. '彌綸'은 '두루 다스린다.'・'전체를 다스린다.'는 의미이다.

이 구절은 위 문장을 이어서 『易』이 天・地와 같게 한 까닭에 '天・地의 이치 전부를 포함할 수 있다.'는 바를 설명한 것이다.

'彌'는 '大(크다・많다)'의 의미이고 '綸'은 '絡(묶다)'의 의미이다. 『易』이 천하에 있는 '만물을 전부 싸서 묶었다.'는 것은 곧 天・地 사이에 있는 것을 '모두 구비하고 있다.'는 의미이다. 『集解・虞翻』

仰以觀於天文, 俯以察於地理, 是故知幽明之故 : '天文'은 '天象'을 가리키는 것으로 즉 '日'・'月'・'星晨'과 같은 것을 말하며 '地理'는 '地形'을 가리키는 것으로 '山'・'川'・'原野'와 같은 것을 말하며, '幽・明'은 '無形과 有形'을 가리키는 것이다.

'幽・明'은 '有形・無形의 象'을 말한 것이며 구절 말미의 '故'字는 '事(事理)'를 의미한다. 『韓注』

이 세 구절은 『周易』의 법칙은 天文을 관찰하고 地理를 살펴서 만들었기 때문에 '형체가 있는 것이든 형체가 없는 것이든 모두 사리를 가지고 있음을 알 수 있다.'는 바를 설명한 것이다.

天이 象을 매달고 있는 것을 문장(글)으로 만들었음으로 '文'이라고 불렀고 地는 山川과 原隰(높고 건조한 땅과 낮고 습한 땅)을 가지고 있으며 각각의 맥락을 가지고 있음으로 '理'라고 불렀다. … '故'는 '事'이다. 따라서 『易』이치는 쳐다보고 관찰하고 내려다보고 살핀 것을 사용하였기 때문에 형체가 없는 幽한 것과 형체가 있는 明한 것의 의리와 사정을 알 수 있는 바이다. 『正義』

原始反終, 故知死生之說 : '原'은 '근원을 캐어 들어가면서 연구한다.'는 의미이고 '反'은 '원인을 자신에게서 찾아 반성한다.'는 의미이다.
　　이 두 구절은 『易』을 이용하여 '始原을 캐어 들어가면서 연구하여 최후를 모색한다면 사물의 죽고 사는 규율을 알 수 있다.'는 바를 설명한 것이다.

　　『易』理는 사물의 始原을 원천적으로 연구하였고 사물의 終末을 반복시켰으며 始終 吉·凶을 사용하였음으로 빠짐없이 모두가 망라되어 있다. 이러한 까닭으로 死·生의 이치를 알 수 있는 바이다. 『正義』

精氣爲物, 遊魂爲變, 是故知鬼神之情狀 : '精氣'는 '陰·陽이 엉기어 모여 있는 氣'로서 고대인들은 '생명이 얻어짐으로써 존재하는 인소'라고 생각하였으니, 즉 다음 문장의 '神'을 말한 것이다 '遊魂'은 魂氣가 흩어져 발생하는 變異 즉 다음 문장의 '鬼'를 말한 것이다.
　　이 세 구절은 『易』理를 사용하여 '精氣' 즉 엉기어 모이어 物이 되는 것과 '遊魂' 즉 흩어지고 떨어져서 다르게 변화하는 것을 고찰한다면 '鬼神의 情況을 알 수 있다.'는 바를 설명한 것이다.

　　'精氣가 物이 된다.'는 것은 陰陽精靈의 氣를 말하는 것으로 '天·地의 氣가 서로 합하여 어려 쌓여서 만물이 된다.'는 의미이다. '遊魂은 변화하는 자이다.'라는 것은 物이 모여 쌓여서 극에 달하면 곧 분산될 것이니 분산되는 시점에서는 떠다니는 精魂이 되어 物形으로부터 떠나 改變된다는 것, 즉 '生이 변하여 死가 되고 이루어진 것이 변화하여 무너지게 되고 혹은 죽는 순간에 변하여 異類가 된다.'는 의미이다. 『正義』

　　'神'의 개념은 陰陽精氣가 모이는 것, 즉 생명존재의 본질인소로 이해하면 될 것이며 '鬼'의 개념은 精魂이 흩어져 변하는 것, 즉 생명이 소실되는 것을 상징하는 것으로 이해하면 될 것이다.

與天地相似, 故不違 : '不違'는 '天·地의 자연규율을 위배하지 않는다.'는 의미이다. 이하는 진일보 적으로 『易』理의 수많은 장점을 깨달아서 아는 바를 진술하였다.

　　이 두 구절은 『易』을 통달한 자는 '天·地'와 덕이 짝하기 때문에 행동하는 바에 자연규율을 위반하지 않으니, 즉 文意가 다시 문장 첫머리의 '與天地準'으로 되돌아 갔다.

　　德이 天·地와 합일하기 때문에 '서로 비슷하다.(相似)'고 했다. 『韓注』

知周乎萬物而道濟天下, 故不過 : '過'는 '한 쪽으로 기울다.(偏差)'는 의미이다.

　　이는 『易』에 통달한 자는 지식이 넓어 '천하를 구제할 수 있다.'는 바를 설명한 것이다.

　　하는 것이 모두 옳으니 허물이 없고 物로 하여금 분수를 잃지 않게 한다. 『正義』

　　지혜가 만물에 두루 미치니 道를 사용하여 천하를 구제할 것이다. 『韓注』

旁行而不流 : '旁'은 『說文』에서 '溥(광대하다·넓다)'라고 했다. 즉 '널리 두루 미친다.'는 의미이다. '流'는 『正義』에서 '넘쳐흐르다'는 의미라고 했다.

　　이 구절은 『易』을 아는 자가 권력을 사용한 것이 이미 넓게 두루 미쳤을 뿐만 아니라 또한 넘쳐서 흐르지 않고 '그 적당한 곳으로 간다.'는 말로서 뜻은 위 문장 '道濟天下'를 계승한 것이다.

　　'旁行'은 '권력을 행사할 줄 안다.'는 의미이며 '不流'는 바른 도를 지키는 '仁'을 뜻한다. 『本義』

　　'旁行'은 '권력을 행사한다.'는 의미이며 '不流'는 '평소의 도리를 잃지 않는다.'는 의미이다. 『來之德』

安土敦乎仁, 故能愛 : '安土'는 '그 환경에 편안히 거처한다.'는 것을 의미한다.

이는 『易』에 밝은 자는 '安土'・'敦仁'의 덕을 지니고 있음으로써 천하를 '광대하고 넓게 사랑할 수 있다.'는 바를 설명한 것이다.

주어진 환경에서 편안히 처하는 자는 의지하는 곳마다 편안히 처할 수 있으며, 仁를 돈후히 실천하는 자는 天・地가 생물을 살아나게 하는 마음을 잃어버리지 않는다. 주어진 환경에서 편안히 처하여 '仁을 돈후히 실천한다.'는 것은 곧 적응하지 않으면 '仁을 실천할 수 없다.'는 것이니, 따라서 '사랑할 수 있다.'는 의미이다. 『折中・朱子語類』

範圍天地之化而不過, 曲成萬物而不遺 : '範圍'에 대해 『集解・九家易』에서는 다음과 같이 말했다.

'範'은 '法(본받음・준칙・모범)'을 의미하고 '圍'는 '周(둘레・두루・골고루)'를 의미한다. '化'는 '化育(天・地 자연이 만물을 만들어 자라게 한다.)의 의미이고 '過'는 '偏失(한쪽을 상실하다.)'을 의미하며 '曲'은 '曲盡細密(지극히 섬세하고 치밀하다.)'을 의미한다. 『集解・九家易』

이 두 구절 또한 '天地'・'萬物'의 시각으로부터 '『易』도가 광대하다.'는 것을 거듭 되풀이 하면서 '範圍・曲成(사물의 변동에 따라서 꼼꼼히 만든다.)'의 업적을 충분히 보여주고 있다.

'範圍'는 '天・地를 범위(본보기)'로 헤아리고(견주고) '天・地의 이치를 두루 치밀하게 갖추고 있다.'는 의미이다. 『韓注』

天・地를 법칙으로 삼아 天・地의 변화를 시행하면 '天・地를 위반하는 과실은 저지르지 않는다.'는 의미이다. 또한 이르되 : 성인은 변화하는 데로 호응하며 이리저리 굽히면서 세밀하게 만물을 완성하니, 즉 미세한 것을 놓침으로써 완성되지 않게 하는 바가 없다. 『正義』

通乎晝夜之道而知 : '晝・夜'는 '陰・陽'과 같은 말이다.

이 구절은 앞의 두 구절을 계승하여 '『易』도의 광대함은 陰·陽의 이치를 충분히 회통시킴으로써 깨닫지(알지) 못하는 바가 없다.'는 것, 즉 위문장 '知幽明'의 의미를 밝힌 것이다.

幽·明(어둡고 밝음·저승과 이승·무형과 유형·陰과 陽·암컷과 수컷 등)을 통하게 하는 까닭에 알지(깨닫지) 못하는 것이 없다. 『韓注』

故神无方而『易』无體 : 이는 앞 세 구절을 종합하여 결론짓는 것이자 全章의 요지이다. 즉 '神의 오묘함은 한 방향으로 빠져 들지 않으며 『易』의 변화는 한 몸체에 고정되어 있지 않는 것에 견준다.'는 것, 즉 '陰·陽은 헤아릴(측량할) 수 없다.'는 변증철학의 이치를 밝혀주고 있다.

'否·泰(막히다·통하다)'와 '盈·虛(꽉 차다·텅 비다)'는 神이며 變而周流者(변화하며 두루 흘러 다니는 것)는 『易』이다. 즉 '神이 만물을 격려함에는 일정한 방향을 두지 않으며 『易』이 변화에 호응함에는 고정된 몸체에 두지 않는다.'는 의미이다. 『集解·干寶』

陰·陽으로부터 이를 말해 본다면, 이를 神이라고 하는 까닭은 神이 만물을 격려함에는 일정한 방향을 두지 않기 때문이다. 乾·坤으로부터 이를 말해 본다면, 이를 『易』이라고 하는 까닭은 『易』이 변화에 호응함에는 일정한 몸체를 두지 않기 때문이다. 『纂疏』

【**번역**飜譯】

『周易』의 창작은 天·地와 서로 견주면서 헤아린 까닭에 天·地 사이의 이치를 두루두루 포함할 수 있었다. (『周易』의 법칙을 사용해 본다면) 天上에 매달려 있는 日·月·星辰의 아름다운 장식품을 우러러 관찰하고 대지 면에 붙어 있는 山·川·原野의 이치를 내려다 살펴봄으로써 고요하고 심원하게 의지해 있는 무형과 밝게 드러나 있는 유형의 事理를 알아서 깨달을 수 있으며(훤히 알며), 사물의 처음이 시작하는 곳 즉 근원으로 거슬러 올라가고 사물의 마지막에서 반성을 모색함으로써

死・生의 규율을 알아서 깨달을 수 있으며, 精氣가 모여 응결하여 物形이 되는 것과 氣魂이 흩어져서 변화를 조성하는 것을 고찰하여 귀신의 실제 상태를 깨달아 알 수 있다. (『周易』의 의리를 명백하게 이해한다면) 天・地의 이치와 서로 비슷한 까닭에 행위가 天・地 자연의 규율에 위배되지 않으며, 지식이 만물에 면밀하게 두루 미쳐 도덕이 천하를 바르게 선으로 인도하는 까닭에 동작에 불공평한 차질이 있을 수 없으니, 권력이 광범하게 시행된다고 할지라도 흘러넘치지 않는 것은 그 자연 그대로의 상태를 즐기고 그 운명을 깨달아 알고 있어 근심하는 바가 없기 때문이며, 그 주어진 환경에서 무사 안녕하게 처하고 돈후함을 사용하여 인의를 시행하는 것은 천하를 넓게 사랑하기 때문이다. (『易』道의 광대함에서 볼 수 있다.) 두루 갖춘 天・地의 화육(만물을 만들어 자라게 한다.)을 본받는다면 치우치거나 잃어버리는 것을 없게 할 수 있고 지극히 섬세하고 치밀하게 만물을 도와서 이루게 하는데 몸과 마음을 다한다면 그들로 하여금 누락되지 않게 할 수 있고 晝・夜・幽・明의 이치를 이해하여 막히는 것을 없게 한다면 알지 못하는 것이 없을 것이니, 그러한 까닭은 사물이 神奇하고 靈妙함의 深奧하고 微妙함은 한 방향으로 빠져들지 않는 즉 『周易』의 변화는 한 몸체에만 머무르지 않기 때문이다.

【해설解說】

이상은 제 4장이다.
본 문의 내용은 3단계로 나눌 수 있다.

① 『周易』 법칙의 광범위한 운용에 대한 것을 명확하게 설명했다.
② 『易』 이치의 유익한 곳을 환하게 이해 할 수 있도록 충분히 밝혀 주었다.
③ 『易』 道의 광대함 즉 天地・萬物・陰陽의 이치에 충분히 관통할 것을 강조했다.

본 장 전체는 '『易』與天地準'에서 시작하여 '神无方而『易』无體'로 끝을 맺었다. 朱熹는 본장에 대해 '『易』道의 광대함을 말하면서 성인도 그를 사용함이 이와 같았다.(言『易』之大, 聖人用之如此.)『本義』'고 했다.

제 5 장

一陰一陽之謂道. 繼之者善也, 成之者性也. 仁者見之謂之仁, 知者見之謂之知, 百姓日用而不知, 故君子之道鮮矣. 顯諸仁, 藏諸用, 鼓萬物而不與聖人同憂. 盛德大業至矣哉. 富有之謂大業, 日新之謂盛德. 生生之謂易, 成象之謂乾, 效法之謂坤, 極數知來之謂占, 通變之謂事, 陰陽不測之謂神.

【주석註釋】

一陰一陽之謂道 : 이는 陰·陽의 變更(바뀌면서 고쳐 나아간다.)을 사용하여 道개념을 설명한 것, 즉 사물의 모순대립과 相互轉化의 자연규율을 가리킨 것이다.

陰·陽이 교대로 바뀌면서 운행되는 것이 氣이며 그 이치를 道라고 한다. 『本義』

繼之者善也, 成之者性也 : '繼'는 '전하여 계승한다.'는 의미로 '乾'이 이 道를 발휘하여 만물을 개창한 바를 가리킨 것이다. '成'은 '아름답게(무성하게) 완성한다.'는 의미로 '坤'이 이 道에 순종하여 받들고 만물을 낳아 양육하는 바를 가리킨 것이다.
이 두 구절은 앞 구절의 요지를 두 개의 시각으로 밝혀서 서술한 것, 즉 '陰'·'陽'은 '道라는 한 범주 가운데서 독립작용을 한다.'는 것을 밝혀놓은 곳이다.

'道'는 陰에서 갖추어지고(물체가 이루어지고) 陽에서 운행된다. '繼'는 '일으키다'·'발휘하다'는 의미이다. '善'은 '化育의 공적'을 의미하며 이는 '陽의 일'이다. '成'은 '갖추다'는 의미이다. '性'은 '물체가 받은 것,' 즉 '물체가 생겨난다.'는 것은 곧 '性을 가지고 있다.'는 것이니 이로써 각각 '갖추고 있는 것'은 '道이며 陰의 일'이다. 『本義』

故君子之道鮮矣 : '鮮'은 '적다'는 의미로 문장 가운데서 '아는 자 심히 적다.(知者甚

少)'는 의미이다.

　　이 구절은 앞 세 구절을 이어서 발전시킨 것이다. 즉 '道'의 함의를 설명하면서 仁者는 仁에 치우쳐 생각하여 드러내고 知者는 智에 치우쳐 생각하여 드러내니 백성들은 일상생활에 응용해 사용은 할지라도 오히려 알지도 못하고 깨닫지도 못함으로써 '君子의 道를 아는 자 몇 되지 않는다.'고 했다.

顯諸仁, 藏諸用 : 이 두 구절은 '道는 仁德에 의지해 숨김없이 드러내나 날마다의 '생활 사이에서는 잠복해 있다.'는 것, 즉 위 문장 '見仁'·'日用而不知'의 의미를 설명한 것이다.

　　道가 體일 때 仁의 공적을 숨김없이 드러낸다. 옷이 만물에 입히는 것이 '顯諸仁'이며 잠복해 있는 공적과 물체로 하여금 알지 못하게 하는 것이 '藏諸用'이다. 『正義』

鼓萬物而不與聖人同憂 : '不與聖人同憂'는 '성인이 하고 있는 걱정과는 같지 않다.'는 의미이다.

　　이 구절은 天·地의 道가 만물을 化育시키는(만물을 만들어 자라게 하는) 것과 聖人이 道를 바탕으로 사용하는 것과 구별한 바를 밝힌 것으로, 전자에 해당하는 것은 自然无爲이고 후자는 有爲로서 우환을 면하지 못하는 것이니 따라서 '不同'이라고 했다.

　　道의 공적은 만물을 격려하여 움직이게 하여 만물로 하여금 화육하게 하는 것이니 따라서 '鼓萬物'이라고 했으며, 성인은 사물을 교화시킬 수 있을지언정 순수하게 '无'를 體로 삼을 수는 없으니 이는 경영의 걱정거리를 가지고 있다는 것과 같은 의미이다. 道는 곧 虛无를 用으로 삼는 无事无爲한 자로서 성인과 같은 경영의 걱정거리는 가지고 있지 않다. 『正義』

盛德大業至矣哉 : '至'는 '지극하다'는 의미이다.

　　이 구절의 주어는 '聖人'이며 앞 문장을 이어서 성찰한 것이다. 그 의미가 가리키는 바는 '성인'은 '道'를 '體(몸체·바탕)'로 삼음으로써 비록 욕심을 내거나 근심거리가 있다고는 할지라도 노력만 한다면 위 뜻을 받들어 행할 수 있음으로 '그 덕업은 반드시 지극히 성대하게 될 것이다.'는 의미이다.

> 聖人은 공적의 어머니로서 體를 道와 동일하게 하니 만물은 이로 말미암아 통하며 수많은 일들이 이를 이치로 삼는다. 따라서 성인은 지극히 성대한 덕이며 광대한 업적의 지극함이어라! 행함에 의지하는 것을 '德'이라고 하고 일에 의지하는 것을 '業'이라고 한다. 『正義』

富有之謂大業, 日新之謂盛德 : 이는 '大業'과 '盛德'의 의미를 해석한 것으로, '聖人'의 '業'은 만물이 충심으로 따라 붙는 바를 광범하게 얻는 곳에 있으며 그 '德'은 '날마다 새롭게 증진되고 부단하게 善으로 고쳐 나아가는데 있다.'는 바를 설명한 것이다.

> '물체'는 갖추지 않는 것이 없으니 따라서 '富有'라고 했고 '變化'는 끊어지지 않으니 따라서 '日新'이라고 했다. 『集解·王凱冲』

生生之謂易 : '生生'은 '陰·陽이 바뀌면서(돌아가면서) 변화하여 서로 살아난다.'는 의미이다. '易'은 『周易』의 '變易'사상을 가리킨 것이다.
　이 구절 이하에서는 '道'에 대한 泛論(전체에 걸쳐 논한다.)을 결속시켰을 뿐만 아니라 『周易』에서 구체적으로 실현되고 있는 '陰陽變化之道'를 집중적으로 제시했다.

> 陰·陽은 서로 바뀌어 돌아 나아가면서 서로 살아난다. 『集解·荀爽』

> '生生'은 '끊어지지 않는다.'는 의미이다. 陰·陽이 바뀌어 변화해 나아가며 뒤에 살아나는 것은 앞에 살아난 것에 의지하여 다음에 이르니, 이렇게 만물이 변함없이 살아나는 것을 '易'이라고 한다. 앞·뒤에서 살아나는 변화는 바로 잡아 나아가면서 바뀌는 것이며 살아나는 것은 반드시 죽음에 이른다. 『易』은 착한 일은 하라고 권유하고 나쁜 일은 하지 못하도록 타이르는 것을 주로 하며 사람들에게는 善하도록 권장하니 따라서 '生'을 말하고 '死'는 말하지 않았다. 『正義』

成象之謂乾, 效法之謂坤 : '成象'은 '하늘을 상징하고 있는 형상 체'를 말한다. '效法'은 '대지의 규율을 본받는다.'는 의미이다.

이 두 구절은 ≪乾≫·≪坤≫두 卦의 卦畵가 제작된 것을 설명한 것으로, 두 卦의 卦畵는 '天地·陰陽을 상징한 것이다.'고 했다.

　　卦를 그려서 乾의 象을 제작할 때 乾의 강건함을 헤아린 까닭에 卦名을 ≪乾≫이라고 했다. 卦를 그릴 때 坤의 규율을 본받아 坤의 순종함을 헤아린 까닭에 卦名을 ≪坤≫이라고 했다. 『正義』

極數知來之謂占, 通變之謂事 : '數'는 『易』筮 가운데 '蓍策의 數'를 가리킨 것이다.
　　이 두 구절은 『周易』의 占筮가 구체적으로 나타내는 변화의 상징을 설명한 것이다.

　　蓍策의 數를 극진히 헤아려 장래의 일을 미리 알기 위해 占으로 吉·凶을 물어보니, 따라서 '占'이라고 했다. 또한 이르되 : '사물이 궁극에 이르러 장차 개통하고자 할 때는 반드시 그 변화를 알아야 통하게 할 수 있다. 무릇 천하의 일은 끝에 이르면 반드시 변화함으로써 만사가 다시 살아나니, 따라서 변화에 통하는 것을 事라고 한다.'고 했다. 『正義』

陰陽不測之謂神 : 이는 위 전체내용을 총결하는 문장으로 '陰·陽변화의 신묘함은 측정할 수 없다.'는, 즉 앞장의 '神无方而『易』无體' 의미를 설명한 것이다.

　　'神'의 의미는 '변화가 지극하여 만물을 신묘하게 변화시킨다.'는 것, 즉 형체가 다스려지지 않음으로써 '陰陽不測'이라고 했다. 『韓注』

　　천하 만물은 모두 陰·陽으로 말미암아 태어나고 성장하니, 근본적으로 그 말미암는 이치를 측량할 수 없어 '神'이라고 불렀다. 『正義』

【번역翻譯】

　　一陰·一陽을 긍정 또는 부정을 하면서 동시에 이를 부정 또는 긍정할 수 없는 원리로 변화하는 것을 '道'라고 부른다. 이 道를 전하여 계승하는 것(크게 빛나도록 발양하여 만물을 개창하도록 하는 것)은 곧 '善'이며 이 道를 아름답고 무성하게 이루도록 하는 것(부드럽게 순종하며 바른 道를 견고하게 지켜 나아가면서 만물을 잉태하고 양육시키는 것)은 곧 '性'이다. 仁者가 道를 드러내는 것은 仁을 축적시켜 놓은 것으로서 仁하다고 하며 智者가 道를 드러내는 것은 智를 축적시켜 놓은 것으로서 智하다고 하며 백성들은 일상생활 상에서 이 道를 응용할 지라도 오히려 넓고 멀기만 하여 아득할 뿐 잘 알지 못하는 까닭에 군자가 말하는 道의 전체 의미는 매우 소수사람들 만이 알고 있을 뿐이다. (天·地의 道는) 仁德에 의지하여 분명하게 드러나며 일상생활 상에서는 잠재해 있음으로써 (쉽게 관찰하거나 깨닫지 못하며) (自然 无爲하는 가운데에서) 만물을 격려하여 생겨나게 하고 양육시켜 나아가니 (道를 바탕으로 하는) 성인과는 오히려 걱정하고 있는 마음이 같지 않는 바이다. (그러나 성인은 도를 본받기 위해 노력하는 자이기 때문에 그의) 성대하고 아름다운 덕행과 넓고 큰 공업 역시 헤아려 본다면 견줄 데가 없을 정도로 지극할 뿐이다. 광범하게 만물을 소유하고 있는 것을 넓고 큰 공업이라고 부르며 날마다 새롭게 증진하며 부단하게 善으로 고쳐 나아가는 것을 무성하고 아름다운 덕행이라고 부른다. 陰·陽이 변화하고 살아나고 성장하는 것이 끊어지지 않는 것을 變易이라고 부르며 卦를 그릴 때 하늘을 상징하는 것으로 제작한 것을 乾이라고 부르며 卦를 그릴 때 대지의 규율을 본받아 제작한 것을 坤이라고 부르며 蓍策의 數를 극진히 헤아리면 미래를 먼저 알 수 있음으로 占筮라고 부르며 통하면서 변화하는 것을 (천하의) 事態라고 부르며 陰·陽이 모순적으로 변화함으로써 측정이 불가한 것을 (미묘한) 神이라고 부른다.

【해설解說】

이상은 제 5장이다.

본 장은 '一陰一陽之謂道'를 중심으로 논술하였다. 전반부는 '道'의 함의에 대해 광범하게 논술했고 후반부는 『周易』 가운데서 '陰陽變化'의 이치가 구체적으로 나타나는 것을 분석했다. 全章은 '陰陽不測'으로 결론을 맺었다.

제 6 장

夫『易』廣矣大矣! 以言乎遠則不禦, 以言乎邇則靜而正, 以言乎天地之間
則備矣. 夫乾, 其靜也專, 其動也直, 是以大生焉; 夫坤, 其靜也翕, 其動也闢,
是以廣生焉. 廣大配天地, 變通配四時, 陰陽之義配日月, 易簡之善配至德.

【주석註釋】

以言乎遠則不禦 : '禦'는 '멈추다'·'끝나다'와 같은 의미이다.

이 구절은 『易』도는 광대함으로써 그를 '멀리 헤아려 볼지라도 다함이 없다.'는 바를 설명한 것이다.

'禦'는 '정지(止)'를 의미한다. 『易』의 변화로 말해 본다면, 지극히 조용하고 심오함이 멀리 펼쳐지는 즉 끝이 없음으로써 멈추어 쉬는 바가 없다. 『正義』

以言乎邇則靜而正 : '邇'는 '가깝다'는 의미이다.

이 구절은 『易』도를 가까운 곳에 비교해 본다면, 즉 '편안하고 조용하며 단정하고 사악함과 편협함을 드러내지 않는다.'는 바로 설명한 것이다.

『易』의 변화는 '가까운 곳에 있다.'는 것, 즉 편안하고 조용하며 단정하고 번잡하지 않고 혼란스럽지 않고 사악하지 않고 편협하지 않다. 『正義』

夫乾, 其靜也專, 其動也直, 是以大生焉 : 이는 陽을 상징하는 '乾'은 오로지 '조용하고 바르게 운행하며 剛大한 성질을 구비하고 있다.'는 바를 설명한 것이다.

'乾'은 조용하나 권세를 부리지 않으니, 즉 맑고 조용함을 한 결 같이 하여 만물을 품어서 양육하며 운행하나 권세를 부리지 않는다. 즉 바른 도로 운행하여 만물을 인도해 나아간다. 한 결 같이 바르고 조용한 운행을 때에 맞추어 하여 사물을 병들지 않게 함으로써 광대하고 무성하게 살아 나아가고 있다.(大生) 『集解·宋衷』

夫坤, 其靜也翕, 其動也闢, 是以廣生焉 : '翕'은 '닫다'는 의미이다. '闢'은 '열다'는 의미이다.

이는 陰을 상징하는 '坤'은 '쉬고 있을 때는 닫히고 움직일 때는 열리며 관대하고 부드러운 성질을 구비하고 있다.'는 바를 설명한 것이다.

'翕'은 '닫다(閉)'는 의미이니, 즉 '坤은 정지하여(조용하여) 권세를 부리지 않으며 닫고 숨어서 은밀하게 엎드려 있으면서 만물에 감통하여 양육시켜 나아간다.'는 의미이다. '운행하나 권세를 부리지 않는다.'는 것은 곧 '숨어있는 벌레들에게 길을 열어주어 머무를 곳으로 조심스럽게 인도한다.'는 의미이다. 한번 닫히고 한번 열리며 운행하고 정지하는 것에 시기를 잃지 않음으로써 사물은 재해를 입지 않으니, 따라서 '광대하고 무성하게 살아 나아간다.'고 했다. 『集解·宋衷』

易簡之善配至德 : 이상 네 구절 '乾大坤廣·變化交通·陽剛陰柔·平易簡約'은 '天地·四時·日月·至善과 서로 배합한다.'는 바를 설명한 것이다. 『易』의 이치를 극찬한 것이 마침 본장 머리의 '『易』廣矣大矣.'라고 찬탄한 것과 서로 호응한다.

【번역飜譯】

『周易』이 상징 하는 바가 그 얼마나 광대한 것인가! 『周易』은 멀리 있는 것까지 비교하면서 헤아린 것인 즉 그 변화가 깊고 요원함이 끝이 없으며 『周易』은 가까이 있는 것까지 비교하면서 헤아린 것인 즉 편안하고 조용하며 단정하여 사악하고 편협한 것을 드러내지 않으며 『周易』은 天과 大地 사이에 있는 것을 비교하면서 헤아린 것인 즉 온갖(만 가지) 이치를 완벽하고 충실하게 갖추어 놓았다. 陽을 상징하는 乾이 편안하고 조용한 때에 당면해서는 한 결 같이 품속에서 배양시키며 일어나 운행을 할 때에 당면해서 바르게 나아갈 뿐 흔들림이 없는 것은 剛大함을 솟아나게 하는 氣魄을 가지고 있기 때문이며, 陰을 상징하는 坤이 편안하고 조용한 때에 당면해서는 닫고 숨어서 은밀하게 엎드려 있으며 일어나 운행 할 때에 당면해서 열어서 펼쳐놓는 것은 관대하고 부드러움을 솟아나게 하는 기질을 가지고 있기 때문이다. (『周易』의 의리 가운데) 관대하고 부드러우며 강건하고 크나 큰(寬柔剛大) 것의 상징은 天·地의 형상에 배합할 수 있게 해 놓았으며 변화교통 하는 것의 상징은 사계절의 규율에 배합할 수 있게 해 놓았으며 陽剛·陰柔의 상징은 태양과 달의 상태에 배합할 수 있게 해 놓았으며 平易하고 간략한 훌륭한 원리는 지고한 도덕에 배합할 수 있게 해 놓았다.

【해설解說】

이상은 제 6장이다.

본 장은 '『易』道의 광대함으로부터 시작하여 至德에 짝할 만하다.'는 것으로 마무리를 지었다. 그 내용은 乾·坤이 상징하는 陰·陽성질을 논리적으로 분석한 것으로 제 1장 '乾坤定位'·'易知簡能'의 의미와 서로 연결해 놓았다.

제 7 장

子曰:『易』其至矣乎! 夫『易』, 聖人所以崇德而廣業也. 知崇禮卑, 崇效天, 卑法地. 天地設位, 而『易』行乎其中矣. 成性存存, 道義之門.

【주석註釋】

知崇禮卑 : '知'는 '지혜'를 의미한다. '禮'는 '예절'을 의미한다.

이는 인류의 지혜와 예절 즉 '지혜는 높은 것을 숭상함을 귀히 여기고 예절은 낮은 것을 공경함을 귀히 여긴다.'는 바를 설명한 것이다.

天地設位, 而『易』行乎其中矣 : 이 두 구절은 위 문장 '知崇禮卑'를 이어서 출발한 것으로, 天·地는 이미 尊卑의 위치를 진열해 놓았고 『周易』은 마침 陰·陽의 이치를 말했는데, 陰·陽의 변화가 통행할 때는 '天·地 가운데를 떠나지 않는다.'는 바를 설명한 것이다.

天은 맑고 地는 탁하며 知는 陽하고 禮는 陰하며, 天·地가 위치를 진열해 놓았으니 知·禮의 이치는 그 가운데서 통행하고 있을 뿐이다. 『來氏易注』

成性存存, 道義之門 : '存存'은 '존재하고 또 존재한다.'는 의미 즉 '끊임없이 은덕을 베풀어 기르고 함양하며 쌓아서 모은다.'는 의미이다.
　이 두 구절은 『易』理를 사용하여 修身하면 '본래 이루고 있는(成) 그 性은 존재하고 또 존재 한다.'는 것, 즉 '道義로 통할 수 있다.'는 바를 설명한 것이다.

'成性'은 '본래 이루고 있는 性'을 의미하며 '存存'은 '존재하고 또 존재하면서 끊이지 않는다.'는 의미이다. 『本義』

【번역飜譯】

공자가 이르되 :『周易』의 이치는 응당히 지극히 선량하고 지극히 아름답도다! 『周易』은 성인이 그 도덕을 증진하고 숭상하며 그 사업을 넓히고 크게 하기 위해 끌어다 사용한 것이다. 지혜의 귀함은 높은 것을 숭상함에 있고 예절의 귀함은 낮을 것을 공경함에 있으며 높을 것을 숭상하는 것은 天을 모방하고 본받는 것이고 낮은 것을 공경함은 地의 운행을 법으로 삼는 것이다. 天·地가 上下·尊卑의 위치를 창설해 놓자 『周易』의 이치가 天·地 사이에서 변화 통행하게 되었다. (『易』理를 사용하여 修身을 한다면) 아름답고 선량한 덕성을 성취하게 됨으로써 반복적으로 끊임없이 은덕을 베풀어 양육하는 바가 부단하게 축적됨으로 인하여 道義로 통하는 문을 찾게 될 것이다.

【해설解說】

이상은 제 7장이다.
　본 장은 공자의 말을 인용하여 『易』理와 修身의 관계를 설명한 것이다. 그 가운데 '知崇禮卑'는 智·能과 禮節 교육을 중시하는 사상을 반영한 것이며 '成性存存'은 후천적 수양의 중요성을 강조한 것이다.

「易傳」 가운데 '子曰'로 인용한 말이 무릇 31개 條가 있으니 즉 「繫辭傳」에 25개 條·「文言傳」에 6개 條가 있다. 따라서 이 재료들은 공자와 그 제자 그리고 그 후학들이 기록한 것으로 보는 것이 마땅할 것이다.

제 8 장

聖人有以見天下之賾, 而擬諸其形容, 象其物宜, 是故謂之象. 聖人有以見天下之動, 而觀其會通, 以行其典禮, 繫辭焉以斷其吉凶, 是故謂之爻. 言天下之至賾, 而不可惡也; 言天下之至動, 而不可亂也. 擬之而後言, 議之而後動, 擬議以成其變化. '鳴鶴在陰, 其子和之; 我有好爵, 吾與爾靡之.' 子曰: '君子居其室, 出其言善, 則千里之外應之, 況其邇者乎? 居其室, 出其言不善, 則千里之外違之, 況其邇者乎? 言出乎身, 加乎民; 行發乎邇, 見乎遠; 言行, 君子之樞機. 樞機之發, 榮辱之主也; 言行, 君子之所以動天地也, 可不慎乎?' '同人, 先號咷而後笑.' 子曰: '君子之道, 或出或處, 或黙或語. 二人同心, 其利斷金; 同心之言, 其臭如蘭.' '初六, 藉用白茅, 无咎.' 子曰: '苟錯諸地而可矣, 藉之用茅, 何咎之有? 慎之至也. 夫茅之爲物薄, 而用可重也. 慎斯術也以往, 其无所失矣.' '勞謙, 君子有終, 吉.' 子曰: '勞而不伐, 有功而不德, 厚之至也. 語以其功下人者也. 德言盛, 禮言恭; 謙也者, 致恭

以存其位者也.' '亢龍有悔.' 子曰: '貴而无位, 高而无民, 賢人在下位而无輔, 是以動而有悔也.' '不出戶庭, 无咎.' 子曰: '亂之所生也, 則言語以爲階. 君不密則失臣, 臣不密則失身, 幾事不密則害成. 是以君子愼密而不出也.'

子曰: '作『易』者其知盜乎?『易』曰 "負且乘, 致寇至." 負也者, 小人之事也; 乘也者, 君子之器也. 小人而乘君子之器, 盜思奪之矣; 上慢下暴, 盜思伐之矣. 慢藏誨盜, 冶容誨淫.『易』曰 "負且乘, 致寇至," 盜之招也.'

【주석註釋】

賾 : '賾'은 '그윽하고 심오하여 이해하기(알아보기) 힘이 든다.'는 의미이다. 이곳에서는 '사물의 심오한 이치'를 가리킨다.

구절 가운데서는『易』을 처음 지은 성인의 뜻은 '사물의 이치가 지니고 있는 감추어진 심오함을 드러내는 것이었다.'는 것과 이는 '항상 볼 수 있는 형상에서 취하여 비교하고 헤아리는 작업으로 이루어 진 것이다.'는 바를 설명하고 있다.

象其物宜 : '象'은 동사로서 '상징하다·본보기로 삼다.'는 의미이다. '宜'는 '맞추어 하기에 매우 적당하다.'는 의미이다.

이는 '성인'이 헤아려 취한 바의 상징형상은 반드시 '특정한 사물과 완전하게 합일하는 의미를 가지고 있다.'는 바를 설명한 것이다.

그 사물이 맞추어 하기에 매우 적당한 것을 본보기로 삼아 상징했다. 만약 陽物을 상징한다면 마땅히 剛健한 것이라야 하며 만약 陰物을 상징한다면 마땅히 柔順한 것이라야 하니, 이는 그 사물이 맞추어 하기에 '매우 적당한 것을 본보기로 삼아 각각 상징했다.'는 의미이다. 六十四卦 모두가 '형태(모양)를 헤아려서 그 사물에 맞추어 하기에 매우 적당한 것을 본보기로 삼았다.(擬諸其形容, 象其物宜.)'는 바를 상징했다.『正義』

是故謂之象 : '象'은 명사로서 '『易』象'을 의미한다.

而觀其會通, 以行其典禮, 繫辭焉以斷其吉凶 : '會通'은 '함께 어울리면서 변화해 나아간다.'는 의미이다. '典禮'는 '典法(법)·예의'를 의미한다.

　이 두 구절은 '성인'이 천하의 움직임 즉 사물이 '움직이는' 가운데서 일어나는 '함께 어울리면서 변화해 나아가는 규율'을 관찰하여 법과 예의를 시행하는데 이롭게 하였을 뿐만 아니라 그 규율을 사용하여 吉·凶을 판단하는 글을 지어 六十四卦 아래에다 엮어 놓고 일상생활의 본보기로 도움을 받고자 하였으니, 『周易』의 창작은 이렇게 이루어 졌음을 설명한 것이다.

　사물이 '변동을 한다.'는 것을 알고 움직이는 가운데서 함께 어울리면서 변화해 나아가는 규율을 관찰해 보면, 함께 어울리면서 변화해 나아갈 때에 '그들의 법칙과 예의를 시행해 나아가고 있다.'는 것을 깨달을 수 있다. 『正義』

　'함께 어울리면서 변화해 나아가는 규율(會通)'을 '大中之正의 이치'라고 하니, 즉 '한편으로 치우치지도 한쪽으로 구부려져 장애를 초래하지도 않는다.'는 의미이다. 성인이 일시적으로 움직이는 것이 아님을 발견하고 그 지극히 善한 이치를 관찰하여 일을 실행하는데 이용했다. 이치의 정밀함을 드러내는 즉 일을 실행함이 진실로 마땅하였다. 일을 처리하는 법을 글로 만들어 각 爻 아래에 달아놓고 筮로 하여금 이 爻를 만나게 하여 '이와 같이 일을 처리하면 吉하다.'고 하였고 '이와 같이 일을 처리하지 않으면 凶하다.'고 하였다. 『折中·吳澄』

言天下之至賾, 而不可惡也; 言天下之至動, 而不可亂也 : '惡(오)'는 '천하게 여겨 깔보거나 경멸하고 미워한다.'는 의미이다. 즉 '『易』象의 平易함을 절대로 깔보아서는 안 된다.'는 바를 가리킨 것이다. '亂'은 '뒤섞여 어수선하거나 어그러져 틀어졌다.'는 의미이다. 즉 '『易』理의 규율을 절대로 어겨서는 안 된다.'는 바를 가리킨 것이다. 문장 가운데 '言'字는 『周易』에서 '말하는 일'을 뜻한다. 두 곳의 '不可'는 『易』을 읽고 『易』을 이용하는 자는 이와 같이 해서는 '절대로 안 된다.'는 의미이다.

　六十四卦의 象은 천하의 지극히 심원한 이치를 명백히 드러낸 것이니, 따라서 名으로 좋은 호칭을 지어 사람들이 쉽게 깨달아 알 수 있게 하였기 때문에 그 그윽하고 심오하여 이해하기(알아보기) 힘든 이치를 싫어하지 않았다. 三百八十四爻의 辭(글)는 천하의 지극히 많은 일들을 모두 기록하여 순수하고 올바르게 처결하였기 때문에 사람들이 쉽게 따를 수 있었으니, 즉 그 움직임을 어지럽다고(문란하다고) 생각하지 않았다. 『折中 · 吳澄』

즉 吳澄은 '不可惡' · '不可亂'에 대해 '사람들이 그 그윽하고 심오하여 이해하기(알아보기) 힘든 이치(賾)를 싫어하지 않았으며 그 움직임을 어지럽다고 생각하지 않았다.'고 해석했다.

擬之而後言, 議之而後動, 擬議以成其變化: '擬'는 '비교하여 헤아린다.(比擬)'는 의미로 위 문장 '擬諸其形容'을 가리킨 것이다. '言'은 『易』理를 가리키는 말이다. '議'는 '사물의 情을 상세히 의논한다.'는 의미로 위 문장 '觀其會通'을 말한 것이다. '動'은 '변동규율'을 揭示(글로 써서 보여준다.)한 것이다.

이 세 구절은 위 문장을 종합적으로 마무리한(總結) 것으로 『周易』의 창작원칙은 먼저 물상을 비교하여 헤아려 본 연후에 그 의리를 말했으며 먼저 사물의 정을 상세하게 의논해 본 연후에 그 변동을 밝혔으니, 즉 '比擬' · '審議' 兩端을 합한 것이 『周易』을 형성한 특수한 '변화철학이 되었다.'는 바를 설명한 것이다.

'변동규율을 비교하여 헤아리고 상세하게 의논했다.'는 것은 곧 '변화의 도를 남김없이 자세하게 말했다.'는 의미이다. 『韓注』

위 문장은 『周易』의 창작은 이미 '觀物' · '取象'에 인하여 이루어졌으니 즉 『易』을 읽는 자는 응당히 '象을 따라 意를 밝혀야 한다.'는 것이다. 따라서 아래 문장을 7개로 나누어 爻辭와 공자의 해설을 열거하여 『易』을 읽는 범례를 만들었다.

鳴鶴在陰, 其子和之; 我有好爵, 吾與爾靡之: 이는 ≪中孚≫ 九二爻辭이다. 아래에서는 공자의 말을 인용하여 즉 '君子의 언행은 반드시 善에 근본을 두고 마음속에 있는 정성(誠)과 믿음(信)으로부터 나오는 것이라야 한다.'는 바를 사용하여 爻義를 해석했다.

言行, 君子之樞機: '樞'는 '문의 지도리' 즉 '문을 회전시키는 굴대'를 의미한다. '機'는 '틀' · '기계' 즉 '문틀(門橛)'을 의미한다. '樞機'의 合一의미는 문을 열고 닫는 '중요한 기계(機要)'이니, 즉 문장 가운데서는 '군자 언행의 중요성'에 비유한 것이다. 따라서 아래 문장 '機樞之發, 榮辱之主.'를 언급한 것이다.

'樞(지도리)'는 '쇠뇌의 시위를 거는 곳(弩牙)' 즉 고대의 '弩箭(여러 개의 화살이나 돌을 잇달아 쏠 수 있는 큰 활의 화살대 위에서 동력을 일으키는 기관)'을 말한다. '樞'를 움직이면 '밝아졌다 어두워졌다' 하고 弩牙를 움직이면 '적중했다 빗나갔다' 하는 것을 사용하여 '군자' 혹은 '榮譽와 욕됨'에 비유했다. 『禮記 · 曲禮正義 · 鄭玄』

본문의 중요한 부분인 '樞' · '機'는 군자가 중요시 하는 '言' · '行'에 비유한 것이다.

同人, 先號咷而後笑 : 이는 《同人》九五爻辭이다. 아래에서는 공자의 말을 인용하여, 즉 '군자'는 사물이 '같은 이치와 다른 이치를 가지고 있는 것을 심오하게 명찰할 수 있는 자'이니, 따라서 적당한 시기를 선택하여 사람들과 '同心할 수 있다.'는 것으로 爻의 의미를 밝혔다.

군자의 道는 설령 처음에 不同할지라도 나중에는 실로 서로 막힘없이 사이가 가까워지게 되는 것이다. '斷金(쇠붙이도 끊을 만큼 깊은 우정)' · '如蘭(난초 같이 청아한 우정)'은 '사물 사이에 틈(불화)이 있을 수 없다.'는 의미이다. 『本義』

初六, 藉用白茅, 无咎 : 이는 《大過》初六爻辭이다. 아래에서는 공자의 말을 인용하여, 즉 '用茅' 象의 해설을 통하여 '敬愼'의 의미와 연결시켜 爻義를 밝혔다.

勞謙, 君子有終, 吉 : 이는 《謙》九三爻辭이다. 아래에서는 공자의 말을 인용하여, 즉 '德言盛, 禮言恭.'을 사용하여 爻義를 밝혔다.

亢龍有悔 : 이는 《乾》上九爻辭이다. 아래에서는 공자의 말과 《乾 · 文言傳》을 중요하게 인용했다. 이 문장이 중요하게 돋보이는 까닭에 대해 『正義』에서는 특별히 '거대한 龍이 하늘의 가장 높은 곳에 처한 것을 사용하여 앞 문장 勞謙의 낮추는 겸손함과 서로 대조시켜 자존심이 강하고 교만하며 겸손하지 않는 것을 증명할 생각을 했다.'고 했다.

不出戶庭, 无咎 : 이는 《節》初九爻辭이다. 아래에서는 공자의 말을 인용하여, 즉 '愼密(신중하여 빈틈없다.)'의 의미를 사용하여 爻의 뜻을 밝혔다.

階 : '階'는 '사닥다리'를 뜻한다. 이곳에서는 '인도하다'는 의미로 사용했다.
幾事 : '幾'는 '사물의 처음'을 의미한다. '幾事'는 일을 처리하는 시작 즉 '처음'의 뜻으로, 아래 문장 '害成'과 서로 앞을 받아서 뒤로 이어지게 했다.

> '幾'는 '일의 시작'이고 '成'은 '일의 마무리'이다. 『來氏易注』

負且乘, 致寇至 : 이는 ≪解≫六三爻辭이다. 이곳에서는 공자의 말을 인용하여, 즉 '負'·'乘'의 의미 분석을 통하여 '上慢'·'下暴'의 시각으로부터 爻義를 발휘시켰다.
上慢下暴, 盜思伐之矣 : '上'은 '윗자리에 처하는 尊者'로서 '君上'·'君王'과 같은 의미이다. '慢'은 '업신여기다'는 의미로 이곳에서는 '賢能한 인재를 選任하지 않음으로써 '下暴·盜思伐을 초래하게 되었다.'는 바를 가리킨 것이다.

> 소인이 군자의 자리에 처하면 단지 도적과 같이 물건을 빼앗을 뿐만 아니라 도리어 도적의 침벌을 받게 될 것이다. 대개 윗자리에 처한 자가 현능한 인재를 선임하지 않으면 결국 소인으로 하여금 기회를 틈타 득세하게 하고 고위직에 이르게 할 것이니, 소인이 그렇게 되어서는 절대로 안 될 것이다. 『折中·胡瑗』

【번역飜譯】

　聖人이 천하(이 세상)에 존재하고 있는 그윽하고 심오하여 발현되기 어려운 이치를 드러내어 이해할 수 있게 해 주었으니, 즉 그것을 비유하고 헤아려서 구체적인 형상과 용모를 완성시켰을 뿐만 아니라 특정한 사물에 적합한 의미를 상징하는데 이용하였음으로 '象'이라고 불렀다. 성인은 천하의 만물이 끊임없이 움직이는 것을 드러내었으니, 즉 그 가운데서 함께 어울리면서 변동해 나아가는 규율을 관찰하여 법률과 예의를 시행하는데 이롭게 하였을 뿐만 아니라 (六十四卦 三百八十四爻 아래에다) 글을 지어 달아놓고 사물이 변동하는 과정에서 일어나는 吉·凶을 판단하게 하였음으로 '爻'라고 불렀다. (『周易』은) 천하에 존재하고 있는 지극히 그윽하고 심오하여 드러나기 힘든 이치를 말해 놓았으나 싫어하지 않게 해 놓았으며 (그 象을 취한 것이 平易하다.) (『周易』은) 천하에 존재하고 있는 지극히 분란하고 복잡하게 변동하는 이치를 말해 놓았으나 뒤섞이거나 어그러져 틀리지 않게 해 놓았다. (그 안에는 규율을 함유하고 있다.) (『易』을 지은 작자는) 먼저 물상에 비유하여 헤아린 연후에 이치를 말하였으며 먼저 사물의 情을 상세하게 의논한 연후에 변동하는 규율을 알려 주었으며 비유하고 헤아리고 상세한 의논의 과정을 통과하여『周易』속 변화규율철학의 형상을 완성시켜 놓았다. (비유해 볼 것 같으면, ≪中孚≫九二爻辭에서 이르기를 :) '하얀 털의 학이 산 북쪽에서 부르짖자 그의 같은 무리가 소리를 높여 그에게 화답을 하니, 즉 나에게 훌륭한 술이 있으니 당신과 함께 마시며 함께 즐기기를 원하는 바이다.' 공자는 이에 대해 : '군자가 평상시 가족 간에 대화를 나눌 때 아름다운 말을 사용한다면 멀리 천리밖에 있는 사람들 역시 이 소문을 듣고 호응할 진데 하물며 가까운 곳에 살고 있는 사람들은 어떠할 것인가?'라고 해석했다. 말은 나에게서 나와 백성들에게 전달되며 행위는 가까운 곳에서 드러나 먼 곳에 있는 사람들까지 역시 볼 수 있게 되니, 말과 행위는 마치 군자의 '문'을 열고 닫는데 가장 중요한 틀(기계)인 지도리와 같은 것이다. '문'의 지도리를 열게 한다는 것은 어떤 때는 영광스럽게 될 수 있고 어떤 때는 치욕스럽게 될 수 있는 관건과 같다는 의미이니, 말과 행위는 군자가 천지만물을 격려하여 움직이게 하는 데 사용하는 것일 진데 어찌 신중하지 않을 수 있을 것인가? (≪同人≫九五爻辭에서 이르기를 :) '타인과 화답하는데 있어서 처음에는 통곡하면서 울부짖으나 나중에는 웃을 것이다.' 공자는 이에 대해 : '군자의(군자가 세상을 살아가면서 사람을 대접하는) 이치는 때로는 외출하여 일을 해야 하고 때로는 평안하고 조용하게 처하기도 해야 하고 때로는 침묵하거나 과묵해야 하기도 하며 때로는 활발하게 토론도 해야 한다.'라고 해석했다. 두 사람 마음이 서로 같다는 것은 예리한 칼날로 금속을 절단하는 것과 같다는 의미이며, 마음이 서로 같다는 것은 그 정취가 난초와 같이 향기롭다는 의미이다. (≪大過≫初六爻辭에서 이르기를 :) '청결한 흰색의 띠 풀을 사용해 땅의 습기를 막는 깔 자리(존자에게 봉헌하는 물건)를 만들어 존자를 받드니 재난을 면할 것이다.' 공자는 이에 대해 : '설령 땅 위에 직접 놓았다고 할지라도 역시 괜찮을 진데, 더욱이 흰색의 띠 풀을 사용해 땅의 습기를 막는 깔 자리를 만들어 존자를 받들었는데 또한 무슨 재난을 당한단 말인가? 이는 공경하고 신중함이 지극함에 이른 행동을 했다는 것이다. 흰색의 띠 풀로 만든 물건은 작고 얇은 것(보잘 것 없는 물건)이나 중대한 작용을 발휘할 수 있다. 이와 같이 공손하고 정중한 방법을 신중하게 지켜 앞으로 나아간다면 반드시 과오를 저지르지는 않을 것인져!'라고 해석했다. (≪謙≫九三爻辭에서 이르기를 :) '부지런하고 겸허함을 군자는 끝까지 지켜 나아갈 수 있으니 길할 것이다.' 공자는 이에 대해 : '부지런함에도 불구하고 스스로 그 장점을 자랑하지 않으며 공적을 이루었음에도 불구하고 자신의 은덕이라고 생각하지 않는 이러한 것은 돈후함이 지극하기 때문이 아니겠는가! 이는 공훈을 세웠음에도 불구하고 다른 사람에게 겸허히 낮출 수 있다는 것을 설명한 것이다. 도덕은 융성하게 해야 하고 예절은 공손하고 정중하며 삼가고 조심스럽게 해야 한다. 겸허함이 품고 있는 의미는 공손하고 정중함에 있는 힘을 다하여 그 지위를 보존해 나아간다는 것이다.'라고 해석했다. (≪乾≫上九爻辭에서 이르기를 :) '거대한 용이 하늘의 가장 높은 곳까지 날아올랐으니 장차 후회할 것이다.' 공자는 이에 대해 : '존귀한 자리에 있으나 실질적인 직위가 없고 숭고한 인품을 지니고 있으나 백성들을 직접 다스릴 수 없으며 현명한 신하가 아랫자리에 가득히 있으나 그를 보좌해 주는 자 없으니 따라서 경거망동을 하기만 한다면 반드시 후회하게 될 것이다.'라고 해석했다. (≪節≫初九爻辭에서 이르기를 :) '(절제와 신중함으로) 뜰(방문 밖)에 있는 정원을 넘어가지 않으니 반드시 재난이 없을 것이다.' 공자는 이에 대해 : '위험하고 혼란한 사건의 발생은 때때로 언어가 기밀을 지키지 않아서 일어나게 되는 것이다. 군주가 기밀을 지키지 않으면 신하로 하여금 손실을 입게 하고 신하가 기밀을 지키지 않으면 자신으로 하여금 손실을 입게 하니 일을 시작할 때 기밀을 지키지 않으면 성공에 위험을 초래하게 된다. 따라서 군자는 기밀을 신중하게 지켜 나아가야 할 것이며 말을 누설하지 말아야 할 것이다.'고 해석했다. 공자는 '『周易』을 창작한 작자는 대개 간악한 자가 한 일을 알고 있었던 것이 아니겠는가?'라고 했다. (≪解≫六三爻辭에서 이르기를 :) '무거운 짐을 등에 지고 큰 수레를 타고 간다면 반드시 강도를 불러 들여 물건을 빼앗기게 될 것이다.' 무거운 짐을 등에 지는 것은 소인이 할 업무이며, 몸을 싣는 수레는 군자의 운행도구이다. 소인이 오히려 군자의 운행도구에 올라앉았으니 도적이 빼앗을 생각을 도모하는 것이며, 위 사람이 간사하고 아첨을 잘하고 업신여기면 아래 사람은 교만하고 사치스럽고 포학해짐으로써 도적이 침벌할 생각을 도모하게 된다. 재물을 거두어 간직하는데 경박하고 소홀히 한다면 사람을 끌어 들여 도적이 되게 하며 그 용모를 요염하도록 아름답게 하고 맵시가 극진하도록 하면 역시 사람을 끌어 들여 음탕하게 만든다. 『周易』에서 : '무거운 짐을 등에 지고 큰 수레를 타고 간다면 반드시 강도를 불러 들여 물건을 빼앗기게 될 것이다.'고 한 것은 곧 강도를 이와 같이 불러 끌어들인다는 의미가 아니겠는가!

【해설解說】

이상은 제 8장이다.
본 장의 내용은 전·후 두 부분으로 나누어 분석할 수 있다.

① 전반부는 『周易』의 창작원칙은 '物象을 취해 헤아려 사물의 이치를 알아내었을 뿐만 아니라 또한 사물의 정을 자세하게 헤아려 그 변화를 밝혀내었다.'는 내용이다.
② 후반부는 7개 卦의 爻辭를 예로 들어 분석했다. 즉 공자의 언론에 근거하여, 『周易』은 '象喩(본보기로 비유한 象形)를 가져 와서 실질적으로 증명한 특징을 지니고 있다.'는 내용이다.

그 가운데 '觀物'·'取象'說은 '形象'과 '의미'가 연결되는 시각으로 해설한 것으로서 오늘날 '藝術思維論'과 변함없이 부합하는 점을 가지고 있다. 이는 고대미학이론을 연구하는 학자들이 참고할 만한 가치를 지닌 재료이다.

제 9 장

(天一, 地二, 天三, 地四, 天五, 地六, 天七, 地八, 天九, 地十. 天數五, 地數五. 五位相得而各有合. 天數二十五, 地數三十, 凡天地之數五十有五. 此所以成變化而行鬼神也.) 大衍之數五十, 其用四十有九. 分而爲二以象兩, 掛一以象三, 揲之以四以象四時, 歸奇於扐以象閏; 五歲再閏, 故再扐而後掛. 天數五, 地數五, 五位相得而各有合. 天數二十有五, 地數三十, 凡天地

_{지 수 오십유오} _{차소이성변화이행귀신야} _{건 지책이백일십유륙} _곤
之數五十有五. 此所以成變化而行鬼神也.《乾》之策二百一十有六,《坤》
_{지책백사십유사} _{범삼백유륙십} _{당기지일} _{이편지책 만유일천오백이십}
之策百四十有四, 凡三百有六十, 當期之日. 二篇之策, 萬有一千五百二十,
_{당만물지수야} _{시고사영이성 역} _{십유팔변이성괘} _{팔괘이소성} _{인이신}
當萬物之數也. 是故四營而成『易』, 十有八變而成卦, 八卦而小成. 引而伸
_지 _{촉류이장지} _{천하지능사필의} _{현도신덕행} _{시고가여수작} _{가여우신}
之, 觸類而長之, 天下之能事畢矣. 顯道神德行, 是故可與酬酢, 可與祐神
_의 _{자왈} _{지변화지도자} _{기지신지소위호}
矣. 子曰:'知變化之道者, 其知神之所爲乎?'

【주석註釋】

大衍之數五十, 其用四十有九 : '大'는 '넓다'는 의미이다. '衍'은 '널리 퍼진다.' · '보편적 원리를 전제로 하여 특수 명제를 이끌어 내어 추리한다.'는 의미를 가지고 있다. '數'는 '蓍數'로서 占筮 가운데 蓍草의 策(점을 치는데 사용하는 시초의 대)을 대신하여 표현한 것이다.

이 두 구절 이하는 『周易』에서 50개 蓍策으로 蓍草를 셈하여 卦를 완성시키는 방법을 서술한 것이다.

'大衍의 수'는 50이나 '사용하는 수(用數)'는 49이다. 아래 문장 역시 '天·地의 數'는 55라고 했다. 이 3자의 관계에 대한 의론은 옛 부터 여러 가지로 분분하게 전해지고 있을 뿐 오늘날까지 올바르다고 생각하는 하나로 정해지지는 않고 있다.

하나를 비워두고 사용하지 않는 것은 '사용하지 않는 것이 사용하는 것과 통하며 숫자가 아닌 것이 숫자가 되어 그가 완성되기 때문이다.'고 했다. 『韓注·王弼』

'대연의 수가 50'인 것은 '天·地의 수 55' 가운데서 '5合의 수를 5행과 짝지었기 때문이다.' 즉 55에서 그 5를 감소시켰기 때문이다. '다시 1을 없앤 것이 5와 병합되어 六爻의 위치를 설정함으로써 蓍·卦 둘이 합하게 되었다.' 즉 55를 전후하여 함께 그 6을 감한 나머지 49가 '사용하는 수(用數)'가 되었다. 『集解·李淵鼎』

象兩 : '象兩'은 '天·地의 두 법도(陰·陽)'를 가리킨 것이다.

　　50 안에서 1을 감소시키고 그 나머지 49를 합병하여 나누지 않았으니, 이는 太一과 같은 것이다. 오늘 49를 나누어 둘로 만들어 兩儀를 법도로 삼았다. 『正義』

掛一以象三 : '掛一'이란? 즉 '나누었던 두 부분 가운데로부터 1策을 뽑아서 왼쪽 손 小指 사이에 걸어놓는다.'는 것을 말한다. '三'이란? '天·地·人', 즉 '三才'를 말한다.

　　兩儀 가운데를 나누어 그 하나를 새끼손가락 사이에 걸어놓고 兩儀를 짝하게 하여 三才를 법칙으로 삼게 한다. 『集解·孔穎達』

揲之以四以象四時 : '揲(설)'은 손을 사용하여 '地分을 묶어서 蓍策을 셈한다.'는 의미이다.

　　揲은 數를 의미한다. 『釋文』

　　'蓍策을 演算한다.'는 것은 '4를 단위로 수를 셈한다.'는 바를 설명한 것이며 4는 즉 '4계절'을 상징한 것이다.

　　그 蓍를 나누어 셈하는 것은 모두 44를 사용하여 셈하는데 이는 四時를 법칙으로 삼은 것이다. 『正義』

歸奇於扐以象閏; 五歲再閏, 故再扐而後掛 : '奇'는 '숫자를 셈해 나아가다가 최후에 남는 策數'를 가리키는 것이다. '扐(륵)'은 '손가락 사이에 끼운다.'는 의미이다.
　　이 세 구절은 두 부분의 蓍策을 나누어 숫자를 셈해 나아가다 보면 나중에 각각 나머지를 가지게 되는데 이 나머지 策을 先·後로 나열하여 왼손 無名指·中指·食指 三指 사이에 끼워 놓으면 마치 달력이 5년에 2번 閏月을 담고 있는 것과 같다는 바를 설명한 것이다.

　　奇는 4숫자의 나머지를 셈하는 것이며 扐은 왼쪽 손의 中指와 三指 사이에 끼우는 것을 말하며, 閏은 月의 나머지 日이 모여서 나머지 日이 月로 이루어지는 것을 말한다. 5년 사이에 다시 日이 모이면 다시 月로 이루어지니 따라서 5년 가운데 무릇 다시 閏(剩餘)이 있게 되며 그 연후에 모이고 나누어지는 것이 한 결 같이 구별되어 일어난다. 걸어 놓은 연후에 左·右에 각 한번 셈하고 한번 끼우니 따라서 5 가운데서 무릇 다시 끼워 놓은 연후에 한번 걸어놓는 것을 구별되어 일어나게 한다. 『本義』

다시 끼워 놓을(再扐) 때 이미 左·右 두 부분에 셈하여 모아놓은 나머지 策을 먼저 한 '掛一'의 수와 합병하면 곧 '一變'을 완성시키게 되며, 그러한 연후에 끼워 둔 蓍策이 합해지면 다시 둘로 나누고 4를 세고 奇를 끼워 놓으면 '二變'을 완성하게 된다. 이와 같은 三變은 一爻를 출현시키고 18變은 一卦를 형성하게 된다.

天數五, 地數五 : 이는 1에서 10까지의 數目 가운데 '奇數는 天의 상징수이다.'·'耦數(偶數)는 地의 상징수이다.'는 바를 가리킨 것이다.

天數 5는 一·三·五·七·九를 가리키며 地數 5는 二·四·六·八·十을 가리킨다. 『集解·虞翻』

五位相得而各有合 : 五奇·五耦는 서로 짝하며 서로 마음을 맞춘다. 옛말에 '五가 奇數와 耦數로 대등하고 서로 합하며 또한 五行을 상징한다.'고 했다.

天·地의 수는 각 5개 인데 5개의 수는 서로 짝하며 합하여 金·木·水·火·土를 이루게 된다. 『韓注』

만약 天一이 地六과 서로 마음을 맞추어 합하면 水가 되고, 地二가 天七과 서로 마음을 맞추어 합하면 火가 되며, 天三과 地八이 서로 마음을 맞추어 합하면 木이되고, 地四가 天九와 서로 마음을 맞추어 합하면 金이 되며, 天五가 地十과 서로 마음을 맞추어 합하면 土가 된다. 『正義』

이미 이른 바의 五行이 서로 마음을 맞추면 즉 一·六은 北方에 처하고 二·七은 남방에 처하고 三·八은 동방에 처하고 四·九는 서방에 처하고 五·十은 중앙에 처한다. 『折中·龔煥』

위에서 우리는 고대인의 인식 가운데 숫자는 奇耦·陰陽·五行·方位 등 여러 종류의 상징성을 함유하고 있다는 것을 알 수 있다.

天數二十有五, 地數三十, 凡天地之數五十有五 : 이는 5奇數를 서로 더하면 25가 되고 5耦數를 서로 더하면 30이 되며 양자를 합하면 55가 되는 것을 가리킨 것이다. 이곳의 '天地數'는 위 문장의 '大衍數'와는 다른 것이다. '大衍數'는 '天地數'에 뿌리를 두며 변화를 미루어 넓혀 蓍占의 용도를 완성시키는 자이니 따라서 다음 문장에서 '이는 변화를 이루는 까닭에 귀신을 운행한다.'고 했다.

> 天地數는 大衍數의 근본이나 大衍數는 오히려 天地數를 사용하지 않으며 그를 변화시키고 그를 개선하며 그는 귀신과 오묘하게 교통한다. 『尚氏學』

≪乾≫之策二百一十有六, ≪坤≫之策百四十有四 : ≪乾≫은 '老陽'爻로 조성되었으며, 무릇 '老陽'爻는 모두 '三變'으로부터 셈해 나아온 36策으로부터 얻어진 것이니 따라서 六爻는 모두 216策을 함유하고 있다. ≪坤≫은 '老陰'爻로 조성되었으며, 무릇 '老陰'爻는 모두 '三變'으로부터 셈해 나아온 24策으로부터 얻어진 것이니 따라서 六爻는 모두 144策을 함유하고 있다.

> 陽爻 6개에서, 1爻는 36策이니 六爻는 216策이 된다. 陰爻 6개에서, 1爻는 24策이니 六爻는 144策이 된다. 『韓注』

期 : '期'는 '週年', 즉 '돌이 되는 해'를 의미한다. ≪乾≫·≪坤≫의 策이 모두 360이니 '1년의 日數와 같다.'는 바를 가리킨 것이다.

二篇之策, 萬有一千五百二十 : '二篇'은 '上經·下經' 즉 '六十四卦'를 가리킨 것이다. 六十四卦의 陰爻·陽爻는 각 一百九十二爻이며 陽爻가 乘한 것은 36이고 陰爻가 乘한 것이 24인 까닭에 그들을 곱하면 곧 11520이 된다.

四營而成『易』 : '四營'은 위 문장에서 말한 '分二'·'掛一'·'揲四'·'歸奇', 즉 이 '四道가 筮를 세어 나아가는 과정의 차례'를 말한 것이다. 이에 의거하여 꾀하여 구하려고 힘을 쓰니, 즉 점대로 점을 쳐 『周易』 卦形을 얻으니 따라서 '四營이 『易』을 완성시켰다.'고 했다.

나누어 2가 되게 하여 2를 법으로 삼는 것이 一營이며, 1을 걸어놓고 3을 법으로 삼는 것이 二營이며, 이를 4로서 셈하는 것은 四時를 법으로 삼는 것이니 이는 三營이며, 4개씩 덜어낸 나머지를 손가락 사이에 끼워 놓고 閏을 법으로 삼는 것이 四營이다. 『集解·陸績』

荀爽은 '營은 七·八·九·六을 말한다.'고 했다. 이는 '四營'이 '少陽·少陰·老陽·老陰을 꾀하여 구한다.'는 바를 가리킨 것이다. 『集解·荀爽』

十有八變而成卦 : 이는 위 문장에서 '四營이 一變이 되고 三變이 一爻를 얻는다.'고 한 바를 서술한 것이다. 1卦는 6爻이니 따라서 '18變이 卦를 완성한다.'고 했다.

八卦而小成 : '九變이 3획을 이루어 八卦의 1卦를 얻는다.'는 바를 가리킨 것이다.

3획은 天·地·雷·風·日·月의 象을 만들었으며 이 八卦는 만물의 情理를 다 표현할 수 없음으로 '小成'이라고 했다. 『集解·侯果』

引而申之 : 六十四卦를 향해 '크고 넓게 밀어 나아간다.'는 의미이다.

'八卦를 신장시키고 八卦를 끝까지 펼쳐 나아간다.'는 것은 '八卦를 신장시키면 六十四卦가 된다.'는 의미이다. 『正義』

觸類而長之, 天下之能事畢矣 : 이 두 구절은 占筮가 『易』理와 배합하여 사용되니, 사물에 접촉하면 그 의리를 발휘하여 천하의 일이 밝혀지지 않을 수 없는 까닭에 아래문장에 '顯道 등 여러 말들이 있다.'는 바를 가리킨 것이다.

사물의 종류와 접촉하면 그를 增長시킨다. 만약 剛한 사물의 종류에 접촉하면 지속적으로 剛을 더 증장시키고 柔한 사물의 종류에 접촉하면 지속적으로 柔를 더 증장시킨다. 또한 이르되 : '천하만사가 모두 이 예와 같으니, 각 종류가 증장하니 즉 천하에서 할 수 있는 일은 법상이 모두 소진되고 말았다.'고 했다. 『正義』

'引申'·'觸長'의 의미는 '一卦 六爻의 움직임이 변하여 六十四卦가 되고 六十四卦는 모두 변하여 四千九十六卦가 되는 것이 마침『焦氏易林』의 예와 같다.'는 것이다. 『本義』

顯道神德行 : '顯'은 '뚜렷하게(분명하게) 나타난다.'는 의미이다. '神'은 이곳에서는 동사처럼 사용되어 '신묘하고 기이하게 덕있는 사람이 된다.(사람으로 만든다.)'는 의미이다.

　　이 구절은 앞 문장의 뜻을 이어서『周易』의 신묘하고 기이한 공적과 효용을 설명한 것이다.

　　『易』理는 천하에서 쓰이는(소용되는) 일은 모두 갖추고 있음으로써 无爲의 道까지도 뚜렷하게 밝힐 수 있으며 그 덕행의 일을 신기하고 영묘하게 할 수 있다. 『正義』

可與酬酢, 可與祐神 : '與'는 '以'의 의미이다. '酬酢'은 '응대하다'는 의미이다. '祐'는 '돕는다'는 의미이다.

　　이 두 구절은 人事(사람이 하는 일)에 호응(응접)하고 · 신령을 도와주는 것으로부터 진일보하여『易』의 효용을 설명하고 있다.

知神之所爲 : 이곳의 '神'字는 '자연규율'의 뜻을 함유하고 있다.

　　무릇 변화의 道는 절대로 만들어서 되는 것이 아니라 저절로 그렇게 되는 것이다. 따라서 변화를 깨달아 훤히 아는 자는 곧 신묘한 자연규율이 운행되는 바를 알고 있는 자이다. 『韓注』

【번역翻譯】

　　널리 보편적 원리를 전제로 하여 특수 명제를 이끌어 내어 추리하는 占筮數는 50개의 蓍策을 사용하여 표시하나 그 가운데 (아무것도 하지 않는 1은 사용하지 않는다.) 실제로 사용되는 것은 49개이다. (49개 策을) 임의로 左 · 右 양분하는데 이는 天 · 地 兩儀를 상징하는 것이며, 가운데로부터 1策을 골라서 걸어 놓는 것(왼쪽 손 小指 사이에 끼워 놓는 것)은 天 · 地 · 人 三才를 상징하는 것이며, 매번 4策으로 묶어 시책을 셈하는 것은 4계절을 상징하는 것이며, (오른 쪽에 나누어 둔 것) 나머지 시책을 셈한 것을 (왼쪽 손 無名指 사이에) 끼워서 정성껏 붙여두는 것은 윤달을 상징하는 것이며, 5년에 다시 출현하는 것이 윤달이기 때문에 다시 (왼쪽에 나누어 둔 것) 나머지의 시책을 셈하여 (왼쪽 손 中指 사이에) 끼워놓은 후 특별히 반복하여 셈한 것을 1에 걸어 놓는다. 天의 숫자 상징은 一·三·五·七·九 5개 奇數이고 地의 숫자 상징은 二·四·六·八·十 5개 偶數이며, 5개씩의 奇數와 偶數는 서로 필적이기도 하고 각각 화합기도 한다. 5개 天數는 (서로 더하면) 25가 되고 5개 地數는 (서로 더하면) 30이 되며 天·地의 상징수를 합하면 모두 55가 된다. 이는 곧 『周易』이 운용하는 숫자는 변화철학을 만든다는 것을 상징하며 陰陽鬼神의 오묘한 이치와 통행하는 한 방면의 특징을 가지고 있다는 의미이다. ≪乾≫은 著數 가운데서 구체적으로 체현되는 것이 216策이고 ≪坤≫은 144策이니, ≪乾≫·≪坤≫ 모두를 합하면 360策이니 이는 1년 360일과 꼭 맞다. 『周易』 上經·下經 六十四卦는 곧 11,520策이니 이는 만물의 數目과 꼭 부합한다. 이로 인하여 (2로 나누고 1에 걸어놓고 4로 셈하고 '왼손 무명지 사이'에 끼워놓고 정성껏 붙이는 것) 이 四營과정이 곧 『周易』의 卦形을 점치는 것이며 그 가운데 18번 마다 變數가 一卦를 형성하고 9變이 출현할 때마다 八卦 가운데의 一卦 즉 小成의 象이 된다. 이와 같이 六十四卦를 향해 크고 넓게 밀어 나아가면 서로 호응하는 종류의 사물에 접촉하여 그 상징적 의미를 증폭적으로 더욱 발휘하게 되니, 천하에 법으로 취하여 밝혀낸 사물의 이치가 누락된 것이 없다. 『周易』은 깊이 숨어있던 이치를 분명하게 드러내었으며 신묘하고 기이하게 덕있는 사람으로 만들거나 훌륭한 덕을 지닐 수 있게 하거나 아름다운 행동을 할 수 있게 함으로써 『易』理를 운행하면 만물이 구하고자 하는 것에 호응할 수 있게 되고 정신교통의 변화를 도와주는 공적을 이룰 수 있게 되었다. 공자는 '변화의 이치에 통하는 사람은 대체로 신묘한 자연의 규율을 알고 있는 것이 아니겠는가?'라고 했다.

【해설解說】

이상은 제 9장이다.

앞 장에서 이미 『周易』의 창작원칙은 '觀物'·'取象'이라는 것을 밝혔다. 본장에서는 『周易』의 占筮방법 즉 '蓍草를 셈하여 卦를 찾는 방법(揲蓍求卦)'을 게시했다. 전자는 『周易』의 '창작필법으로부터 象을 설정하는 법'을 말한 것이며, 이곳에서는 『周易』의 '점대로 점을 치는 방법을 집필한 것으로부터 數를 설정하는 법'을 말했다. 이 두 방면은 모두 『周易』의 중요한 특징이다. 그러나 두 장의 논술시각이 완전히 같은 것은 아니다. 하지만 최후에는 오히려 모두 『易』理의 궤도상으로 들어가 귀착했다. 앞장은 공자의 말을 무려 7개나 인용했으나 본장의 말미에서는 '顯道神德行'을 강조하면서 그를 증명했다.

문장 가운데 蓍草를 셈하여 卦를 찾는 방법을 서술할 때 數理지식을 운용하였다. 이는 고대 수학사를 연구하는데 응당히 주의해야 할 중요한 재료이다.

제 10 장

『易』有聖人之道四焉：以言者尚其辭；以動者尚其變, 以制器者尚其象, 以卜筮者尚其占. 是以君子將有爲也, 將有行也, 問焉而以言, 其受命也如嚮, 无有遠近幽深, 遂知來物. 非天下之至精, 其孰能與於此? 參伍以變, 錯綜其數：通其變, 遂成天地之文；極其數, 遂定天下之象. 非天下之至變, 其孰能與於此?『易』无思也, 无爲也, 寂然不動, 感而遂通天下之故. 非天下之至神, 其孰能與於此? 夫『易』, 聖人之所以極深而硏幾也. 唯深也, 故能通天下之志；唯幾也, 故能成天下之務；唯神也, 故不疾而速, 不行而至. 子曰：'『易』有聖人之道四焉'者, 此之謂也.

【주석註釋】

『易』有聖人之道四焉 : 이는 아래 문장 '辭'·'變'·'象'·'占' 4가지 일을 가리킨 것이다.

聖人의 덕은 天·地와 합일하며 성인의 지혜는 만물에 두루 미친다. 따라서 이『易』道를 사용할 수 있는 것이 대략 4종류이니, 즉 '글(언어·말)을 숭상하고'·'변화를 숭상하고'·'법도(도리)를 숭상하고'·'점을 숭상하는' 것이다. 『集解·崔憬』

問焉而以言, 其受命也如嚮 : '受命'은 '『周易』은 점서를 이어받은 蓍命이다.'는 의미이다. '嚮'字는 곧 '響'으로서 '소리에 호응한다.'는 의미이다.

사람이 蓍를 사용하여『易』에 문의하여 그 卦爻의 글(언어·말)을 찾고 그 발언을 사용하여 일을 처리하는 것, 즉『易』이 사람의 명을 받아 그에게 알려주는 것으로, '지른 소리에 따라 울리는 소리가 일어나듯이 그 미래의 일을 결정한다.'는 것과 같은 의미이다. '언어를 사용한다.'는 것은 '언어를 사용하는 자는 그 언어를 숭상하는 자이다.'에서의 '언어를 사용한다.'는 것과 같은 의미이다. '命은 즉 筮를 蓍의 언어로 알려준다.'는 의미이다. 『本義』

非天下之至精, 其孰能與於此 : '與'는 '及', 즉 '이르다'·'하다'·'만들다' 등의 의미이다.
이 두 구절은 위 여섯 구절을 총결산한 것으로『易』의 '如嚮에 문의 할 수 있다.'는 것과 미래의 일을 예측하는 것은 '천하의 지극히 정밀하고 심오한 이치(天下至精)에 통달하지 않으면 불가능하다.'는 바를 설명한 것이다.

『易』의 공적이 심오한 것이 이와 같은 바이니, 만약 천하의 만사 안에 지극히 정밀하고 오묘한 것이 없다면 누군들 이에 참여할 것이며『易』道와 함께 할 것인가? 孔氏는 "'與'는 '참여'와 의미상에 있어서 통한다."고 했다. 『正義』

參伍以變, 錯綜其數 : '參'은 '三'이며 '伍'는 '五'이다. '參伍(한 번은 앞서고 한 번은 뒤서며 서로 교대로 고찰하여 밝혀내면서 그 많고 적음의 실상을 살핀다.)'는 '3번 5차례'를 말하는 것으로 '錯(旁通─한 번은 왼쪽으로 한 번은 오른쪽으로 움직이면서 左右로 유통시킨다. 즉 六爻의 陰陽을 각각 반대로 만든다.)·綜(反對─한 번은 높게 한 번은 낮게 즉 上下로 유통시킨다. 즉 上卦를 뒤집고 下卦를 뒤집은 후 上卦는 下卦 위치로 下卦는 上卦 위치로 다시 교체시킨다.)'과 互文이다.
이 두 구절은『周易』의 '變'과 '數'는 반드시 '錯·綜을 반복해 나아가면서 밀어 올리면서 연구해 나아가야 한다.'는 바를 설명한 것이다.

'參'은 三數를 말하고 '伍'는 五數를 의미한다. 이미 '參이 되었다.'는 것은 '변화 한다.'는 것이고 또한 '伍'라는 것도 '변화 한다.'는 것이니, 한 번 앞서고 한 번 뒤서며 서로 교대로 고찰하여 밝혀내면서 그 많고 적음의 실상을 살펴야 할 것이다. '錯'은 '교대로 그를 번 가른다.'는 것, 즉 '한 번은 왼쪽으로 한 번은 오른쪽으로 한다.'는 의미이다. '綜'은 '총괄적으로 그를 가지런히 한다는 것', 즉 '한 번은 낮게 한 번은 높게 한다.'는 의미이다. 이 역시 모두 '蓍를 셈하여 卦를 찾는 일'을 말한 것이다. 또한 '參·錯綜은 모두 古語로서 參伍는 특히 이해하기 어렵다.'고 했다. 『本義』

爻數가 三에 이르면 內卦가 마지막이 되는 까닭에 반드시 變하니 이는 三才를 말하는 것이다. 만약 五行으로 말한다면, 五에 이르면 꽉 차게 되는 까닭에 五를 넘어서면 반드시 변하게 된다. 의미상에서 역시 이와 통한다. 『尙氏學』

通其變, 遂成天地之文 : 이는 天地의 '文采(아름다운 장식)' 역시 사물의 '회통과 변화로 인해 형성된다.'는 바를 설명한 것이다.

'그것을 변화시키고 통하게 했다.'는 것은 변화하는 陰·陽을 관찰하여 비로소 卦를 설정했다.'는 의미이다. 乾·坤이 서로 친한 까닭에 天·地의 아름다운 장식(文)이 만들어 지는 것이다. 사물이 서로 섞이는 까닭에 '文(아름다운 장식)'이 존재하는 것이다. 『集解·虞翻』

『易』无思也, 无爲也 : 이는 『易』理는 자연으로부터 나온 것이지 '思·爲의 所致(생각과 행위로 인해 그렇게 된다.)는 아니다.'는 바를 말한 것이다.

自然(저절로 그러하다.)에 맡겨서 운행되게 하고 근심걱정에 관여하지 않는 것을 '无思'라고 한다. 自動(저절로 움직이다.)에 맡겨서 운행되게 하고 모름지기 임의로 하지 않는 것을 '无爲'라고 한다. 『正義』

寂然不動. 感而遂通天下之故 : '感'은 '陰·陽이 感應(서로 감촉으로 수반되는 반응)하는' 바를 가리키는 것이니 즉 '事와 같다.'고 할 수 있다.

이 두 구절은 『易』理는 靜한 가운데 動함을 가지고 있을 뿐만 아니라 '陰·陽이 서로 감응하면 곧 만사가 모두 통하게 된다.'는 바를 설명한 것이다.

이미 无思·无爲한 까닭에 쓸쓸하고 고요하며 움직이지 않는다. 서로 감촉하면 반드시 수반되는 반응을 함으로써 만사가 모두 會通하니, 이는 '서로 감촉하여 수반되는 반응이 결국 천하를 통하게 하는 까닭이 된다.'는 의미이다. 따라서 '事'라고 했다. 『正義』

極深而研幾 : 이 구절은 '聖人이 『易』의 정밀하고 심오함을 사용하였다.'는 바를 설명한 것이다.

지극히 드러나지 않는 이치를 '深'이라 하고 다만 움직임이 미미한 시점을 '幾'라고 한다. 『韓注』

『易』道는 넓고 큰 까닭에 성인이 이를 사용하여 지극히 심원하고 심오함을 연구했을 뿐만 아니라 幾微(낌새) 조차 깊이 연구하여 밝혀내었다. 『正義』

不疾而速, 不行而至 : 이는 기력을 낭비하지 않고 일을 완수할 수 있는 바를 가리킨 것이다.

'无思无爲'·'寂然不動'·'感而遂通' 한 까닭에 모름지기 서두르지 않아도 일이 조속히 완수되며 모름지기 행동하지 않아도 이치가 저절로 지극한 데까지 이르게 된다. 『正義』

【번역翻譯】

『周易』은 성인이 항상 사용해야 하는 이치 4개 방면을 가지고 있으니, 언론을 지도하는 사람들로 하여금은 그 언어의 정밀한 뜻을 숭상하게 하고 행동을 지도하는 사람들로 하여금은 그 변화의 규율을 숭상하게 하고 器物을 제작하는 사람들로 하여금은 그 卦爻의 상징성을 숭상하게 하고 占을 물어 의심을 해결하는 사람들로 하여금은 그 점치는 원리를 숭상하게 한다. 따라서 군자는 장차 말을 하고자(언어를 사용 하고자) 하거나 행동을 하고자 할 때는 『周易』을 사용하여 蓍를 셈하여 占으로

묻고 이에 의해 말을 하고(언어를 사용하고) 일을 실행해야 할 것이니, 즉 『周易』은, 지른 소리에 따라 울리는 소리가 일어나듯이 占者·筮者의 蓍命을 도움 받는다면 요원하거나 매우 가깝거나 혹은 깊은 곳에 숨어있거나 어렵고 현묘하거나 한 일의 정황을 막론하고 모두 미래 물상과 일의 상태를 미루어 알 수 있게 해 놓았다. 만약 천하의 지극히 정밀하고 심오한 이치를 깨달아서 환하게 알지 못한다면 그 누가 이와 같이 할 수 있었겠는가? 3번 변화하고 5차례 변화하는 이치가 깊이 연구되고 左右가 교대로 번 가르고 高低가 가지런히 왕복하며 蓍數를 미루어 넓혀 나아가며, 그 변화를 會通시킴으로써(사물이 함께 어울리어 변화함으로써 막힘이 없게 한다.) 天地의 文采(아름다움)를 형성할 수 있게 하니, 그 蓍數를 깊이 연구하면 천하의 物象을 판별하여 결정할 수 있게 되는 바이다. 만약 천하가 지극히 복잡한 변화를 한다는 것을 깨달아 환하게 알지 못한다면 그 누가 이와 같이 할 수 있었겠는가? 『周易』의 이치는 고요한 가운데 눈을 감고 사물을 생각하거나 고생스럽게 사고해서 얻어지는 것이 아니라 저절로 그러하게(自然无爲) 얻어지는 것이며 그것은 쓸쓸하고 고요하며 움직이지 않으며 陰·陽이 교감하고 상응하는 원리에 근거하여 천하의 만사가 함께 어울리어 변화함으로써 막힘이 없게 하는 것이다. 만약 천하의 지극히 신묘한 규율을 깨달아서 환하게 알지 못한다면 그 누가 이와 같이 할 수 있었겠는가? 『周易』은 성인이 고상하고 의미 깊은 사물의 이치를 깊이 연구했을 뿐만 아니라 섬세하고 미세한 징후(기미·낌새·조짐)조차 탐색하여 연구한 서적이다. 오로지 고상하고 의미 깊은 사물의 이치를 깊이 연구해야 만이 비로소 천하의 마음과 뜻에 어울려 변화함으로써 막힘이 없게 될 것이며, 오로지 섬세하고 미세한 징후를 탐색하고 연구해야 만이 비로소 천하의 사무를 성취할 수 있을 것이며, 오로지 신묘하고 기이한 『易』도를 관통시켜야 만이 비로소 모름지기 절박하게 서두르지 않고도 만사가 빠르게 성취될 것이며 모름지기 행동하지 않고도 모든 이치가 저절로 목표점에 이르게 될 것이다. 공자는 '『周易』은 성인이 일상생활 상에 사용하는 4개 방면의 이치를 가지고 있다.'고 말했는데 그것이 바로 위에서 상술한 내용이다.

【해설解說】

　이상은 제 10장이다.

　본 장은『周易』은 사람들이 사용하는 것 가운데 주요한 '글(언어·말)을 숭상하고(尙辭)'·'변화를 숭상하고(尙變)'·'법도를 숭상하고(尙象)'·'점을 숭상하는(尙占)' 4종류 일에 대해 말하고 있다.

　본 장과 제 2장은 '天文현상을 관찰하면서 글(언어·말)을 깊이 생각하고'·'점을 관찰하면서 변화를 깊이 생각하는 것은 서로 호응한다.'는 것에 대해 말했다.『古周易訂詁·何楷』

제 11 장

天一, 地二, 天三, 地四, 天五, 地六, 天七, 地八, 天九, 地十. 子曰:'夫『易』何爲者也? 夫『易』開物成務, 冒天下之道, 如斯而已者也.'是故聖人以通天下之志, 以定天下之業, 以斷天下之疑. 是故蓍之德圓而神, 卦之德方以知, 六爻之義易以貢. 聖人以此洗心, 退藏於密, 吉凶與民同患; 神以知來, 知以藏往. 其孰能與於此哉? 古之聰明叡知, 神武而不殺者夫. 是以明於天之道, 而察於民之故, 是興神物以前民用. 聖人以此齊戒, 以神明其德夫. 是故闔戶謂之坤, 闢戶謂之乾, 一闔一闢謂之變, 往來不窮謂之通; 見乃謂之象, 形乃謂之器, 制而用之謂之法, 利用出入, 民咸用之謂之神. 是故『易』有太極, 是生兩儀, 兩儀生四象, 四象生八卦, 八卦定吉凶, 吉凶生大

業. 是故法象莫大乎天地; 變通莫大乎四時; 縣象著明莫大乎日月; 崇高
莫大乎富貴; 備物致用, 立成器以爲天下利, 莫大乎聖人; 探賾索隱, 鉤深
致遠, 以定天下之吉凶, 成天下之亹亹者, 莫大乎蓍龜. 是故天生神物, 聖人
則之; 天地變化, 聖人效之; 天垂象, 見吉凶, 聖人象之; 河出圖, 洛出書, 聖
人則之. 『易』有四象, 所以示也; 繫辭焉, 所以告也; 定之以吉凶, 所以斷也.

【주석註釋】

天一, 地二, 天三, 地四, 天五, 地六, 天七, 地八, 天九, 地十 : 이 곳에서 가리키는 것은 奇數는 天의 상징수이고 耦數는 地의 상징수라는 것 즉 제 9장 '天數五, 地數五.'를 의미한 것이다.

이는 天地·陰陽과 自然 奇偶의 數를 말한 것이다. 『正義』

이를 '天數五, 地數五.'와 함께 연결시켜 '成變化而行鬼神'에 이르기 까지 여덟 구절 모두를 제 9장 '大衍之數의 위로' 이동 배치시킨다면 文意(글뜻)로 하여금 관통하게 할 것이다. 『本義』

夫『易』何爲者也 : 이는 앞 문장의 설문에 대해 일침을 가한 것으로 '왜 天數·地數를 선택해서 이용했는가?'를 가리킨 것이다.

≪易≫에게 '왜? 天地의 數를 선택하였는가?'라고 질문했다. 『集解·虞翻』

開物成務, 冒天下之道 : 이 두 구절은 '聖人'이 陰·陽의 數理를 탐색 연구하고 筮法을 창조함으로써, 즉 '智慧'로 '사건'을 성취시키는 방법을 사용하여 '천하의 道를 남김없이 포용했다.'는 바를 설명한 것이다.

고대에는 민심이 질박하고 풍속이 순박하여 세속에 나타난 民情이 개화되지 못했을 뿐만 아니라 천하의 일에 대한 지식이 없었던 까닭에 성인이 거북이의 등딱지를 불에 그슬리어 그 갈라진 금으로 吉·凶을 판단하게 하고(卜)『易』을 저술하여 그에 따라서 점대로 점을 치게 하여(筮) 사람들로 하여금 吉을 향해 나아가게 하고 凶을 피할 수 있게 하여 천하의 일을 성취시켰으니, 따라서 '開物成務'라고 했다. '物'은 '인물'을 뜻한다. '務'는 '事務'를 뜻한다. '冒'는 '천하의 많은 이치가 안에 있다.'는 의미이다.『折中·朱子語類』

蓍之德圓而神, 卦之德方以知 : '蓍'는 '蓍數'를 뜻한다. '德'은 '성질'과 같은 의미이다. '圓'은 '圓通' 즉 '변화를 반복한다.'는 의미를 함유하고 있다. '方'은 '方正' 즉 '언행이 바르고 점잖다.'는 뜻이다. '知'는 '지혜'를 의미한다.

이 두 구절은 '蓍數는 변화의 신비로움과 기묘함을 사용하여 德을 만든다.'·'卦體는 밝은 지혜가 올바른 것을 사용하여 德을 만든다.'는 바를 설명한 것이다.

'圓'은 '운행을 끝없이 한다.'는 의미이다. '方'은 '멈추어서 분수를 지켜 나아간다.'는 의미이다. '蓍'는 '圓을 사용하여 神을 본뜬다.'는 것을 말한다. '卦'는 '方을 사용하여 知를 본뜬다.'는 것을 말한다. 오로지 변화하면서 사리에 맞는 방향으로 나아가고 돌아가는 것이 무수히 돌아갈 뿐 굳어지지 않음으로써 '圓'이라고 했다. 卦가 나열되고 爻가 나뉘어져 각각 그 몸체를 가지게 됨으로써 '方'이라고 했다.『韓注』

六爻之義易以貢 : '易'은 '變易'의 의미이다. '貢'은 '告(아뢰다)'·'奏(아뢰다)'·'獻(봉헌하다)'의 의미이다.

이 구절은 '六爻는 變易을 통하여 사람들에게 吉·凶을 알려준다.'는 바를 설명한 것이다.

洗心 : 이는 '마음을 정화시킨다.'는 의미 즉『易』을 사용하면 '自我가 청결하게 수련된다.'는 바를 가리킨 것이다.

성인은 이 蓍卦(蓍草로 점친 卦) 六爻를 사용하여 마음에 누적된 허물을 깨끗이 씻어 버리는데 도움을 받았으니 즉 그 마음이 넓고 크고 바르게 되었다. 『童溪易傳』

退藏於密 : 이는 『周易』의 이치는 머금은 채 감춘 채 노출하지 않으면서도 만물을 은밀히 화육시키는 존재 즉 앞 문장 '藏諸用'·'百姓日傭而不知'의 의미를 가리킨 것이다.

그 道는 심오하고 미묘함으로써 만물이 날마다 사용하나 그 원리를 알지 못하니 따라서 '退藏於密'이라고 했다. 이는 즉 '藏諸用'과 같은 의미이다. 『韓注』

其孰能與於此哉 : '그 누가 이와 같이 할 수 있는 자 있었으리요?' 즉 '그 누가 이와 같은 일을 할 수 있었겠는가?'라는 의미이다.

古之聰明叡知, 神武而不殺者夫 : '神武'는 '武道를 가지고 있으면서도 仁德을 널리 펼친다.'는 의미이다.

이 두 구절은 앞 구절 '其孰能與此哉'의 설문에 대한 해답이다.

『易』道는 깊고 원대하며 吉·凶·禍·福을 사용하여 만물을 위력으로 복종시키니 따라서 고대 총명하고 깊고 밝은 슬기와 뛰어난 무용을 지닌 군왕은 '伏犧' 등을 가리킨 것이다. 이 『易』道를 사용하면 천하를 위력으로 복종시킬(다스릴) 수 있으며 형벌과 살육을 사용하지 않고도 무섭게 복종시킬 수 있다. 『正義』

是興神物以前民用 : '興'은 '성대하게 한다.'·'일어나다(起)'는 의미이다. '神物'은 '蓍占'을 가리킨 것이다. '前'은 용도가 동사와 같이 사용되어 '인도하다'는 의미를 가지고 있다.

이 구절은 '성인'이 蓍占을 성대하게 일으킨 후 백성들로 하여금 사용하게 하여 '凶은 피해 가고 吉을 향해 나아가도록 인도해 주었다.'는 바를 말한 것이다.

'神物'은 '蓍'를 말한다. 성인이 蓍를 성대하게 일으켜 吉·凶을 구별할 줄 알게 하였으니 즉 옛 현인들이 이를 사용하자 백성들이 모두 따라 하였다. 그리하여 '以前民用'이라고 했다. 『集解·陸績』

齊戒 : 이는 '청결하게 수양함으로써 스스로를 경계하게 한다.'는 의미로 위 문장 '洗心'

과 같은 의미이다.

闔戶謂之坤, 闢戶謂之乾 : '闔'은 '닫다'는 의미이다. '闢'은 '열다'는 의미이다.

　　이 두 구절은 문을 닫고 문을 여는 것을 사용하여 비유했을 뿐만 아니라 乾坤·陰陽의 變化生息하는 이치 즉 '번식하는 이치'를 알려주고 있다.

　　이 문장 이하 역시 『易』道의 훌륭함을 넓게 밝혀주고 있다. 『易』은 '乾·坤'으로부터 나온 것이니 따라서 乾·坤을 더욱 밝혔다. 무릇 사물은 먼저 숨어(나타나지 않고) 있다가 나중에 모습을 나타내는 존재이니 따라서 먼저 坤을 말한 후 乾을 말했다. '문을 닫았다.'는 것은 '만물을 감추어 두었다.'는 것으로 방의 '문을 닫았다.'는 것과 같은 의미이다. 또한 '문을 열었다.'는 것은 '만물을 토해내어 살아가게 한다.'는 것으로 이는 방의 '문을 열었다.'는 것과 같은 의미이다. 『正義』

見乃謂之象, 形乃謂之器 : 이 두 구절은 앞의 문장 '在天成象, 在地成形.'의 의미와 가깝다. 그러나 이곳의 '象은 변화로 나타나는 表象'을 넓게 가리킨 것이며 '形은 도구 만드는 것'을 편협하게 가리킨 것이다.

　　日月星辰은 하늘에서 빛을 발현시키니 '이치(도리·법도)를 완성시킨다.(成象)'고 했다. 만물이 살아나서 성장하는 것은 대지에서 형체(器形)를 완성시키는 것이니 이를 '도구를 만들 수 있다.'고 했다. 『集解·荀爽』

利用出入, 民咸用之謂之神 : '利用出入'은 '반복적으로 사용하는 데에서 이로움을 얻을 것이다.'는 의미이다.

　　사람이 살아가는 일상생활 상에서 '그를 떠난다는 것은 있을 수 없다.'는 의미이다. 『朱子語類』

　　이 두 구절은 앞 문장 '百姓日用而不知'의 뜻과 가까운 것으로서, 『周易』의 이치는 '法象制器의 신비롭고 기묘한 공능을 갖추고 있다.'는 바를 설명한 것이다.

　　聖人은 도구를 제작하여 백성들이 두루두루 사용하게 하였으며 그를 사용하는 것을 잊어버리지 않게 하였으니 따라서 '利用出入'이라고 했다. 백성들이 모두 그것을 사용하였으나 그 유래를 알지 못했음으로 이를 '神(신비롭다)'이라고 했다. 『集解·陸績』

『易』有太極, 是生兩儀 : '太極'은 '太一', 즉 天地·陰陽이 분리되기 전 '혼돈상태'를 가리킨 것이다. '兩儀'는 '天'·'地'로서 이곳에서는 '陰'·'陽' 二氣를 가리킨 것이다.

이 두 구절 이하는 다시 『周易』의 창작원리로 거슬러 올라가는 것이니, 일정한 정도 상에서 고대인들이 우주가 '無에서 有로 발전하는 과정의 소박한 인식'에 관한 것을 반영하고 있다.

'太極'은 '太一'이며, 太極이 나뉘어 '天'·'地'가 된 까닭에 '生兩儀'라고 했다. 『集解·虞翻』

太極은 '天'·'地'가 나누어지기 전 元氣가 합쳐 하나로 있던 상태 즉 '太初'·'太一'의 상태를 말한다. 『老子』에 '道는 一을 낳았다.'고 했는데 이것이 곧 '太極'이다. 또한 천지개벽의 '처음(混元)에서 이미 나뉘어 졌다.'는 것은 즉 '天'·'地'가 생겼다는 것이니 따라서 '太極生兩儀'라고 했다. 즉 『老子』에서 말한 '一生二'를 의미한다. 鄭玄은 '極'을 '中'으로 보았다. 즉 '太極은 極中의 道로서 순박하고 온화함이 나누어지지 않은 氣를 의미한다.'고 했다. 『正義』

兩儀生四象, 四象生八卦 : '四象'인 少陽·老陽·少陰·老陰이 筮數에서 구체적으로 七·九·八·六으로 실현되는 것과 時令(절기) 상에서 또한 春·夏·秋·冬을 상징하는 바를 가리킨 것이다.

이 두 구절은 陰·陽 '兩儀'가 老·少 '四象'을 탄생시켰으며 四象은 다시 넓게 펼쳐 나아간다는 것, 즉 '四陰·四陽의 八卦가 형성되는 과정'을 설명한 것이다.

공자는 '『易』은 太極에서 시작되었고 太極은 二로 나누어졌음으로 天·地가 탄생되었으며, 天·地는 春·夏·秋·冬의 절기를 가지고 있음으로 四時가 탄생되었으며, 四時는 각각 陰陽·剛柔의 구분을 지니고 있음으로 八卦를 탄생시켰다. 八卦를 나열하면 天·地의 道가 설정됨으로써 雷·風·水·火·山·澤의 象이 정해졌다.'고 했다. 『周易乾鑿度』

三變 모두가 剛이면 太陽의 象이고, 三變 모두가 柔이면 太陰의 象이고, 一剛·二柔이면 少陽의 象이고, 一柔·二剛이면 少陰의 象이다. 『重訂費氏學·大衍論』

　　四象은 四時이니, 즉 春은 少陽이고 夏는 老陽이며 秋는 少陰이고 冬은 老陰이다. 老陽과 老陰은 九와 六이고 少陽과 少陰은 七과 八이다. 『尙氏學』

　　太極에서 八卦에 이르는 衍生원리(널리 퍼져 나아가는 생명의 원리)는 一이 二를 낳고 二는 四를 낳고 四는 八을 낳는 과정을 말한다. 兩儀는 즉 '陽(―)'·'陰(- -)'이며 四象은 즉 兩儀가 교대로 중복하여 太陽(上陽下陽)·太陰(上陰下陰)·少陽(上陽下陰)·少陰(上陰下陽)이 된 것이며 八卦는 즉 四象으로부터 다시 한 획을 더 그려서 이루어진 것이다. 아울러 이 수가 말하는 것은 성인이 『易』을 창작할 때 사실상 자연의 차례를 따라서 한 것이지 '실털 만큼의 지혜작용도 빌리지 않고 완수했다.'는 것을 의미한다. 卦를 그릴 때 蓍를 셈하는 그 순서 역시 모두 그러했다. 『本義』

八卦定吉凶 : '八卦가 六十四卦로 불어 나아가고 卦爻가 변동하는 것으로 吉·凶을 판단할 수 있다.'는 바를 가리킨 것이다.

　　八卦가 이미 성립되었으니, 爻象이 변화하면서 서로 밀어 올리면 吉함이 있고 凶함이 있게 된다. 『正義』

吉凶生大業 : 吉·凶이 판정되면 사물은 규율을 따라 번성해 나아가면서 불어 나아가면서 발전해 나아가다가 드디어 '성대한 사업을 탄생시키게 된다.'는 바를 가리킨 것이다.

　　한 번 사라졌다가 한 번 살아나고 한 번 줄었다가 한 번 늘어나면서 만물을 풍요롭게 번성시킴으로써 '富有(재물을 넉넉하게 소유한다.)한 것을 大業이라고 한다.'고 했다. 『集解·荀爽』

探賾索隱, 鉤深致遠 : '賾'은 '고상하고 의미가 깊다.'는 의미이다.
　　이 두 구절은 '깊고 심오한 실상을 더듬어 찾아내고 심오한 것을 끌어당겨 내어 요원한 곳으로 이르게 한다.'는 것으로, 卜(거북의 등딱지를 불에 그슬리어 그 갈라진 금으로 吉凶·禍福을 판단하는 일)·筮(점대로 치는 점)의 공적을 가리킨 것이다.

'探'은 '남모르게 더듬어 찾아내어 얻는다.'는 의미이다. '賾'은 '고상하고 의미가 깊어 이해하기 어렵다.'는 의미이다. '卜·筮'는 고상하고 깊은 의미를 남모르게 더듬어 찾아내는 이치이니 따라서 '探賾'이라고 했다. '索'은 '구하여 찾는다.'는 의미이다. '隱'은 '은밀히 감추어져 있다.'는 의미이다. '卜·筮'는 은밀히 감추어져 있는 곳으로 찾아가서 구해 낼 수 있으니 따라서 '索隱'이라고 했다. 사물이 깊은 곳에 있으면 그것을 끌어당겨 내고 사물이 먼 곳에 있으면 그것을 불러들이니 즉 '卜·筮'가 그렇게 할 수 있는 존재이다. 따라서 '심오한 것을 끌어당겨 내어 요원한 곳으로 이르게 한다.'고 했다. 『正義』

成天下之亹亹者, 莫大乎蓍龜 : '亹'는 '부지런히 힘쓰는 모양'을 의미한다.

이 두 구절은 앞 세 구절을 이어서 '卜·筮는 천하 사람들이 품고 있는 의심을 해결해 주어 그들로 하여금 부지런히 노력하며 앞을 향해 나아갈 수 있게 한다.'는 바를 설명한 것이다.

사람들이 의심나는 것이 있다고 할지라도 스스로 밝힐 수가 없음으로 포기해 버린다면 다시는 앞을 향해 나아갈 수 없을 뿐만 아니라 움직이는데 의심이 따르게 된다. 이미 卜·筮가 있음으로써 '吉하다'는 것을 알 수 있고 '凶하다'는 것도 알 수 있으니 즉 스스로 부지런히 노력하는 것을 게을리 하지(멈추지) 않는 바이다. 그들이 부지런히 노력을 하는 까닭은 卜·筮가 그들을 성공하게 해 주기 때문이다. 『朱子語類』

神物 : 이는 '蓍草'·'靈龜'를 가리킨 것이다. 卜·筮를 받들어 이용하는 까닭에 '神物'이라고 했다.

하늘은 蓍·龜를 탄생시켰고 성인은 그들을 법칙으로 삼아서 卜·筮를 만들었다. 『正義』

天地變化, 聖人效之 : 이는 '聖人이 사계절의 변화를 본받아 刑·賞의 條例(조목조목 나누는 規例)를 제정했다.'는 바를 설명한 것이다.

　　四時는 生과 死를 운행시킨다. 賞에는 봄과 여름을 사용했고 刑에는 가을과 겨울을 사용했으니, 이를 성인이 본받았다. 『正義』

　　하늘은 낮·밤과 사계절변화의 道를 가지고 있음으로 성인은 三百八十四爻를 만들어 그를 본받게 했다. 『集解·陸績』

天垂象, 見吉凶, 聖人象之 : 이는 '성인'이 天象을 본받아 '璇機玉衡(渾天儀)'을 제작하여 天文을 측량하고 日·月·五星의 운행규율을 장악한 바를 가리킨 것이다.

　　'璇璣玉衡에 있다.'는 것은 '七政('日·月·火星·水星·木星·金星·土星' 혹은 '北斗七星'은 그 운행 규율이 절도가 있어 국가 정사와 비슷함으로써 이르는 말이다.)을 잘 다스린다.'는 의미이다. 『集解·荀爽』

　　'璇璣玉衡'이 七政을 다스리는 것과 같이 성인이 이를 본 받았다. 『正義』

　　하늘은 陰·陽의 象을 아래로 내려뜨려 吉·凶을 드러내는 까닭에 日月은 넓게 가리어지고 五星은 혼란스럽게 운행되니, 성인이 이를 법 삼아 역시 九六爻位의 得·失을 만들어(나타나게 하여) 사람들에게 '得·失의 占이 있다.'는 것을 보여주었다. 『集解·宋衷』

河出圖, 洛出書, 聖人則之 : '河'는 '黃河'를 말한다. '圖'는 '龍馬의 몸에 있는 그림(圖象)'이라고 전해오고 있다. '洛'은 '洛水'를 말한다. '書'는 '神龜의 등위에 있는 무늬(紋象)'라고 전해오고 있다.
　　이는 고대 '성인'이 '河圖'를 본받아 八卦를 제작하고 '洛書'를 본 받아 '九疇'를 제작한 바를 설명한 것이다.

　　'河圖'는 伏羲氏가 천하를 잘 다스리고 있을 때 龍馬가 황하로부터 출현하였는데, 그 용마의 몸에 있던 무늬를 법칙으로 삼아서 八卦를 그린 것을 말한다. '洛書'는 禹임금

이 황하의 범람을 막는 치수작업을 잘 하고 있을 때 출현한 神龜의 등에 있던 문채이니 즉 神龜 등에 배열되어 있던 九까지의 숫자를 말한 것으로, 禹가 결국 그것을 차례대로 九로 분류하였다. 『周易啓蒙・孔安國』

河圖・洛書는 고대인들이 『周易』卦形을 창작하던 과정상에서의 전설이자 『尚書・洪範』九疇의 창작과정에 관한 전설로서, '神龜'・'龍馬'에 가탁한 것은 두 서적에 대한 숭배심리를 불러들이기 위하여 그럴듯한 신화색체를 첨가한 것이라고 할 수 있다.

'圖'・'書'의 의미에 대해서는 다양한 의견이 제시되어 오고 있다. 그 가운데 참고할 만한 세 종류를 보면 다음과 같다.

① 『春秋緯』에 이르되 : '黃河는 乾과 통함으로써 즉 天苞(하늘의 근원)로부터 출현된 것이다. 洛水는 대지 위를 흐름으로써 대지위에 나타나는 상서로운 조짐을 토해 내고 있다.'고 했다. 황하는 龍圖를 출현시켰고 낙수는 龜書를 만들었다. 河圖는 9篇이고 洛書는 6篇이다. 즉 '河圖'・'洛書'는 모두 書名이라는 의미이다. 『集解・鄭玄』

② 송대 철학가들은 一에서 十까지를 사용하여, 一・六은 下側에 놓고 二・七은 上側에 놓고 三・八은 左側에 놓고 四・九는 右側에 놓고 五・十은 中央에 놓는 (이는 곧 五行數 방위이다.) 형식으로 배열하여 '河圖'라고 불렀다. 또한 一에서 九까지를 사용하여, 머리 위에는 九・발아래는 一・좌측에는 三・우측에는 七・어깨에는 二와 四・발에는 六과 八・중앙에는 五를 놓는 (이는 곧 九宮數 방위이다.) 형식으로 배열하여 이를 '洛書'라고 불렀다. 이 말로 河圖와 洛書는 圖形이라는 것을 알 수 있다. '五行數'・'九宮數'를 사용하여 이를 주관하게 하였다나 근거를 알 수 없는 바이니 따라서 후대 학자들 대부분은 믿지 않고 있다.

③ 『禮緯・含文嘉』에 이르되 : 伏羲氏의 덕이 上・下와 합일하자 天이 감응해줌으로써 鳥獸를 사용하여 文章(예악・제도)을 만들었고 地가 감응해줌으로써 河圖・洛書를 사용하여 『易』을 창작하였다. 『河圖挺輔佐』에 이르되 : '黃帝가 하늘에게 질문하자 하늘이 대답하되 : "黃河가 龍圖를 출현시키고 洛水가 龜書를 출현시킨 것은 帝錄을 기록한 것이고 聖人의 姓號를 열거한 것이다."고 했다.'고 했다. 이에 근거한다면 河圖와 洛書는 모두 伏羲시대에 나온 것이며 이를 법칙으로 삼아 卦를 그렸던 것이다. 『尚氏學』

四象 : 이는 위 문장 '兩儀·四象'의 '四象'과 의미가 같은 것으로 陰陽·老少 즉 七·八·九·六을 가리킨 것이자 또한 春夏秋冬·南北東西를 상징하는 것이라고도 할 수 있다.

莊氏가 이르되 : 六十四卦 가운데는 實象을 가진 것도 있고 假象을 가진 것도 있으며 義象을 가진 것도 있고 用象을 가진 것도 있음으로 四象이라고 했다. 何氏가 이르되 : 위 문장의 神物·變化·垂象·圖書 4가지를 말한 것이다. 孔氏는 '그렇게 생각하지 않는다.'고 하면서 다음과 같이 지적했다. 즉 辭(글·문장)는 이미 爻卦 아래에 있는 辭이고 또한 象은 爻卦의 象이다. 위로 兩儀가 四象을 낳는다고 한 것은 七·八·九·六을 말하는 것이다. 따라서 儒者들은 七·八·九·六이 된 것이 옳다고 생각하여 그를 따르고 있다. 尙선생은 이르되 : 七·八·九·六을 가리키는 것이 옳다. 七·八·九·六은 곧 남·북·동·서이고 곧 춘·하·추·동이다. 『正義』

【번역飜譯】

天數는 一이고 地數는 二이며 天數는 三이고 地數는 四이며 天數는 五이고 地數는 六이며 天數는 七이고 地數는 八이며 天數는 九이고 地數는 十이다. 공자가 이르되 : '『周易』은 무엇 때문에 이러한 天數·地數를 사용했을까? 그것은 성인이 (數理를 깊이 연구하여 筮法을 창조하여 사용해 나아왔다.) 사물에 대한 지혜를 펼치고 事務(맡아보는 일)를 성취시키면서 천하의 이치를 포용하는 데는 이 보다 더 좋은 것이 없다고 생각했기 때문이다.' 이로 인하여 성인은 『周易』의 이론을 사용하여 천하의 마음을 어우러져 막힘이 없게함으로써 천하의 사업을 확실하게 안정시켰으며 천하의 의심과 혼란함을 단호히 끊어 내었다. 이로 인하여 蓍數의 성질은 원만하게 소통될 뿐만 아니라 신령스럽고 기묘하며 卦體의 성질은 바르고 정중할 뿐만 아니라 밝고 지혜로우며 六爻의 뜻은 변화를 통하여 사람들에게 吉·凶을 알려주고 있다. 성인은 이를 사용하여 사람들의 마음을 세탁하여 정화시켰으며 물러나 그 공적을 은밀하고 깊은 곳에 숨겨두었으며(만물을 은밀하게 변화시켰으며) 吉·凶의 일은 백성들과 함께 근심하였으며, 신령스럽고 기묘하게 미래의 상황을 미루어 알게 하였으며 밝고 지혜로움으로써 지나간 이치를 품어 감추고 있었다. 일반 사람들 가운데 그 누가 이와 같은 일을 할 수 있었겠는가? 오로지 고대 총명하고 깊고 밝은 지혜를 가지고 신묘하고 용감함으로써 刑戮을 사용하지 않았던 군왕만이 비로소 이와 같이 할 수 있었던 것이다. 따라서 하늘의 도리에 대해 명확하게 이해할 수 있는 자만이 백성들의 상황을 샅샅이 살펴서 환하게 알 수 있으며 그리해야 만이 신묘한 蓍占의 사물을 성대하게 일으켜 세운 후 백성들이 사용할 수 있도록 (吉한 방향으로 나아가고 凶한 방향을 피하는 방법으로) 인도할 수 있는 바이다. 『周易』을 사용하여 몸을 깨끗이 다스리고 방심하지 않고 조심하는 것은 마침 그 도덕을 신묘하게 환히 드러내기 위한 것이 아니겠는가? 따라서 (『周易』에서는 陰·陽 변화의 살아나고 사라지는 이치를 구체적으로 실현하고 있다.) 대문을 닫는 것(만물을 포장하여 저장하는 것)을 坤이라고 지어 불렀고 대문을 여는 것(만물을 토해내어 살아가게 하는 것)을 乾이라고 지어 불렀으며 한번 닫고 한번 여는 것(교감으로 연결되는 것)을 變化라고 지어 불렀으며 오고 가는 변화의 무궁함을 會通(함께 어우러져 변화하면서 막힘이 없이 나아가는 것)이라고 지어 불렀으며, 변화의 상황이 분명하게 드러나는 것을 表象이라고 지어 불렀으며 변화하여 형체를 이루는 것을 器物이라고 지어 불렀으며 기물을 제조하여 사람들에게 공급하여 사용하게 하는 것을 倣效(모방)라고 지어 불렀으며 기물이 반복적으로 사용되면서 이로움이 터득되자 백성들이 모두 그것을 운용하는 것을 (그러나 그 내력은 알 수 없다.) 神奇라고 지어 불렀다. 따라서 『周易』의 창작에 앞서 (混沌未分의) 太極이 있었으며 太極은 (天地·陰陽) 兩儀를 낳았으며 兩儀는 (太陽·太陰·少陽·少陰) 四象을 낳았으며 四象은 (天·地·雷·風·水·火·山·澤) 八卦를 낳았으며, 八卦는 (八卦의 변화가 펼쳐지면) 吉·凶을 판단하여 결정지었으며 吉·凶을 판단하여 결정짓는다는 것은 곧 성대한 사업을 탄생시킨다는 의미이다. 따라서 자연을 모방하는 것으로는 天과 地 보다 더 훌륭한 것이 없으며, 변화 회통하는 것으로는 1년 사계절 보다 더 훌륭한 것이 없으며, 높이 매달린 표상에서 밝은 빛을 드러나는 것으로는 태양·달 보다 더 훌륭한 것이 없으며, 높이 존경하고 고상한 것으로는 富豪·榮貴 보다 더 훌륭한 것이 없으니, 실질적인 사물을 준비해 두고 백성들로 하여금 사용하게 하고 기구를 창작하여 천하 백성들을 편리하게 하는 자 성인 보다 더 훌륭한 자 없으며, 고상하고 의미가 깊어 이해하기 어려운 이치를 남몰래 탐색하여 깊은 곳과 먼 곳에 있는 사물까지 불러들이고 끌어 당겨서 도와주며 닥아 오는 천하의 吉·凶을 판단하고 확정하여 천하의 백성들이 부지런히 게으름을 피우지 않고 공업을 성취시켜 나아가는 바를 도와주는 것으로는 蓍占·龜卜보다 더 훌륭한 것이 없다. 따라서 하늘은 신기한 蓍草와 靈龜을 출현시켰고 성인은 그 것(卜·筮를 창립한 것)을 법칙으로 삼았으며, 天·地는 사계절의 변화를 출현시켰고 성인은 그 것을 모방하였으며(모방하여 刑·賞의 조목을 제정하였다.), 하늘은 태양·달·별 등의 表象을 매달고 있으면서 吉·凶의 징조를 드러냄으로써 성인은 그 것을 모방하였으며 (모방하여 天을 측정하는 儀器를 제작하였다.), 黃河가 龍圖를 출현시키고 洛水가 龜書를 출현시킴으로써 성인은 그 것(八卦와 九疇)을 법칙으로 삼았다. 『周易』이 四象(太陽·太陰·少陽·少陰)을 가지고 있는 것은 (변동하는 징조를) 드러내 보여 사용하게 하기 위한 것이고, 卦 아래에 복잡한 辭(글·문장)를 써놓은 것은 사람들에게 (변화하는 상황을) 알려주어 사용하도록 하기 위한 것이며, 문장 가운데 吉·凶의 점사를 확실하게 정해놓은 것은 (행사의 득실을) 판단하는데 사용하도록 하기 위한 것이었다.

【해설解說】

이상은 제 11장이다.

본 장에서는 『周易』의 占筮문제를 중요하게 다루었다. 문장 가운데는 먼저 '天'·'地'·'奇數'·'耦數'로부터 占筮의 '효용'을 끌어 들인 후 이어서 '乾'·'坤'의 덕으로 돌아서 거슬러 올라갔으며 다시 '太極'·'兩儀'·'四象'·'八卦'의 衍生原理로 돌아서 거슬러 올라간 후 최종적으로 '蓍占'·'龜卜'의 정밀하고 오묘한 이치를 함께 논하였으며 말미에는 '辭(글)'·'象'을 사용하여 '吉'·'凶'을 결단하는 것으로 마무리 지었다.

그 가운데 '卜'·'筮'의 작용을 과장하거나 신격화한 것은 사용해서는 진정 안 될 것이다. 이한 현상은 다른 장절에서도 역시 다소 존재하는 바이니 독자들은 마땅히 감정하고 분별하여야 할 것이다.

그러나 '太極' 문제를 논급할 때, 진상이 숨김없이 노출된 우주생성과 관계있는 소박한 인식론에 대해서는 오히려 고대인들이 가지고 있던 일정한 부분의 유물성분을 담고 있는 자연관을 고찰하고 탐색할 가치는 있다고 보는 바이다.

제 12 장

『易』曰:'自天祐之, 吉无不利.' 子曰:'祐者, 助也. 天之所助者, 順也; 人之所助者, 信也. 履信思乎順, 又以尙賢也, 是以"自天祐之, 吉无不利"也.'

子曰:'書不盡言, 言不盡意.' 然則聖人之意其不可見乎? 子曰:'聖人立象以盡意, 設卦以盡情僞, 繫辭焉以盡其言, 變而通之以盡利, 鼓之舞之以盡神.' 乾坤, 其『易』之縕邪? 乾坤成列, 而『易』立乎其中矣; 乾坤毁, 則无以見『易』;『易』不可見, 則乾坤或幾乎息矣. 是故形而上者謂之道, 形而下者謂之器, 化而裁之謂之變, 推而行之謂之通, 擧而錯之天下之民謂之事業. 是故夫象, 聖人有以見天下之賾, 而擬諸其形容, 象其物宜, 是故謂之象. 聖人有以見天下之動, 而觀其會通, 以行其典禮, 繫辭焉以斷其吉凶, 是故謂之爻. 極天下之賾者存乎卦; 鼓天下之動者存乎辭; 化而裁之存乎變; 推而行之存乎通; 神而明之存乎其人; 黙而成之, 不言而信, 存乎德行.

【주석註釋】

自天祐之, 吉无不利 : 이는 ≪大有≫上九爻辭이다. 아래에서는 공자의 말을 인용하여 '祐'字의 의미를 먼저 해석한 연후에 '信'·'順'·'尙賢'을 사용하여 爻의 뜻을 밝혀 드러내었다. 본 절의 문자는 마치 上下文과 서로 연속되지 않는 듯하다. 따라서 『本義』에서 '아마도 뒤섞인 듯하니, 제 8장 말미에 있는 것이 옳을 것이다.'고 했다.

書不盡言, 言不盡意 : '書'는 '書面의 문자(글)' 즉 『正義』에서 말하는 '書錄'을 의미한다. '意'는 '사상'을 뜻한다.

　　이 두 구절은 공자의 말을 인용하여 '문자와 언어·언어와 사상 사이의 거리'를 설명하면서 다음문장을 일으키는 역할을 한다.

　　글은 언어를 기록한 것이나 언어는 너저분하고 좀스럽다. 가령 楚나라가 중원의 나라와 같지 않았던 것은 언어는 있었으나 문자가 없었기 때문이었다. 비록 書錄을 하고자 했을지라도 그 언어를 남김없이 모두 표현할 수가 없었으니 따라서 '書不盡言'이라고 했다. 또한 이르기를 : '뜻이 깊고 원대하고 섬세함을 가지고 있다고 할지라도 언어로 다 표현할 수가 없으니 이를 言不盡意이라고 했다.'고 했다. 『正義』

　　『正義』에서는 아래 문장 '然則, 聖人之意其不可見乎?' 두 구절을 함께 공자의 언어라고 보았다.

立象以盡意, 設卦以盡情僞 : '情僞'는 '眞情'과 '虛僞'를 가리킨 것이다.

　　이 두 구절은 『周易』의 특징은 '언어를 사용하여 완전하게 서술할 수 없는 깊은 의미를 표현해 내고 있다.'는 것, 즉 '사물의 내재적 정황까지도 모두 들쳐 내어 보여 주고 있다.'는 바를 설명한 것이다.

　　뜻으로는 완전하게 표현될 수 없는 것도 卦는 완전하게 표현할 수 있으며, 언어로는 완전하게 표현할 수 없는 것도 象은 완전히 환하게 드러낼 수 있다. 따라서 '立象以盡意, 設卦以盡情僞.'라고 했다. 『正義』

變而通之以盡利 : 이는 변통하는 '三百八十四爻가 만물에 이로움을 베푼다.'는 바를 가리킨 것이다.

鼓之舞之以盡神 : '鼓之舞之'는 '격려하면서 밀어 올리면서 움직이게 한다.'는 의미이다.

　　이 구절은 『周易』의 사상은 만물을 격려하고 용기를 북돋워 줌으로써 '그 신묘함을 남김없이 드러내게 하고 있다.'는 바를 설명한 것이다.

　　이 한 구절은 '立象盡意·繫辭盡言'의 아름다움을 총 결산해 주는 문장이다. 성인이 象을 세워 그 의미를 남김없이 알려 주었을 뿐만 아니라 繫辭 즉 그 글(언어)을 사용하여 완전하게 표현해 냄으로써 백성들의 마음을 글로 교화시킬 수 있었다. 이로 인해 백성들의 마음이 저절로 흔쾌히 순종적으로 된 것이 마치 용기가 북돋워 진 것과 같았으니 즉 천하가 이를 따랐으니 신묘함이 다하지 않았다면 그 누가 이와 같이 할 수 있었겠는가?『正義』

乾坤, 其『易』之縕邪: '縕'은 '蘊', 즉 '精蘊(정기가 정성스럽게 쌓인다.)'의 의미이다. 『韓注』에 '縕은 심오하다.'는 의미라고 했다. 이하 여덟 구절 또한 '乾'·'坤' 의미의 중요성을 밝혀 논술한 것이다.

이는『易』은 '乾·坤에 뿌리를 두고 편찬을 했다.'는 바를 밝힌 것이다. 만약 乾·坤이 존재하지 않았다면『易』道는 일어날 곳(싹 틔울 곳)을 찾을 수 없었을 것이니 따라서 '乾·坤은『易』道가 그 정기를 정성스럽게 쌓아놓고 있는 근원이다.'고 했다. 이는 '『易』은 하천과 고을이 깊숙이 잘 보이지 않는 곳에 있는 것과 같다.'는 의미이다.『正義』

乾坤毁, 則无以見『易』; 『易』不可見, 則乾坤或幾乎息矣: '幾'는 '접근하다'는 의미이다. '息'은 '그치다'는 의미이다.

이 네 구절은 순환논증 법을 사용하여 '『周易』의 변화이치와 乾·坤의 化育공능은 서로 의지하면서 작용하는 관계이다.'는 바를 설명한 것이다. 진일보하여 위문장 '乾坤爲『易』之縕'의 논점을 설명하고 있다.

『易』은 乾·坤으로부터 나왔으니, 乾·坤이 만약 결점이나 훼손됨이 있다면『易』道도 병이 생길 것이니 따라서 '无以見『易』'이라고 했다. 만약『易』道가 훼멸되거나 병이 생긴다면 그 변화의 이치를 드러낼 수가 없기 때문에 乾·坤 역시 병이 생기거나 종종 멈추게 될 것이다.『正義』

形而上者謂之道, 形而下者謂之器: '形'은 '사물의 형체'를 의미한다. '道'는 형체운동을 주도하는 정신인소 즉『周易』의 '陰陽變化理致' 같은 것을 가리킨다. '器'는 형체를 표현하는 물질상태 즉 '六十四卦 三百八十四爻의 구성형식'을 가리킨다.

이 두 구절은 '道·器' 범주를 제시하면서 '形' 위에 있는 추상적인 '道'와 '形' 아래에 있는 ('形'은 내면에 있는 것을 포함한다.) 구체적인 '器'를 설명한 것이다. 그 목적은 '道는 器를 지시인도하고 器는 道에 의지하여 작용한다.'는 변증관계를 밝혀서 논증하는데 있다. 따라서 아래 문장에서 '化裁는 變을 낳고(生) 推行은 通에 이르게 한다(致).'는 식으로 발전시켰다.

> 道는 형체의 위에 있는 것이고 형체는 道의 아래에 있는 것이다. 따라서 형체 밖으로부터 이미 위에 있는 것을 道라고 부르고 형체 안으로부터 아래에 있는 것을 器라고 부른다. 형체가 비록 道와 器 두 경계 사이에 거처한다고는 할지라도 형체는 器에 있는 것이지 道에 있는 것은 아니다. 이미 '形質(형체와 성질)이 있다.'는 것은 '도구로 사용할 수 있다.(器用)'는 것이다. 따라서 '形而下者謂之器'라고 했다. 『正義』

化而裁之謂之變 : '化'는 '化變' 즉 '서로 감응하면서(交感) 만물을 만들어 자라게(化育) 한다.'는 의미이다. '裁'는 '裁節' 즉 '마름질을 절도 있게 한다.'는 의미이다.

이 구절은 위문장을 이어서 '道'·'器'의 상호작용, 즉 『易』道는 剛·柔의 '器'로 하여금 서로 감응하여 만물을 만들어 자라게 할 뿐만 아니라 剛·柔가 서로 감응하여 만물을 만들어 자라게 하는 가운데 역시 '道'를 순환시키고 마름질을 절도 있게 한다는 것, 이것이 곧 『周易』의 變이다.'는 바를 설명한 것이다.

> 剛·柔를 化變시키면서 만물을 마름질하니 따라서 이를 變이라고 한다. 『集解·翟玄』

推而行之謂之通 : 이 구절은 앞 구절과 긴밀하게 연결된 것으로, '變의 규율을 따라 밀어 올리면서 널리 퍼져 나아가게 하는 것을 곧 通이라고 한다.'는 바를 설명한 것이다.

> 變에 올라타고 나아가는 자 통하지 않는 자 없다. 『韓注』

擧而錯之天下之民謂之事業 : '擧'는 '挐(拿)' 즉 '서로 끌어당긴다.'는 의미이다. '錯'은 '置' 즉 '두다'·'정해진 곳에 놓다.'는 의미이다.

이 구절은 '形而上' 이하 네 구절의 의미를 총결산한 것으로, 『周易』 가운데서 구체적으로 실현되고 있는 '道'·'器'·'變'·'通'의 원리를 천하백성들과 주고 받는다면 '사업을 성취시킬 수 있을 것이다.'는 바를 설명한 것이다.

變通으로 이루어진 극진한 이로움과 象을 관찰하여 제작된 도구들, 그것을 천하 백성들에게 베풀어 백성들 모두가 그것을 활용한다면 곧 사업은 성취되는 바이다. 『集解·陸績』

是故謂之爻 : '聖人有以見天下之賾'으로부터 이곳까지, 즉 아홉 구절은 제 8장의 문장과 중복되고 있다.

「繫辭」는 '문인들이 공자의 말을 雜記한 것이다.'·'한 사람의 손에 의해 이루어진 것이 아니다.'는 것을 알 수다. 『尙氏學』

이는 '象을 제작하여 뜻을 남김없이 표현한 것과 卦를 세워서 진실과 허위를 남김없이 밝혔다.'는 바를 설명한 것이다. 『集解·陸績』

아래에서 이르기를 : '極天下之賾存乎卦, 鼓天下之動者存乎辭.(천하의 고상하고 심오한 진리를 지극히 한 것은 卦에 담겨있고 천하의 움직임을 격려한 것은 辭(글)에 실려 있다.)'라고 했다. 이러한 까닭으로 다시 그 문장을 인용하였다. 『正義』

鼓天下之動者乎辭 : '천하의 움직임을 격려했다.(鼓天下)'는 것은 '천하를 격려했다.(천하의 백성들을 부추겨 용기를 생기게 했다.)'는 의미이다.
이 구절은 卦辭와 爻辭가 이미 吉·凶·得·失을 알려주고 있다는 것 즉 그 의미가 천하를 충분히 격려하여 움직이게 함으로써 '백성들로 하여금 힘차게 분발하게 한다.'는 바를 설명한 것이다.

'鼓'는 천하의 움직임을 '세차게 일으킨다.'는 의미이다. 움직임은 得·失을 가지고 있는데 그것이 卦辭와 爻辭에 담겨있으니 따라서 '卦辭와 爻辭를 관찰하면 得·失을 알 수 있다.'는 의미이다. 『正義』

默而成之, 不言而信, 存乎德行 : 이는 『易』을 배우는 자가 만약 아름다운 '덕행'에 확신을 세운다면 반드시 잠잠히 은밀하게 숨어서 수행할 수 있어 성공할 것이며 '말을 하지 않아도 저절로 타인들로부터 신임을 얻을 수 있다.'는 바를 설명한 것이다.

만약 어질고 두터운 행실(德行)을 실천하는 자라면 즉 잠잠히 은밀하게 덕행을 성취시킬 것이며 말을 하지 않아도 신임을 얻을 것이나 만약 德行을 실천하지 않는 자라면 그러하지 못할 것이다. 『正義』

군자가 『易』을 배우면 잠잠히 은밀하게 德行을 성취시키는 것을 귀히 여기게 될 것이다. 『重定費氏學』

【번역飜譯】

『周易』 《大有》 上九爻辭에 이르되 : '하늘 위로부터 아래로 내려와서 도와주니 길하며 이롭지 않는 바가 없을 것이다.'라고 했다. 공자는 이에 대해 '神이 도와준다는 것은 곧 돕는다는 의미이다. 하늘이 도와주는 자는 正道에 순종하는 자이며, 사람이 돕는 자는 정성과 믿음을 돈독하게 지켜 나아가는 자이다. 정성과 믿음을 실천하는 자라면 시시때때로 정도에 순종하는 것을 고려할 뿐만 아니라 또한 현인을 존경하고 받들 수 있는 자이기 때문에 "하늘 위로부터 아래로 내려와서 도와주니 길하며 이롭지 않는 바가 없을 것이다."'라고 해석했다. 공자가 이르되 : '서면 상의 문자는 작자의 언어를 완전하게 표현할 수 없으며 언어는 사람의 사상을 완전하게 표현할 수 없다.'라고 했으니, 그렇다면 성인의 사상은 구체적으로 실현될 수 있는 방법이 없다는 말인가? 공자가 다시 이르되 : '성인은 상징 법을 만들어 그의 사상을 완벽하게 표현했으니, 六十四卦를 제작하여 만물의 진실과 허위를 완전하게 반영했으며 卦 아래다 글을 지어 붙여서 그의 언어를 완벽하게 표현했을 뿐만 아니라 變化會通하는 데 (三百八十四爻를) 사용하여 만물에 이로움을 완벽하게 베풀었으니, 이러함이 곧 천하를 격려하여 움직이게 함으로써 『周易』의 신기한 이치를 완벽하게 발휘할 수 있게 하였다.'고 했다. 《乾》·《坤》 두 卦는 응당히 『周易』의 정기가 축적되어 있는 곳이 아니겠는가? 乾·坤이 창설된 후 上·下로 나누어지자 『周易』이 그 가운데에 확고히 세워졌으니, 만약 乾·坤의 상징성이 훼멸되었다면 『周易』을 출현시키지 못했을 것이었고, 『周易』이 출현되지 않았다면 乾·坤이 만물을 살아나게 하고 성장시켜 나아가는 이치는 거의 정지되었을 것이다. 따라서 형체의 위에 있는 (정신인소) 것을 '道'라고 부르고 형체의 아래에 있는 (물질상태) 것을 '器'라고 부르며, 양자의 작용은 사물이 서로 감응하여 화육하는 것을 인도하여 지극함에 이르게 할 뿐만 아니라 상호 분별하고 절제하게 함으로써 '變'이라고 부르며 변화를 따라서 순응하며 넓게 밀어 올릴 뿐만 아니라 널리 퍼져 나아가게 함으로써 '通'이라고 부르니, 이러한 이치를 천하백성들에게 나누어 주어 (천하백성들과 주고받으면서) 사용하는 것을 '事業'이라고 부른다. 이로 인하여 '象'이라는 것은, 즉 성인이 천하의 고상하고 심오하여 잘 드러나지 않는 이치를 드러나게 한 것이자 그것을 구체적인 형상용모에 비유하여 헤아리게 한 것으로 상징하는 특정한 사물을 사용하여 적당한 의미를 부여한 것이니 따라서 '象'이라고 불렀다. 성인이 천하의 만물이 운동을 멈추지 않는 그 가운데서 회합하고 변통하는 것을 관찰하여 드러내어 典法과 禮儀를 시행하는데 이롭게 함과 아울러 (六十四卦 三百八十四爻 아래에다) 글을 써 놓고 사물 변동의 吉·凶을 판단하게 하였으니 따라서 그를 '爻'라고 불렀다. 천하의 지극히 고상하고 심오하여 이해하기 어려운 이치는 卦形에서 상징적으로 나타나게 했고, 천하의 백성을 격려하여 힘차게 움직이게 하는 것은 卦辭와 爻辭에 정밀한 의미로 표현해 놓았으며, 만물이 서로 감응하여 화육하는 것을 촉진시킬 뿐만 아니라 서로 절제하는 것은 변동으로 표현해 놓았으며 만물로 하여금 변화에 순응하여 따르면서 넓게 밀려 오르게 할 뿐만 아니라 널리 퍼져 나아가게 하는 것은 會通으로 표현해 놓았으며, 『周易』의 신기한 이치로 하여금 분명하게 드러나게 하는 것은 『周易』을 운용하는 사람에게 머무르게 하였으며, (『易』을 배우는 사람은) 잠잠히 남몰래 숨어서 수양하면서 성취시켜 나아가는 것이니 모름지기 말을 하지 않아도 사람들에게 믿음을 얻는 것은 아름다운 도덕품행에 머무르기 때문이다.

【해설解說】

이상은 제 12장이다.
본 장은 다음 세 부분으로 나누어 서술했다.

①『周易』의 '象을 만들어 뜻을 남김없이 표현했으며 글을 엮어서 진실과 허위를 남김없이 밝혔다.(立象盡意, 繫辭盡情僞)'는 특징을 밝혀 서술했다
② '道'·'器'의 범주를 제시했다.
③『易』을 배우는 자들은 당연히 '덕행에 머무르게 된다.(存乎德行)'는 것을 서술했다.

문장 가운데 '글로는 언어(말)를 다 표현하지 못하고 언어로는 뜻을 다 표현하지 못한다.(書不盡言, 言不盡意)'는 관점은 文學修辭이론 시각에서 본 것으로 일정한 변증인소를 함유하고 있다. '形上'·'形下'의 '道'·'器'說은 고대 철학사 가운데 비교적 큰 영향력을 끼쳤다고 할 수 있다. 그러나 宋·明 이후 '道'·'器'의 논쟁은 왕왕 「繫辭傳」의 본뜻과 완전히 일치하게 전개된 것은 아니었기 때문에 절대적으로 동등하게 대우해서는 안 될 것이다.

全章은 '덕행'을 결론으로 수렴하였다. 즉 선현들은 『易』을 공부하면 응당히 '도덕품행을 수양하는 것을 근본으로 삼게 된다.'는 깊은 뜻을 제시하고 있다.

> 胡炳文이 이르되 : 마음에서 얻어지는 것은 德이며 몸에서 실천되는 것은 行이다. '『易』이 사람에게 존재한다.'는 것은 대체로 '마음과 몸에 존재해 있다.'는 것이니, 단지 글과 말에서만 존재한다는 것은 아니지 않겠는가? 『周易本義通釋』

【繫辭上傳】 요점·관점

「繫辭傳」은 上傳·下傳으로 나눈다.

상편은 '无'을 밝혔다. 따라서 『正義』에서 何氏의 말을 인용해 이르되 : '『易』은 太極을 가지고 있으며 太極이 곧 "无"이다.'라고 했다. 또한 이르되 : '성인은 이를 사용하여 마음을 깨끗이 씻어내며 물러나 은밀한 곳에 감추어 두니 이것이 无이다.'라고 했다. 하편은 '幾(기미)'를 밝혔다. '无'로부터 나와서 '有'로 들어가는 까닭에 '그 신비로운 기미를 알 것인져!'라고 했다. 이는 일종의 설법이다. 또한 혹자의 말을 인용해 이르되 : '상편은 『易』의 큰 이치를 논했고 하편은 『易』의 작은 이치를 논했다.'고 했다. 이 또한 일종의 설법이다. 『正義』

「繫辭上傳」은 12장으로 구성되었으며 '乾坤易簡'에서 시작하여 學『易』'存乎德行'으로 마무리 하였다. 매 장은 대체로 모두 모종의 한 시각에 편중하여 서술하였다.

정체적으로 본다면, 그 내용은 마침 주자가 말한 '어떤 것은 조화와 『易』을 말하였고 어떤 것은 『易』과 조화를 말하였다. 이 이론을 벗어나지 못하였다. 『朱子語類』'고 한 것과 같다.

오늘날의 화법을 사용해 본다면, 곧 『易』理를 자연계의 발전규율과 동일하게 결합해서 탐색하고 토론한 것으로 작자의 철학관점을 구체적으로 표현하고 있다. 이는 「繫辭傳」上傳·下傳의 일반규칙이다.

繫辭下傳

제1장

八卦成列, 象在其中矣; 因而重之, 爻在其中矣; 剛柔相推, 變在其中矣; 繫辭焉而命之, 動在其中矣. 吉凶悔吝者, 生乎動者也; 剛柔者, 立本者也; 變通者, 趣時者也. 吉凶者, 貞勝者也; 天地之道, 貞觀者也; 日月之道, 貞明者也; 天下之動, 貞夫一者也. 夫乾, 確然示人易矣; 夫坤, 隤然示人簡矣. 爻也者, 效此者也; 象也者, 像此者也. 爻象動乎內, 吉凶見乎外; 功業見乎變, 聖人之情見乎辭. 天地之大德曰生, 聖人之大寶曰位. 何以守位? 曰仁. 何以聚人? 曰財. 理財正辭·禁民爲非曰義.

【주석註釋】

八卦成列, 象在其中矣 : 이 두 구절은 '八卦'는 '『周易』이 만물을 상징하는 기본卦形으로 사용되었다.'는 바를 설명한 것이다.

'八卦'가 각각 '순서대로 자신의 자리를 잡고 있다.'는 것은 곧 '만물의 象은 그 八卦 가운데 있다.'는 의미이다. 『正義』

剛柔 : 陰爻·陽爻를 의미한다.

剛·柔는 곧 陰·陽이다. 그것의 氣로 논한다면 곧 陰·陽이라고 하고, 그것의 體로 논한다면 곧 剛柔라고 한다. 『正義』

繫辭焉而命之, 動在其中矣 : '命'은 '알리다(告)'는 의미이다. '動'은 '적당한 시점을 따라서 변화하면서 움직인다.'는 바를 가리킨 것이다.

　　이 두 구절은 卦辭와 爻辭는 吉·凶을 밝혀 알려주니, 그에 의거하여 '적당한 시점을 따라서 변화하면서 움직인다.'는 바를 설명한 것이다.

剛柔者, 立本者也 : '立本'은 '한 卦의 근본을 확실하게 세웠다.'는 의미이다.

變通者, 趣時者也 : '趣時'는 '적당한 시기를 향해 나아간다.'는 의미이다.

　　剛·柔의 氣는 改變하고 會通하니 따라서 적당한 시기를 향해서 나아간다. 『正義』

吉凶者, 貞勝者也 : '貞'은 '바르다(正)'는 의미이다.

　　이 두 구절은 『周易』이 제시하는 吉·凶 상황은 '바른 도를 지켜 나아가는 자들은 모두 승리를 획득한다.'는 말을 전하는데 목적을 두고 있다. 즉 바르게 행동하지 않으면 얻은 '吉도 장차 凶으로 전환된다.'는 것과 바른 도를 지켜 나아가면 '凶은 吉로 전환된다.'는 의미이다.

天地之道, 貞觀者也 : '觀'은 '우러러 바라본다.'는 의미이다. '貞觀'은 '바른 도를 지켜 나아가면 사람들에 의해 존경받을 뿐만 아니라 우러러 받들어 진다.'는 바를 가리킨 것이다.

　　天·地는 바르기 때문에 우러러 받들어지는 것이니 따라서 道가 되었다. 『集解』

日月之道, 貞明者也 : '貞明'은 '바른 도를 지켜 나아가면 곧 밝고 환하게 된다.'는 의미이다.

　　태양과 달이 '바르다'는 것은 '밝게 비추는 것을 道로 삼았기 때문이다.' 『集解·陸績』

天下之動, 貞夫一者也 : '一'은 '하나에 전념 한다'·'한 결 같이 변하지 않는다.'는 의미이다. '貞夫一'은 '한 결 같이 바른 도를 지켜 나아간다.'는 의미이다.

    天·地·日·月 이외, 天下萬事의 움직임은 모두 純一(꾸밈과 거짓이 없다.)에 올바름을 세웠다. 만약 純一을 얻으면 움직이는 것이 그 본성을 성취시킬 수 있고 만약 純一을 상실하면 움직이는 것이 그 이치에 어긋나게 된다. 천하의 '움직임이 바르다.'는 것은 '純一에 존재한다.'는 의미이다. 『正義』

夫乾, 確然示人易矣; 夫坤, 隤然示人簡矣 : '確'은 '튼튼한 모습' 즉 '강건한 모양'을 의미한다. '隤'는 '유순한 모양'을 의미한다.
  이 네 구절은 「繫辭上傳」의 '乾坤·易簡'의 의미로서, 이곳에서는 앞 문장 '貞一'을 받들어 일어났으며 '乾은 剛에 근본을 두고 坤은 柔에 근본을 둔다.'는 바를 설명하면서 사람들에게 '易'·'簡'을 사용하여 보여주었다.

    '確'은 '강건한 모양'이고 '隤'는 '유순한 모양'이다. '乾'·'坤'은 모두 영구히 그 德에 근본을 두며 사물은 그들로 말미암아 이루어지니(완성되니) 따라서 '易'·'簡'이라고 했다. 『韓注』

爻也者, 效此者也; 象也者, 像此者也 : 이 네 구절은 '爻는 사물의 움직임을 본 뜬 것이다.'·'象은 사물의 형태를 본 뜬 것이다.'는 바를 설명한 것이다.
爻象動乎內, 吉凶見乎外 : '內'는 '卦內'를 가리킨다. '外'는 '卦外'를 가리킨다.

    爻는 象과 함께 卦의 안에서 발동하며 그 爻象의 吉·凶은 卦의 밖에서 출현하여 사물의 위에서 존재한다. 『正義』

功業見乎變 :

    功業은 변화로 말미암아 일어나는 것이니 따라서 변화에서 출현되는 것이다. 『韓注』

天地之大德曰生 : '生'은 '만물은 변화하면서 살아 나아간다.(化生)'는 의미이다.

　　　　天地의 왕성한 德은 항상 살아 나아가게 하는 것이니 따라서 '曰生'이라고 했다. 만약 항상 살아 나아가게 하지 않는다면 德은 큰 것이 아니다. 그것이 만물을 항상 살아 나아가게 함으로써 '大德'이라고 했다. 『正義』

聖人之大寶曰位 : '大寶'는 '중대하고 진귀한 보물'을 의미한다. 다음 글자 '位'에 비유한 것이다.

　　　　성인이 큰 보물처럼 사랑하는 것은 유용한 지위에 처하는 것이다. 지위는 유용한(이용할 수 있는) 신분(직책)을 말하고 보물은 유용한 사물이니 만약 고귀한 지위에 처한다면 끝없이 넓게 유용할 수 있음으로써 '大寶'라고 했다. 『正義』

何以守位? 曰仁 : '仁'은 '인자한 사람'을 의미한다.
　　이 구절은 '고귀한 지위(盛位)'를 지켜 나아가기 위해서는 '반드시 賢仁한 품 덕을 지닌 사람에게 의지해야 한다.'는 바를 설명한 것이다.

理財正辭・禁民爲非曰義 : '理財'는 '재물을 잘 다스려 유용한 방향에 사용한다.'는 의미이다. '正辭'는 '언어를 단정하게 하여 그것을 잘 사용하여(발동시켜) 다스린다.'는 의미이다. '義'는 '마땅하다(宜)'는 의미이다.
　　이 구절은 앞 문장에 대한 회답으로서, 반드시 '재물을 잘 다스리고 언어를 단정하게 잘 사용한다면 백성들이 잘못을 저지르지 않게 할 수 있다.' 그렇게 해야 만이 비로소 '사람들을 모을 수 있고'・'지위를 지켜 나아갈 수 있고'・'天地의 大德'에 합일할 수 있어 '성인의 공업을 성취시킬 수 있다.'는 바를 설명한 것이다.

　　　　성인이 그의 '재물을 다스린다.'는 것은 그것을 '절도있게 사용한다.'는 의미이며, 號令(지휘하고 명령 하거나 큰 소리로 꾸짖는 행위)하는 언사를 바르게 교정한 후 그것을 사용하여 다스려야 할 것이며, 그 백성들을 만류하여 방자한 일을 못하게 하고 그들로 하여금 악행을 못하게 하는 것 이를 '義'라고 한다. '義'라는 것은 '옳다'는 의미이며 '義를 행한다.'는 것은 그가 '올바름을 구체적으로 실천한다.'는 의미이다. 『正義』

【번역飜譯】

　　八卦가 처음 완성되었을 때 그 위치를 순서대로 나열시킴으로써 만물의 상징성이 모두 그 가운데 있게 하였으며, 八卦를 토대로 중복시켜 六十四卦를 만들자 三百八十六爻 모두가 그 가운데 있게 되었고, 剛爻와 柔爻가 서로 밀어 올리면서 이동함으로 변화하는 이치 역시 모두가 그 가운데 있게 되었으며, 卦와 爻 아래에다 글을 지어 붙여서 吉·凶을 밝혀 알려 주었을 뿐만 아니라 적당한 시기를 따라서 변화하며 움직이는(變動) 규율도 모두 그 가운데에 있게 하였다. 吉·凶·悔·吝은 변화하며 움직이는 가운데서 출현하는 것이며, 陽剛·陰柔는 한 卦를 견고하게 세우는 근본이 되며, 變化會通한다는 것은 적당한 시기를 향해 나아간다는 의미이다. 吉·凶의 규율이란 바른 도를 지켜 나아가면 승리를 얻을 수 있다는 바를 설명한 것이며, 天地의 이치란 바른 도를 지켜 나아가면 사람들에 의해 추앙을 받을 수 있다는 바를 설명한 것이며, 日(태양)月(달)의 이치란 바른 도를 지켜 나아가면 환하게 밝게 될 수 있다는 바를 설명한 것이며, 천하의 변동이란 만물은 모두 응당히 한 결 같이 바른 도를 지켜 나아갈 수 있다는 바를 설명한 것이다. 乾의 특징은 견고하고 튼튼하여 강건하며 쉬운 것을 사람들에게 분명하게 보여주는 것이며, 坤의 특징은 유순하고 부드러우며 간단한 것을 사람들에게 분명하게 보여주는 것이다. 爻는 곧 이 사물의 변동을 본뜬 것이고, 象은 곧 이 사물의 상태를 본 뜬 것이다. 爻·象은 卦 안에서 발동하고 吉·凶은 卦 밖에서 구체적으로 실현되며, 사업을 일으켜 세우는 功績은 변동에서 구체적으로 실현되며 성인의 뜻은 卦辭·爻辭에서 구체적으로 실현되고 있다. 天·地의 넓은 덕과 은택은 변화하면서 살아 나아가는 것(化生)이며 성인의 중대하고 진귀한 보물은 고귀한 직위이다. 무엇을 사용하여 고상한 직위를 견고하게 지켜 나아갈 것인가? 仁人을 사용해야 한다. 무엇을 사용하여 仁人을 모을 것인가? 財物을 사용해야 한다. 재물을 관리하고 언어를 단정하게 하여 백성들이 법도를 혼란스럽게 하지 못하도록 막는 것이 곧 의리에 합일하는 일이다.

【해설解說】

　　이상은 제 1장이다.

「繫辭下傳」의 章數는 周氏와 莊氏가 9장으로 나눈 것에 근거했다. 『正義』

그러나 현재는 주자가 『本義』에서 12장으로 나눈 것을 따르고 있다.

본 장에서는 卦爻의 변동과 吉·凶의 중요한 의미에 대해 광범하게 언급함과 아울러 '功業을 창조하고 발전시키는 일' 그리고 '貞'의 뜻에 대해 특별히 강조했다.

기본 내용면으로 본다면, 본장은 「繫辭下傳」의 시작으로서 上傳의 뜻을 계승하여 下傳을 열어주는 작용을 했다.

제 2 장

^{고 자 포 희 씨 지 왕 천 하 야　　앙 즉 관 상 어 천　　부 즉 관 법 어 지　　관 조 수 지 문　여}
古者包犧氏之王天下也, 仰則觀象於天, 俯則觀法於地, 觀鳥獸之文, 與

^{지 지 의　　근 취 제 신　　원 취 제 물　　어 시 시 작 팔 괘　　이 통 신 명 지 덕　　이 류 만 물 지}
地之宜, 近取諸身, 遠取諸物, 於是始作八卦, 以通神明之德, 以類萬物之

^{정　　작 결 승 이 위 망 고　　이 전 이 어　　개 취 제　이　　포 희 씨 몰　신 농 씨 작　　착 목}
情. 作結繩而爲罔罟, 以佃以漁, 蓋取諸《離》. 包犧氏沒, 神農氏作, 斲木

^{위 사　　유 목 위 뢰　　뇌 누 지 리　　이 교 천 하　　개 취 제　익　　일 중 위 시　　치 천 하 지}
爲耜, 揉木爲耒, 耒耨之利, 以敎天下, 蓋取諸《益》. 日中爲市, 致天下之

^{민　　취 천 하 지 화　　교 역 이 퇴　　각 득 기 소　　개 취 제　서 합　　신 농 씨 몰　　황 제　요}
民, 聚天下之貨, 交易而退, 各得其所, 蓋取諸《噬嗑》. 神農氏沒, 黃帝·堯

^{순 씨 작　　통 기 변　　사 민 불 권　　신 이 화 지　　사 민 의 지　　　역　궁 즉 변　　변 즉 통　통}
·舜氏作, 通其變, 使民不倦; 神而化之, 使民宜之. 『易』窮則變, 變則通, 通

^{즉 구　시 이 '자 천 우 지　　길 무 불 리.' 황 제　요　순 수 의 상 이 천 하 치　　개 취 제}
則久, 是以 '自天祐之, 吉无不利.' 黃帝·堯·舜垂衣裳而天下治, 蓋取諸

^{건　　　곤　　고 목 위 주　　염 목 위 즙　　주 즙 지 리 이 제 불 통　　치 원 이 리 천 하}
《乾》·《坤》. 刳木爲舟, 剡木爲楫, 舟楫之利以濟不通, 致遠以利天下,

^{개 취 제　환　　복 우 승 마　　인 중 치 원　　이 리 천 하　　개 취 제　수　　중 문 격 탁　이}
蓋取諸《渙》. 服牛乘馬, 引重致遠, 以利天下, 蓋取諸《隨》. 重門擊柝, 以

^{대 포 객　　개 취 제　예　　단 목 위 저　　굴 지 위 구　　구 저 지 리　　만 민 이 제　　개 취 제}
待暴客, 蓋取諸《豫》. 斷木爲杵, 掘地爲臼, 臼杵之利, 萬民以濟, 蓋取諸

≪小過≫. 弦木爲弧, 剡木爲矢, 弧矢之利, 以威天下, 蓋取諸≪睽≫. 上古穴居而野處, 後世聖人易之以宮室, 上棟下宇, 以待風雨, 蓋取諸≪大壯≫. 古之葬者, 厚衣之以薪, 葬之中野, 不封不樹, 喪期无數, 後世聖人易之以棺椁, 蓋取諸≪大過≫. 上古結繩而治, 後世聖人易之以書契, 百官以治, 萬民以察, 蓋取諸≪夬≫.

【주석註釋】

包犧氏 : 古書에는 '伏羲'·'伏犧'로 많이 출현되고 있으며 '庖犧'·'伏戲'·'犧皇'·'皇羲'라고도 부른다. 전설 가운데 원시 早期사회의 인물이다. '복희'·'포희'를 일설에는 '태호(太皞)'라고도 한다.

輿地之宜 : 이는 '땅 위에서 존재하는 여러 종류의 사물은 생존여건이 적합한 곳에서 살아 나아가고 있다.'는 의미이다.

以通神明之德, 以類萬物之情 : '類'는 動詞로서 '바르게 분류한다.(類歸)'는 의미이다. '神明之德'은 '陰陽變化의 德性'을 의미한다. '萬物之情'은 '陰陽形體의 상태'를 의미한다.

이 두 구절은 복희씨가 八卦를 지은 목적을 설명한 것이다.

멀고 가까운 것을 내려다보고 쳐다보면서 취한 것이 하나가 아니라고 할지라도 陰陽·消息의 兩端을 證驗한 것에 불과 할 뿐이다. '神明之德'은 강건하고(健)·유순하며(順)·움직이고(動)·정지하는(止) 본성과 같은 것이며, '萬物之情'은 雷·風·山·澤의 象과 같은 것이다. 『本義』

作結繩而爲网罟, 以佃以漁 : '作'은 '발명하다'는 의미이다. '罔'·'罟'는 모두 '그물(網)'을 의미한다.

짐승을 포획하는 것은 '罔'이고 물고기를 포획하는 것은 '罟'이다. '佃'은 '田'으로 즉 '사냥'·'수렵'을 의미한다. 『釋文』

　　　짐승을 포획하는 것을 '田'이라 하고 물고기를 포획하는 것을 '漁'라고 한다. 『釋文·馬融』

　　이 두 구절은 伏羲氏가 結繩(새끼를 매듭지음)을 발명하여 그물을 제작하였으니, 그 '그물을 사용하여 漁獵을 했다.'는 바를 설명한 것이다.
蓋取諸≪離≫ : ≪離≫는 六十四卦 가운데 한 卦로서 上卦·下卦가 모두 '離'로 구성되었으며 '부착(붙다)'을 상징한다. '離'는 '目'을 상징함으로 말미암아 上卦·下卦를 묶어서 보면 두 눈이 서로 겹쳐 있는 것과 같은 象이다. 따라서 문장 가운데서는 복희씨가 이 상징성을 사용하여 '그물을 제작했다.'고 추측하고 있다.

　　　두 눈이 서로 '이어져 있는 것'은 사물이 '붙어 있다.'는 의미이다. 『本義』

　　그물을 제작하는 것을 반드시 ≪離≫에서 본받을 필요는 없다. 그러나 卦象과 物象을 서로 맞추어 증거로 삼는 곳이 있어야 함으로써 「繫辭傳」에서 이와 같이 추측한 것이다. 이하 '蓋取諸' 12卦의 卦象은 모두 이를 본뜬 것이다.

　　　'蓋'는 그것을 의심하는 말, 즉 '아마도'의 의미이다. '아마도 성인이 사업을 성공시키고 (일자리를 만들어) 도구를 제작한 것이 자연스럽게 이 卦象에 부합했던 바, 이 卦에 견주어(비교해) 본 연후에 그것을 완성시키지 않았음으로 "蓋取諸≪離≫"라고 했을 것이다. 『周易口義』

神農氏 : '神農氏'는 전설 가운데서의 원시사회 인물로서 일설에는 '炎帝'라고도 한다.
斲木爲耜, 揉木爲耒 : '斲'은 '斫(작)' 즉 '찍다'·'쪼개고 깎다(砍削)'는 의미이다. '耜(사)'는 상고시대의 농기구 耒耜 즉 쟁기의 하단부분 '보습'을 가리킨다. '耒(뢰)'는 상고시대 농기구 쟁기의 굽은 손잡이 '쟁깃술'을 가리킨다. '뇌사'는 중국 상고시대 가장 원시적으로 토양을 뒤엎던 농기구로서 아랫다리로 하단의 보습을 밟고 토양 가운데로 찔러 넣은 연후에 손으로 굽은 손잡이 耒를 조종하여 토양을 움푹하게 파내어 뒤엎던 농기구를 말한다. 최초의 쟁기는 상하부분 모두 나무로 제작하였음으로

'斲木爲耜, 揉木爲耒.'라고 했다.

耒耨之利 : '耨(누)'는 '괭이(땅을 파는 농기구)' 혹은 '밭을 갈다.'는 의미이다. 이곳에서는 '밭을 갈아서 잡초를 제거한다.'는 의미로 사용되었다. '利'는 '좋은 곳'을 말한다.

蓋取諸《益》 : 《益》은 六十四卦의 한 卦로서 下卦 震과 上卦 巽으로 구성되었으며 '增益(이로움을 증폭시킨다.)'을 상징한다. 下卦 震은 '움직임(動)'을 상징하고 上卦 巽은 '木'·'風'으로 '들어가는 것(入)'을 상징하는 바가 마침 쟁기의 보습과 쟁깃술 두 몸체 모두가 나무로 제작되었을 뿐만 아니라 조작할 때 역시 위로는 들어가고 아래로는 움직이는 바가 '쟁기의 작용과 흡사하다.'는 의미이다. 따라서 문장 가운데서 神農氏가 이 상징성을 취하여 '쟁기를 제작했다.'고 추측하고 있다.

두 몸체 모두 나무로 되어 있으며 위로는 들어가고 아래에서는 움직인다. 천하에서 증익되는 것 가운데 이보다 더 훌륭한 것은 없다. 『本義』

蓋取諸《噬嗑》 : 《噬嗑》은 六十四卦 가운데 한 卦로서 下卦 震과 上卦 離로 구성되어 '씹어서 화합시킨다.'는 것을 상징한다. 上卦 離는 '日(태양)'·'明(밝음)'이며 下卦 震은 '動'인 것이 마침 '한 낮(日中)에 사람들이 시장에 모여서 성대하게 움직일 뿐만 아니라 또한 교역하며 화합하는 현상이 음식물을 씹어서 화합시키는(咬合) 의미와 서로 상통함으로써 문장 가운데서 神農氏가 이 상징성을 취하여 日中爲市로 규정했다.'고 추측 한 것이다.

'한 낮은 시장이 되고(日中爲市) 上卦는 밝고(明) 下卦는 움직이고(動) 또한 噬는 市에서 嗑은 合에서 音을 빌려 왔다.'는 것에 대해 주희가 '噬嗑은 市合과 音이 서로 비슷하여 서로 빌리고 빌려주는 것이다.'고 인식한 것도 통한다. 『本義』

黃帝·堯·舜 : '黃帝'는 '姬'姓이며 통칭 '軒轅氏'·'有熊氏'라고 한다. 옛날에는 中原 각 민족의 '공종조상'이라고도 했다. '堯'는 '陶唐氏'이며 이름은 '芳薰'으로 역사상에서는 '唐堯'라고 부른다. '舜'은 성이 '姚'이며 '有虞氏'이며 이름은 '重華'로서 역사상에서는 '虞舜'이라고 부른다. 세 사람은 모두 中原 원시사회의 인물이며 堯·舜시대는 이미 부계씨족 후기에 해당한다고 전해지고 있다.

通其變, 使民不倦 : '通其變'은 '앞 시대의 도구와 제도를 변통한다.'는 의미이다. '不倦'은 '진취적이고 게으르지 않다.'는 의미이다.

神而化之, 使民宜之 :

> 말은 그 변화하는 것에 통해야 함으로써 신비한 이치의 미묘함을 사용하여 그를 변화시킨다면 백성들로 하여금 각각 그들의 마땅함을 얻게 해 줄 수 있을 것이다. 『正義』

自天祐之, 吉无不利 : ≪大有≫上九爻辭이다. 이곳에서 제시하고자 한 것은 黃帝·堯·舜은 『周易』의 변통이치를 운용했음으로 '이롭지 않는 바가 없었다.'는 것이다.

垂衣裳而天下治 : 이는 '黃帝 이후부터 衣裳을 만들었을 뿐만 아니라 제복에 장식을 달아서 천하를 다스렸다.'는 의미이다.

> 黃帝 이상은 짐승의 털이 붙은 가죽과 나무의 껍질을 벗겨서 추위와 더위를 막았으며 黃帝에 이르러서야 비로소 衣裳을 만들어 드리워 입고 천하 백성들에게 가르쳐 주었다. 『集解·九家易』

> 이전의 옷은 가죽을 사용했기 때문에 짧고 작게 만들었다. 오늘날의 옷은 마포와 비단을 실로 꿰 메어 衣·裳을 제작하기 때문에 衣·裳이 길고 크다. 따라서 '上衣와 下裳를 늘어뜨린다.(垂衣裳)'고 했다. 『正義』

蓋取諸≪乾≫·≪坤≫ : ≪乾≫·≪坤≫ 두 卦는 六十四卦 가운데 시작을 열어 주는 역할을 하며, 八卦 가운데 乾·坤을 둘로 겹쳐서 제작함으로써 天·地를 상징했다. 乾·坤이 上·下의 象이 됨으로 인해 고대 복장은 위의 저고리(上衣)와 아래의 바지·치마(下裳)로 제작되었다. 따라서 문장 가운데서 黃帝·堯·舜이 이 두 卦의 상징성을 취하여 '衣·裳을 제작했다.'고 추측한 것이다.

> 위의 저고리(衣)는 乾을 취해 본떴으니 乾은 높은 곳에서 만물을 덮고 있다. 아래의 바지·치마(裳)는 坤을 취해 본떴으니 坤은 아래에서 만물을 포용하고 있다. 『集解·九家易』

옛날에 '垂衣裳은 無爲로서 다스린다.(無爲而治)'는 의미를 가졌다고도 하였으니,

즉 《乾》·《坤》은 變化易簡의 이치를 함유하고 있음으로 주자가 『本義』에서 '《乾》·《坤》은 변화하고 無爲하다.'고 한 것과도 통한다고 할 수 있다.

剒 : '쪼개어 갈라지게 하고 구멍을 후벼낸다.'는 의미이다.

剡 : '깎다'는 의미이다.

蓋取諸《渙》 : 《渙》은 六十四卦 가운데 한 卦로서, 下卦는 坎이고 上卦는 巽으로 '물결이 흩어져 나아간다.'는 것을 상징한다. 上卦 巽은 木이고 下卦 坎은 水로 구성된 것이 마침 배가 수면 위를 운행하는 것과 같음으로써 문장 가운데서 黃帝·堯·舜이 이 상징성을 취하여 '배와 노를 제작하였다.'고 추측한 것이다.

　　나무가 물 위에 떠서 바람처럼 떠내려가는 것이 배와 노의 모양과 같다. 『集解·九家易』

服牛 : '소를 길들여서 마음대로 부린다.'는 의미이다. 혹은 '소를 타고 간다.『尙氏學』는 의미라고도 했다.

蓋取諸《隨》 : 《隨》는 六十四卦 가운데 한 卦로서 下卦 震과 上卦 兌로 구성되었으며 '따르다'는 것을 상징한다. 下卦 震은 '動'의 象이고 上卦 兌는 '悅'의 象인 것이 마침 牛·馬가 아래에서 달려 나아가니 그를 올라탄 자가 위에서 기뻐하는 것과 같음으로써 문장 가운데서 黃帝·堯·舜이 이 상징성을 취하여 '소를 타고 말을 타는 일을 발명했다.'고 추측한 것이다.

　　아래에서 움직이니 위에서 기뻐한다. 『本義』

柝 : 상고시대 야간 시찰을 하는 자가 5등분 한 야간의 시간을 알려 주기 위해 두드리는 데 사용하는 '목탁'을 말한다.

蓋取諸《豫》 : 《豫》는 六十四卦 가운데 한 卦로서 下卦 坤과 上卦 震으로 구성되었으며 '기쁨'을 상징한다. 上卦 震(☳)을 거꾸로 보면 艮(☶)이 됨으로 인해 그 아래 문장에서는 또한 艮으로 교체시켜 놓았다.(互艮) 艮이 '대궐의 문'·'많은 마디가 있는 나무'·'손가락'의 象을 가진 것이 마침 '겹문(重門)'·'손으로 두 나무막대기를 쥐고 서로 두드리는 것'과 같다는 바와 아울러 '豫'자는 '예비'의 뜻을 가지고 있음으로써 문장 가운데서 黃帝·堯·舜이 이 상징성을 취하여 '重門'·'擊柝'을 만들어 '도적을 방지했다.'고 추측한 것이다.

  下卦가 艮象이라는 것은 밖(위)에서 그를 보았기 때문에 震이 돌려져서 艮이 되었다. 두 艮이 마주보고 합한 것이니 重門(겹문)의 象이다. 또한 이르되 : '목탁은 두 나무막대기를 서로 두드리면서 야간을 순찰하는 것이니, 艮은 手와 小木이 된다.'고 했다. 『集解・九家易』

  그는 예비하는 것을 象으로 취했다. 『韓注』

  坤은 '방문을 닫다.'・'겹문'의 象이며 '震動'은 '소리 나는 나무가 있다.'는 것으로 '두드리는 목탁'의 象이다. 『折中・俞琰』

濟 : '다스리다'・'성취하다'・'이루다'는 의미이다. 문장 가운데서는 '벼를 방아질 하여 쌀을 먹는다.'는 의미이다.

蓋取諸≪小過≫ : ≪小過≫는 六十四卦 가운데 한 卦로서 下卦 艮과 上卦 震으로 구성되었으며 '작은 것이 지나치다.'・'조금 지나치다.'는 것을 상징한다. 上卦 震은 움직이고(動) 下卦 艮은 정지하여(止) 아래와 위가 서로 짝이 된 것이 마침 절구로 방아질을 하여 벼가 쌀로 되어 가는 상황과 같음으로써 문장 가운데서 黃帝・堯・舜이 이 상징성을 취하여 '절굿공이와 절구(杵臼)를 제작했다.'고 추측한 것이다.

弦木爲弧 : '弦'은 동사와 같이 사용되었다. '弦木'은 '나무를 둥글게 휘어지게 한다.'는 의미이다. '弧'는 '활' 즉 '木弓'을 의미한다.

蓋取諸≪睽≫ : ≪睽≫는 六十四卦 가운데 한 卦로서 下卦 兌와 上卦 離로 구성되었으며 '어긋나다'는 것을 상징한다. ≪睽≫의 상징의미는 '사건은 어긋난 연후에 그것을 화합시켜야 한다.'는 것이다. 활과 화살의 용도 역시 천하에서 서로 틀어져서 다투는 것을 제압하여 승복시키는 것이니 따라서 문장 가운데서 黃帝・堯・舜이 이 상징성을 취하여 활과 화살을 제작하여 '천하를 위엄으로 승복시켰다.'고 추측한 것이다.

宇 : '차양처럼 무엇이 덮여 사방으로 늘어진 것(簷첨)' 즉 가옥의 '처마'를 의미한다.

蓋取諸≪大壯≫ : ≪大壯≫은 64卦 가운데 한 卦로서 下卦 乾과 上卦 震으로 구성되었으며 '크게 강성하다.'는 것을 상징한다. 下卦 乾은 '健'하고 上卦 震은 '動'한 것이 마치 위에서는 비바람이 활동하고 아래에서는 궁실이 건장하게 세워져 있는 것과 같아 보임으로써 문장 가운데서 黃帝·堯·舜이 이 상징성을 취하여 '궁궐을 지은 후 비바람을 기다렸다.'고 추측한 것이다.

> 비바람은 움직이는 사물이다. 비바람은 위에서 활동하고 용마루(마룻대)와 처마는 아래에서 튼튼하게 세워져 있는 것이 ≪大壯≫의 象이다. 『溫公易說』

不封不樹 : '封'은 '흙을 쌓아 높게 만드는 즉 무덤을 만든다. 『禮記·王制』'는 의미이다. '樹'는 '나무를 심는다.'는 의미이다. 鄭玄은 '不封不樹'에 대해 '흙을 쌓아 올리는 것은 墳이라고 하고 樹는 나무를 심는다는 의미이다.'고 했다.
　이 구절은 상고시대 장례풍속은 '분묘를 흙으로 높게 쌓아 올리지 않았을 뿐만 아니라 나무를 심어서 그 곳에 標記(표가 되는 기록이나 부호)도 하지 않았다.'는 바를 설명한 것이다.

> 흙을 쌓지 않는 것이 '墳'이고 이것이 곧 '不封'이다. 나무를 심지 않고 그 곳을 표기하는 것 이것이 곧 '不樹'이다. 『正義』

喪期无數 : '喪期'는 '상례 기간'을 의미한다.
　이 구절은 상고시대 '상례는 한정된 기간을 설정하지 않았다.'는 것 즉 '상례가 제정되지 않았다.'는 바를 설명한 것이다.
棺槨 : 상고시대 棺은 나무로 제작했는데 內層을 '널(棺)'이라 했고 外層의 길고 크게 덮은 것을 '덧널(槨)'이라고 했다.

> 상고시대 상례는 貴·賤의 起居動作(법도)이 달랐으며 上·下 계급이 등급으로 분류되었으니, 천자의 棺槨은 7중이었고 諸侯의 棺槨은 5중이었고 大夫의 棺槨은 3중이었고 士의 棺槨은 2중이었다. 『莊子·天下篇』

蓋取諸≪大過≫ : ≪大過≫는 六十四卦 가운데 한 卦로서 下卦 巽과 上卦 兌로 구성되었으며 '큰 것이 지나치게 심하다.'·'많이 지나치다.'는 것을 상징한다. ≪大過≫는

'큰 것이 지나치게 후덕한' 상징적 의미를 가지고 있음으로 인하여 상례가 제정될 때 간단하고 소박한 것을 바꾸어 번잡하고 후덕하게 하였음으로 문장 가운데서 黃帝・堯・舜이 이 상징성을 취하여 '棺槨을 사용하여 安葬하는 예절을 창작했다.'고 추측한 것이다.

> 棺槨은 나무가 연못에 잠겨있는 것을 象으로 삼았다. 죽은 자는 흙속에서 편안하게 휴식을 취하니 따라서 '들어간(入・風 : 巽) 후에 기뻐하는 것(兌 : 悅)'을 象으로 삼았다. 『折中』

結繩而治 : 상고시대 문자가 출현한 초창기 이전에 새끼를 매듭지어(結繩) 사물의 수량과 사건의 大・小 등을 표기하였다.

> 일이 큰 것은 새끼를 크게 매듭지었고 일이 작은 것은 새끼를 작게 매듭지었다. 『折中』

書契 : '契'는 '새기다'・'깎다(刻)'는 의미이다. '書契'는 '문자를 새기다.'는 의미이다.

> 대개 상고시대는 '대나무 조각(簡)'을 사용하기도 했고 모름지기 '칼(刀)'을 사용하여 글자를 새기기도 했음으로 '書契'라고 했다. 『尚氏學』

蓋取諸《夬》: 《夬》는 六十四卦 가운데 한 卦로서 下卦 乾과 上卦 兌로 구성되었으며 '결단'을 상징한다. 《夬》는 '사건을 단호하고 명쾌하게 결단한다.'는 상징적 의미를 가지고 있다. '書契' 문자가 성대하게 일어난 것은 일을 다스리는 것을 명확하게 하기 위한 것이었으니 따라서 문장 가운데서 黃帝・堯・舜이 이 상징성을 취하여 '書契'를 창작하여 '백관은 잘 다스리게 했고 백성은 잘 살피게 했다.'고 추측한 것이다.

> 《夬》는 '결단'을 의미한다. '書契'는 만사를 단호히 결단할 수 있게 했다. 『韓注』

【번역飜譯】

　　상고시대 복희씨가 천하를 다스릴 때 그는 머리를 들어 천상에 붙어 있는 表象을 관찰하고 몸을 구부려 대지에 붙어있는 形象을 관찰하고 날아다니는 조류와 걸어다니는 짐승의 몸에 붙어있는 무늬를 관찰하고 대지 위에서 존재하는 여러 종류의 사물들이 자신의 이치에 맞는 곳에 자리를 잡고있는 것을 관찰하고 가까이로는 사람의 몸에 있는 것을 끌어당겨 상징적인 것을 제작하고 멀리로는 각 종 사물의 형태를 끌어당겨 상징적인 것을 제작함으로써 비로소 八卦의 창작을 완성시켜 신기하고 환하게 빛나는 德性을 관통시키는데 사용하였을 뿐만 아니라 천하 만물의 상태를 바르게 분류하여 귀속시키는데 사용하였다. (복희씨는) 노끈을 메는 방법을 발명하여 그물을 제작함으로써 포위하여 사냥하거나 물고기를 포획하데 사용하였으니 이는 대체로 ≪離≫(사물의 大別과 小別은 서로 연결되어 있으니 즉 사물은 서로 붙어 있다.)의 상징성에서 얻은 것이 아니겠는가! 복희씨가 죽자 신농씨가 그를 이어 일어났다. 신농씨는 수목을 찍고 베고 깎아서 쟁기의 날(보습)을 제작하였으며 나무줄기를 주물러 부드럽게 구부려 쟁기의 쟁깃술을 제작했으니, 이러한 종류의 흙을 뒤엎고 밭을 갈아엎는 농기구의 장점을 사용하여 천하(백성들의 경작)를 교화시키고 인도하였으니 이는 대체로 ≪益≫(上卦 木・風은 들어가고 下卦 震은 움직인다.)의 상징성에서 얻은 것이 아니겠는가! 또한 한 낮에 큰 공터에다 시장을 열어 백성들을 불러 이르게 하니 천하의 화물(재물) 역시 속속히 모여들고 쌓여들자 사고파는 매매가 성대히 이루어 진 후 집으로 돌아가는 즉 매 개인 모두가 필요한 물품을 얻게 되는 이것은 대체로 ≪噬嗑≫(上卦 火는 밝고 下卦 雷는 진동하니 즉 서로 왕래하며 서로 화합한다.)의 상징성에서 얻은 것이 아니겠는가! 신농씨가 죽자 황제・요・순이 先・後에서 그를 계승하여 일어났다. 그들은 前代의 도구와 제도를 모아서 개선하고 발전시켜 백성들로 하여금 진취적이며 게으름을 피우지 못하게 하였으니, (도구와 제도를 사용하고 실천에 옮기는 가운데서) 신기한 변화를 일으키게 함으로써 백성들로 하여금 적당하고 올바르게 응용하게 하였다. 『周易』의 이치는 극한에 이르면 변화를 출현시키고 변화는 곧 통달할 수 있게 하고 통달은 곧 오래갈 수 있게 하는 것이니 따라서 (≪大有≫上九爻辭:) '위의 하늘로부터 내려와서 도와 줄 것이니 길할 것이며 이롭지 않는 바가 없을 것이다.'고 했다. 황제・요・순이 服制를 개선하여 사람들로 하여금 길게 늘어뜨린 衣·裳을 입게 하자 천하가 훌륭하게 다스려졌으니 이는 대체로 ≪乾≫·≪坤≫두 卦(위의 저고리와 아래의 치마·바지)의 상징성에서 얻은 것이 아니겠는가! 그들은 수목을 후벼 내어 공간을 만들어 배를 제작하고 목재를 깎아서 작은 노를 제작하여 즉 배와 작은 노의 장점을 사용하여 건너기 어려운 강과 하천을 통행하게 함으로써 먼 곳의 사람들을 곧장 도달하게 하는 등 천하 백성들을 편리하게 하였으니, 이는 대체로 ≪渙≫(나무가 물위에서 운행되는 것이 바람과 같았다.)의 상징성에서 얻은 것이 아니겠는가! 그들은 소를 길들여 마음대로 부리고 말에 올라타서 무거운 물품을 끌고 운반하여 먼 곳까지 곧장 도착하게 함으로써 즉 천하를 편리하게 하는데 사용하였으니 이는 대체로 ≪隨≫(아래에서는 움직이고 위에서는 기뻐한다.)의 상징성에서 얻은 것이 아니겠는가! 그들은 집의 문을 여러 겹으로 설치하도록 하고 야간에 목탁을 두드리며 경계심을 불러 일으켜 폭도와 강도를 방비하게 하였으니 이는 대체로 ≪豫≫(첩문을 설치하고 작은 나무를 두드려 예비하게 하였다.) 의 상징성에서 얻은 것이 아니겠는가! 그들은 나뭇가지를 찍어내어 절굿공이를 만들어 곡식을 찧고 흙을 후벼 파서 절구통을 제작하여 절구통과 절굿공이의 장점을 백성들이 쌀을 찧어 먹는데 사용하도록 했으니 이는 대체로 ≪小過≫(위에서는 움직이고 아래서는 멈추어 있다.)의 상징성에서 얻은 것이 아니겠는가! 그들은 나뭇가지를 휘어지게 구부려서 양 끝에 활줄로 끌어당겨 메어서 대나무 활을 만들고 뾰족한 나뭇가지를 깎아서 화살을 만들어 활과 화살의 장점을 위엄으로 천하를 복종시키는데 사용하였으니 이는 대체로 ≪睽≫(사물이 어긋나면 위엄을 사용하여 복종하게 한다.)의 상징성에서 얻은 것이 아니겠는가! 상고시대 사람들은 동굴에서 거주하거나 들녘에 흩어져 살았음으로 후대 성인들이 집을 지어서 과거의 거주방식을 개선하였으니 즉 위에는 마룻대와 들보를 얹고 아래에는 처마를 달아 비바람을 방어하는데 사용했으니, 이는 대체로 ≪大壯≫(위에서는 움직이고 아래는 강건하니 매우 튼튼하고 견고하였다.)의 상징성에서 얻은 것이 아니겠는가! 상고시대 喪葬하는 방법은 단지 연료로 쓰는 마른풀로 죽은 자의 시신을 두텁게 싸서 황량한 들녘 가운데에 묻었을 뿐 흙을 쌓아 올려 분봉을 만들거나 나무를 심거나 하지 않았으며 정해진 상례기간도 없었으나 후대 성인들이 棺槨을 발명하여 과거의 喪葬풍속을 개선시켰으니, 이는 대체로 ≪大過≫(큰일은 지나치게 후하게 하는 것을 막지 않는다.)의 상징성에서 얻은 것이 아니겠는가! 상고시대 사람들은 노끈을 메어서 사무 처리를 표기 했으니, 후대 성인들은 문자새기는 것을 발명하여 과거의 결승방식을 개선함으로써 백관들은 그것을 사용하여 정치업무를 다스릴 수 있게 되었고 만백성들은 그것을 사용하여 자질구레한 일을 잘 살폈으니, 이는 대체로 ≪夬≫(사건을 명쾌하게 결단한다.)의 상징성에서 얻은 것이 아니겠는가!

【해설解說】

본 장은 제 2장이다.

본 장은 먼저 '伏羲氏'가 위로 우러러 관찰하고 아래로 내려 보고 살핀 후 八卦를 창작한 것에 대해 서술했다. 이어서 六十四개의 卦 가운데 13개 卦를 들어서 상고시대 현인들이 卦象에 근거하여 예법과 도구를 제작한 일에 대해 추측하면서 『易』象의 '신기한' 작용을 설명했다.

문장 가운데서 '도구를 제작한' 일정한 의식과 고사를 통해서 비록 '卦象'으로부터 나온 것은 아니라고 할지라도 이를 빌려서 원고시대 사람들이 사냥을 하고 고기를 잡은 생활상과 배와 수레의 교통도구 그리고 의·식·주 행위방면의 노동생활상을 엿볼 수 있었다. '結繩'으로부터 '書契'로 진화하는 과정에서도 우리는 중국 상고시대 문자가 발생한 기원과 그 노선을 볼 수 있었다. 이러한 모든 것은 방대한 고대사 연구를 인증하는데 중요한 재료로 제공되고 있다.

제 3 장

是故『易』者, 象也; 象也者, 像也. 彖者, 材也; 爻也者, 效天下之動者也. 是故吉凶生而悔吝著也.

【주석註釋】

『易』者, 象也; 象也者, 像也 : 이는 앞장을 종합적으로 마무리 한 내용으로『周易』의 상징적 특징을 가리킨 것이다.

앞장에서 모두 象을 선택하여 도구를 제작한 것은 이러한 까닭이었으니 따라서 『易』의 卦는 만물의 형상을 베껴 쓴(본뜬) 것이다. 『正義』

무릇 『易』의 본뜸은 象(모양)으로부터 나오지 않은 것이 없다. 韓宣子가 魯에 갔을 때 '『周易』은 보지 못했고 『易象』과 『魯春秋』는 보았다.'고 했는데 이는 진실로 '『易』이라는 것은 象이다. 象이라는 것은 모양을 본뜬다.'는 의미를 말한 것이다. 만물이 비록 많기는 하지만 八卦는 본뜨지 않는 것이 없다. '像'의 俗字에 대해 『釋文』에서는 '孟·京·董·姚는 여전히 象이다.'고 했다. 『尙氏學』

尙선생이 韓宣子가 '『易象』을 보았다.'는 일을 인용한 것이 『左傳·昭公2년』에 기재되어 있는데, 이는 고대 선현들이 『易』을 '象으로 보았다.'는 명확한 사례이자 증거이다.

象者, 材也 : '象'은 '卦辭'이다. '材'는 '재료의 덕성'을 의미한다. 이는 '卦辭는 한 卦의 재료를 종합적으로 이야기한 것이다.'는 의미이다.

'材'는 '바탕과 덕행'을 의미한다. '象'은 '卦를 만드는 재료'를 말한 것으로 卦義를 종합한 것이다. 『尙氏學』

卦 아래 象辭는 본 卦 재료의 덕성을 논한 것이다. 『尙氏學』

'象'字는 다음 네 가지 의미를 가지고 있다.

① 한 卦의 재료와 덕성이다. 『韓·孔』
② '象'은 '象'에서 나온 말이다. 「繫辭上傳」
③ 한 卦의 의미를 종합한 것이다. 『韓注』
④ '象'이란? '단정하다'는 의미이니, 즉 한 卦의 의미를 '단호하게 확정한다.'는 의미이다. 『正義·褚氏·莊氏』

爻也者, 效天下之動者也 : '動'은 '발동하다'·'발생하고 변화하며 움직인다.'는 의미이다.

매 卦의 六爻는 모두 천하의 물상이 발생하고 변화하며 움직이는 것을 본뜬 것이다. 『正義』

是故吉凶生而悔吝著也 : '著'는 '분명하게 나타난다.' 즉 '出現'과 같은 의미이다.

動에는 得·失이 있으니 따라서 吉·凶이 발생하며, 動은 사소한 결점을 가지고 있으니 따라서 悔(후회함)·吝(애석함)이 발생한다. 『正義』

【번역飜譯】

『周易』은 직접 보이지 않는 사물을 그것과 어떤 유사성을 가진 것에 의지하여 연상시키는 과정 즉 상징성의 서적이니, 상징이라는 것은 외부 사물의 모양을 본뜬 것(비유한 것)을 의미한다. 彖辭는 한 卦 재료의 덕성을 종합적으로 말한 것이고, 六爻는 천하 만물의 발생과 변화의 움직임을 모방한 것이다. 이러한 까닭으로 길함과 흉함이 발생하고 후회와 애석함이 나타나는 것이다.

【해설解說】

이상은 제 3장이다.

본 장은 앞장 '觀象製器'의 여러 사례들을 총결산한 것으로, 『易』은 상징성 서적이라는 것을 거듭 되풀이 하면서 '상징'이라는 것은 '외부 사물의 모양을 본뜬 것이다.'는 관점을 강조하였다.

제 4 장

陽卦多陰, 陰卦多陽. 其故何也? 陽卦奇, 陰卦耦. 其德行何也? 陽一君而二民, 君子之道也; 陰二君而一民, 小人之道也.

【주석註釋】

陽卦多陰, 陰卦多陽 : 八卦 가운데 乾(☰)의 純陽과 坤(☷)의 純陰을 제외한 나머지 6개의 卦는 陰卦와 陽卦로 나누어진다. 즉 陽卦는 震(☳)·坎(☵)·艮(☶)으로 모두 一陽·二陰으로 구성되었음으로 '多陰卦'라고 부르고, 陰卦는 巽(☴)·離(☲)·兌(☱)로 모두 二陽·一陰으로 구성되었음으로 '多陽卦'라고 부른다.

陽卦奇, 陰卦耦 : 이는 앞 구절 '其故何也'의 설문에 대한 회답내용으로 陽卦의 一陽은 '군왕'이니 따라서 '奇라고 했다.'는 것과 陰卦의 二陽은 '군왕'이니 따라서 '耦라고 했다.'는 바를 설명한 것이다.

『易』의 법식에는 陽을 '주인'으로 삼고 陰을 '따르는 자'로 삼기 때문에 이 곳의 '奇'·'耦'는 당연히 모두 陽을 가리킨다.

　　陽卦의 진정한 주인은 陽이나 陰卦 역시 陽을 주인으로 삼은 것은 陽은 항상 존중받는 대상이기 때문이다. 『折中·吳·愼』

　　陽卦 一陽은 '奇'이고 陰卦 一陰은 '耦'이다. 『韓注』

　　陽卦는 모두 5획이니 곧 '奇'이고 陰卦는 모두 4획이니 '耦'이다. 『正義』

陽一君而二民, 君子之道也; 陰二君而一民, 小人之道也 : 이 네 구절은 앞 문장 '其德行何也'의 설문에 대한 회답이다. 『易』의 법식은 陽을 군왕으로 삼고 陰을 백성과 신하로 삼는다. 따라서 陽의 卦象은 한 명의 군왕이 두 명의 臣民을 통솔하는 것이 마치 한 명의 군왕을 두 명의 臣民이 옹대함으로써 상하가 협심하는 것과 같은 까닭에 '군자의 도'라고 했으며, 陰의 卦象은 두 명의 군왕이 한 명의 臣民을 두고 다투는 상이 마치 군왕들이 서로 다툼으로써 한 명의 신하가 두 명의 군왕을 겸해서 받들고 있는 것과 같은 까닭에 '소인의 도'라고 했다.

　　二를 耦(陰)로 해석하고 一을 奇(陽)로 해석하면, 즉 二君一民에서 二耦는 君이 되고 一奇는 民이 된다. 이는 道가 아니기 때문에 陰卦는 '소인의 도'가 되는 것이다. 『韓注』

【번역翻譯】

陽卦 가운데는 陰爻가 많고 陰卦 가운데는 陽爻가 많다. 그것은 어떤 연고에서인가? 陽卦는 한 개의 陽爻가 주인이기 때문이며 (陽爻가 적고 陰爻가 많은 까닭이다.) 陰卦는 두 개의 陽爻가 주인이기 때문이다. (陰爻가 적고 陽爻가 많은 까닭이다.) 양자는 각자 어떤 덕성과 품행을 설명하고 있는가? 陽卦는 한 명의 군왕과 두 명의 백성으로 (군왕은 민중이 옹대하는 자로서 즉 상하가 마음을 협력한다.) 군자의 도를 가리키며, 陰卦는 두 명의 군왕과 한 명의 백성으로 (군왕 둘이 서로 마찰을 일으키니 즉 아랫사람이 그의 두 군왕에게 두 마음을 품고 있다.) 소인의 도를 가리킨다.

【해설解說】

이상은 제 4장이다.
본 장은 八卦 가운데 陽卦와 陰卦의 다른 특징에 대해 분석한 내용이다.

제 5 장

『易』曰:'憧憧往來, 朋從爾思.'子曰:'天下何思何慮? 天下同歸而殊塗, 一致而百慮, 天下何思何慮? 日往則月來, 月往則日來, 日月相推而明生焉; 寒往則暑來, 暑往則寒來, 寒暑相推而歲成焉. 往者屈也, 來者信也, 屈信相感而利生焉. 尺蠖之屈, 以求信也; 龍蛇之蟄, 以存身也. 精義入神, 以致用也; 利用安身, 以崇德也. 過此以往, 未之或知也; 窮神知化, 德之盛也.'
『易』曰:'困于石, 據于蒺藜, 入于其宮, 不見其妻, 凶.'子曰:'非所困而困

焉, 名必辱; 非所據而據焉, 身必危. 旣辱且危, 死期將至, 妻其可得見邪?'

『易』曰:'公用射隼于高墉之上, 獲之, 无不利.' 子曰:'隼者, 禽也, 弓矢者, 器也, 射之者, 人也. 君子藏器于身, 待時而動, 何不利之有? 動而不括, 是以出而有獲, 語成器而動者也.' 子曰:'小人不恥不仁, 不畏不義, 不見利不勸, 不威不懲, 小懲而大戒, 此小人之福也.』『易』曰:"屨校滅趾, 无咎." 此之謂也.' '善不積不足以成名, 惡不積不足以滅身. 小人以小善爲無益而弗爲也, 以小惡爲無傷而弗去也, 故惡積而不可掩, 罪大而不可解.』『易』曰:"何校滅耳, 凶." ' 子曰:'危者, 安其位者也; 亡者, 保其存者也; 亂者, 有其治者也. 是故君子安而不忘危, 存而不忘亡, 治而不忘亂. 是以身安而國家可保也.'

『易』曰:"其亡其亡, 繫于苞桑."' 子曰:'德薄而位尊, 知小而謀大, 力小而任重, 鮮不及矣!』『易』曰:"鼎折足, 覆公餗, 其形渥, 凶." 言不勝其任也.' 子曰:'知幾其神乎? 君子上交不諂, 下交不瀆, 其知幾乎! 幾者, 動之微, 吉之先見者也. 君子見幾而作, 不俟終日.』『易』曰:"介于石, 不終日, 貞吉." 介如石焉, 寧用終日? 斷可識矣! 君子知微知彰, 知柔知剛, 萬夫之望.' 子曰:'顔氏之子, 其殆庶幾乎? 有不善, 未嘗不知; 知之, 未嘗復行也.』『易』曰:"不遠復, 无祗悔, 元吉."' '天地絪縕, 萬物化醇; 男女構精, 萬物化生.』『易』曰:"三

人行,則損一人;一人行,則得其友." 言致一也.' 子曰: '君子安其身而後動, 易其心而後語, 定其交而後求: 君子脩此三者, 故全也. 危以動, 則民不與也; 懼以語, 則民不應也; 无交而求, 則民不與也: 莫之與, 則傷之者至矣. 『易』曰: "莫益之, 或擊之, 立心勿恒, 凶."'

【주석註釋】

憧憧往來, 朋從爾思: 이는 ≪咸≫九四爻辭이다. 아래 문장은 공자의 말을 인용한 것으로, 爻辭요지에 대해 해석하여 밝히고 요지의미를 발휘시킨 것이다.

天下何思何慮: 이는 爻辭 협의의 의미 '왕래' 교감의 뜻으로부터 광의의 의미 천하 만물 '자연감응'의 이치까지 끌어 당겨 전개시킨 것이다. 아래 두 구절은 '각자 다른 길을 걸을지라도 결국 한 곳으로 돌아간다.(殊途同歸)'・'백가지 생각을 할지라도 결국 하나로 통일된다.(一致百慮)'고 말하고 있다.

　　천하의 감응 이치는 같은 곳으로 돌아가는 것을 근본으로 하나 사물은 천 가지 형태에 만 가지 형상을 가진 존재이기 때문에 그들이 움직이는 노선은 각각 다른 것이니, 천하의 감응이치는 협력하는 것을 근본으로 할지라도 접촉하는 바의 사물은 하나가 아님으로써 발동하는 바의 생각 역시 이로 인해 백 가지가 될 따름이다. 무릇 생각이 비록 백 가지라고 할지라도 그것이 이르는 곳은 하나로 귀결되며 길이 비록 다르다고 할지라도 돌아오는 곳은 곧 같은 곳이니, 이것이 그것에 감화하고 저것에 호응하는 이치이며 하나라는 것은 모든 것이 자연으로부터 나와서 그러하게 되는 바라는 것으로써 그 가까이 있는 자에게 마음을 조금 더 용납할 필요는 없는 것이다. 내가 사건에 호응하고 사물에 접촉하는 것이 하나라는 것은 오로지 그 자연의 이치에 순응한다는 것일 뿐인데 천하에 무엇을 생각하고 무엇을 헤아릴 필요가 있단 말인가?『易經蒙引』

往者屈也, 來者信也, 屈信相感而利生焉: 이 네 구절은 위 문장 '日月'・'寒暑'가 왕

래하며 서로 밀어 올린다는 의미를 계승하여 발전시킨 것이다. 다시 한 번 더 사물의 자연 감응이치를 밝혀주고 있다.

줄어들고 늘어나는 것이 서로 감응하면 이로움이 생겨나니 감응은 정성이며, 진실과 허위가 서로 감응하면 이로움과 해로움이 발생하니 그것을 섞으면 허위가 된다.
『橫渠易說』

尺蠖 : '蠖'은 곤충의 이름이다. 중국 북방에서는 '步曲'이라고 부르고 남방에서는 '造橋蟲'이라고 부른다. 곤충의 몸체는 가늘고 길며 행동은 '폈다(늘어났다) 오므렸다(줄어들었다)' 한다.

그 행위는 먼저 오므린 후에 펴며, 사람이 손을 펴면 길이를 아는 꼴과 같으니 따라서 이름을 '尺蠖'이라고 했다. 『爾雅義疏·釋蟲』

蟄 : 이는 동물이 冬眠할 때 흙 속에서 잠복하거나 동굴 속에서 먹지도 움직이지도 않고 있는 상태를 말한다.

精義入神, 以致用也; 利用安身, 以崇德也 : '精義'는 '道義를 정밀하고 깊이 있게 연구한다.'는 의미이다. '致'는 '바치다·아뢰다(獻)'는 의미이다.

이 네 구절은 위 문장 '尺蠖'이 오므렸다 폈다하고 '龍蛇'가 흙 속에서 잠복하고 있는 것을 계승하여 비유한 것으로, 학문을 배워 익히고 道를 연구하는 것 역시 '出入·動靜의 이치를 함유하고 있다.'는 바를 설명한 것이다.

'오므렸다'·'폈다'·'갔다'·'왔다'하는 이치를 말할 뿐만 아니라 또한 나아가서 학문을 하는 것 역시 '자연의 機(틀·作用)를 가지고 있다.'는 의미이다. 그 의리를 정밀하고 깊이있게 연구하여 入神의 경지에 이르면 '오므리는 것이 지극하면 나온다.'는 바를 아는 까닭에 致用의 근본으로 삼게 되었고, 그 사용을 이롭게 하여 사리에 알맞아 불안하지 않으면 '펴는 것이 지극하면 들어간다.'는 바를 아는 까닭에 崇德을 자본으로 삼았다. '內'·'外'가 서로 양육해 주고 서로 발양해 주는 바이다. 『本義』

過此以往, 未之或知也 : '過此'는 위에서 말한 '致用·崇德의 경지를 초월했다.'는 바를 가리킨 것이다. '往'은 '발전'을 의미한다.

'精義入神以致用, 利用安身以崇德.' 이 두 구절은 모두 이치의 지극함에 들어가면 이 양자를 초월하여 발전해 나아간다는 의미로서 즉 '미묘하여 알 수가 없다.'는 의미이다. 『正義』

窮神知化, 德之盛也 : 이 두 구절은 앞 구절 '未之或知'를 계승하였을 뿐만 아니라 또한 위 문장이 인용한 爻辭 '憧憧往來'의 대의를 수렵하여 마무리 지은 것으로, 감응의 이치는 끝없이 깊을 뿐만 아니라 방향도 없으며 오로지 '德'이 '성대함(盛)'에 이르면 저절로 깨닫게 될 뿐이라는 바를 설명한 것이다.

'窮神入化'의 경지에 이르면 德이 성대하고 仁이 숙성되는 것이 저절로 이루어진다. 그러나 알지 못하는 자는 갈지라도 오므라든다. 스스로 이르는 자는 올지라도 펴진다. 이 역시 감응의 자연이치 일 뿐이다. 『本義』

困于石, 據于蒺藜, 入于其宮, 不見其妻, 凶 : 이는 ≪困≫六三爻辭이다. 아래 문장은 공자의 말을 인용한 것으로, '困'·'據'로부터 그 장소를 말한 것이 아니라 '凶'의 유래를 밝히고 해석한 것이다.

곤궁함에 당면하면 곤궁하게 처하고 안전함(의탁함)에 당면하면 안전하게 처하는 이것이 道의 올바른 이치이고, 곤궁한 것도 아니고 안전한 것도 아닌 것은 道의 올바른 이치를 상실한 것으로 이는 이름이 수치를 당하고 몸이 위험에 처해지는 까닭이 된다. 太甲은 스스로 '蘖(천민·서자)'이라고 지어 불렀는데 이는 '도망할 수가 없다.'는 의미이다. 『郭氏傳家易說』

公用射隼于高墉之上, 獲之, 无不利 : 이는 ≪解≫上六爻辭이다. 아래문장은 공자의 말을 인용하여 먼저 '隼'·'弓矢'·'射' 등 여러 단어를 해석한 연후에 '射隼'의 象으로부터 '藏器'·'待時'의 의미로 발전시켜 나아갔다.

'먼저 무기를 몸에 감추고 시기를 기다렸다가 기회를 포착하여 움직이면 유리하다.'

는 바를 밝혔다. 『正義』

動而不括 : '括'은 '얽히다'·'묶이다(結)'는 의미이다.

이 구절은 '藏器(무기를 간직한다.)'·'待時(시기를 기다린다.)', 즉 '항상 무기를 간직한 채(항상 수양을 하면서) 적당한 시기를 기다렸다가 움직이면 반드시 어떤 방해에 구애됨이 없이 뜻한 것을 달성할 수 있다.'는 바를 설명한 것이다.

송골매를 쏘고자 하는 사람은 이미 활과 화살을 지닌 채 송골매를 기다리고 있어야 그를 쏠 수 있을 것이니, 즉 움직였다 하면 즉시 적중시킬 수 있음으로써 '방해받는 것이 없다.'는 의미이다. 이는 군자가 몸에 善道를 감춘 채 (간직한 채·수양을 하면서) 움직여야 할 시기를 기다리고 있다가 기회를 포착하여 일어나 움직인다면 역시 장애물을 만나거나 묶여서 방해를 받는 일이 없는 것과 같이 '성공할 것이다.'는 의미이다. 『正義』

成器而動 : '成器'는 '완성된 도구를 구비한다.'는 의미이다.

완성된 도구를 구비한 이후에 일어나서 움직여야 한다. 『正義』

履校滅趾, 无咎 : 이는 ≪噬嗑≫初九爻辭이다. 이곳에서는 공자의 말을 인용하여 먼저 '小人'의 특징을 넓게 말한 후에 '작은 징계로 큰 훈계의 효과를 얻는다.(小懲大誡)'는 것을 사용하여 '소인'의 행운을 爻辭 '无咎'의 뜻을 사용하여 밝혀주고 있다.

소인의 도는 오랫동안 善할 수 없으며 징계를 하면 복을 얻는다. 『正義』

何校滅耳, 凶 : 이는 ≪噬嗑≫上九爻辭이다. 위 문장 '善不積'으로부터 이곳까지는 역시 공자의 말로서 '소인은 小惡을 쌓아 大罪를 만드는 자'라는 것을 드러내어 爻辭 '凶'의 의미를 밝히고 있다.

危者, 安其位者也; 亡者, 保其存者也; 亂者, 有其治者也 : 이는 '危·亡·亂은 모두 옛날로 부터 나오는 것이며 安·存·治에 의지함으로부터 나온다.'는 바를 설명한 것이다.

오늘날 기우려져 위태로워진 것은 옛날의 직위에서 안락함에 만족함으로 인하여 스스로 항상 편안할 것이라는 생각만 했을 뿐 두려워하고 근신하지 않았기 때문에 오늘날의 위험에 이르게 된 것이며, 오늘날 멸망하게 된 것은 옛날의 가진 것을 보유하고 있음으로 인하여 항상 보유하고 있을 것이라는 생각만 했을 뿐 우려하고 두려워하지 않았기 때문에 오늘날 멸망에 이르게 된 것이며, 오늘날 禍亂에 이르게 된 것은 옛날의 안정된 정국을 스스로 믿음으로 인하여 항상 안정을 유지할 것이라는 생각만 했을 뿐 근심걱정을 하지 않았기 때문에 오늘날의 화란에 이르게 된 것이다. 『正義』

위험을 근심하면 그 직위를 상실하지 않음으로써 편안 할 수 있고 망하는 것을 근심하면 그 가진 것을 보존할 수 있고 화란을 방지할 것을 근심하면 안정된 정국을 유지할 수 있다. 『集解·崔憬』

其亡其亡, 繫于苞桑 : 이는 ≪否≫九五爻辭이다. 위 문장에서 공자의 말을 인용하여 '安不忘危(편안할 때 일수록 위험한 때를 잊어서는 안 될 것이다.)' 시각으로부터 爻義를 해석한 것이다.

鮮不及 : 이는 '禍亂에 미치지 않는 자가 매우 적다.'는 바를 지적한 것이다.

'그 몸을 편안하게 할 수 없다.'는 것은 '작은 지식으로 큰일을 도모하면 화란을 만난다.'는 의미이다. 『正義』

鼎折足, 覆公餗, 其形渥, 凶 : 이는 ≪鼎≫九四爻辭이다. 이곳은 공자의 말을 인용하여 '力小任重(능력은 적은데 중대한 임무를 맡았다.)' 시각으로 卦義를 해석했다.

幾者, 動之微, 吉之先見者也 : 이는 '幾'字의 의미를 해석한 것이다. 『本義』에서는 '『漢書』에 "吉之" 사이에 "凶"자가 있다.'고 했다.

이곳에서는 '吉'을 직접 말하고 '凶'은 말하지 않았다. 즉 무릇 사전의 기미를 미리 알아 吉을 향하고 凶을 등지고 凶을 어기고 吉을 향해 나아감으로써 凶으로 다시 돌아오지 않았으니 따라서 특별히 '吉'이라고 했다. 여러 책에 '凶'字가 출현하나 定本에는 없다. 『正義』

介于石, 不終日, 貞吉 : 이는 ≪豫≫六二爻辭이다. 이곳에서는 공자의 말을 인용하여, 즉 '知幾'의 시각으로부터 爻의 의미를 밝혔다.

斷可識矣 : '斷'은 '단연코 신속하다.' 즉 '그 시점에 당면하면 즉각 깨달을 수 있다.'·'그 시점에 이르자마자 즉각 알아차린다.'는 의미이다.

비로소 기미를 인지하자마자 즉각 禍·福을 알 수 있었는데 어찌 하루가 끝날 때까지 사용하리요? 적당한 시점에 당면하면 단연코 인식할 수 있는 것이다. 『正義』

萬夫之望 : '萬夫'는 '萬人'으로서 '많다'는 바에 비유한 것이다. '望'은 '덕을 사모하여 우러러 바라본다.'는 의미이다.

기미를 아는 사람은 이미 그 시작을 인지하고 있을 뿐만 아니라 그 결과도 인지하고 있는 바이니 이는 '神道와 합일한다.'는 의미이다. 따라서 많은 사람들이 그 덕을 사모하여 우러러 바라보게 되는 바이다. 『正義』

顏氏之者 : '顏氏'는 '顏淵'을 말한다. 名은 '回'이고 字는 '子淵'이며 공자의 학생이었다.

其殆庶幾乎 : '殆'는 '大槪'의 뜻이다. '庶幾'는 '접근하다'·'비슷하다'는 의미이다. 이곳에서는 도덕이 '完美에 가깝다.'는 것을 가리킨다.

不遠復, 无祗悔, 元吉 : 이는 ≪復≫初九爻辭이다. 위 문장은 공자의 말을 인용한 것으로, 공자의 高材 제자 안연을 예로 들어 卦의 의미를 해석한 것이다.

天地絪縕, 萬物化醇 : '絪縕(만물을 생성하는 왕성한 기운)'은 '氤氳'이라고도 한다. 이곳에서는 '天地'·'陰陽' 二氣가 면밀하게 교감하는 상태를 가리킨 것이다. '醇'은 '厚(두텁다)'의 의미이니 즉 만물은 '天地'·'陰陽' 二氣가 밀접하게 교감하는 것에 인하여 만들어지고 자라나며 '순수하고 선량한(醇良) 情이 두터워져 나아간다.'는 바를 가리킨 것이다.

絪縕은 교감이 밀접한 상태를 말한다. 醇은 두텁고 견고해 지는 것과 물질이 변하여 다른 종류로 되는 것을 말한다. 『正義』

男女構精, 萬物化生 : '男'·'女'는 '陰'·'陽' 兩性을 광범하게 가리킨 것이다.

'男'·'女'는 '陰'·'陽'을 의미한다. '構'는 '交合'을 의미한다. 『集解·干寶』

男·女는 만물의 男·女이니, 즉 인간 이외의 암컷·수컷으로서(雌雄·牝牡) 유독 인류의 男·女만을 이야기하는 것은 아니다. … 무릇 天地·男女는 둘이니, 만물을 생성하는 왕성한 기운(絪縕)이 정을 합일하는 바의 하나를 사용하여 하나와 합일하는 것 역시 둘인 까닭에 '化醇(자연의 생육)'·'化生(한 몸이 나누어져 새로운 것으로 탄생 된다.·저절로 자연히 생겨서 자라난다.)'의 공적이 이루어진다. 『來氏易注』

三人行, 則損一人; 一人行, 則得其友 : 이는 ≪損≫六三爻辭이다. 이는 공자의 말을 인용한 것으로 즉 陰·陽의 교감은 둘이 아닌 '오로지 하나에 전념한다.'는 것으로 본 爻의 의미를 해석하고 있다. 따라서 아래 문장에서 '致一'을 이야기 했다.

이는 사물의 情(진실)이 서로 감응하면 당연히 위로 絪縕化醇을 본받아 하나의 도에 이르게 되니, 즉 '우환이 쌓이지 않는다.'는 바를 밝힌 것이다. 『集解·侯果』

易其心而後語 : '易'은 '平和'를 의미한다.
이 구절은 '마음을 평정시키고 기운을 고요하게 다스려야 만이 비로소 언론을 활발하게 소통시킬 수 있다.'는 바를 설명한 것이다.

'『詩經』을 공부하지 않으면 말을 할 수 없다.'고 한 것은, 즉 先儒들께서는 '마음을 안정시키고 氣를 화해롭게 한 후라야 말을 할 수 있다.'고 생각했기 때문이다. 『重定費氏學·朱子語類』

全 : 이는 '타인에게 있어서나 자신에게 있어서나 두 쪽 모두에게 이익이 있다.'는 의미이다.

타인과 자신 양 쪽에 이익이 있는 것이 全이다. 『重定費氏學』

民不與 : '백성들이 협력해 주지 않는다.'는 바를 가리킨 것이다. '民不與'의 '與'는 '給予(주다)'의 의미이다.

莫益之, 或擊之, 立心勿恒, 凶 : 이는 ≪益≫上九爻辭이다. 위 문장은 공자의 말을 인용한 것으로, 민심을 얻지 못하였으니 즉 '이로움은 없고 해로움이 있다.'는 본 爻의 의미를 해석한 것이다.

【번역翻譯】

『周易』≪咸≫九四爻辭에서 이르되 '마음이 정해지지 않은 채 빈번히 오고가다가 친구는 결국 자네의 생각에 순응할 것이다.'고 하였다. 공자는 이에 대해 '천하의 일에 대해 왜 생각할 필요가 있고 왜 우려할 필요가 있겠는가? 천하의 만물은 (저절로 감응하여 즉시 하게 된다.) 부동한 노선을 따라서 걸을지언정 결국 공동의 목표점에 도달하게 되며, 천만종류의 생각으로 하여금 합병하게 하여 통일된 관념을 만들게 된다.'고 했다. '천하의 일에 대해 왜 생각할 필요가 있고 왜 우려할 필요가 있겠는가? 비유해 보자면, 태양이 서쪽으로 가면 곧장 달은 동쪽에서 떠오르고 달이 서쪽으로 가면 곧장 태양이 동쪽에서 떠오르니, 태양과 달은 교대로 서로 밀어 올리면서 이동하기 때문에 밝은 빛은 항상 살아있는 것이고, 추운 계절이 돌아가면 곧장 더운 계절이 앞에서 닦아오고 더운 계절이 돌아가면 곧장 추운계절이 앞에서 닦아오니 추운 계절과 더운 계절이 서로 교대로 밀어 올리면서 이동하기 때문에 한 해가 형성되는 바와 같은 것이다. "往"은 곧 구부리면서 줄어드는 것을 이르고 "來"는 늘어나면서 펼쳐지는 것을 이르니, 구부리면서 줄어드는 것과 늘어나면서 펼쳐지는 것이 서로 감응하면 이익은 항상 살아나게 된다. 자 벌레라는 곤충이 그 몸을 구부리면서 줄어들게 하는 것은 늘어나면서 펼쳐지게 하기 위한 것이고, 거대한 용과 긴 뱀의 冬眠潛伏은 자신을 보존하기 위한 것이다. (학자들이) 道義를 정묘하게 연구하여 神理까지 깊이 들어가는 것은 才用을 진헌하기 위해서이고, 그 몸을 실천하는데 유리하게 하고 편안하게 처하게 하는 것은 미덕을 증진하고 숭상하기 위한 것이다. 이러한 경지를 넘어서서 다시 앞으로 발전해 나아가는 것은 아마도 깨달을 수 없을 것이니, 신묘한 이치에 끝까지 이르고 변화를 깨달아서 훤히 안다면 이는 아름다운 덕이 융성해졌다는 의미이다. (저절로 그렇게 이르게 되는 것이다.)' 『周易』≪困≫六三爻

辭에서 이르되 : '큰 돌 아래에 눌려 곤궁할 (돌이 견고하여 들어갈 수 없을) 뿐만 아니라 蒺藜(열매가 단단하고 가시가 있는 일년생 식물) 위에 의지해 있다.(가시가 많아 서 있기가 힘들다.) 설령 자신의 집으로 돌아간다고 할지라도 역시 그의 아내를 찾아 볼 수 없으니 흉할 것이다.'고 했다. 공자는 이에 대해 : '타당하지 않는 장소에서 곤궁함에 빠지는 것은 그 이름이 손해를 보거나 욕을 먹는 것은 필연적인 것이며, 적당하지 않는 곳에 의지해 있으면 그 몸이 위험에 처하는 것도 필연적인 것이다. 손해를 보고 욕을 먹는 것 또한 위험을 만나는 것이며 멸망의 날자가 곧 도래하는데 어찌 그의 아내를 만날 수 있는 날이 있을 수 있겠는가?'라고 해석했다. 『周易』≪解≫ 上六爻辭에서 이르되 : '왕공이 높은 성위를 굳은 근거지로 하여 앉아있는 성품이 잔인한 송골매에게 화살을 겨냥하여 한 발에 적중시켜 잡으니 이롭지 않는 바가 없을 것이다.'라고 했다. 공자는 이에 대해서 : '성품이 잔인한 송골매는 날짐승이고, 활과 화살은 무기이며, 화살을 잔인한 송골에게 발사하는 것은 사람이다. 군자는 미리 몸에 무기를 감춘 채 시기를 기다렸다가 기회를 포착하여 행동한다면 무슨 불리한 일을 만나겠는가? 행동을 하는데 있어서 털끝만큼의 장애나 얽힘이 없기 때문에 외출한다면 반드시 얻는 바가 있을 것이다. 이는 실재로 만든 무기를 먼저 구비하고 있은 연후에 다시 행동하라는 바를 설명한 것이다.'라고 해석 했다. 공자가 이르되 : '소인은 수치심을 알지 못하고 仁德을 밝히지 못하고 正理를 두려워하지 않고 道義를 행하지 않으며 이익을 보지 않으면 근면하지 않고 위협을 받지 않으면 경계하고 근신하지 않는다. 미소한 징벌을 받는 것을 중대한 경고로 받들어 소화한다면 이는 소인의 행운이다. 『周易』≪噬嗑≫初九爻辭에서 이르되 : "발에 형틀을 채워 발을 상하게 했을 뿐이니 재난에는 이르지 않을 것이다."고 한 말이 바로 이 이치이다.' (공자가 또한 이르되 :) '선행이 쌓이지 않으면 이름을 아름답게 성취시키지 못하고 악행이 쌓이지 않으며 자신의 몸을 멸망시키지 못한다. 소인은 작은 선행은 이익을 얻지 못하는 일로 보기 때문에 실천하는 것을 달갑게 여기지 않으며 작은 악행은 큰 일을 상하게 하지 않는 것으로 보기 때문에 제거하기를 원하지 않으니 악행이 가득 쌓이면 끌어당겨 덮을 방법이 없고 죄행이 지극히 발전하면 구제해 주기가 어렵다. 이로 인하여 『周易』≪噬嗑≫上九爻辭에서 이르되 : "어깨에 형틀을 메고 귀 바퀴가 베어지는 중형을 받았으니 흉함이 막심할 뿐이다."'고 했다. 공자가 이르되 : '무릇 기우러져 위태롭게 된 것(바르지 못하여 안심할 수 없는 것)은 모두 그 직위를 일찍부터 안일하게 지켜왔기 때문이고, 무릇 멸망하게 된 것은 모두 일찍부터 스스로 오래 동안 생존을 보존할 수 있을 것이라는 생각을 했기 때문이고, 무릇 전쟁에 패배하여 어지럽게 된 것은 모두 일찍부터 저절로 만사가 질서 있게 다스려 질 것이라고 믿었기 때문이다. 이로 인하여 군자는 편안히 처하면서도 기울어져 위태롭게 될 것이라는 바를 잊지 말아야 할 것이며 생존하면서도 멸망하게 될 것이라는 바를 잊지 말아야 할 것이며, 질서 있게 다스리면서도 전쟁에 패배하여 어지럽게 될 것이라는 바를 잊지 말아야 만이 자신은 항상 편안히 처할 수 있게 되고 국가 역시 영원히 보존할 수 있게 되는 것이다. 따라서 『周易』≪否≫九五爻辭에서 이르되 : (마음속으로 시시각각 스스로 경계하면서) "장차 멸망할 것이고 장차 멸망할 것이다."라고 한 것은 곧 叢生이가 얽혀있는 뽕나무와 같이 편안히 무고할 수 있기 때문이다.'라고 했다. 공자가 이르되 : '才德이 천박하면서도 지위가 높고 智力이 협소하면서도 도모하는 바가 넓고 크며 역량이 미약하면서도 맡은 바 임무가 무거운, 이와 같은 자치고 재앙과 화란을 해쳐 나아갈 수 있는 자 매우 적다. 따라서 『周易』≪鼎≫九四爻의 爻辭에서 이르되 : "솥이 무거운 짐을 받들기가 힘이 들자 솥의 다리가 부러져 왕공이 먹을 귀한 음식이 모두 쏟아졌을 뿐만 아니라 솥 몸체의 작은 부분까지 흠씬 젖게 되었으니 흉할 것이다."고 한 것은 역량이 임무를 감당할 수 없는 상황을 설명한 것이다.'라고 했다. 공자가 이르되 : '기미의 事理를 미리 인지한다는 것은 응당히 신묘한 경지에 이르게 될 것이라는 바를 생각(계산)하고 있기 때문이 아니겠는가? 군자는 윗분과 교왕할지라도 아첨하지 않으며 아래 자와 교왕할지라도 거만하지 않는다는 것은 기미의 사리를 미리 인지하고 있기 때문이 아니겠는가! 기미의 사리는 사물변동의 미소한 징조를 말하는 것이며 吉·凶의 끝맺음은 먼저 있던 隱約한(숨어있던) 것이 훤하게 드러나는 것이다. 군자는 기미의 事理를 발견하여 드러나게 할 뿐만 아니라 신속하게 실행하는 자로서 하루의 해가 질 때까지 기다리지 않는 자이다. 따라서 『周易』≪豫≫六二爻辭에서 이르되 : "덕을 지켜 나아가는 지조가 돌같이 굳으며 아침에 해야 할 일을 저녁까지 가지고 가지 않으며(유쾌하고 즐겁게 반드시 적당한 시점의 적당한 도리를 깨달아서 알며) 정도를 군건히 지켜 나아가니 길할 것이다."고 했다. 이미 덕을 지켜 나아가는 지조가 돌같이 굳어져 있는 품 덕일 진데 어찌 하루가 다할 때까지 기다릴 필요가 있겠는가? (비로소 도리를 깨달았다.) 적당한 시점에 당면하면 곧장 단연코 환하게 알 수 있는 것이다. 군자가 은밀히 앞서 나타나는 징조를 알아서 훤히 깨닫고 있다는 것은 곧 밝은 끝맺음의 경지를 훤히 알고 있다는 것이며 陰柔의 공적과 이로움을 알아서 훤히 깨닫고 있다는 것 역시 陽剛의 효용을 알고 있다는 것이니 이는 천 만 명이 우러러 바라보는 걸출한 인물이기 때문이다.'라고 했다. 공자가 이르되 : '안연 이 賢人 제자, 그의 도덕은 대체로 완미한 경지에 접근하지 않았겠는가? 조그마한 不善의 꼬투리조차도 저절로 인지하지 못하는 것이 없었고, 조그마한 것도 不善하다고 생각하면 두 번 다시 범하지 않았다. 『周易』≪復≫初九爻辭에서 이르되 : "시작한지 머지않아 정도로 회복될 것이며 반드시 재난과 후회가 없을 것이며 크게 길할 것이다."'고 했다. (공자가 이르되 :) '天 · 地의 二氣가 얽힌 채 밀접하게 교감하여 만물을 만들어 자라게 하고 순수하고 선량하고 정이 두터우며, 男女의 陰陽이 그들의 순수함에 交合하니 만물이 만들어져 자라나서 생명을 잉태시킨다. 따라서 『周易』≪損≫六三爻辭에서 이르되 : "세 사람이 함께 나아가 하나의 陽剛한 자를 얻고자 한다면 반드시 저 陽剛한 한 사람에게 손해를 입히게 될 것이다. 한 사람이 나아가 정성을 다해 뜻을 합하고자 한다면 강건한 친구를 얻게 될 것이다."라고 했다. 이는 陰 · 陽이 서로를 구할 때는 반드시 마음을 하나에 이르도록 전일해야만 한다.'는 바를 설명한 것이다. 공자가 이르되 : '군자는 먼저 그 자신을 안정시킨 연후에 행동해야 할 것이며 그 마음을 먼저 평화롭게 한 연후에 언론으로 발표해야 할 것이며 먼저 그 왕래를 확실하게 정한 연후에 타인으로부터 이로움을 구해야 할 것이니, 군자는 이 세 가지 덕성을 아름답게 수양할 수 있는 자이니 따라서 타인에게서나 자신에게서나 두 쪽 모두에게 이로움을 가지게 하는 자이다. 스스로 기우려져 위태롭게 된 후에 서둘러 행동한다면 백성들이 찬조해 주지 않을 것이며, 내심으로 의심하고 두려워한 연후에 언론으로 발표한다면 백성들이 호응해 주지 않을 것이며, 서로 왕래하는 바가 없이 타인으로부터 이로움을 구한다면 백성들이 주기를 원하지 않을 것이며, 어떤 사람도 그에게 이익을 주지 않을 뿐만 아니라 그를 손상시키고자 하는 사람들이 아마도 줄지어 오게 될 것이다. 따라서 『周易』≪益≫上九爻辭에서 이르되 : "그에게 더해 주는 자 없을 뿐만 아니라 어떤 자는 그를 공격할 것이다. 늘 생각하고 잊지 않으니 항상 평안하지 못함으로써

(탐욕스러워 추구하는 것을 싫어하지 않음으로써) 흉할 것이다.'"고 했다.

【해설解說】

이상은 제 5장이다.
본 장은 공자의 말을 인용하여 11개 爻의 대의를 밝혀 놓았다.
이상 3개 장의 내용은 서로 관련되어 있다.

　　제 3장은 象·爻를 통론한 것이다. (즉 卦·爻의 體制를 말했다.) 제 4장은 象이 재료를 선택한 예를 들었다. (즉 卦體는 陰·陽의 특징을 지녔다.) 제 5장은 爻가 움직임을 본받은 예를 들었다. (즉 陰陽動靜·吉凶悔吝은 11개 爻의 예 가운데서 체현되고 있다.) 『折中』

全章은 爻의 의미를 해석한 것으로, 모두 '象內'로부터 '象外'로 전개시켰으며 정묘하고 순수한 哲理思維를 운용하여 자못 각 爻가 심오하게 지니고 있는 특정한 상징적 의미를 제시했다. 이로 말미암아 공자 『易』學의 중요특징 가운데 한 면을 볼 수 있다.

제 6 장

子曰: '乾·坤, 其『易』之門邪?' 乾, 陽物也; 坤, 陰物也. 陰陽合德而剛柔有體, 以體天地之撰, 以通神明之德. 其稱名也, 雜而不越, 於稽其類, 其衰世之意邪? 夫『易』, 彰往而察來, 而微顯闡幽. 開而當名辨物, 正言斷辭則備矣. 其稱名也小, 其取類也大, 其旨遠, 其辭文, 其言曲而中, 其事肆而隱. 因貳以濟民行, 以明失得之報.

【주석註釋】

乾・坤, 其『易』之門邪 : 이는 공자의 말을 인용하여 ≪乾≫・≪坤≫ 두 卦는 『周易』 철학체계 가운데에서 '가장 중요한 작용을 한다.'는 바를 설명한 것이다.

> 陰・陽이 서로 바뀌는 것은 乾・坤으로부터 나온 것이니 따라서 '門'이라고 했다. 『集解・荀爽』

> 『易』의 변화는 乾・坤으로부터 일어나니, 이는 사람이 일어나 움직여서 문으로 나오는 것과 같은 것이다. 『正義』

以體天地之撰, 以通神明之德 : '撰'에 대해 『本義』에서는 '事' 즉 '책을 편찬하는 일과 같은 것이다.'고 했다.

이 두 구절은 앞 문장 '剛柔有體'・'陰陽合德'을 받들어 발양시켰을 뿐만 아니라 진일보 적으로 ≪乾≫・≪坤≫은 '剛・柔의 形體를 만들어 象을 본뜨는 범위를 넓고 크게 해 주었으며 陰・陽의 物象을 만들어 비유시키는 이치의 정도를 신묘하게 해 주었다.'는 바를 설명한 것이다.

> 형체를 가지고 있으면 본뜰 수 있음으로 '體'라고 했다. 이치를 가지고 있으면 미루어 헤아릴 수 있음으로 '通'이라고 했다. '體天地之撰(天・地를 몸으로 삼아 편찬했다.)'이라고 한 것은 '剛・柔는 體를 가지고 있다.'는 의미이니 두 '體'字는 서로 호응한다. '通神明之德(신명의 덕에 통한다.)'은 '陰陽合德'을 이어서 말한 것이니 두 '德'字는 서로 호응한다. 『古周易訂詁』

> '撰'은 '數'의 의미이다. 이르되 : '만물형체는 모두 天・地의 數를 받은 것이다.' 이르되 : '九는 天數이고 六은 地數이니 剛・柔가 성취되어 體로 되었다.' 『集解・九家易』

其稱名也, 雜而不越 : '稱名'은 '卦辭・爻辭에서 불리는 물질명칭'을 가리킨 것이다. '不越'은 '卦辭・爻辭의 이치를 넘어서지 않는다.'는 의미이다.

> 『易』의 爻辭는 작은 물건을 많이 기재하고 있으니, '돼지가 등에 진흙을 칠한 것을

보았다.(見豕負塗)'는 바에 속하는 것과 같은 잡스럽고 자질구레한 것들이다. 베낀(본 뜬) 것들이 비록 잡스럽고 자질구레할지라도 각각 爻와 卦에 의지하여 적당하고 옳은 말을 하고 있으니 이것이 서로 '자신의 분수를 넘어서지 않는다.'는 의미이다. 『正義』

陰·陽은 '뒤섞이는 것(雜)'이고 名은 '卦의 명칭'을 말한다. 陰·陽은 비록 '번갈아가며 뒤섞인다.(錯)'고 할지라도 卦의 象과 名은 순서를 가지고 있음으로써 서로 분수를 넘어서지 않는다. 『集解·九家易』

於稽其類, 其衰世之意邪 : '於'는 '발어사'이다. '稽'는 '고찰하다'는 의미이다. '類'는 '卦辭·爻辭 가운데 표현되고 서술되고 있는 사건의 종류'를 가리킨 것이다.

이 두 구절은 卦辭·爻辭의 내용을 고찰하고 헤아려 보니 작자가 살아 있을 당시 '쇠퇴해져 가던 세태를 알 수 있었다.'는 바를 설명한 것이다.

『易』의 문장 속에 있는 사건의 종류를 생각하고 헤아려 보면 대부분 뉘우침에 내한 근심과 신중함 그리고 조심스러움을 지니고 있다. 따라서 이는 變亂의 세태에 대한 생각을 여러 방면으로 벌여놓았기 때문이다. 『正義』

彰往而察來, 而微顯闡幽 : '微顯'은 '顯微'로서 '작은 물체를 환하게 드러낸다.(顯微)'는 의미이다.

이 두 구절은 『周易』의 공적은 지나간 것을 환하게 밝히어 닦아오는 일을 인지하는 것 즉 시작할 때의 정묘함을 환하게 드러내고 오묘한 이치를 밝히는 바를 설명한 것이다.

『易』은 지나간 일을 밝히지 않은 것이 없고 닦아오는 일을 살피지 않는 것이 없으며, 정묘함이 그로 인해 환하게 드러나고 심오함이 그로 인해 명확하게 밝혀지고 있다. '闡'은 '명확하게 밝힌다.'는 의미이다. 『韓注』

開而當名辨物, 正言斷辭則備矣 : '開'는 『易』의 작자가 卦辭·爻辭를 개방하고 문장을 지은 것을 가리킨다. 名·物·言·辭는 모두 卦辭·爻辭를 가리킨 것이다. 當·辨·正·斷은 구절 가운데 使動用法으로 사용되었으며 의미는 '使名當'·'使言正'·

'使辭斷'과 같다. '備'는 '의리가 완전하게 구비되었다.'는 의미이다.

　이 두 구절은 『易』의 작자가 '문장을 구상할 때' 주도면밀한 사고로 문장을 구상하여 지었으며 卦辭·爻辭를 개방하여 '六十四卦 三百八十四爻의 名物로 하여금 적당하게 하였고 言辭로 하여금 바르게 밝히게 하였고 의리로 하여금 완벽하게 구비하게 했다.'는 바를 설명한 것이다.

其稱名也小, 其取類也大 : 이는 卦辭·爻辭에서 불리고 있는 物象의 명칭은 비록 작다고는 할지라도 '비유되는 사건의 종류는 오히려 매우 광대하다.'는 바를 가리킨 것이다.

　　象에 의탁하여 의리를 밝혔고 작은 것에 의지하여 큰 것을 비유했다. 『韓注』

其旨遠, 其辭文, 其言曲而中 : 이는 卦辭·爻辭의 언어적 특색을 설명한 것이다.

　　이 일에 대해서는 알기 쉽게 말하고 저 일에 대해서는 어렵게 말한 것은 그 의미가 심원하기 때문이다. 직언으로 일을 논하지 않고 의리를 사용하여 그것을 밝힌 그 글은 자못 화려하게 장식되었다. 변화가 일정하지 않는 것은 體例라고 할 수 없다. 그 말은 사물을 따라서 이리저리 구부러지면서 각각 '그 이치를 바르게 하고 있다.'는 의미이다. 『正義』

其事肆而隱 : '事'는 '典禮와 故事'를 의미한다. '肆'는 '환하게 노출된다.'는 의미이다. '隱'은 '의리가 은밀하고 오묘하다.'는 의미이다.

　이 구절은 卦辭·爻辭가 사용하는 법식의 특색을 설명한 것이다.

　　『易』에 실린 사건을 게재할 때는 그 말로는 기탄없이 환하게 노출시켰고 의리로는 심오하고 은밀하게 논하였다. 『正義』

因貳以濟民行, 以明失得之報 : '貳'는 '乾坤·陰陽의 두 이치'를 말한다. '報'는 '드러나는 조짐이 맞다.(應驗)'는 의미이다.

　이 두 구절은 앞 문장을 종합적으로 결론지은 것으로, 『周易』이 제시하는 陰·陽 변화의 이치는 '백성들의 행위를 도와주고 사물의 吉凶·得失이 드러나는 조짐을 명확하게 해 준다.'는 바를 설명한 것이다.

『周易』의 이치 즉 陰·陽 둘을 합일한 이치는 '측량할 수 없으며(兩在莫測) 방향도 없고 몸체도 없다.'·'백성들이 일상생활 상에서 실천하는 것에 기반을 두고 그 吉·凶이 드러나는 조짐을 밝혀 준다.'고 했다. '兩在'는 '陰·陽 두 이치를 합일한다.'는 의미이다. 『來氏易注』

【번역飜譯】

　　공자가 이르되 : '≪乾≫·≪坤≫ 두 卦는 응당히 『周易』의 대문이라고 할 수 있지 않는가?' 乾은 陽의 물상이며 坤은 陰의 물상이다. 陰·陽의 德性이 서로 배합하여 剛·柔가 형체를 이루자 天·地를 몸소 체험하여 고찰하여 충분히 납득한 후 자신의 것으로 만들어 저술한 것을 사용하여 경영했음으로 신비롭게 밝은 덕성을 관통할 수 있었다. 『周易』 卦辭·爻辭에서 의견을 진술하는 바의 物名이 설령 번잡하다고 할지라도 오히려 卦辭·爻辭의 의리(의미)를 넘어서지는 않았고, 卦辭·爻辭를 고찰하여 표술 하면서 (대부분이 우려하고 경계하는 것이다.) 사건의 종류(事類)를 사용한 깃은 아마도 작자가 쇠퇴해져 가는 위험한 세상에 처했던 사상을 드러낸 것이 아니겠는가? 『周易』은 지나간 變故를 환하게 밝혀 닦아오는 사태를 살펴 분별하게 하고 초기에 미세하게 드러나는 徵象을 분명하게 보여줌으로써 심오한 이치를 환하게 밝혀 주었다. 『周易』을 지은 작자가 卦辭·爻辭를 해석하여 각 卦의 명칭과 각 爻의 명칭과 의리로 하여금 적당하게 하였으며 물상을 분명하게 분별하게 하였을 뿐만 아니라 언어를 두루 바르게 사용하고 語句의 배치도 단호하게 판단 결정함으로써 천하 만물의 이치가 모두 갖추어지게 해 놓았다. 卦辭·爻辭에서 일컬어 서술된 物名이 비록 대부분 자질구레한 것이기는 할지라도 비유하기 위해 선택한 事類는 오히려 매우 광대하며 그 의미는 심오하고 원대하며 말을 아름답고 힘 있게 다듬었음으로 그 문장은 자못 화려하게 장식되었으며 그 언어 역시 구불구불하게 복잡하나 자세한 내용이 치우치지 않고 事理에 알맞게 되어 있으며 철학이치의 은밀하고 오묘함은 典禮와 故事를 사용하여 명확하게 표현되고 있다. 『周易』은 陰·陽 양변의 이치를 운용하여 백성들의 행동을 도와주기 위해 편찬된 것이니, 즉 사람들로 하여금 吉凶·得失의 드러나는 조짐을 명확하게 맞출 수 있게 해 놓은 서적이다.

【해설解說】

이상은 제 6장이다.

본 장에서는 卦辭・爻辭의 특징을 서술했다. 먼저 《乾》・《坤》 두 卦는 『易』의 대문이라는 것을 지적한 연후에 집중적으로 卦辭・爻辭 이치의 원대함을 증명하였고 본장의 마지막에서는 『周易』 이치를 사용한다면 '백성들의 행위를 도와줄 수 있을 것이다.'는 바로 결론을 지었다.

문장 가운데 '稱名'・'取類'・'旨遠'・'辭文' 등은 『周易』의 卦辭・爻辭를 자세하고 적절하게 개요를 잡아 한데 뭉뚱그린 용어들이자 象을 사용하여 의미를 깨우쳐(비유해) 준 언어적 특징을 가지고 있으며 그 의리 또한 고대 문론 가운데의 '比興(비유하여 재미있게 말한다.)'과 자못 부합한다.

제 7 장

『易』之興也, 其於中古乎? 作『易』者, 其有憂患乎? 是故《履》, 德之基也 ; 《謙》, 德之柄也 ; 《復》, 德之本也 ; 《恒》, 德之固也 ; 《損》, 德之脩也 ; 《益》, 德之裕也 ; 《困》, 德之辨也 ; 《井》, 德之地也 ; 《巽》, 德之制也. 《履》, 和而至 ; 《謙》, 尊而光 ; 《復》, 小而辨於物 ; 《恒》, 雜而不厭 ; 《損》, 先難而後易 ; 《益》, 長裕而不設 ; 《困》, 窮而通 ; 《井》, 居其所而遷 ; 《巽》, 稱而隱. 《履》以和行, 《謙》以制禮, 《復》以自知, 《恒》以一德, 《損》以遠害, 《益》以興利, 《困》以寡怨, 《井》以辯義, 《巽》以行權.

【주석註釋】

『易』之興也, 其於中古乎 : '興'은 '떨치고 일어난다.' · '성대하다'는 의미이다. '中古'는 商나라 末世 즉 殷의 말엽 '周의 盛德期'를 의미한다.

이 두 구절은 「繫辭傳」의 작자가 『周易』이 서적으로 편찬된 년대를 추론한 것이다.

『易』의 爻와 卦의 象은 上古 伏羲(庖犧)시대의 것이다. 그 당시의 시대사조는 질박과 소박을 숭상하였으며 聖道는 고요하고 편안했음으로 그 象을 直觀하여 좋은 교훈을 후세에 남겨 줄 수 있었다. 그러나 中古시대에 이르면서 세상사가 점진적으로 경박하고 인정이 메말라짐으로써 본받지 않고(非象) 가르치게 되었을 뿐만 아니라 모름지기 文辭를 사용하여 잡아 메어놓고 吉·凶을 변동시키는 것을 보여주고 있었으니 따라서 爻와 卦의 글이 중고시대에 일어났던 것이다. 또한 이르되 : '『周易』은 文王과 周公에서 시작된 것이니 이로써 『周易』이라고 했다.'고 했다. 『正義』

'『易』을 성대하게 일으킨 자는 庖犧라고 했다.' 庖犧시대는 中古이니, 즉 庖犧 이전은 上古이다. 『集解·虞翻』

作『易』者, 其有憂患乎 : 이는 『周易』은 '中古 쇠퇴기'에 편찬되었음으로 작자가 많은 곳에 '우환의식을 심어놓았다.'는 바를 추론한 것이니 즉 앞장에서 말한 '其衰世之意邪'와 꼭 부합한다.

史遷이 이르되 : 文王이 감옥에 갇혀서 『易』을 알기 쉽게 설명하였다. 즉 『易』을 지은 작자가 우환을 가지고 있었지 않았겠는가? 『正義·序』

≪履≫, 德之基也 : ≪履≫는 六十四卦 가운데 하나이며 '조심스럽게 걸어간다.'는 것을 상징한다. 즉 '예의제도에 따라서 행동한다.'는 의미를 함유하고 있다. 사람이 ≪履≫道를 따른다면 법을 가로막거나 예의제도를 위반하지 않음으로써 '덕의 기반을 세우게 된다.'

이하 三陳九卦는 『周易』이 '修德防患(덕을 닦음으로서 우환을 방지한다.)'의 작품이라는 것을 설명하면서 위문장 '作『易』者有憂患'을 증명하고 있다.

六十四卦는 모두 덕을 닦아 우환을 방지하는 일에 초점을 맞추었다. 특히 이 9개 卦가 가장 심하게 덕을 닦는 것을 강조하였으니 따라서 특별히 예로 들어 말하였다. 덕을 닦는 길은 반드시 예를 실천하여 위 분을 공경하여 모시는 것이니 따라서 '≪履≫는 덕의 근본이다.'고 했다. 『正義』

≪謙≫, 德之柄也 : ≪謙≫은 六十四卦 가운데 하나로서 '겸허'를 상징한다. 사람이 행동을 겸허히 하면 마치 도덕이 견고한 손잡이(자루·근본)를 지니고 있는 것과 같음으로써 '德의 손잡이'라고 했다.

만약 덕을 실행하는데 겸허함을 사용하지 않는다면 덕은 실행되지 않을(못할) 것이니, 이는 겸허함이 덕의 손잡이기 때문이다. 이는 '도끼는 자루를 사용함으로써 그 효용이 나타난다.'는 것에 비유한 것이다. 『正義』

≪復≫, 德之本也 : ≪復≫은 六十四卦 가운데 하나로서 '회복'을 상징한다. 즉 '陽剛正道로 복귀하여 시작한다.'는 의미이다. 사람이 '善道로 복귀하는 것이 곧 덕으로 나아가는 근본이 된다.'는 의미이다.

'復'이라는 것은 '陽氣가 복귀한다.(陽復)'는 것 즉 '善으로 돌아온다.'는 의미이다.' 또한 '사물에 오염이 발생하면 저절로 회복되는 기능을 발휘하게 된다. 즉 善이라는 것은 우리의 性이 본래부터 지니고 있는 기능을 깨달음으로써 우리가 본래부터 지니고 있는 것을 따라서 德으로 나아간다는 것으로 곧 은혜가 대단히 감동적이니 그가 아니면 갈 데가 없다.'는 의미이다. 따라서 ≪復≫은 '德의 근본이다.'고 했다. 『陸九淵·語錄上』

≪恒≫, 德之固也 : ≪恒≫은 六十四卦 가운데 하나로서 '恒常'·'恒久(변하지 않고 오래 동안 유지한다.)'를 상징한다. 즉 '항상 바른 도를 견고히 지켜 나아간다.'는 의미를 함유하고 있다. 사람은 '오래 동안 한 결 같은 마음으로 정도를 견고히 지켜 나아가면 곧 도덕을 견고히 할 수 있다.'는 의미이다.

德을 행할 때는 변하지 않고 꼭 잡고 지켜 나아가야 하며 시종일관 변하지 말아야만이 德이 견고해 진다. 『正義』

≪損≫, 德之脩也 : ≪損≫은 六十四卦 가운데 하나로서 '감소'를 상징한다. 즉 '스스로 善하지 않는 것을 감소시킨다.'는 의미를 함유하고 있다. 사람은 선하지 않는 것을 스스로 감소시킬 수 있으며 분노하는 욕망을 감소시키고 억누를 수 있음으로써 반드시 道德을 닦아 아름답게 할 수 있는 존재이다.

분노를 징계하고 욕망을 막을 수 있는 것은 德을 닦았기 때문이다. 『正義』

≪益≫, 德之裕也 : ≪益≫은 六十四卦 가운데 하나로서 '增益' 즉 '다른 사람에게 이로움을 베푼다.(증익시켜 준다.)'는 의미를 함유하고 있다. 사람은 밖에다 이로움을 베풀 수 있는 존재 즉 자신이 지닌 德을 넉넉하고 관대하게 충분히 베풀 수 있는 존재라는 의미이다.

사물에 이로움을 더 할 수 있는 자는 그 德이 넓고 크기 때문이다. 『韓注』

≪困≫, 德之辨也 : ≪困≫은 六十四卦 가운데 하나로서 '곤궁'을 상징한다. 즉 '곤궁함에 처해서도 정도를 굳건히 지켜 나아간다.'는 의미를 함유하고 있다. 사람은 곤궁함에 처했을 때 사리에 맞게 그 옳고 그른 것을 가려내고 검사하고 시험하여 德操(변하지 않는 절개)를 견고하게 지켜 나아갈 수 있는 존재이니 따라서 '德之辨'이라고 했다.

'辯'은 '분별하다'는 의미이다. 우연히 곤란함을 만났을 때 군자는 진실로 있는 힘을 다하나 소인은 궁지에 빠지면 함부로 행동한다. 德은 이렇게 분별되는 것이다. 『集解 · 鄭玄』

만약 우연히 곤란함을 만났을 때 지조를 지켜 나아가는 바에 흔들리지 않는다면 德은 진실로 분별되고 있는 것이다.(辯과 辨은 의리가 상통한다.) 『正義』

≪井≫, 德之地也 : ≪井≫은 六十四卦 가운데 하나로서 '우물(水井)'을 상징한다. '우물은 무궁하게 양육한다.'는 의미를 함유하고 있다. 즉 사람이 '우물이 양육하는 이치(井養之道)'를 따른다면 '아름다운 德에 머물러서 아름다운 德을 지켜 나아가게 된

다.'는 바를 설명한 것이다.

우물이 양육하는 바는 무궁하며 우물은 德이 머무르는 大地이다.『正義』

≪巽≫, 德之制也 : ≪巽≫은 六十四卦 가운데 하나로서 '순종'을 상징한다. 즉 '순종에 의지하여(순종으로 말미암아) 명령을 시행해 나아간다.'는 의미를 함유하고 있다. 사람은 순종에 의지해야 만이 명령을 시행해 나아갈 수 있는 즉 道德을 펼쳐서 보여주고 그 규범을 제정할 수 있으니 따라서 '德之制'라고 했다. '制'는 이곳에서는 '규범을 제정한다.'는 의미이다.

이상 앞에서 9개 卦를 펼쳐 보인 까닭은 '德'에 의미를 두었기 때문이다.

9개 卦의 '卦名과 卦德은 상호간에 효력을 발휘한다.'는 것을 밝혔다.『正義』

≪履≫·≪謙≫·≪復≫ 3개 卦는 德으로 나아가는 큰 단서에 대해 말하였고 ≪恒≫·≪損≫·≪益≫ 3개 卦는 몸을 지키는 道에 대해 말하였으며 ≪困≫·≪井≫·≪巽≫ 3개 卦는 세상일을 겪어 나아가는 방법에 대해 말하였다.『重定費氏學』

≪履≫, 和而至 : '至'는 '도달하다'는 의미이다. ≪履≫는 '조심스럽게 행동하고 고분고분하고 온순하게 예를 위반하지 않도록 사람을 가르쳐 실천하게 함으로써 종점에 도달할 수 있게 한다.'는 의미로 즉 '일을 실천하도록 함으로써 목적지에 도달할 수 있게 한다.'는 것과 같은 의미이다.

온화하고 화목하면 순조롭게 도달할 수 있으니 따라서 '실천할 수 있다.'고 했다.『韓注』

≪謙≫, 尊而光 : ≪謙≫은 사람들에게 겸허함을 가르쳐 겸허하게 사물을 접대하게 함으로써 사람들에게 존경을 받아 '그 德이 갈수록 큰 빛을 발하게 한다.'는 것을 의미한다.

겸허하게 낮출 수 있는 까닭에 그 德은 갈수록 존경을 받게 되고 갈수록 밝아지게 되는 것이다.『正義』

≪復≫, 小而辨於物 : '小'는 '미세한 징조'를 의미한다. ≪復≫은 사람들로 하여금 善·惡을 샅샅이 살펴서 훤하게 알도록 하여 善道로 빨리 돌아오도록 가르치는 것이다. 그 요점은 사물의 미세한 징조를 변별하고 분석하여 바르지 않는 것을 깨달으면 신속히 고치도록 하는데 있다.

    ≪復≫은 시초에 즉 매우 작을(微小) 때에 사물의 吉·凶에 대해 분별할 수 있다면 머지않아 '신속히 회복될 것이다.'는 의미이다. 『正義』

≪恒≫, 雜而不厭 : '雜'은 '바르고 사악한 것이 서로 뒤섞여 있다.'는 의미이다. ≪恒≫은 사람이 정조를 지켜 나아가는 태도가 변하지 않고 오래가게 하는 바를 가르치는 것이니 따라서 비록 바르고 사악한 것이 서로 뒤섞여 있는 곳에 처할 때라고 할지라도 역시 정도를 '오래 동안 지켜 나아가는 것에 싫증을 내지 않는다.'는 바를 설명한 것이다.

    ≪恒≫은 비록 사물의 번거롭고 자질구레함과 뒤섞여서 함께 처한다고 할지라도 그 지조를 한 결 같이 꽉 잡고 지켜 나아간다면 '사물의 바르지 않는 것에 해를 당하게 하지는 않을 것이다.'는 의미이다. 『正義』

≪損≫, 先難而後易 : ≪損≫은 사람이 '스스로 不善을 덜어 내어 유익함을 얻는다.'는 바를 가르치는 것이다. '스스로 덜어 낸다.'는 것은 즉 '먼저 어려움에 처한다.'는 의미이고 '유익함을 얻는다.'는 것은 즉 '나중이 쉽고 편안해 진다.'는 의미다.

    '먼저 스스로 덜어 낸다.'는 것은 '먼저 어려운 상황에 처한다.'는 의미이다. '나중에 진실로 우환이 없다.'는 것은 '나중이 쉽고 편안하다.'는 의미이다. 『正義』

≪益≫, 長裕而不設 : '設'은 '헛되게 베푼다.(虛設)'는 의미이다. '不設'은 '그 유익함을 넓게 베푼다. 즉 헛되지 않게 베푼다.'는 의미이다. ≪益≫은 사람이 타인에게 유익함을 베푸는 바를 가르치는 것이니 따라서 '자신의 덕이 성장하여 넉넉하게 되면 그 유익함을 헛되지 않게 베풀어야 할 것이다.'는 의미이다.

'성대하게 된다.'는 것은 '유익함이 사물에까지 적용된다.'는 것이니 따라서 '성장하여 너그럽고 넉넉하게 된다.(長裕)'고 했다. 사물에 의지하여 사업이 성대해지는 것이니 따라서 '헛되지 않게 베푼다.'고 했다. 『韓注』

≪困≫, 窮而通 : ≪困≫은 사람이 곤궁함에 처했을 때 '정도를 견고히 지켜 나아간다면 형통함에 이르게 된다.'는 바를 가르치는 것이다.

  ≪困≫은 곤궁에 처했을 때 절개를 지켜 나아갈 수 있다면 '道로 하여금 통하게 하는 것은 물론이거니와 막히지 않게 한다.'는 바를 가르치는 것이다. 『正義』

≪井≫, 居其所而遷 : '遷'은 '그 은택을 이리저리 베풀어 사람들에게 이로운 혜택을 준다.'는 바를 가리키는 것이다. ≪井≫은 사람들에게 '우물이 양육하는(井養)' 공적을 본받을 바를 가르치는 것이니 따라서 '그가 처한 곳에서 아름다운 은혜를 이리저리 베풀어야 한다.'고 했다.

  ≪井≫은 그가 처한 곳에서 변하지 않고 늘 그 자리에서 그 아름다운 은혜를 이리저리 베풀고 있으니 즉 밖으로 하염없이 은혜를 베풀고 있는 존재를 의미한다. 『正義』

≪巽≫, 稱而隱 : '稱'은 '드러내다(揚)'·'찬양하다'·'나타나다'·'떠오르다'는 의미를 가지고 있으며 이곳에서는 '명령을 찬양한다.(申命)'는 의미이다. '隱'은 '감추다(藏)'는 의미로서 '스스로 환하게 드러내지 않는다.'는 바를 가리킨 것이다. ≪巽≫은 사람이 순종에 의지하여 명령을 찬양하는 바를 가르치는 것이니 따라서 그 명령을 찬양할 수 있으면 그 위엄은 드러나지 않는 즉 '세력에 의지하여 다스림(가르침)을 이롭게 한다.(因勢利導)'는 의미이다.

  명령을 찬양하나 백성들은 그 이유를 알지 못한다. 『韓注』

  ≪巽≫은 호령을 찬양하나 스스로 '드러나게 자랑하지 않고 깊숙이 감추어 둔다.'는 바를 말한 것이다. 『正義』

이상은 9개 卦를 다시 나열하여 진일보 적으로 여러 卦의 성질을 되풀이 하여 밝힌 것이다.

9개 卦의 德性을 구별하였다. 『正義』

≪履≫以和行 : '以'는 '하다(可)'·'할 수 있다.'와 같은 의미이다. ≪履≫의 작용은 조심하고 고분고분하게 시키는 대로 잘 따르며 禮를 준수하여 행동하는데 있으니 즉 위 문장 '和而至(온순하게 순종하여 목적지에 잘 도달한다.)'에 의미를 두고 있다.

禮의 작용은 복종하는(따르는) 것을 귀하게 여긴다. 따라서 '以和行(시키는 대로 실행한다.)'이라고 했다. 『集解·虞翻』

≪謙≫以制禮 : '制'는 '남의 자유를 제어한다.(控制)'와 같은 의미이다. ≪謙≫의 작용은 '禮節로 자신을 진정시킬(공제할) 수 있으면 謙虛함으로 사물을 대섭할 수 있다.'는 즉 위 문장 '德之柄'에 의미를 두고 있다.

성품이 겸손하고 순종할 수 있으면 禮를 사용하여 재제할(억제할) 수 있다. 『正義』

≪復≫以自知 : ≪復≫의 작용은 不善을 살펴 변별하여(깨달아서) 正道로 회복시키는데 있으니 즉 위 문장 '小而辨於物'에 의미를 두고 있다.

'不善이 있다.'는 것을 깨닫지 못하는 것이 아님으로 '自知(스스로 안다.·저절로 안다.)'라고 했다. 『集解·虞翻』

≪恒≫以一德 : ≪恒≫의 작용은 변하지 않고 정도를 견고히 지켜 나아가는 그 德을 영구히 하나로(한 결 같이) 하는데 있으니 즉 위문장 '德之固'·'雜而不厭'에 의미를 두고 있다.

'영원하다(恒)'는 것은 '마지막과 시작이 바뀌지 않고 그 德을 순수하게 오로지 하나로 한다.'는 의미이다. 『正義』

≪損≫以遠害 : ≪損≫의 작용은 不善함을 스스로 덜어내는 修身을 함으로써 해로움을 피하는데 있으니 즉 위 문장 '德之脩'에 의미를 두고 있다.

>修身에 머무르게 되면 해로움으로부터 멀어질 수 있다. 『韓注』

≪益≫以興利 : ≪益≫의 작용은 타인을 이롭게 하고 자신을 이롭게 함으로써 타인과 자신 모두가 이롭게 되는데 있으니 즉 위 문장 '德之裕'·'長裕而不設'에 의미를 두고 있다.

>이미 사물을 유익하게 해 주었다면 사물 역시 나를 유익하게 해 주는 것이니 따라서 '이로움을 성대하게 한다.(興利)'고 했다. 『正義』

≪困≫以寡怨 : ≪困≫의 작용은 곤궁함에 처하였으나 德을 견고히 지켜 나아갈 뿐만 아니라 원망하지 않는데 있으니 즉 위 문장 '德之辨'에 의미를 두고 있다.

>곤궁한 상황에 처했을 지라도 변하지 않고 한 결 같이 절개를 지켜 나아가며 하늘을 원망하지 않고 사람을 원망하지 않는 것은 '사물에 적대심을 품고 있지 않다.'는 것이니 따라서 '寡怨'이라고 했다. 『正義』

≪井≫以辯義 : '辯'은 '辨'과 같은 의미이다.
≪井≫의 작용은 '우물이 양육하는 德(井養)'을 넓게 실천하고 道義에 대한 사리를 명백하게 밝히는데 있으니 즉 위 문장 '德之地'에 의미를 두고 있다..

>사사로움 없이 실천하는 것이 의리의 바른 모습이다. 『韓注』

>군자의 의리는 사물을 구제하는 대에 있다. 우물에 의지하여 사람을 양육하는 것으로 군자의 의리를 밝힐 수 있다. 『陸九淵·語錄上』

≪巽≫以行權 : ≪巽≫의 작용은 세력에 의지하여 다스림(가르침)을 이롭게 하고 명령을 찬양하여 권력을 실행하는데 있다.

부드럽게 순종한 후에 권력을 실행할 수 있다. 『韓注』

만약 순종하지 않을 때 변화를 주관한다면 권력을 실행할 수 없을 것이다. 『正義』

이상은 앞에서 이미 두 번 나열 설명한 9개 卦를 다시 한 번 더 卦의 효용을 중심으로 설명한 것이다.(三陳九卦)

'9개 卦가 각각 시행된다면 유익함을 얻을 것이다.'는 바를 말한 것이다. 『正義』

【번역翻譯】

『周易』이 성대하게 일어난 것은 아마도 商代 말엽의 中古시대가 아니겠는가? 『周易』을 창작한 사람은 아마도 마음에 근심걱정을 가득 품고 있지 않았겠는가? 이로 인하여 ≪履≫(조심스럽게 예를 실천하는 것을 설명한 卦)는 도덕의 초석을 세웠으며, ≪謙≫(행동을 겸허하게 하는 것을 설명한 卦)은 도덕을 실천하는 손잡이(지팡이)가 되었으며, ≪復≫(바른 길로 회복하는 것을 설명한 卦)은 도덕을 따라가는 것을 근본으로 하였으며, ≪恒≫(정도를 영원히 지켜 나가는 것을 설명한 卦)은 도덕을 견고히 하는 것을 먼저 내세웠으며(前提), ≪損≫(스스로 不善을 감소시키는 것을 설명한 卦)은 도덕을 아름답게 수양해 나아가는 길을 보여 주었으며, ≪益≫(타인에게 이로움을 베푸는 것을 설명한 卦)은 도덕을 거대하고 넉넉하게 펼치는 방법을 제시하였으며, ≪困≫(곤궁함을 만났을 때 정도를 견고히 지켜 나아가는 것을 설명한 卦)은 도덕을 조사하고 징험하는 표준을 보여 주었으며, ≪井≫(우물이 사람을 양육하는 정은 무궁하다는 것을 설명한 卦)은 머물러서 도덕을 견고히 지켜 나아가는 장소를 제시하였으며, ≪巽≫(순종에 의지하여 명령을 찬양한 것을 설명한 卦)은 도덕을 펼쳐 보여주는 규범을 제시하였다. ≪履≫는 사람이 고분고분하게 잘 따르며 온순하게 순종하며 조심스럽게 걸어서 목적지에 잘 도착하는 바를 가르친 것이며, ≪謙≫은 사람이 겸허해야 만이 비로소 존경을 받고 그 덕을 밝게 빛 낼 수 있다는 바를 가르친 것이며, ≪復≫은 사람이 미세한 징조에 대하여 정확하게 꿰 뚫어야 사물의 善·惡을 분별하고 분석할 수 있다(신속하게 정도로 회복할 수 있다.)는 바를 가르친 것이며, ≪恒≫은 사람은 正・邪가 서로 뒤섞여 있는 환경 가운데에서 영구히(한 결 같이) 덕을 견고히 지켜 나아가는데 싫증을 내어서는 안 된다는 바를 가르친 것이며, ≪損≫은 사람은 먼저 스스로 덜어내는 어려움을 겪은 이후에 이로움을 얻는 편안함을 누린다는 바를 가르친 것이며, ≪益≫은 사람은 타인에게 유익함을 베풀면 자신의 덕을 오랫동안 넉넉하게 지켜 나아갈 수 있어 그 유익함을 베푼 것을 헛되지 않게 한다는 바를 가르친 것이며, ≪困≫은 사람은 곤궁할 때 정도를 견고히 지켜 나아간다면 형통함을 얻게 된다는 바를 가르친 것이며, ≪井≫은 사람은 머물러 편안하게 처한 곳에서 혜택을 두루두루 널리 베풀어야 한다는 바를 가르친 것이며, ≪巽≫은 사람은 권세에 순종하고 명령을 찬양하며 자신을 환하게 노출시켜서는 안 된다는 바를 가르친 것이다. ≪履≫의 이치는 고분고분하게 따르면서 온순하고 조심스럽게 걷는 것을 재료로 사용하였으며, ≪謙≫의 이치는 예절로 남의 자유를 제압하는 것을 재료로 사용하였으며, ≪復≫의 이치는 스스로 살피고 깨달아 얻고 잃는 것을 재료로 사용하였으며, ≪恒≫의 이치는 始・終 변하지 않고 순수하게 오로지 한 결 같이 德을 견고히 지켜 나아가는 것을 재료로 사용하였으며 ≪損≫의 이치는 스스로 不善을 덜어내면 災禍로부터 멀리 떨어진다는 것을 재료로 사용하였으며, ≪益≫의 이치는 다른 사람을 유익하게 하면 자신도 유익해질 뿐만 아니라 福利가 널리 부흥한다는 것을 재료로 사용하였으며, ≪困≫의 이치는 곤궁에 처했을지라도 지조(정도)를 견고히 지켜 나아가면서 하늘을 원망하지 않으며 사람도 원망하지 않는 것을 재료로 사용하였으며, ≪井≫의 이치는 널리 만물을 양육하고 도의를 분별하여 밝히는 것을 재료로 사용하였으며, ≪巽≫의 이치는 권세에 순종하여 다스림(교화)을 이롭게 하는 권력을 사용하는 것을 재료로 사용하였다.

【해설解說】

이상은 제 7장이다.

본 장은 『周易』은 '우환'을 주제로 한 작품이기 때문에 9개 卦를 3번 나열(三陳九卦) 설명한 가운데서 『易』을 지은 작자가 우환을 방지하기 위한 도덕수양을 중시한 창작사상을 엿보게 해주었다.

제 8 장

『易』之爲書也, 不可遠. 爲道也屢遷, 變動不居, 周流六虛, 上下无常, 剛柔相易, 不可爲典要, 唯變所適, 其出入以度, 外內使知懼. 又明於憂患與故, 无有師保, 如臨父母. 初率其辭, 而揆其方, 旣有典常. 苟非其人, 道不虛行?

【주석註釋】

不可遠 : '遠'은 '멀리 떨어진다.'는 의미이다.
　이 구절은 『周易』, 이 한 권의 서적은 인생철학을 담고 있음으로 마땅히 평일에 觀象玩占(천문의 현상을 관찰하고 점을 친다.)하고 明理致用(이치를 밝혀 실용에 이르도록 한다.)해야 함으로써 '절대로 멀리 떨어질 수 없다.(절대로 떨어져서는 안 된다.)'는 바를 가리킨 것이다.

　　머물러 조용할 때는 천문현상을 관찰하고 움직일 때는 점을 쳐야 하니 따라서 '멀리 떨어질 수 없다.'고 했다. 『集解·侯果』

變動不居, 周流六虛 : '居'는 '정지하다.(止)'는 의미이다. '六虛'는 '六爻'를 가리킨다.
　이 두 구절은 『周易』은 變動을 근본으로 삼으며 그 '이치는 六爻 사이에서 두루 두루 돌아다니고 있다.'는 바를 설명한 것이다.

　　六虛는 六位이다. 『集解·虞翻』

　陰·陽이 六位의 虛에서 두루 두루 돌아다니고 있다. 六位는 '虛' 즉 자리(位)는 근본적으로 형체가 없으니(无體) '爻에 의지하여 비로소 나타난다.'는 의미이다. 따라서

'虛'라고 했다. 『正義』

不可爲典要, 唯變所適 : '爲'는 동사로서 '집착하여 구한다.(執求)'는 의미이다. '典要'는 '일정한 규칙 즉 항상 지켜야할 도리의 요점'을 의미한다. '適'은 '가다(往)'는 의미이다.

　이는 『易』理는 변화를 향해 나아가는 것으로, 고정되어 바뀌지 않는 '일정한 규칙에 집착하는 것이 아니다.'는 바를 설명한 것이다.

　위와 아래가 일정하지 않기 때문에 일정한 규칙이 될 수가 없다. 『集解 · 虞翻』

　六位는 '錯' · '綜'으로 되어 있으며 위와 아래가 바뀌는 것이 모두 같지 않는 것은 즉 '항상 지켜야 할 도리의 요점이 될 수는 없다.'는 의미이다. 『正義』

其出入以度, 外內使知懼 : '出 · 入'은 '內 · 外'와 互文이며 '出'은 곧 '外'를 의미하며 '入'은 곧 '內'를 의미한다.

　'出' · '入'은 '行' · '藏'과 같은 의미이고 '內' · '外'는 '隱' · '現'과 같은 의미이다. '度'는 '법칙'을 의미한다. 『韓注』

　이 두 구절은 '『易』理는 사람이 법도와 제도를 준수하고 삼가고 신중하고 조심해야 한다.'는 것을 알도록 하며 세상에 나아가 이치에 맞는 일을 실행할 때나 세상으로부터 물러나 피해(은둔해) 있을 때로 하여금도 모두 '마땅함을 얻도록 계발해 주는 역할을 한다.'는 바를 설명한 것이다.

　세상에 나아가 이치에 맞는 일을 실행할 때나 세상으로부터 물러나 은둔해 있을 때도 각각 그 법도를 지켜야 할 것이며 절대로 적당한 시기를 어기거나 놓쳐서는 안 될 것이다. 만약 응당히 물러나야 할 때 물러나지 않고 응당히 드러내야 할 때 드러내지 않는다면 반드시 흉한 재난을 당할 것이며 흉한 재난을 두려워하고 경계해야 한다는 것을 깨닫게 하여 법도를 어기지 않도록 해야 할 것이며 시기를 어기거나 놓치지 않도록 해야 할 것이며 물어나야 할 때 물러나게 해야 할 것이며 드러내지 않아야 할 때 드러내지 않도록 해야 할 것이다. 『正義』

又明於憂患與故 : '故'는 '사건(事)'이니 즉 '지나간 사태'를 의미한다.

'事'는 뜻밖의 변고・사정・까닭 등 '事故'의 의미를 가지고 있다. 『韓注』

无有師保, 如臨父母 : '師'・'保'는 고대 귀족의 자제들을 가르쳐 익히게 하는 것을 책임지고 있던 '師長(스승과 어른・衆官의 우두머리 三公, 이곳에서는 三公 즉 太師・太保・太傅 가운데 '太師'・'太保')'을 가리킨 것이다.

東宮에 들어오면 太保가 계시고 동궁을 나가면 太師가 계시어 가르치고 타일러 이해시킴으로써 '德'이 완성되었다. 『禮記・文王世子』

이 두 구절은 『易』理를 응용할 수 있는 자는 비록 '師・保의 가르침을 받아 익힌 바가 없다.'고 할지라도 오히려 '부모님과 얼굴을 맞대고 친히 가르침을 받는 것과 같이 始終 경계하고 조심하면서 일을 함으로써 잘못을 범하지 않는다.'는 바를 설명한 것이다.

師・保의 훈계를 받지 않는다면 그를 경계하고 꺼리게 될 것이라는 것은, 부모가 친히 마주하여 교화한다면 그를 사랑하고 공경하게 될 것이니 이는 '성인의 정을 만나는 것과 같다.'는 의미이다. 『折中・朱震』

비록 師・保께서 앞에 없다고 할지라도 『易』훈계의 丁寧(戰時에 경계를 게을리 하지 않도록 치는 악기)을 받든다면 '師・保의 친절한 敎命을 받는 것과 같다.'는 의미이다. 비록 부모님이 가까이서 보살피지 않는다고 할지라도 『易』가르침을 따라서 성장한다면 '부모님의 엄격한 품안에서 보호를 받으면서 어려운 일을 해결해 나아가는 것과 같다.'는 의미이다. 『河上易註』

初率其辭, 而揆其方, 旣有典常 : '率'은 '循' 즉 '따르다'・'복종하다'・'어루만지다'・'쫓다'는 의미이다. '辭'는 '卦辭・爻辭'를 의미한다. '揆'는 '헤아리다(度)'는 의미이다.

'方'은 '의미'·'방식'을 뜻한다. '典常'은 '항상 실행되는 변화규율'을 가리키는 것으로 위 문장 '典要'와 구별해야 한다.

이 세 구절은 '卦辭·爻辭의 이치를 따라서 일을 처리하면 곧 사물의 변화규율을 파악할 수 있다.'는 바를 설명한 것이다.

『易』이 비록 수 천 수 만 번 변화한다고 할지라도 절대로 '典要(일정한 규칙·항상 지켜야할 도리의 요점)'는 되지 않는다. 그러나 卦辭·爻辭의 말을 따르고 그 의리(의미)를 헤아리고 그 시원을 근원부터 찾아내고 그 마지막을 소중하게 마무리 짓는 모든 것은 오로지 변화만이 해 낼 수 있는 것이니, 이것이 그의 '변하지 않는 법칙(常典)'이다. 『正義』

苟非其人, 道不虛行 : '苟'는 '가령(假如)'의 의미이다. '其人'은 '현명한 사람'을 가리킨다. '道'는 '『易』道'를 의미한다.

이 두 구절은 제8장 모두를 결론짓는 것으로, '『易』道의 시행은 현명한 자가 아니면 불가능 하다.'는 바를 설명한 것이다.

神이 그를 밝혀서 그 사람에게 존재하게 하였다. 『集解·虞翻』

가령 知·德이 뛰어나고 사리에 통하지 않는 바가 없는 사람(聖人)과 통하지 않았다면, 즉 『易』의 이치를 깨달아서 환하게 아는 자가 아니었다면 『易』의 道는 空虛함에 의지하여 시행되지 않았겠는가? 『正義』

【번역飜譯】

『周易』(인생의 처세철학 영역을 포함한다.) 본서는 잠시라도 멀리 떨어지게 해서는 절대로 안 될 것이다. 『周易』이 구체적으로 실현되는 이치는 각 卦의 六爻 사이에서 자주 자주 옮겨가면서 변화 운행하고 머물지 않고 두루 두루 돌아 이리저리 옮겨 다니며 위 아래로 왕래하며 표준을 정하지 않으며 陽剛·陰柔가 서로 서로 연속적으로 바뀌어 나아가며 항상 지켜야 할 도리의 요점에 집착하여 요구하지 않으며 단지 변화가 있으면 비로소 변화 그가 알려주는 방향을 따라서 가는 것일 뿐이다.

(『周易』의 이치는 사람을 계발해 준다.) 세상에 나아가 道(이치)에 맞는 일을 실행할 때나 세상으로 부터 물러나 은둔해 있을 때는 충분하게 고려하여 법칙이나 제도를 준수할 수 있게 해주며 사람들로 하여금 안에서 은둔하거나 밖에서 드러나게 처했을 때도 삼가고 조심하게 해 줌으로써 얻고 잃는 것을 깨달을 수 있게 해준다. 또한 사람들로 하여금 장래에 닥아올 근심걱정과 지나간 사태를 심사숙고 하여 밝히게 하는데 있어서는 비록 師·保(天子의 師法이 될 만한 太師: 三公의 一人·천자의 덕을 보안하는 太保: 三公의 一人)의 감독과 보호를 받지 않는다고 할지라도 오히려 마치 부모와 얼굴을 맞대고 가르쳐 타이름을 받는 것과 같게 해준다. 사건을 처리하는 초기에 『周易』 卦辭·爻辭의 뜻을 준수하여 따른다면 행동방식을 헤아려 (사물변화에 적응하도록) 항상 실행해야 하는 규율을 장악할 수 있다. 만약 명철하고 현덕한 사람이 연구하고 탐색한 것을 밝혀서 서술해 놓지 않았다면 『周易』의 이치는 공허함에 의지하여 시행되는 어려움을 겪게 되었을 것이다.

【해설解說】

이상은 제 8장이다.

본 장에서는 處世致用의 시각으로부터 『周易』의 變化이치와 卦辭·爻辭의 정밀하고 오묘한 철학이치를 밝혀서 논술하였다. 문맥의 의리는 앞장 '易'을 지은 작자가 우환의식을 가지고 있었다.(作『易』者有憂患.)'는 것과 서로 통하고 있다. 문맥 가운데서 『周易』, 이 한 권의 서적은 '일정한 규칙을 가지고 있지 않으며 오로지 변화를 따라서 가는 것일 뿐이다.'는 것을 가리키면서 '變動'의 규율을 강조한 것은 『周易』 철학체계를 구성하고 있는 가장 중요한 특징이기 때문이다.

본 장의 말미에 있는 '苟非其人, 道不虛行.' 두 구절은 광대한 의미를 지니고 있는 내용이다. 사실상 '학술의 발전은 학문을 하는 자의 소질과 관계가 있다.'는 이 명확한 주제를 제시한 것으로서 인식론 상에서 「繫辭傳」을 지은 작자의 소박한 유물관점을 반영하고 있는 부분이다.

제 9 장

^역 ^{지위서야} ^{원시요종이위질야} ^{육효상잡} ^{유기시물야} ^{기초난지}
『易』之爲書也, 原始要終以爲質也. 六爻相雜, 唯其時物也. 其初難知,

^{기상이지} ^{본말야} ^{초사의지} ^{졸성지종} ^{약부잡물찬덕} ^{변시여비} ^{즉비기}
其上易知; 本末也, 初辭擬之, 卒成之終. 若夫雜物撰德, 辯是與非, 則非其

^{중효불비} ^희 ^{역요존망길흉} ^{즉거가지의} ^{지자관기단사} ^{즉사과반의} ^이
中爻不備, 噫! 亦要存亡吉凶, 則居可知矣. 知者觀其彖辭, 則思過半矣. 二

^{여사동공이이위} ^{기선부동} ^{이다예} ^{사다구} ^{근야} ^{유지위도} ^{불리원자}
與四同功而異位, 其善不同: 二多譽, 四多懼, 近也. 柔之爲道, 不利遠者;

^{기요무구} ^{기용유중야} ^{삼여오동공이이위} ^{삼다흉} ^{오다공} ^{귀천지등야}
其要无咎, 其用柔中也. 三與五同功而異位: 三多凶, 五多功, 貴賤之等也.

^{기유위} ^{기강승야}
其柔危, 其剛勝邪?

【주석註釋】

原始要終以爲質也 : '原'은 '근원으로 캐어 들어가 연구한다.'는 의미이다. '要'는 '決算'의 의미 즉 '歸納(많은 사실의 일치점을 구하여 일반적 원리를 알아내는 추리 법)'과 같은 의미이다. '質'은 '바탕(體)' 즉 '卦體'를 말하는 것으로 문장 가운데서는 '卦體의 大義(중요한 의리·대강)'를 가리킨다.

이 구절은 '『周易』 六十四卦는 모두 시원으로 캐어 들어가면서부터 시작하여 마지막에 이르러 결산을 하면서 卦體의 중요한 의리를 완성시켰다.'는 바를 설명한 것이다.

『易』을 문장으로 만들기 위해, 그 일의 시작을 시원으로 캐어 들어가는 것으로부터 시작하였으니 즉 ≪乾≫初九 '潛龍勿用'이 바로 '시원이 비롯되는 곳(原始)'이며 그 일의 마지막을 결산하였으니 즉 ≪乾≫上九 '亢龍有悔'가 '마지막으로 결산 한 곳(要終)'이다. 이 '潛龍'과 '亢龍'은 ≪乾≫이 한 卦의 시작과 마지막이니, 다른 六十三卦 역시 모두 이와 같이 구성되었다. 『正義』

唯其時物也 : '時'는 각 爻가 처해있는 특별히 정해진 '적당한 시간(時宜)'을 가리킨 것

이다. '物'은 각 爻가 비유에 사용한 陰·陽의 '物象'을 가리킨 것이다.
　　이 구절은 六爻는 서로 복잡하게 엉클어져 뒤섞여서 오로지 같지 않는 '당시의 세상형편(時態)과 物象(사물의 모습)을 반영하고 있을 뿐이다.'는 바를 설명한 것이다.

　　陰·陽이 상호간에 복잡하게 순서 없이 뒤섞여 있는 것을 '뒤섞여있다.(雜)'고 한다. 시간이 陽이면 곧 陽이라고 했고 시간이 陰이면 곧 陰이라고 하였으니 따라서 '오로지 그 특정한 시간의 사정에 맞춘 陰·陽의 物象을 반영하고 있을 뿐이다.(唯其時物)'고 했다. 乾은 陽物이고 坤은 陰物이다. 『集解·虞翻』

　　六爻는 剛·柔가 복잡하게 순서 없이 뒤섞여 있으나 爻는 각각 그 적당한 시간을 가지고 있으며 각각 그 적당한 物象을 가지고 있다. 적당한 시간과 적당한 物象이 맞으면 吉하고 그렇지 않으면 凶하다. 『尚氏學』

其初難知, 其上易知; 本末也 : '初'는 '初爻'로서 한 卦의 '뿌리'·'시원'·'근본' 즉 '本'을 의미한다. 사물이 탄생하는 시원의 의미로 미세하여 드러나지 않음으로써 '알기가 어렵다(難知)'는 바를 설명한 것이다. '上'은 '上爻'로서 한 卦의 '마지막(末)'을 의미한다. 사물이 발전하는 최종경지의 의미로 이미 성공과 실패가 확연히 드러남으로써 '알기가 쉽다.(易知)'는 바를 설명한 것이다.

　　무릇 사물은 미세함으로부터 시작하여 현저하게 드러남에 이르게 된다. '初(初爻)'는 數(이치·정세·형편·운수)의 시작 자리인 까닭에 그 단서를 재단하여 헤아려야 하니 따라서 '難知'라고 했다. '上(上爻)'은 사물이 모두 현저하게 드러난 즉 완성된 자리이니 따라서 '易知'라고 했다. 『韓注』

初辭擬之, 卒成之終 : '辭'는 '爻辭'를 말한다. '擬'는 '사물이 처음 비롯되는 의미를 재단하여 헤아린다.'는 바를 가리킨다. '卒'은 '완료(了)'·'완결'을 의미한다.
　　이 두 구절은 앞 문장을 계승하여 '難知'·'易知'의 연유를 종합적으로 서술한 것이다.
若夫雜物撰德, 辯是與非, 則非其中爻不備 : '若夫'는 發語辭로서 '至於(~에 이른다.)'·'至如(~와 같이 이른다.)'와 같은 말이다. '雜物'은 '剛·柔의 物象이 순서 없이 복잡하게 뒤섞여 있다.'는 의미이다. '撰德'은 '陰·陽의 德性을 글로 서술한다.'는 의미이다. '辯'은 '辨'과 통하며 '구별하다'·'분별하다' 즉 '別'의 의미이다. '中爻'는 卦 가운데 '二爻'·'三爻'·'四爻'·'五爻'를 말한다.

이 세 구절은 初爻·上爻 2개의 爻를 이해하는 것을 제외하고 설명한 것일 뿐만 아니라 모름지기 '중간 4개 爻의 爻義에 대한 사리를 분변하여 명백하게 해야 만이 비로소 전체 卦의 뜻을 완전하게 깨달을 수 있다.'는 바를 설명한 것이다.

위에서 이미 初爻와 上爻 2개의 爻를 모두 논한 다음에 4개의 爻에 대해 밝혀 놓았다. 卦 중간 4개의 爻는 주관하는 바의 일이 어수선하게 섞여서 혼합되어 있으며 여러 방면의 德을 글로 저술하여 모아 놓았으나 그 시비를 분별할 수 있는 것이 곧 卦 가운데 4개의 爻에 있다. 『集解·崔憬』

噫! 亦要存亡吉凶, 則居可知矣 : '噫'는 '감탄사'이다. '要'는 '중요한 요지가 확고히 정해진다.'는 의미이다. '居'는 '无爲로 편안하게 처한다.'는 의미이다.

이 세 구절은 앞 문장의 의미를 계승하여 '중간 4개 爻의 吉·凶 규율을 파악하면 곧 卦의 의미를 완벽하게 알게 된다.'는 바를 설명한 것이다.

'噫'는 '감탄사'이다. 卦 중간 4개의 爻는 역시 卦 가운데 存亡·吉凶에 대한 중요한 요점을 확고하게 장악하고 있는 자들이니 따라서 그들을 알면 편안하게 처할 수 있다. 『集解·崔憬』

象辭 : '象辭'는 '卦辭'를 가리킨다.

象辭는 卦辭이다. 『釋文·馬融』

'象辭'는 '爻辭'이다. 스승님께서는 '爻辭와 卦辭는 통한다.'고 말씀하셨다. 夫子께서는 '象辭는 象傳이다.'고 말씀하셨다. 『釋文·鄭玄』

二與四同功而異位, 其善不同 : '二'는 '제 二爻'를 의미하고 '四'는 '제 四爻'를 의미한다. '功'은 '陰·陽의 공적'을 가리킨 것이다. '位'는 '上爻位'·'下爻位'를 말한다. '善'은 이해의 '得'·'失'을 보편적으로 가리킨 것이다.

이 두 구절은 二·四 2개의 爻 모두가 陰位에 속하나 각각 內卦와 外卦에 처하며 그 이해의 '得'·'失' 역시 '時·位가 다르기 때문에 서로 같지 않다.'는 바를 설명한 것이다.

二多譽, 四多懼, 近也 : '近'은 제 四爻가 제 五爻인 '君位에 접근해(가까이) 있다.'는 바를 가리킨 것이다.

이는 二爻는 下卦에 처하여 中位를 지키는 까닭에 '명예로움이 많다.(多譽)'는 것과 四爻는 五爻인 君位에 가까이 있는 까닭에 '두려움이 많다.(多懼)'는 바를 설명한 것이다.

제 二爻는 中和 즉 치우치지 않고 알맞은(적당한) 곳에 처해 있음으로써 '명예로움이 많다.(多譽)'고 했다. 제 四爻는 君位에 바짝 닿아 있음으로써 '두려움이 많다.(多懼)'고 했다. 『韓注』

柔之爲道, 不利遠者 : 陰爻는 마땅히 陽에게 가까이 뒤따라가서 순종하고 뜻을 받들어야 할 뿐 '원대한 뜻을 품어서는 절대 안 된다.'는 바를 설명한 것이다.

이 二·四는 모두 陰位이다. 陰道의 역할은 陽을 가까이서 돕고 받드는 것일 뿐이니 따라서 원대한 포부를 품는 것은 '이롭지 않다.'고 했다. 『集解·崔憬』

其要无咎, 其用柔中也 : '其' 두 글자는 앞 문장 '柔之爲道'를 가리키는 대명사이다. '要'는 '要旨'를 뜻한다. '用'은 '공적'·'공효(功用)'를 의미한다.

이 두 구절은 앞 두 구절의 의미를 계승하여, 二·四 2개 爻의 陰位시각으로부터 陰柔의 성질은 '순종하고 받들며 겸손하게 물러나는 것을 근본으로 삼는다.'는 바를 다시 한 번 더 보편적으로 논한 것이다. 따라서 '그 요지(其要)'는 오로지 '재난이 없는 바(无咎)'를 구하는 것일 뿐이다. 즉 이는 크게 성공하는 것을 모색하는 것이 아니라 앞 구절 '원대한 포부를 품는 것은 이롭지 않다.(不利遠)'는 의미를 확인한 것이다. '用柔中'은 '陰은 당연히 柔에 처하며 中을 지킨다.'는 말로서 그 의미는 二·四 2개의 爻를 함께 가리킨 것이다. 또한 이 네 구절은 二·四 爻位를 합하여 陰柔성질이라는 바를 보편적으로 논한 것이자 아래 문장 三·五 爻位를 합하여 陽剛성질이라는 바를 보편적으로 논한 것과 마침 서로 호응하고 있다.(柔를 道로 삼는 자는 위태롭고 剛을 道로 삼는 자는 이겨 낼 수 있다.)

'不利遠'은 '四多懼'를 해석한 것으로 즉 제 四爻는 '그가 몸소 주고자 하는 원대한 포부를 품고 위로 군왕에게 가까이 하고자 함으로써 이롭지 않을 것이다.'고 했다. '用柔中'은 '二多譽'를 해석한 것으로 즉 제 二爻는 '재난이 없을 것이며(无咎) 그리고 많은 명예로움을 지니게 될 것이니(多譽), 그 공적은 부드러움에 의지하여 중도를 지켜 나아가는 데에서 이루어지는 것이다.'고 했다. 『正義·韓氏』

'제 五爻에 가까이 있는 까닭에 두려워한다.'는 논리는 찬성할 수 없다. '가깝다(近)'는 것은 內卦를 가리키고 '멀다(遠)'는 것은 外卦를 가리키는 까닭에 '不利遠'은 제 四爻가 '外卦에 처한다.'는 것을 말하며 '近'·'用柔中'은 제 二爻가 '內卦에 처한다.'는 바를 말한 것이다. 『尚氏學』

위의 두 학설을 비교 참고하여 새겨보면 좋을 것이다.

三與五同功而異位 : '三'은 '제 三爻'를 가리킨다. '五'는 '제 五爻'를 가리킨다. '同功'은 즉 '함께 陽剛의 공적을 갖추었다.'는 의미이다. '異位'는 제 五爻는 上卦에 처함으로써 '귀한 신분'이며 제 三爻는 下卦에 처함으로써 '천한 신분'이라는 의미이다.

三多凶, 五多功, 貴賤之等也 : '等'은 '등급별 차별'을 뜻하는 것으로 즉 '제 五爻는 貴하고 제 三爻는 賤하다.'는 의미이다.

이 세 구절은 제 三爻는 '천한 지위'에 처할 뿐만 아니라 또한 下卦의 가장 높은 곳에 처함으로써 '많은 흉함을 지니고 있다.(多凶).'는 것과 제 五爻는 尊位에 처할 뿐만 아니라 上卦의 中位에 처함으로써 '많은 공훈을 세운다.(多功)'는 바를 설명한 것이다.

'五는 귀하고 三은 천하다.'는 것은 '貴·賤의 등급'을 말한 것이다. 제 三爻는 下卦의 가장 높은 곳에 처함으로써 '多凶'하고 제 五爻는 上卦의 中位에 처하고 尊位에 처함으로써 '多功'하다. 『正義』

其柔危, 其剛勝邪 : '勝'은 '견디다'·'임무를 감당하다.'·'책임을 완수하다.' 즉 '勝任'

의 의미이다.

　　이는 三爻·五爻의 爻位를 가지고 말한 것으로 즉 '陰柔가 이 두 곳의 陽位에 처하면 위험과 우환이 발생할 것이나 陽剛이 이 두 곳에 처하면 견뎌낼 수 있다.(맡은바 책임을 완수할 수 있다.)'는 의미이다.

　　三·五는 陽位이니, 柔는 자신의 자리가 아님으로써 그곳에 처하면 위험이 발생하게 되나 陽剛이 그곳에 처하면 그에게 부여된 책임을 완수 할 수 있다. 『韓注』

　　'邪'는 '확정된 것이 아니다.'는 의미이다. 혹여 柔가 陽位에 처했음에도 吉하게 되었다면 그것은 시기가 적당한 때에 처했기 때문이며 剛이 陽位에 처했음에도 凶하게 되었다면 그것은 호응하는 자를 잃어버렸기 때문이다. 『集解·侯果』

【번역翻譯】

　　『周易』, 본서는 사물의 처음 비롯되는 근원으로 캐어 들어가 연구하고 사물의 마지막 상황을 추리하는 귀납법(많은 사실의 일치점을 구하여 일반적 원리를 알아내는 추리 법)을 사용하여 卦體의 대의를 만들었다. 각 卦를 구성하고 있는 六爻는 상호간에 복잡하게 순서 없이 뒤섞여 있으며 오로지 특정한 시간의 사정에 맞춘 陰·陽의 물상을 반영하고 있을 뿐이다. 初爻의 의미는 비교적 이해하기 어려우며 上爻의 의미는 쉽게 이해할 수 있으니, 初爻는 근본으로부터 비롯되는 곳이기 때문이며 上爻는 말단이기 때문이고 初爻의 爻辭는 사물이 탄생하는 단서를 재단하여 헤아리는 곳이기 때문이며 上爻는 사물발전이 완결됨에 이르는 곳으로서 卦義가 최종적으로 형상을 완성시키는 곳이기 때문이다. 상호간에 복잡하게 순서 없이 뒤섞여 있는 각종 물상에 이르러서는 陰·陽의 德性을 기록서술 하였고 是·非와 吉·凶을 분별하여 알게 하였으며, 만약 중간에 있는 4개의 爻를 완벽하게 분석하지 않는다면 전면적으로 이해할 방법은 없을 것이다. 그렇구나! (중간 4개 爻의 존재의미에 대해 명백하게 알겠구나!) 물론 또한 대체적으로 存亡·吉凶의 규율은 파악할 수 있을 것이니 즉 가령 평상시 无爲(자연의 순리를 따라 하는 행위)로 처한다면 역시 사물의 이치를 밝게 깨달을 수는 있을 것이다. 밝은 지혜를 가진 사람들이 만약 卦辭를 관찰하고 연구하여 분석한다면 아마도 六十四卦의 大義 태반은 깨달을 수 있을 것이다.

제 二爻와 제 四爻는 陰柔의 공능을 같이 구비하고 있으나 각각 上卦와 下卦라는 다른 위치에 처함으로써 양자가 상징하는 이해의 得·失 역시 서로 같지는 않으니, 제 二爻(下卦의 중간위치)는 아름다운 명예를 많이 획득하고 있으며 제 四爻(上卦의 시작위치)는 조심하고 경계하며 두려워하는 의식을 많이 함유하고 있으니 이는 군왕의 위치에 가깝게 접근해 있기 때문이다. 陰柔의 이치는 遠大한 작업을 하기에 불리하게 되어 있으니, 그 요지는 신중하게 '无咎(재난을 초래하지 않는다.)'를 모색하는 데 있을 뿐이며 그 공적은 부드러움에 의지하여 中道를 지켜 나아가는 데에서 이루어지는 것일 뿐이다. 제 三爻와 제 五爻는 陽剛의 공능을 모두 구비했으나 각각 上卦와 下卦 즉 같지 않는 위치에 처해 있으니, 제 三爻(下卦의 가장 높은위치)는 凶함과 위태로운 의식을 많이 가지고 있고 제 五爻(上卦의 중간위치)는 공적과 공로를 많이 세우는 곳에 있는 이것은 상하·귀천의 등급차이가 그렇게 되게 하기 때문이다. 대요를 말해 본다면, 陰柔(二位·四位)는 즉 위험한 우환을 가지고 있는 것과 같고 陽剛(三位·五位)은 즉 맡은 바 임무를 감당해 내고 있는 것과 같다는 것이 아니겠는가?

【해설解說】

이상은 제 9장이다.

본 장에서는 六爻 위치(자리) 순서의 특징을 종합적으로 서술하였다. 문장 가운데서는 初爻와 上爻 2개의 爻에 대해 먼저 서술한 연후에 집중적으로 중간 4개 爻의 위치가 상징하는 의미를 구별하여 분석하였다. 또한 卦辭를 관찰하여 연구한다면 '過半은 헤아릴 수 있다.(思過半)'는 바를 강조했으니 즉 서적의 일부(한편)를 정밀하게 연마하여 요점을 장악하여 『易』을 읽는 간단한 본보기(규칙)를 보여주었다.

> 爻畫를 총괄하여 논하는 것은 彖辭로 다시 돌아가게 하는 것이니, 『易』의 법칙은 이곳에서 모두 꾀하여 갖추어지게 되었다. 『古周易訂詁·何楷』

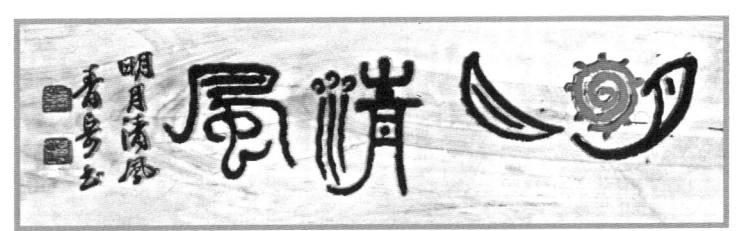

제 10 장

『易』之爲書也, 廣大悉備; 有天道焉, 有地道焉, 有人道焉. 兼三才而兩之, 故六; 六者, 非它也, 三才之道也. 道有變動, 故曰爻; 爻有等, 故曰物; 物相雜, 故曰文; 文不當, 故吉凶生焉.

【주석註釋】

兼三才而兩之, 故六 : '三才'는 위 문장에서의 '天'·'地'·'人'을 말한 것이다. '兩之'는 3개로 그린 八卦를 둘 씩 둘 씩 서로 중복시킨 것을 의미한다. '六'은 '6개로 그린 것'을 의미한다.

　　이 두 구절은 3개로 그린 八卦는 '三才'의 상징성(初位는 地를 상징하고 中位는 人을 상징하고 上位는 天을 상징한다.)을 함유하고 있으며, 이를 중복하여 6개를 그려 六十四卦를 완성시킨 후에도 각 卦는 역시 '三才'의 상징성(初爻·二爻는 地를 상징하고 三爻·四爻는 人을 상징하고 五爻·上爻는 天을 상징한다.)을 함유하고 있으니 따라서 아래 문장에서 '六者, 非它也, 三才之道也.'라고 했다.

道有變動, 故曰爻 : 이는 '六爻는 변동의 이치를 본 뜬 것이다.'는 의미이다.

　　天道는 晝·夜·日·月의 변화를 가지고 있고 地道는 剛·柔·燥·濕의 변화를 가지고 있고 人道는 行·止·動·靜과 吉·凶·善·惡의 변화를 가지고 있다. 聖人이 爻를 제작한 것은 三者의 변동을 본 받아서 한 것이니 따라서 이를 '爻'라고 했다. 『集解·陸績』

爻有等, 故曰物 : '等'은 '上·下 등급'을 의미한다. '物'은 '物象'을 의미한다.

　　이 두 구절은 陰·陽의 物象은 '六爻의 상하등급·귀천등급을 재단하여 헤아린 것이자 만물을 본뜬 것이다.'는 바를 설명한 것이다.

爻는 陰陽·貴賤의 등급을 가지고 있으며 만물의 종류를 본뜬 것이다. 『正義』

物相雜, 故曰文 : 이는 陰·陽이 서로 순서 없이 뒤섞여 있으나 문장으로 표현한 바를 가리킨 것이다. 구체적으로 爻位를 분석해 본다면, 六爻는 奇位를 陽으로 하고 耦位를 陰으로 하니 따라서 初爻에서부터 上爻에 이르기까지 모두 陰位와 陽位가 서로 뒤섞여 있음으로써 결국 文理(사물을 깨달아 아는 힘)를 드러내게 된다.

相雜은 剛·柔의 위치가 '서로 뒤섞였다.'는 의미이다. 『本義』

物이 '서로 뒤섞였다.'는 것은 初爻·三爻·五爻와 二爻·四爻·上爻의 陰·陽이 '서로 뒤섞였다.'는 의미이다. 『周易玩辭』

文不當, 故吉凶生焉 : '物象'이 이룬 바의 이치(文理)가 어떤 때는 적당하고 어떤 때는 부적당한데 '적당하면 곧 吉하고 부적당하면 곧 凶하다.'는 바를 가리킨 것이다. 즉 陽이 奇位에 처하고 陰이 耦位에 처하면 적당한 것이고 이와 반대이면 부적당한 것이니 따라서 '吉·凶을 발생시킨다.'고 했다.

'부적당하다는(不當)' 것은 爻가 '不當位에 처한다.'는 의미이다. 『本義』

物은 九·六을 가지고 있으며 剛·柔의 위치에 뒤섞여 처한 것을 문장(글)으로 표현하였다. 서로 뒤섞여 혼잡할 때 적당한 것도 있고 적당하지 않는 것도 있으니 吉·凶은 이로 말미암아 생겨나는 것이다. 『學易記』

그 때의 사정에 합당한 것을 當이라고 하고 그 때의 사정에 합당함을 상실한 것을 不當이라고 한 것은 位置로 논한 것이 아니다. 『折中·吳·愼』

【번역飜譯】

『周易』본서는 넓고 큰 폭으로 인해 이치를 두루 두루 주도면밀하게 갖추고 있으니, 즉 하늘의 이치도 함유하고 있고 대지의 이치도 함유하고 있으며 인류의 이치도 함유하고 있다. (3개로 그려진 八卦부호 가운데에는) 天·地·人을 함께 상징한 이치가 들어 있을 뿐만 아니라 八卦 각 卦를 두 개씩 서로 중복시켜 6개로 그린 六十四卦를 출현시켰으며, 6개로 그린 六十四卦는 다른 뜻을 지니고 있는 것이 아니라 역시 天·地·人의 이치를 상징한 것이다. 『周易』의 이치는 변화 운동하는 가운데 있으며 변화 운동의 상황을 본 뜬 것을 곧 六爻라고 지어 불렀으며, 六爻는 각각 상·하의 등급을 가지고 있으니 이를 物象이라고 지어 불렀고, 陰·陽의 物象은 서로 순서 없이 복잡하게 뒤섞여 있으니 이를 文理(사물을 깨달아 아는 힘)라고 지어 불렀고, 문리는 적당한 것이 있고 적당하지 않은 것이 있음으로써 吉·凶이 출현하는 것이다.

【해설解說】

이상은 제 10장이다.

본 장은 爻位의 시각으로부터 『周易』의 상징성이 넓고 큰 바가 '天·地·人의 道를 모두 갖추고 있다.'는 것을 논술하였다.

문장 가운데 '物相雜, 故曰文.'이라고 한 것은 『國語·鄭語』에서 史伯의 '聲一无聽, 物一无文.(소리가 통일되면 들리지 않고 물상이 통일되면 깨달음이 없다.)'을 인용한 것과 설법이 자못 상통한다. 미학적 의미상에서 본다면, 두 문장은 모두 마치 고대인들이 변증법적 관점을 이용하여 총 결산해 낸 審美경험을 감추고 있는 것과 같다.

제 11 장

『易』之興也, 其當殷之末世, 周之盛德邪? 當文王與紂之事邪? 是故其辭危. 危者使平, 易者使傾; 其道甚大, 百物不廢. 懼以終始, 其要无咎, 此之謂『易』之道也.

【주석註釋】

當文王與紂之事 : '文王'의 姓은 '姬'이고 名은 '昌'으로 商나라 마지막 군왕 紂王시대에 西伯(서쪽 제후국 가운데 수령)이었다. 周민족을 잘 통치하여 국세가 강성했던 까닭에 위 문장에서 '주 文王의 덕업이 마침 성대했던 시기이다.(周之盛德)'고 했다. '紂'는 '受' 혹은 '帝辛'이라고 불리었으며 商代의 마지막 군왕이었던 까닭에 위 문장에서 '殷之末世'라고 했다.

이 구절은 앞 두 구절과 함께 '『周易』은 商末·周初에 서적으로 완성되었다.'고 추론한 것일 뿐만 아니라 제7장 '『易』之興也, 其於中古乎? 作『易』者其有憂患乎?'와 서로 호응하고 있다.

文王이 천하를 3등분 한 것 가운데 2등분을 차지하고 있으면서도 商王 紂에게 복종했을 뿐만 아니라 그를 극진히 섬겼던 까닭에 '周德은 지극한 德이었다.'고 했다. 『集解·虞翻』

文王이 성대한 덕을 사용하여 어려운 역경을 견뎌 내어 그 道를 형통하게 하였으니 따라서 '文王의 德이 易道를 밝혔다.'고 했다. 『韓注』

其辭危 : '辭'는 '卦辭·爻辭'를 의미한다.

이는 『易』을 지은 작자가 商末 쇠퇴기에 살았던 까닭에 卦辭·爻辭는 "'방심하지 말고 조심할 것을 타이르고 두려워해야 하고 대단히 불안해해야 한다."는 의미를 많이 함유시켜 지었다.'는 바를 가리킨 것이다.

紂王의 부패시국에 당면하여 멸망할 것을 근심하고 두려워한 까닭에 『易』의 글은 근심하고 위태로운 일들을 많이 서술해 놓았으니, 이 역시 후세들에게 본보기로 삼게 해 주고자 즉 그들로 하여금 위태롭고 두려워하는 의식으로 몸을 보호할 수 있도록 해 주었으며 그들로 하여금 우환과 어려움을 피할 수 있도록 해 주었다. 『正義』

紂王의 시국에 당면하였으나 감히 紂王의 포악함에 손가락질을 하지 않았으니 따라서 『周易』에서는 위태로움이 엿보이고 바르지 않는 것을 글로 표현하였다. 『正義·周氏』

危者使平, 易者使傾 : '平'은 '편안하다(安)'는 의미이다. '易'는 '업신여기다'는 의미이다. 이 두 구절은 위 문장을 계승하여 출발한 것으로 '危辭(바르게 할 것을 경고하는 말)' 즉 방심하지 말고 조심할 것을 타이르는 작용을 설명한 것이다.

위험하고 두려움이 있는 까닭에 평안함을 얻을 수 있고 업신여기고 경솔하면 반드시 기우려져 뒤집히게 되는 것이 『易』의 이치이다. 『本義』

其道甚大, 百物不廢 : '其'는 앞 문장 '危辭'를 대신하여 논한 것을 가리킨 것이다. '廢'는 '그치다'・'끝나다'는 의미로 즉 위 구절의 '傾(위태로워지다・기우러지다・다치다)'과 같은 의미이다.

이 두 구절은 앞 문장의 의미와 긴밀하게 연결된 것으로 '危平'・'易傾'의 이치는 지극히 넓고 크기 때문에 '百物(온갖 사물・모든 사물)'이 그를 믿고 의지하여 위태로움을 걱정하고 우환을 헤아림으로써 '오래 살아 갈 수 있다.(不廢)'는 바를 가리킨 것이다.

懼以終始, 其要无咎 : '要'는 '要旨'를 의미한다.

이 두 구절은 위 문장을 총 결산하는 것으로, '危辭'에 대해 논술하면서 '始終 두려워할 줄 알아야 하며 신중하게 无咎를 모색해야 하는 이것이 바로 『易』道의 중요성을 구체적으로 실현하는 것이다.'는 바를 말한 것이다.

이미 그 시작에서부터 두려워한다면 사람들로 하여금 미세한 싹도 돋아나지 못하게 하고 점진적으로 자라나는 것도 막게 할 수 있다. 또한 그 마지막을 두려워한다면 사람들로 하여금 꽉 채워진 것을 견지할 수 있게 하고 성공한 것을 지키게 할 수 있다. 이것이 진실한 『易』의 道이다. 『南軒易說』

【번역飜譯】

『周易』이 성대하게 출현한 시점은 아마도 商末葉 周文王의 德業이 마침 융성하던 때가 아니었겠는가? 대체로 文王이 신하로서 商末의 紂王을 섬기던 기간 동안이 아니었겠는가? 그로 인하여 卦辭・爻辭는 방심하지 말고 조심할 것을 타이르며 두려워해야 하고 대단히 불안해해야 하는 의미를 많이 함유하고 있는 바이다. 두려워할 줄 알면 사람들로 하여금 편안하게 해 줄 수 있으며 경솔하고 업신여기는 마음으로 뒤흔들면 기우러져서 뒤집히게 될 것이니, 그 가운데에 있는 이치는 지극히 넓고 크기 때문에 각 종 사물이 믿고 의지하여 오래 오래 살아서 나아가고 있을 뿐 못쓰게 폐기 되지는 않고 있는 바이다. 시작으로부터 마지막에 이르기까지 조심하고 두려워함을 견지하니 그 요지는 신중하게 '재난이 없을 것이다.(无咎)'는 곳을 모색하여 마무리 하고자 하는 것이니 이를 『周易』의 道理 즉 『周易』의 이치라고 지어 불렀다.

【해설解說】

이상은 제 11장이다.

본 장은 먼저 『周易』은 '文王과 紂王의 생존 시기에 지어졌을 것이다.'라고 추측한 연후에 '其辭危'의 깊은 의미를 논리적으로 분석하고 있다. 문장 가운데서 '危者使平, 易者使傾.'의 관점을 제시한 것은 명확하게 소박한 변증사상을 반사하여 비추어 주고자 한 것이다.

본 장의 마지막은 '懼以始終, 其要无咎.'로 마무리 지었다. 이는 본장의 大義를 귀납한 것이자 『易』理의 가장 중요한 특징을 제시한 것이다.

> 『詩經』300편, 그것 모두를 포괄한 의미를 한 마디로 말해 본다면 '思無邪'이다. 『易』六十四卦, 그것 모두를 포괄한 의미를 한 마디로 말해 본다면 '懼以始終, 其要无咎.'이다. 『勞謙室易說 · 讀易通識 · 胡遠濬』

제 12 장

夫乾, 天下之至健也, 德行恒易以知險; 夫坤, 天下之至順也, 德行恒簡以知阻. 能說諸心, 能研諸侯之慮, 定天下之吉凶, 成天下之亹亹者. 是故變化云爲, 吉事有祥; 象事知器, 占事知來. 天地設位, 聖人成能; 人謀鬼謀, 百姓與能. 八卦以象告, 爻彖以情言; 剛柔雜居, 而吉凶可見矣. 變動以利

言, 吉凶以情遷; 是故愛惡相攻而吉凶生, 遠近相取而悔吝生, 情僞相感而利害生. 凡『易』之情, 近而不相得則凶; 或害之, 悔且吝. 將叛者其辭慙, 中心疑者其辭枝, 吉人之辭寡, 躁人之辭多, 誣善之人其辭游, 失其守者其辭屈.

【주석註釋】

德行恒易以知險 : 이 구절은 '乾德은 지극히 강건하며 그 행위는 영구히 편안하고 쉽게 할 뿐만 아니라 험난한 것을 발견할 줄 안다.'는 바를 설명한 것이다. 그 의미는 「繫辭上傳」제 1장 '乾以易知'와 서로 호응한다.

德行恒簡以知阻 : 이 구절은 '坤德은 지극히 순종적이며 그 운행은 영원히 간단할 뿐만 아니라 막혀있는 것을 발견할 줄 안다.'는 바를 설명한 것이다. 그 의미는 「繫辭上傳」제 1장 '坤以簡能'과 서로 호응한다.

이상은 '乾坤'·'易簡'의 이치를 반복적으로 서술한 것으로 멀리로는 「繫辭上傳」에 호응하며 한 발 더 심오한 경지로 나아가 '易簡'·'知險阻'의 이치를 제시하였다. 이는 '有憂患'·'始終知懼'의 의미와 부합한다.

'지극히 강건하다.(至健)'는 것은 곧 '행위가 힘들지 않다(无難)'는 바이니 따라서 '쉽다(易)'고 했다. '지극히 순종적이다.(至順)'는 것은 '행위가 번잡하지 않다.(不繁)'는 바이니 따라서 '간단하다(簡)'고 했다. 그러나 그가 일을 함에 있어서 두루두루 '스스로 힘들다.'는 것을 알았음에도 불구하고 감히 쉽게 그를 처리하지 못하는 것은 그가 우환을 가지고 있기 때문이다. 『詩經』

'易(쉽다)'·'險(험난하다)'은 서로 반대현상으로 오로지 마음이 간편하고 솔직한 자는 천하의 가파르고 험준한 정을 환히 알 수 있으니 즉 '천하의 뜻에 통한다.'는 의미이다. '簡(간단하다)'·'阻(막다·험난하다·번잡하다)'는 서로 반대현상으로 오로지 일을 행함에 간단하고 조용하게 하는 자는 천하의 번잡하고 막혀있는 조짐(단서)을 살필 수 있으니 즉 '천하의 사업을 완성할 수 있다.'는 의미이다. 『周易玩辭』

能說諸心, 能研諸侯之慮, 定天下之吉凶, 成天下之亹亹者 : '說(열)'은 '悅(기쁘다)'의 의미이다. '侯之' 두 글자는 '衍文(글 가운데 쓸데없이 끼인 글)'이다. '亹亹'는 '부지런히 힘쓰는 모양'을 의미한다.

이 네 구절은 위 문장을 계승하여 '乾'・'坤'의 '易'・'簡'과 '知險'・'知阻'한 의미를 깨달으면 '悅心(마음을 기쁘게 한다.)'・'硏慮(생각을 깊이 헤아리게 한다.)' 할 수 있어 '吉・凶의 일을 확정하고 勉勉(부지런히 힘쓴다.)의 공적을 이루게 된다.'는 바를 설명한 것이다.

易・簡은 모든 마음을 기쁘게 하고, 險・阻는 모든 생각을 깊이 헤아리게 한다. 『橫渠易說』

'모든 마음을 기쁘게 한다.'는 것은 '마음과 이치가 하나가 된다.'는 것으로 乾이 하는 사업이고, '모든 생각을 깊이 헤아리게 한다.'는 것은 '이치가 생각에 의지하여 하나로 묶여진다.'는 것으로 坤이 하는 사업이다. 모든 마음을 기쁘게 하는 것은 吉・凶을 확정하는 까닭이 되고, 모든 생각을 깊이 헤아리게 하는 것은 부지런히 힘쓰는 까닭이 된다. 『本義』

이는 朱子가 '마음을 기쁘게 하는 것은 乾에서 주관하고 생각을 깊이 헤아리게 하는 것은 坤에서 주관한다.'고 한 것과 통한다.

變化云爲, 吉事有祥; 象事知器, 占事知來 : '云爲'는 '有爲(능력 있다・일이 있다・쓸모 있다)'의 의미 즉 '變化云爲'는 '變化有爲'의 뜻이다. '祥'은 作動詞로서 '呈現(드러나다)'의 의미이다. '象事'는 '본보기로 선택한 사물을 관찰하는 일'을 가리킨 것이다.

이 네 구절에서는 『周易』의 '변화규율을 쫓아 따르면서 행동하는 목적'을 다음 세 가지로 제시해 주었다.

① 선량한 사물로 하여금은 福祿으로 드러나게 해 주었다.
② 본 보기로 선택한 物象을 관찰하여 도구(용도)의 모양을 명백히 알 수 있게 해 주었다.
③ 눈앞의 事理를 占 쳐서 물으면 장래에 드러날 조짐을 맞추는 것을 추리하여 알 수

있게 해 주었다.

天地設位, 聖人成能; 人謀鬼謀, 百姓與能: '成能'은 '成功'의 의미로서 즉 '『周易』을 창작하여 그 공적을 베풀게 되었다.'는 것과 아래 문장 '與能' 즉 '『易』理를 운용하는 것에 참여했다.'는 바를 가리킨 것이다. '人謀鬼謀'는 '『易』理는 人事에 의지하여 의논할 수 도 있고 鬼神에 의지하여 의논할 수도 있다.'는 것에 비유한 즉 '人·鬼와 통할 수 있도록 도모하고 헤아렸다.'는 의미이다.

이 네 구절은 '聖人'은 天·地가 만든 象에 의지하여 『周易』을 창작하였으며 그 용도는 신묘하게도 '백성들과 서민들 역시 그 공능에 참여할 수 있게 하였다.'는 바를 설명한 것이다.

'사람의 계략'이라는 것은 대중들과 의논하여 得·失을 확정한다는 것이며, '귀신의 계략'이라는 것은 卜·筮에 의탁하여 吉·凶을 고찰한다는 것이다. 생각을 골몰히 하지 않는다면 得·失이 저절로 밝게 드러나겠는가? 탐색과 토론을 힘써 하지 않는다면 吉·凶이 저절로 드러나겠는가? 만물과 情을 나누면 조용하고 고요하며 깊숙하고 고상한 곳까지 통할 수 있는 까닭에 '百姓與能'이라고 하였으니 즉 '즐거이 실천해야 할 것이며 싫증내지 말아야 할 것이다.'고 했다. 『韓注』

天·地가 세워져서 만물이 각자 자신의 자리를 잡게 된 후 聖人이 『易』을 창작하여 그 공적을 이루었으니, 그러함으로써 사람이 꾀하고 귀신이 꾀하였으니 비록 백성들이 우매하다고 할지라도 모두 성인과 함께 할 수 있는 바이다. 『本義』

자네가 큰 의심을 품고 있다면 먼저 자네 마음과 의논할 것이며 다음은 大臣·執政者들과 의논할 것이며 그 다음은 서민들과 의논할 것이며 그런 후에도 풀리지 않으면 卜·筮와 의논해야 할 것이다. 『尙書·洪範』

'人謀'는 卿·士(大臣과 執政者)와 의논하라는 것이고 '鬼謀'는 卜·筮와 의논하라는 것이며 '百姓與能'은 서민들과 의논하라는 것이다. 『集解·朱仰』

八卦以象告, 爻彖以情言: '象'은 '卦形의 象'을 뜻한다. '爻彖'은 '爻辭·卦辭'를 뜻한다.

爻는 爻아래의 글을 말하고 象은 卦아래의 글을 말한다. '情'은 卦辭·爻辭가 본뜬 형상의 사물상태로서 아래 문장 '吉凶以情遷·凡『易』之情'의 의미와 같다. 『集解·崔憬』

이 두 구절은 '八卦와 卦辭·爻辭'는 '다른 형식을 사용하여 義理를 표현하였다.'는 것과 八卦는 '卦象(卦의 吉形象·凶形象)을 보여준 것이다.'는 것 그리고 卦辭·爻辭는 '본 보기 사물의 상태(본질)를 보여준 것이다.'는 바를 가리킨 것이다.

'以象告人(형상을 사용하여 사람들에게 알려 준다.)', 이는 '以象告(八卦는 卦形의 상징성을 사용하여 철학이치를 표현한 것이다.)'를 해석한 것이다. 또한 '辭有險易, 而各得其情也.(글에는 어렵고 쉬운 것이 있으니 그들은 각각 그들의 常情을 가지고 있기 때문이다.)', 이는 '以情言(卦辭·爻辭는 事理의 구체적인 상태를 본보기로 선택하여 卦義를 진술한 것이다.)'을 해석한 것이다. 『韓注』

剛柔雜居, 而吉凶可見矣 : '雜居'는 '六爻의 剛·柔가 서로 뒤섞여서 복잡하게 자리를 잡고 있다.'는 바를 가리킨 것이다.

變動以利言, 吉凶以情遷 : '遷'은 '변화하면서 옮겨 나아간다.'는 의미이다.

이 두 구절은 六爻의 변동이 적당하고 적당하지 않는 여부에 의하여 '利(이롭다)·不利(이롭지 않다.)가 된다.'는 바를 설명한 것이다. 그러나『易』의 변동은 이로움을 추구하고 해로움을 피하는 것이니 따라서 이곳에서 특별히 '利'字를 밝혀 놓았다. 吉·凶의 끝판에 이르러서는 卦辭·爻辭가 본보기로 비유한 물상의 상태에 의탁해 변화해 나아간다.

변화하고 통하면 모두 이롭게 된다. 吉·凶은 정해진 것이 아니니 오로지 사람의 움직임에 의해 출현되는 것이며, 사물의 상태가 理에 순종하여 올라타면(순종적으로 꾀하면) 그로서 吉하게 되고 사물의 상태가 道를 거역하면 凶에 빠져들게 되니 따라서 '吉·凶은 사물의 상태가 변화해 나아가는 것으로 말미암는다.'고 했다. 『韓注』

愛惡相攻而吉凶生 : '相攻'은 '서로 모순된다.'는 뜻이다.

이는 사물의 상태(본질)는 '相愛(서로 사랑한다.)·相惡(서로 미워한다.)' 하는 것이 같지 않음으로써 사랑하면 화합하기를 바라고 미워하면 마주 대적하여 싸우는 즉 '둘이 서로 모순됨으로써 吉·凶이 발생한다.'는 바를 가리킨 것이다. 陽爻·陰爻의 상징성으로 논해 본다면, '愛·惡' 역시 陽爻·陰爻 사이의 離·合규율을 반영하는 것이다.

  陽이 陰을 만나고 陰이 陽을 만나면 서로 사랑받기를 바란다. 陽이 陽을 만나고 陰이 陰을 만나면 서로 적이 되어 미워한다. 사랑하면 곧 吉해지고 미워하면 곧 凶해지니 따라서 사랑하고 미워하여 서로 공격하는 것으로 말미암아 吉·凶이 발생한다. 『尙氏學』

遠近相取而悔吝生 : '遠'은 '上卦·下卦의 爻位가 멀리서 호응한다.'는 의미이다. '近'은 '爻位가 서로 친밀히 가까이 있다.'는 의미이다. '相取'는 '取捨不當(선택하고 버리는 것이 이치에 맞지 않다.)'의 의미를 함유하고 있다.
 이 구절은 2개의 爻가 혹여 '比'·'應'의 관계라고 할지라도 만약 선택하고 버리는 것이 이치에 맞지 않으면 곧 悔(후회하다)·吝(애석하다)이 발생하는 것 역시 '사물 상호관계의 상황에 비유되는 것과 같다.'는 의미이다.

  '遠'은 '應·不應'을 말한 것이다. '近'은 '比·不比'를 말한 것이다. 어떤 때는 멀리서 호응하는 것을 선택하고 가까이 있는 친밀한 것을 버리고 어떤 때는 가까이 있는 친밀한 것을 선택하고 멀리서 호응하는 것을 버리기도 한다. 이로 말미암아 멀고 가까운 것을 서로 선택하고 버리는 것이 이치에 맞지 않음으로써 '悔·吝을 발생시킨다.'고 「繫辭傳」에서 말한 것이다. 『集解·崔憬』

 선택하고 버리는 것이 이치에 맞지 않거나 또는 멀리서 호응하는 것과 가까이 있는 친밀한 것이 함께 선택되어 구체적으로 실현되지는 못함으로써 尙선생은 '멀고 가까운 것은 함께 선택할 수 없다.'고 했다.

  멀고 가까운 것은 함께 선택할 수 없다. 『尙氏學』

情僞相感而利害生 : '情僞'는 '진실과 거짓'을 의미한다.

  '情'은 '진실한 마음(실제의 사정)'을 말한다. '僞'는 '허위'를 말한다. 만약 진실한 마음으로 서로 감응한다면 곧 이로움이 발생할 것이나 만약 허위로 서로 감응한다면 곧 해로움이 발생할 것이다. 『正義』

陰·陽의 爻象으로 말해 본다면, 陽은 진실(실제)이고 陰은 허위이니 즉 이 구절 또한 '陰·陽이 서로 감응한다.'는 의미를 함유하고 있다.

情은 陽이고 僞는 陰이다. 陰·陽이 서로 감응하면 이로움이 있기도 하고 해로움이 있기도 하니 '절대로 서로 같다.'고 할 수는 없다. 『尙氏學』

凡『易』之情, 近而不相得則凶; 或害之, 悔且吝 : 이는 위 '吉凶以情遷'의 논리를 종합적으로 서술한 것 즉 『周易』이 본떠서 비유한 사물상태가 만약 '가까이 있다고 할지라도 마음이 서로 맞지 않으면 반드시 凶할 것이며, 겨우 凶함을 면한다고 할지라도 역시 반드시 뜻하지 않는 외물의 傷害를 받는다면 후회(悔)와 애석함(吝)을 발생시킨다.'는 바를 설명한 것이다.

'서로 마음이 맞지 않는다.'는 것은 '서로 미워한다.'는 의미이니, 흉하고(凶) 해로우며(害) 후회하고(悔) 애석함은(吝) 모두 이로 말미암아 발생한다. 『本義』

枝 : '枝'는 '갈라져 나아간 가지(分枝)'로서 '말씨가 산만하고 일치하지 않다.'는 의미이다.

그 말이 산만한 것이 뒤섞여 있는 나뭇가지와 같다. 『正義』

游 : 이는 말씨가 '공허하며 난잡하고 침착하지 못하다.'는 의미이다.
屈 : 이는 말씨가 '이리저리 왔다 갔다 할 뿐 의사전달이 안 된다.'는 의미이다.

이상은 『周易』이 본보기로 비유하여 헤아린 바의 사물(사물상태)이 각각 서로 같지 않으니 따라서 현실 가운데의 '人事(세상의 일)를 널리 선택하여 참고증거로 삼았다.'는 바를 종합적으로 마무리 한 것이다.

마음속에 탐하는 바가 있는 자는 반드시 밖으로 부끄러워함이 나타나는 법이니 따라서 장차 배반할 자는 그 말 속에 수치스러움이 담겨있다. 마음속에 의심을 품고 있는 자는 반드시 그 말을 공허하게 하는 법이니 따라서 마음속에 의심을 품고 있는 자는 그 말씨가 산만하다. 좋은 덕을 품고 있는 자는 도리에 맞는 일을 만나면 곧 바로 실천하는 법이니 따라서 그의 말 수는 적다. 조급하게 굴면서 남과 경쟁하고자 하는 자는 서둘러 행하는 법이니 따라서 그의 말 수는 많다. 선한 자를 속이는 자는 반드시 그 자취를 깊이 감추고 남모르게(陰寓) 그를 해치고자 하는 법이니 따라서 그의 말씨는 침착하지 못하다. 자신의 직분을 상실한 자는 의리를 보고도 밝히지 못하여 주관할 수가 없는 법이니 따라서 그의 말은 왔다 갔다 한다. 『大易輯說·王申子』

【번역飜譯】

≪乾≫은 천하에서 최고로 강건한 것을 상징하며 표현하는 덕성과 행위는 영원히 편안하고(까다롭지 않고) 쉬우며 어렵고 험준한 (위태로운) 곳을 알아서 깨달을 수 있는(환히 아는) 존재이며, ≪坤≫은 천하에서 최고로 부드럽게 순종하는 것을 상징하며 표현하는 덕성과 행위는 영원히 간략하며 어렵고 막힌 곳을 알아서 깨달을 수 있는(환히 아는) 존재이다. (위태로운 것을 알고 막힌 것을 아는 덕행을 깨달을 수 있는 자는) 사람들이 지닌 모든 마음으로 하여금 기쁘게 해 주며 모든 생각을 깊이 헤아리게 해 줄 뿐만 아니라 천하만사의 吉凶·得失을 판별하여 결정하게 해 주며 천하의 만물이 부지런히 힘쓰고 분발하도록 재촉하여 성공하게 해 주는 바이다. 이로 인하여 『周易』의 변화규율을 쫓아 따르면서 행동한다면 선량한 사물로 하여금은 복록으로 드러나게 해 주며, 또한 본보기로 선택한 물상을 관찰한다면 도구의 모양(용도)을 분명하게 알 수 있게 해 주며, 눈앞의 事理를 점을 쳐서 물으면 장래에 드러날 조짐을 맞추는 것을 추리하여 알 수 있게 해 준다. 天·地는 剛柔·尊卑의 위치를 정하여 자신의 자리에 앉도록 하였으며 성인은 이에 의지하여 『周易』을 창작하여 넓게 베푸는 공적을 이루었으니, 그리하여 인류의 계략(꾀)은 귀신의 계략과 통하게 되었으며 평범한 백성들조차도 『周易』의 공능을 장악할 수 있게 되었다. 八卦는 卦形의 상징성을 사용하여 철학이치를 표현한 것이며 卦辭·爻辭는 事理의 구체적인 상태를 본보기로 선택하여 卦義를 진술한 것이고, 六爻는 陽陰·剛柔를 서로 뒤섞여 혼잡스럽게 한 채 자신의 자리에 처해 있으나 吉·凶의 이치를 분명하게 드러내 주고 있다. 각 爻의 변화운동이 적당하고 적당하지 않는가에 대해서는 '이로울

것이다.(利)' 혹은 '이롭지 않을 것이다.(不利)'는 말을 사용하여 표현해 주고 있으니 결국 吉하다고 하는 것과 凶하다고 하는 것은 비유한 사물의 상태가 변화하면서 전개되는 바에 의거하여 정해지는 것이다. 사물이 어떤 때는 서로 사랑하여 서로 찾으며 어떤 때는 서로 미워하고 서로 적대시함으로써 吉하고 凶하게 되는 것은 곧 이와 같은 모순 가운데서 발생하며 멀고 가까운 것이 어떤 때는 서로 호응하고 어떤 때는 가까이서 도움으로써 선택하고 버리는 것이 이치에 맞지 않으면 곧 悔(후회)와 吝(애석함)이 이로 말미암아 생겨나며 어떤 때는 진실한(情) 감정이 서로 감응하며 어떤 때는 거짓과 허위(僞)가 서로 감응함으로써 이롭게 되고 해롭게 되는 것 역시 이로 말미암아 발생하게 되는 것이다. 무릇 『周易』의 각 爻가 본보기로 비유하여 헤아린 사물상태는 두 개가 서로 도우면 친근해(적절해) 지나 그렇지 않으면 흉하고 험난해 지니, 어떤 사람이 뜻하지 않게 외부로부터 상해를 받았다면 후회와 원한 그리고 애석한 감정을 피하기는 어려울 것이다. (『周易』이) 본보기로 비유하여 헤아린 사물상태는 현실 가운데 살아가고 있는 사람들과 같이 각각 서로 같지 않으니, 비유해 보건데 장차 배반하고자 하는 자 그 사람의 말씨는 반드시 부끄러워하고 불안해하며 마음속에 의혹을 품고 있는 자 그 사람의 말씨는 반드시 산만하고 혼란스러우며 분명하지 않고 현명하고 선량한 자 그 사람의 말씨는 반드시 말 수가 적고 정밀하며 순수하고 초조하게 서로 다투면서 앞으로 나아가는 자 그 사람의 말씨는 반드시 번잡스럽고 복잡하며 선량한 자를 모함하는 자 그 사람의 말씨는 반드시 공허하고 난잡하며 침착하지 못하고 직무를 지켜 나아가지 못하는 자 그 사람의 말씨는 반드시 이리저리 왔다 갔다 할 뿐 의사전달이 안 되는 바이다.

【해설解說】

이상은 제 12장이다.

본 장의 내용은 상편과 하편의 성질을 귀납한 것으로 구성되었다. 본장의 앞에서는 멀리 있는 「繫辭上傳」과 호응하여 '乾坤'·'易簡'과 '知險阻'의 이치를 거듭 논술하였으며, 이어서 『周易』의 '變化'·'占事'·'卦象'·'辭理'에 대한 것을 겹겹으로 끌어 들여 서술하였을 뿐만 아니라 최후에는 '情'字에 집중하여 『周易』이 본보기로 비유하여 헤아린 사물(사물상태)로 말미암아 각각 다르게 표현했거나 앞뒤가 어긋나 서로 복잡하게 뒤섞여있는 바를 깊이 있게 판단하고 분석하여 해결함으로써 '吉凶·悔吝·利害 등의 결과를 발생시킨다.'고 하였다.

全章에서는 『周易』 '卦'·'辭'의 주요한 특징에 대해 일침을 가하면서 비교적 간단명료하게 개괄하였다.

본 장 말미에서는 '人情'을 예로 들어 『周易』의 '物情'을 인증해 줌으로써, 즉 6종류 사람의 말씨특징으로부터 그 사람의 심리상태를 구별하여 분석한 것에서 자못 「繫辭傳」 작자의 질박하고 소박하며 직감적인 '심리학' 관점을 엿볼 수 있게 해 주었다. 당연히 작자는 '辨情(정을 분별하여 밝힌다.)'의 중요한 뜻을 강조하였으니, 이는 『周易』 본서는 '盡情僞(진실과 거짓을 남김없이 이야기 한다.)·明得失(득실을 밝힌다.)·察事機(일의 기미를 살핀다.)에 사용될 수 있다.'는 바를 보여주기 위한 것이다.

> 『易』, 이 한 권의 서적에는 '진실과 거짓을 남김없이 이야기해 놓았다.'·'得·失을 밝혀 놓았다.'·'진실과 거짓이 발생하면 반드시 그 말씨에서 나타난다.'는 것을 말해 놓았으니 따라서 성인 또한 마지막에 이를 말해 놓은 것은 사람들로 하여금 일의 기미를 살펴서 깨달을 수 있도록 하기 위한 것이었다. 『易學記·單渢』

【 繫辭下傳 】 요점·관점

「繫辭下傳」 12장은 '八卦'·'吉凶'의 요점분석에서 시작하여 '象理'·'愛情'의 특징을 개괄함으로 마무리 지었다. 上傳과 같이 下傳의 여러 장 역시 각자 모 한 시각에 치중하여 서술하였으며 章과 章 사이 역시 일정한 연관성을 지니게 했다.

내용면에 이르러서는 모두 『易』道를 밝히는 데서 떠나지 않고 철학적 이치의 중요한 뜻을 제시했다.

上傳과 下傳을 합한 「繫辭傳」의 기본가치는 대체로 두 방면으로 논할 수 있다.

①『周易』의 여러 내용들에 대해서 비교적 전면적으로 명백히 분석하고 명백히 밝혀 줌으로써 후인들이 八卦와 六十四卦 그리고 卦辭와 爻辭의 대의를 이해하는데 도움을 주었다. 그 가운데서는 『周易』작자와 서적이 편찬된 연대 추측에 대한 것도 있고, 『周易』의 '觀物·取象'의 창작방법에 대해 논술한 것도 있으며, 陰·陽의 이치를 밝힌 것과 八卦의 象을 해석한 것 그리고 乾·坤의 요지를 해설한 것과 『易』筮에 대한 예를 간략하게 보여준 곳도 있으며, 어떤 곳에서는 卦辭와 爻辭의 깊은 의미를 동시에 삽입하여 해설하였을 뿐만 아니라 멀리로는 上古史蹟을 인용하거나 가까이로는 일상 현상을 취하여 작자의 『易』學에 대한 관점을 남김없이 표현하고

서술하였다. 이 한 방면으로 본다면,「繫辭傳」이 한편은 무기에 이루어진 것일 뿐만 아니라 자못 계통성을 지닌『易』의리의 통론이라고 할 수 있다.

② 『易』理를 밝혀 해석한 것과 동시에 작자는 광범하게 자신의 철학사상을 표현했는데 특히 소박한 유물관과 소박한 변증법에 대한 일정한 인식을 두드러지게 노출시켜 놓았다. 그 가운데서 비교적 갑자기 불쑥 튀어나온 것 즉 '宇·宙의 만물이 陰·陽 二氣에서 살아나왔다.'는 관점이나 사물발전의 '窮則變, 變則通, 通則久.'에 관한 관점, 그리고 모든「繫辭傳」을 관통시키는 변화규율을 따르는 즉 사물의 갱신(고치어 새롭게 한다.)을 촉진시켜 앞으로 나아가게 하는(進展) 적극적 진취경향과 같은 것은 모두 중국철학사상 상에 지극히 중대한 영향을 끼쳤을 뿐만 아니라 역시 오늘날에도 고대철학을 연구하는 중요한 재료가 되고 있다. 이 한 방면으로 본다면,「繫辭傳」이 한 편은 내용이 풍부할 뿐만 아니라 고대인들의 宇宙觀을 구체적으로 실현한 것이자 인식론의 전문철학 서적이라고 할 수 있다.

「繫辭傳」가운데는 반드시 드러나게 해야 하는 것과 버려야 하는 어떤 내용들이 있으니 이 역시 마땅히 소홀히 해서는 안 될 것이다. 예를 들어 본다면, '天人感應論'·'筮理'와 같은 신비론적인 것이 이 예에 속하니 독자들은 응당히 버리고 선택해야 할 바를 분명히 감별하고 판단해야 할 것이다.

만약 위에서 종합적으로 서술한 두 가지를 상세하게 분석해 본다면 응당히 보여지는 것이 있을 것이니, 즉 설령 작자가『易』을 해설하는 과정 가운데서 각 방면의 철학적 견해를 밝혔다고 할지라도 그 중심 요지는 또한 『易』理의 범주로 귀착되지 않는 바가 없다.'는 것이다. 바꾸어 말한다면, 창작의 종지 이 시각으로 인식한 것으로부터 본「繫辭傳」의 요지는 '『易』義理의 심오하고 정묘함을 명확하고 넓게 표현했을 뿐만 아니라『易』을 읽는 범례(본보기)까지 보여주고 있다.'는 것이다.

六十四卦를 익숙하도록 읽으면 '「繫辭傳」의 말이 매우 정밀하다.'는 바를 깨닫게 될 것이니, 이는『易』의 본보기를 한 곳에다 묶어 놓았기(括例) 때문이다. 『折中·朱子語類·朱熹』

이는「繫辭傳」은 '經의 도우미(翼)로서의 본질적인 효력을 완전하게 발휘하고 하고 있다.'는 점을 말한 것이다.

이 외에 「繫辭傳」에는 후대로 전수되어 내려오던 과정 가운데서 뒤섞이거나 줄어들거나 혹은 보태어지거나 삭감당하거나 혹은 다른 것으로 바꾸어진 현상의 흔적들이 존재하고 있다. 이에 대해 주희는 「繫辭下傳」 제6장에서 '빠진 어구와 의심스러운 글자가 많음으로써 완전히 통하지 않는 도다!『本義』'라고 주석을 달았다. 즉 文義(글의 뜻)에 대한 의심스러운 관점을 제시한 것이다.

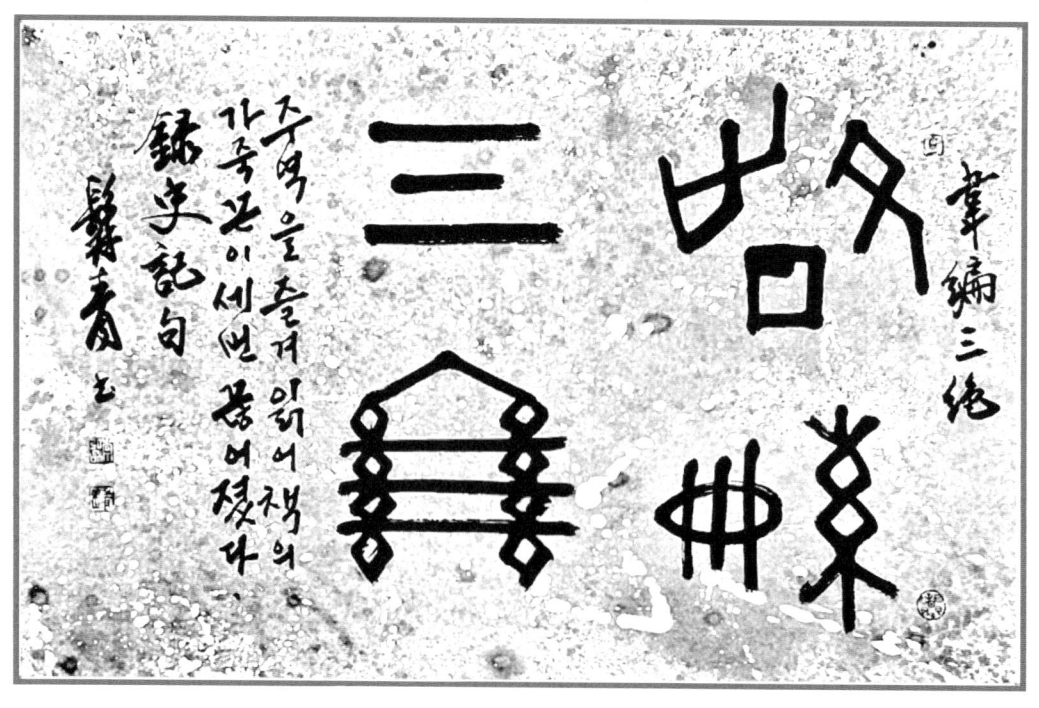

古之造文者三劃而連其中謂王三者天地人而參通之者王也

고대에 문자를 제작하는 者ㅣ 가로 세획을 먼저 긋고 그 가운데를 연결시켜 이를 王, 자라고 하였다. 세획은 天地人이니 이세 종류 모두에 참가하여 통하는 자가 곧, 王이다.

春秋繁露義證

5.『周易』卷十

說卦傳

序卦傳

雜卦傳

說卦傳

제1장

昔者聖人之作『易』也, 幽贊於神明而生蓍, 參天兩地而倚數, 觀變於陰陽而立卦, 發揮於剛柔而生爻, 和順於道德而理於義, 窮理盡性以至於命.

【주석註釋】

幽贊於神明而生蓍 : '幽'는 '심오하다'는 의미이다. '贊'은 '기원하다'·'축하하다'·'신에게 고한다.'는 의미이다. '神明'은 대자연의 '조화(창조하고 化育한다.)'를 가리킨 것이다. '蓍'는 '시초(蓍草)'를 말한 것으로, 이곳에서는 '시초를 사용하여 점대를 하나하나 집어 나아가면서 셈을 해 나아가는 방법'을 가리킨 것이다.

'生蓍'란? '蓍를 사용하는 방법을 제작하였다.'는 의미이다. 『集解·干寶』

일설에 의하면 '蓍草는 성인의 양육에 의지하여 생겨났다.'고 한다. 즉 성인의 神明(마음·정신)이 贊育(양육)되는 조화로서 '자연계에서 나서 자라나 蓍로서 점을 치는 蓍草로 공급되었다.'는 의미이다.

蓍는 백년을 살아가는 식물로서 한 개의 뿌리에 백 개의 줄기가 돋아나는 식물이다. 『釋文·洪範五行傳』

천하에 평화로운 왕도가 실현되면 蓍草의 줄기는 열 자(척)로 자라나며 그 떨기는 더부룩하게 올라와 백 개의 줄기로 꽉 채워진다. 『龜筴列傳』

이 말들은 모두 『周易』 작자를 신격화시키는 일종의 전설이다.

參天兩地而倚數 : '參'은 '三'이다. '參天'은 '天三의 수를 골라서 캐내었다.'는 의미 즉 '奇數(홀수)'를 가리킨 것이다. '兩地'는 '地二의 수를 골라서 캐내었다.'는 의미 즉 '耦數(짝수)'를 가리킨 것이다. '倚'는 '立(세우다·확고하게 정해진다.)'의 의미 즉 '倚數는 陰·陽 숫자를 상징하는 것을 만든다.'는 것으로 '陰'·'陽'·'老'·'少'을 대표하는 '七'·'八'·'九'·'六'의 수를 말한다.

이 구절은 '蓍草'가 생겨난 후에 『易』을 지은 작자가 '七'·'八'·'九'·'六'의 '陰'·'陽'을 상징하는 수를 만들어서 '占筮와 배합시켰다.'는 바를 설명한 것이다.

參(三)은 奇(둘로 나뉘지 않는 수·홀수)이다. 兩(二)은 耦(둘로 나뉘는 수·짝수)이다. 七·九는 陽數이고 六·八은 陰數이다. 『韓注』

生數는 蓍를 사용하는 방법을 만든(生蓍) 後 卦를 제작하기(立卦) 前에 있었으니, 蓍를 사용하여 數를 셈하는 것을 가르쳐(알려) 주어 卦를 만든 것이니 따라서 七·八·九·六을 사용하여 이에 합당하게 하였다. 七·九는 奇數 즉 天數이며 六·八은 耦數 즉 地數이다. 따라서 天에서 奇數를 얻었고 地에서 耦數를 얻어 七·八·九·六의 수를 확정적으로 만들었다. 어찌하여 '參(三)'·'兩(二)'을 사용하여 奇數와 耦數라고 이름을 지었는가? 대체로 고대에서는 '奇'·'耦'를 역시 '參'·'兩'이라고 일컬었을 뿐만 아니라 '兩'은 '耦數의 시작'이고 '三'은 '奇數의 시초'라고 생각하였기 때문이다. '一'을 '奇數'라고 부르지 않는 것에 대해 張氏는 '三 가운데는 兩이 들어있으며 一은 兩을 겸(포함)하는 의미를 가지고 있으니, 즉 天은 地의 德을 겸하고 있고 陽은 陰의 道를 겸하고 있기 때문이다.'고 했다. 따라서 天 그는 많이 가지고 있으며 地 그는 적게 가지고 있다. 『正義』

'參兩倚數'의 의미에 대해 고대학자들의 견해는 일치하지 않았다. 오늘날에는 孔氏學說에 의지하니 이는 馬融·王肅의 학설과 같이 「繫辭傳」에 의거한 것이다. 즉 '天數는 五이고 地數도 五이다.'라고 세운 이론체계로서 一·三·五는 '參天'이고 二·四는 '兩地'를 가리킨다.

이는 '一에서 五를 生數로 보았다.'는 것이며 生數는 五에서 마무리되었으니, 이는

'五를 근본이 되게 했다.'는 의미이다. 이 五에 一을 더하면 六이 되고 二를 더하면 七이 되고 三을 더하면 八이 되고 四를 더하면 九가 되니 따라서 六·七·八·九의 蓍數는 이로 말미암아 형성된 것이니 이를 '成數'라고 부른다. 이 '成數'는 모두 '生數'로 인하여 만들어진 것이므로 「說卦傳」에서는 '倚數(기대어서 만들어진 數)'라고 불렀다. 『尙氏學』

觀變於陰陽而立卦 : 이 구절은 蓍數가 출현한 후에 『易』 작자가 '陰·陽의 변화를 관찰하여 卦形을 확정적으로 제작하였다.'는 바를 설명한 것이다.

『易』을 지은 성인이 변화의 道를 근본적으로 관찰한 후 天地·陽陰을 본보기(象)로 삼아 ≪乾≫·≪坤≫ 등의 卦를 제작하였다. 이 '六十四卦는 小成의 八卦가 아니다.'는 이 말은 '蓍數를 사용하여 卦를 넓혀 나아갔다.'는 바를 가리킨 것이니 따라서 「繫辭傳」에서는 伏羲氏가 『易』을 편찬할 초기에 '직접 우러러 관찰하고 내려다보고 살폈다.'고 말하였으니, 이는 곧 이미 중복한 후에 말한 것으로 점을 치는 대(策)를 바로잡아 爻를 벌여놓음(알려줌)으로써 먼저 '生蓍(蓍를 사용하는 방법을 제작한다.)'를 말한 후에 立卦(卦를 확정적으로 제작한다.)를 말했다.'는 의미이다. 성인은 '幽贊(대자연의 조화를 정묘하고 심오한 지혜에 의지하여 찬양한다.)은 근본적으로 觀變(陰·陽의 변화규율을 관찰하여 점친다.) 전에 있었다.'고 하지 않았다. 『正義』

이에 의하면, 먼저 卦象이 있었고 그 후에 蓍數를 사용하여 卦象을 점치게 되었다는 의미이다. 이는 『左傳·僖公 15年』: '사물이 생겨난 후에 象을 가지게 되며 象이 있은 후에 무성하게 자라며 무성하게 자란 후에 數가 있게 된다.'는 말과 서로 부합한다. 따라서 『正義』에서 이르되: '數는 象으로부터 생겨나니 따라서 數를 사용하여 象을 모색하였다.'고 했다.

發揮於剛柔而生爻 : 이는 卦가 제작된 후 『易』을 지은 작자가 六十四卦 가운데 剛爻·柔爻의 변천을 펼쳐놓은 것을 말한 것이다.

象을 관찰하여 卦를 확정적으로 제작하였으며, 卦는 '剛'·'柔' 兩畫에 의해 활동함으로써 변동하는 爻를 생성하게 되는 것이다. 『正義』

和順於道德而理於義, 窮理盡性以至於命 : '理'는 '作動詞'로서 '다스리다(治理)'는 뜻이다. '義'는 '마땅하다'·'옳다'는 의미이다. '性'은 '性質'을 뜻한다. '命'은 '天命' 즉 '저절로 그러하게 된 운명'을 말한다.

'命'이란? 사람이 하늘로부터 받은 것으로 그는 정해진 분수를 가지고 있으며 태어날 때부터 죽음에 이르기까지 길고 짧음의 양끝을 지니고 있다. 『正義』

이 두 구절은 『周易』의 '蓍'·'數'·'卦'·'爻'가 '順道德'·'窮理盡性'의 중대한 공적을 성취한 것에 대해 극진히 찬양한 것이다.

蓍數가 이미 제작되었고 爻·卦 역시 확정적으로 제작되었음으로 『易』이 주도면밀하게 구비되어 이치가 다하지 않는 바가 없게 되었다. 성인은 이를 사용하여, 위에서는 화합으로서 성인의 도덕에 순종하게 하였으며 아래에서는 다스림으로서 인류의 正義를 칼로 끊어내듯이 하였다. 또한 만물의 깊고 오묘한 이치를 끝까지 연구하게 하였고 생명이 하늘로부터 받은 성질을 남김없이 연구하게 하였다. 이로 인하여 사물의 이치가 이미 모두 연구되었고 타고난 성질 또한 남김없이 연구된 것이 一期에 이르렀다. 하늘로부터 받은 바의 운명 그것의 짧고 긴 것을 연구하지 않을 수가 없었으며 그것이 吉·凶을 결정짓게 되었던 것이다. 『正義』

【번역飜譯】

옛날에 성인이 『周易』을 처음 편찬할 때, 정묘하고 심오한 슬기로운 생각과 지혜에 의지하여 신기하고 밝은 빛의 조화를 찬양하고 축복하면서 蓍草를 사용하여 筮를 셈하는 방법을 창작하여 天의 '三' 數와 地의 '兩' 數를 골라서 캐어내어 陰陽·奇耦의 數를 상징하는 것을 제작하였고 (이를 蓍占과 배합하였다.) 天地·陰陽의 변화 규율을 관찰하여 卦形을 알기 쉽게 꾀하여 제작하였으며 卦 가운데 剛·柔의 兩畫를 발동하게 하여 각 爻의 변천을 출현하게 한 연후에 그 도덕에 화합하고 협력하며 순종하는 합리적인 방법을 운용하여 천하를 다스렸을 뿐만 아니라 또한 오묘한 이치를 끝까지 연구하여 만물의 성질을 남김없이 캐어내어 자연의 운명을 깨달아 환하게 아는 곳에 이르도록 하였다.

【해설解說】

이상은 제 1장이다.

「說卦傳」의 章節은 옛날에는 '완전히 같지 않았다.'고 한다. 그러나 오늘날에는 『本義』에 의하여 11장으로 나누었다.

'說卦' 두 字의 의미에 대해 『正義』에서는 '說卦는 八卦의 德業變化와 法象이 하는 바를 진열해 놓은 것이다.'고 했다. 따라서 문장 가운데의 내용은 먼저 『周易』이 창작되고 운용된 연원을 소급하여 서술한 것 외에 주요한 것은 八卦의 기본적 상징의미와 象을 선택한 범위를 분석하여 밝혀 놓았다.

본 장은 『周易』 창작 초기의 상황으로 되돌아 거슬러 올라가서 '生蓍'·'立數'·'演卦'·'推爻'가 『易』에서 사용된 순서를 전개했을 뿐만 아니라 『易』이 광대하게 사용됨으로써 '道德·性命이 끝까지 연구되었다.'는 바를 강조하였다. 아래 문장에서는 八卦를 구체적으로 분석한 것을 늘어놓았다.

제 2 장

昔者聖人之作『易』也, 將以順性命之理. 是以立天之道曰陰與陽, 立地之道曰柔與剛, 立人之道曰仁與義. 兼三才而兩之, 故『易』六畫而成卦 ; 分陰分陽, 迭用柔剛, 故『易』六位而成章.

【주석註釋】

立人之道曰仁與義 : '仁'은 '사랑을 베풀다.' 즉 '자애롭고 후덕하며 널리 사랑하는 덕을 실천한다.'는 의미로 '柔(부드러움)'에 중심을 두고 있다. '義'는 '결단력 있게 끊어낸다.(斷割)' 즉 '바르고 크며 정정당당하며 강건한 덕을 실천한다.'는 의미로 '剛(강건함)'에 중심을 두고 있다.

이 구절은 앞 구절과 함께 『易』 작자가 卦·爻를 제작하여 陰·陽의 변화규율을 구체적으로 실행함으로써 '天'·'地'·'人'의 道를 넓게 포용하였으니 따라서 八卦는 陰(--)·陽(—) 2개의 획으로 제작되었으며 '매 卦 3개의 爻는 天·地·人 三才를 상징한다.'는 바를 설명한 것이다. '剛·柔'·'仁·義'는 곧 '陰·陽'의 의미이며, '三才'·'二體'의 규율은 위 문장에서 말한 '性·命'의 이치를 말한 것이다.

이는 1개의 卦를 구성하는 '爻는 三才·二體의 의미를 지니고 있다.'는 바를 밝힌 것이다. 따라서 먼저 天道는 이미 陰·陽으로 정해졌고 地道 또한 剛·柔로 정해졌으며 人道 역시 仁·義로 정해진 이것을 밝힌 것이다. 무슨 법칙인가? 天이 비록 剛하다고 할지라도 역시 柔德을 지니고 있으며, 地가 비록 柔하다고 할지라도 역시 剛德을 지니고 있지 않는가? 따라서 『書經』에 이르되 '沈潛剛克, 高明柔克.(성정이 가라앉아서 외모에 드러나지는 않으나 지조가 굳어서 사욕을 이지로 눌러 이겨내며 식견이 높고 명석하나 부드럽고 온화함으로 사욕을 눌러 이겨낸다.)'이라고 했다. 인류는 天·地로부터 품성을 받았는데 어찌 仁·義를 겸하지 않았겠는가? 따라서 『易』도는 그들을 모두 겸하고 있는 바이다. 『集解·崔憬』

『易』六畫而成卦 : 이는 6개의 획으로 구성된 六十四개의 卦形은 3개의 획으로 구성된 八卦를 둘 씩 둘 씩 서로 중첩한 것이자 '三才의 상징성을 병합한 것이다.'는 바를 설명한 것이다.

이미 三才의 道를 갖춘 것을 다시 모두 둘 씩 둘 씩 중첩하였으니, 『易』을 지은 작자는 근본적으로 이 이치에 순종하여 모름지기 6개의 획으로 卦를 제작하였다. 『正義』

『易』六位而成章 : '章'은 '명백한 이치'를 뜻하니, 즉 '剛·柔가 서로 복잡하게 뒤섞임으로 말미암아 이루어지는 이치'를 뜻한다.
이 구절은 6개 획 배열의 위치와 순서는 陰·陽으로 분류되고 자리를 잡은 爻는 剛·柔로 분류되니, '서로 복잡하게 뒤섞여 있는 것이 명백한 이치를 아름답고 풍요롭게 하는 것과 같다.'는 의미이다.
'成章'의 의미에 대한 학자들의 의견은 다음과 같이 다양하다.

사물이 서로 복잡하게 뒤섞여 있는 까닭에 '文'이라고 했다. 『繫辭下傳』

6개의 획이 처한 곳이 그 六位가 있는 곳이니, 二·四는 陰位가 되고 三·五는 陽位가 되며, 六·八의 柔爻와 七·九의 剛爻를 교대로 사용하여 그들을 앉힌 까닭에 『易』 작자는 六位를 나누어 펼쳐서 卦·爻의 문장을 만들었다. 『正義』

　　무릇 卦의 初位·三位·五位는 陽位이고 二位·四位·上位는 陰位이니, 초에서 上까지 陰·陽이 각 반반씩이다. 『折中·邱富國』

　　一·三·五는 陽이고 二·四·六은 陰이다. 柔爻가 陰位에 처하고 剛爻가 陽位에 처하면 곧 當位(자신이 앉아야 할 자리에 정당하게 앉았다.)가 되고 그렇지 않으면 失位(자신이 앉아야 할 정당한 자리를 잃어버렸다.)가 된다. 『尙氏學』

【번역翻譯】

　　옛날 성인이 『易』을 처음 편찬할 때 만물의 성질과 자연운명(自然命數)의 변화규율에 복종·합일하는 그것을 사용하고자 했다. 따라서 天의 이치는 陰·陽 양 방면을 가지고 있는 것으로 확정했고 地의 이치는 剛·柔 양 방면을 가지고 있는 것으로 확정했으며 人의 이치는 仁·義 양 방면을 가지고 있는 것으로 확정했다. (『周易』 작자는 3개의 획으로 된 八卦 부호 가운데) 天·地·人을 상징하는 것을 합한 것을 각각 두 卦씩 두 卦씩 서로 중복시킴으로써 즉 『周易』의 卦體는 반드시 6개의 획을 갖추어야 만이 비로소 1개의 卦가 제작되도록 하였으며, 6개의 획은 또한 陽位와 陰位로 나누어지도록 하였을 뿐만 아니라 剛爻와 柔爻가 분산되어 있는 것을 번갈아 가며 운용하도록 하였으니 따라서 『周易』 卦體는 반드시 六位를 갖추어야 만이 비로소 명백한 이치를 아름답고 풍요롭게 완성시킬 수 있게 되는 바이다.

【해설解說】

　　이상은 제 2장이다.
　　본 장에서는 六十四卦는 '八卦를 중첩시켜 완성하였다.'는 것과 六十四卦 속에는 '天·地·人 三才와 陰·陽 二體의 상징적 의미가 함유되어 있다.'는 것을 게시했다.
　　본 장의 '順性命之理'는 '三才'·'二體'의 정묘한 공적을 개괄한 것이다.

본 장에서 말한 卦畫 '順性命之理'는 윗 장의 '和順於道德而理於義, 窮理盡性以至於命.'을 의미한 것이다. 즉 본장은 앞장의 내용을 '계승하는 작용을 했다.'는 것을 엿볼 수 있다. 『折中·何楷』

동시에 본 장에서는 六十四卦는 八卦가 중첩되어 완성된 것 즉 八卦부호가 『周易』의 基本卦形이라는 것과 『周易』 상징체계의 取象要素라는 것을 밝혀 놓았다.

다음 장에서는 바꾸어서 八卦 '象'·'義'의 전면적인 것에 대하여 논술하였다. 이로 인하여 본 장의 내용 또한 뒤 문장의 중점을 열어주는 역할을 하고 있다.

제 3 장

天地定位, 山澤通氣, 雷風相薄, 水火不相射; 八卦相錯. 數往者順, 知來者逆, 是故『易』逆數也.

【주석註釋】

薄 : '薄(붙다·접근하다)'은 '入'의 의미이다. 우레(雷)와 바람(風)이 일어나서 움직일 때 비록 각각 다른 방향을 향할지라도 오히려 서로 교대로 몰래 '들어가서 서로 호응하고 화합한다.'는 바를 가리킨 것이다.

우레와 바람은 같은 소리로 서로 호응하는 까닭에 相薄이라고 했다. 『集解』

水火不相射 : '射'의 음은 '역'이며 '싫어하다'는 뜻이다.

이 구절은 水·火가 비록 다른 성질을 지니고 있으나 둘 다 모두 '서로 싫증나서 버리지 않고 서로 도와준다.'는 것 즉 '相通의 의미를 가지고 있다.'는 바를 가리킨 것이다.

'射(역)'은 '싫어하다'는 의미이다. '水·火가 서로 통한다.'는 것은 서로 싫어하지 않기 때문이다. 『折中·何楷』

八卦相錯 : '相錯'은 모순되거나 또한 화해하는 것이 '서로 복잡하게 뒤섞여 있다.'는 의미이다.

이 구절은 앞 네 구절의 의미를 종합한 것이다.

위 문장 '天·地'·'山·澤'·'雷·風'·'水·火' 八卦의 象은 모두 一陽·一陰의 2개가 서로 대립하는 卦이며, 그러나 '定位(정해진 위치에 처한다.)'·'通氣(기운을 유통시킨다.)'·'相薄(서로 몰래 들어가서 호응한다.)'·'不相射(서로 싫어하지 않는다.)' 할 뿐만 아니라 또한 모두 통일과 화해의 상황을 보여줌으로써 '相錯'이라고 했다. 八卦는 대립과 통일 가운데서 '相錯'하며 자연계 만물의 모순운동규율을 구체적으로 실현시키는 존재이다.

『易』은 乾·坤을 사용하여 天·地를 모범으로 삼았으며(본을 떴으며) 艮·兌를 사용하여 山·澤을 모범으로 삼았으며 震·巽을 사용하여 雷·風을 모범으로 삼았으며 坎·離를 사용하여 水·火를 모범으로 삼았다. 가령 天·地가 교류하지 않고 水·火가 다른 곳에 처한다면 만물이 돋아나고 성장한 후 사용될 수 없을 것이며 각종 사물은 변화하는 이치를 지닐 수 없을 것이다. … 오늘날 八卦가 서로 복잡하게 뒤섞여서 즉 天·地·人事가 구비되지 않는 것이 없으니 따라서 '天·地가 위치를 정하여 德을 합일하고 山·澤이 몸체는 다르나 기운을 유통시키며 雷·風은 각각 활동할지라도 서로 몰래 들어가서 호응하며 水·火는 서로 접근하지 않으나 서로 의지하여 도와준다.'고 했다. 『正義』

이는 복희 八卦의 위치도이다. 즉 乾은 南에 처하고 坤은 北에 처하며 離는 東에 처하고 坎은 西에 처하며 兌는 東南에 처하고 震은 東北에 처하며 巽은 西南에 처하고 艮은 西北에 처한다. 그리고 八卦는 서로 교류하여 六十四卦를 이루니 이를 先天의 學問이라고 한다. 『本義·邵子』

'天·地는 서로 마주보고 日·月은 서로 상처를 내고 山·川은 서로 옮겨가고 輕·重은 서로 근거가 없다.'는 것과 '南·北이 위치를 정하고 東·西가 기운을 소통시키고 만물이 그 가운데서 뒤섞여 붙어있다.'는 여러 말들이 곧 '乾은 남에 처하고 坤은 북에 처하며 離는 동에 처하고 坎은 서에 처한다.'는 의미를 가리킨 것이다. 『尙氏學·太玄·玄告』

그 위치로는, '天은 上에 있고 地는 下에 있으며 君은 南을 보고 있고 臣은 北을 보고 있으며 父는 앉아있고 子는 엎드려 있다.'는 여러 말들 역시 乾南·坤北의 의미와 합일한다. … 陽은 陰에 섞여있고 陰은 陽에 섞여있음으로 1개의 卦도 서로 대립되지 않는 것이 없으며 1개의 爻도 서로 교류하지 않는 것이 없으니 이는 순전히 先天八卦 방위형식을 가리키는 것으로 특히 이를 '八卦相錯'이라고 한다. 『尙氏學·周易乾鑿度』

數往者順, 知來者逆, 是故『易』逆數也 : '數'는 '作動詞'로서 '推算' 즉 '미루어 헤아린다.'는 의미이다.

이 세 구절은 陰陽八卦變化의 이치에 의거하여 지나간 일을 차례대로 미루어 헤아릴 수 있으며 닥아올 일 역시 미리(事前) 추측할 수 있으니, 『易』의 공적은 '닥아올 일을 미리 추측한다.(知來)'는 것에 중점을 두고 있음으로써 '『易』逆數也.'라고 했다.

八卦가 서로 복잡하게 뒤섞여서 변화하는 이치를 구비하고 있음으로써, 지나간 일은 곧 차례대로 알게 하고 닥아올 일은 곧 미리(사전) 추측하게 한다. …『易』을 편찬할 때 닥아올 일을 미리 볼 수 있었음으로 먼저 백성들이 이용하였던 것이다. 『韓注』

'順·逆'의 의미에 대해 역대 『易』학자들이 제시한 의견은 다음과 같다.

坤은 午에서부터 亥에 이르면 그치니 따라서 '上·下가 順(순서에 맞다. 즉 차례대로)하다.'고 한다. 乾은 子로부터 巳에 이르면 그치니 따라서 '上·下가 逆하다.'고 한다. 易은 乾을 말하는 것이니 따라서 '逆數라고 한다.' 『集解·虞翻』

邵雍은 '八卦는 三陰·三陽의 卦로부터 뒤 따라가면서 꾀하다가 一陰·一陽의 卦에 이르게 되는 것을 順이라고 한다.(즉 天·地로부터 水·火에 이르는 순서) 一陰·一陽의 卦로부터 점진적으로 나아가다가 三陰·三陽의 卦에 이르는 것을 逆이라고 한다. (즉 雷에서부터 坤에 이르는 순서)'고 했다. 『纂疏·鄭玄·乾鑿度』

先天圖 가운데 左側 4개의 卦(震으로부터 離·兌를 지나서 乾까지)는 이미 생겨난 것을 꾀할 수 있기 때문에 順이라고 했으며 右側 4개의 卦(巽으로부터 坎·艮을 지나

서 坤까지)는 살아나지 않았기 때문에 逆이라고 했다. 『本義』

지나간 것을 헤아리는 順은 四陽卦라고 하며 닦아오는 것을 사전에 아는 逆은 四陰卦라고 한다. 陽性은 剛健順行하며 陰性은 斂嗇(오므려들고 인색하다.) 逆行(순서를 바꾸어 행한다.)한다. '逆'은 '迎(맞이하다)'의 의미이다. 陰・陽이 서로 만나 서로 교류하면 『易』도가 완성됨으로써 '『易』逆數(거꾸로 미래를 헤아린다.)이다.'고 했다. 『尙氏學』

【번역翻譯】

天・地가 만들어지고 上・下로 짝을 맞추어 위치를 정해지게 한 후 산과 연못은 하나는 높은 곳에서 하나는 낮은 곳에서 호흡을 서로 교류시켜 소통하게 하였으며 우레와 바람은 각자 일어나서 움직이다가 서로 몰래 잠입하여 호응하고 화합하게 하였으며 물과 불은 다른 성질이나 서로 싫증내어 버리지 않고 서로 의지하여 돕게 하였으니, 八卦는 곧 이와 같이 (대립적이고 통일적으로) 서로 복잡하게 뒤섞이게 하였다. (이와 같이 대립과 통일의 운동규율을 장악하는 것은) 과거의 事理를 밝혀 차례대로 추론할 수 있게 하고자 함이자 미래의 사리를 밝혀 거꾸로 추론하여 깨달을 수 있게 하고자 하는 것이었으니 (미래의 사리는 은밀하고 오묘하여 추측하기가 어렵다.) 따라서 『周易』의 주요업적은 미래의 일을 거꾸로 추측하고자 하는데 있는 것이다.

【해설解說】

이상은 제 3장이다.

본 장에서는 八卦가 상징하는 8종류의 기본물상을 사용하였으니, 즉 天地・山澤・雷風・水火 사이에서 일어나는 모순・화해의 운동 상태로 발생하는 사물의 대립・통일의 변화발전 규율을 제시했다. 그 의미는 「繫辭上傳」에서 말한 바의 '一陰一陽之謂道'와 서로 밀접하게 부합한다.

項安世는 '八卦는 비록 8종류이나 실제로는 陰・陽 두 글자일 뿐이다.'고 했다. 『周易玩辭』

제 4 장

雷^{뇌이동지}以動之, 風^{풍이산지}以散之; 雨^{우이윤지}以潤之, 日^{일이훤지}以烜之; 艮^{간이지지}以止之, 兌^{태이열지}以說之. 乾^{건이}以

君^{군지}之, 坤^{곤이장지}以藏之.

【주석註釋】

雨以潤之, 日以烜之 : '雨'는 '水'이며 '坎象'을 말한다. '日'은 '火'이며 '離象'을 말한다. '烜'은 '晅'이라고도 하며 '햇볕을 쬐어서 건조시킨다.'는 의미이다.

이 두 구절은 坎·離 2개 卦의 각기 다른 효용에 대해 설명한 것이다.

艮以止之, 兌以說之, 乾以君之, 坤以藏之 : '說'은 '悅'의 의미이다.

이 네 구절은 직접 卦名 艮·兌·乾·坤을 가지고 4개 卦의 공적을 말하였으며 또한 위 문장 네 구절은 雷·風·雨·日의 象을 가지고 震·巽·坎·離 4개 卦의 공적을 말하였으니, 전후가 대체적으로 다르다.

    이 한 절목은 八卦가 사물을 양육하는 공적을 종합적으로 밝힌 것이다. … 위 네 구절은 象을 가지고 설명했으며 아래 네 구절은 卦를 가지고 설명했다. … 雷·風과 震·巽은 같은 용도이며 乾·坤과 天·地는 같은 공적이다. 『正義』

    '雷以動之' 이하 네 구절은 象義의 다양함을 취한 것이니 따라서 象을 사용하여 말하였다. '艮以止之' 이하 네 구절은 卦義의 다양함을 취한 것이니 따라서 卦를 사용하여 말하였다. 『朱子語類』

위에서 八卦의 공적과 용도 모두는 '陰·陽 두 卦가 대등하게 사용되었다.'는 것을 말했는데 이는 앞장과 같다. 단지 八卦의 순서는 앞장과 서로 반대로 서술하였다. 이러한 원인은 선대 학자들이 분석한 시각의 차이에서 비롯된 것이다.

【번역翻譯】

　　우레의 사용처(震이 하는 일)는 만물을 힘차게 일어나게 하고 격려하여 움직이게 하는 것이며, 바람의 사용처(巽이 하는 일)는 만물을 흩어지게 하여 널리 퍼뜨리며 서로 유통하게 하는 것이며, 빗물의 사용처(坎이 하는 일)는 만물을 촉촉이 윤기 있게 자라게 하는 것이며, 태양의 사용처(離가 하는 일)는 만물을 건조시키는 것이며, 산의 사용처(艮이 하는 일)는 만물을 억제하는 것이며, 연못의 사용처(兌가 하는 일)는 만물을 기쁘게 하는 것이며, 하늘의 사용처(乾이 하는 일)는 절대세력을 가진 자(군왕)가 만물을 압도하게(다스리게) 하는 것이며, 대지의 사용처(坤이 하는 일)는 만물을 저장하게 하는 것이다.

【해설解說】

　　이상은 제 4장이다.
　　본 장은 앞장의 의리를 계승하였을 뿐만 아니라 八卦를 둘 씩 둘 씩 대등하게 사용하여 그들의 각기 다른 공적과 용도를 밝혔다.

제 5 장

帝出乎震, 齊乎巽, 相見乎離, 致役乎坤, 說言乎兌, 戰乎乾, 勞乎坎, 成言乎艮. 萬物出乎震, 震東方也. 齊乎巽, 巽東南也;齊也者, 言萬物之絜齊也. 離也者, 明也, 萬物皆相見, 南方之卦也;聖人南面而聽天下, 嚮明而治, 蓋取諸此也. 坤也者, 地也, 萬物皆致養焉, 故曰致役乎坤. 兌, 正秋也, 萬物之所說也, 故曰說言乎兌. 戰乎乾, 乾西北之卦也, 言陰陽相薄也. 坎者, 水

야　정북방지괘야　노괘야　만물지소귀야　고왈로호감　간동북지괘야　만
也, 正北方之卦也, 勞卦也, 萬物之所歸也, 故曰勞乎坎. 艮東北之卦也, 萬
물지소성종이소성시야　고왈성언호간
物之所成終而所成始也, 故曰成言乎艮.

【주석註釋】

帝出乎震 : '帝'는 고대인의 마음속에 있던 '대자연의 주재자'를 말하나 이곳에서는 대자연의 生氣를 주관하여 처리하는(主宰) '元氣'를 가리킨다. 震卦는 방위로는 동방을 상징하니 日·月은 이곳으로부터 떠오르며 시절로는 春分을 상징하니 만물은 이곳으로부터 싹터 오른다. 따라서 '帝는 만물로 하여금 震으로부터 돋아나오게 한다.'고 했다. 이는 '우주의 생기가 이곳에서 처음 돋아난다.'는 것과 같은 말이다.

≪益≫에 이르되 : '帝'는 사물이 살아나는 것을 주재하고 이도움을 성대하게 하는 근본(마루)이 되는 자이니, 즉 震으로부터 나오게 하여 巽에서 바르게 되게 하는 자이다. 『正義·王弼』

'帝'는 하늘의 왕성한 기운이다.(旺氣) 春分에 이르면 震이 王이 되어 만물의 새싹이 돋아서 살아 나온다. 『集解·崔憬』

'帝'는 '諦'이니, 즉 사물의 '기틀을 자세히 살핀다.'는 의미를 함유하고 있다. 『說文』

이 '帝'字는 본래 초목이 봄을 맞이하여 꽃의 꼭지가 싹틔워지는 모양을 본떠서 만든 글자로서 그 의미는 사물의 生氣가 처음으로 움트는 것을 가리킨다. 따라서 王國維선생은 '蒂(꼭지)'의 本字, 즉 '꽃떨기의 전체모양을 본뜬 것이다.'고 했다.

齊乎巽 : '齊'는 '가지런히'·'함께(整齊)'의 뜻이다. 즉 사물이 함께 돋아나서 성장해 나아가는 상태를 가리킨 것이다. 巽卦는 방위로는 東南을 상징하고 시절로는 立夏를 상징한다. 立夏는 만물이 순조롭게 생장해 나아가는 계절이니 따라서 '齊乎巽'이라고 했다.

> 立夏에는 巽(木·風)이 王이며 만물이 깨끗하게 정제되는 시절이다. 『集解·崔憬』

相見乎離: '見'은 '명백하게 드러난다.(顯現)'·'드러나다(呈現)'는 의미로 사물의 생장이 왕성하고 그 몸체를 서로 많이 드러내는 것을 가리킨다. 離卦는 방위로는 南方을 상징하고 시절로는 夏至를 상징하며 또한 '밝은 빛'을 상징한다. 만물이 夏至에 이르면 장대하게 몸체가 자라며 성대하게 밝아진 태양빛을 받음으로써 각 사물은 그 형체를 모두 드러내게 되니 따라서 '相見乎離'라고 했다.

> 夏至에는 離(火·日)가 王이며 만물이 모두 자신의 모든 것을 서로 드러낸다. 『集解·崔憬』

致役乎坤: '役'은 '事'이다. '致役'은 '있는 힘을 다해 해야 할 일을 한다.'는 의미이니 즉 만물이 '지속적으로 성장을 위해 노력한다.'는 바를 가리킨 것이다. 坤卦는 방위로는 西南을 상징하고 시절로는 立秋를 상징한다. 만물은 立秋가 되면 거의 성숙하게 되니 이는 부지런히 분발하여 발전해 나아왔기 때문이다. 따라서 '致役乎坤'이라고 했다.

> 立秋는 坤이 王이며 만물은 성장을 다한 상태가 된다. 『集解·崔憬』

說言乎兌: '說'은 '悅(기쁘다)'의 의미이다. '言'은 '語助辭'이다. 兌卦는 방위로는 西方을 상징하고 시절로는 秋分을 상징한다. '兌'의 의미는 '기쁨'을 상징한다. 만물은 '秋分에 이르면 익음으로써 함께 행복해 하고 기뻐한다.' 따라서 '說言乎兌'라고 했다.

> 秋分에는 兌가 王이며 만물이 행복하고 즐거워하는 상태가 된다. 『集解·崔憬』

戰乎乾: '戰'는 '접촉하다'는 의미이다. '접촉'은 陰·陽이 交配하고 결합하는 것 즉 다음 문장 '陰陽相薄'의 의미를 가리킨 것이다. 乾卦는 방위로는 西北을 상징하고 시절로는 立冬을 상징한다. 立冬이 되면 맡은바 임무는 끝나고 한파가 도래하여 陰·陽이 서로 접촉하는 시절이 된다. 西北은 陰의 方向으로 乾인 陽性과 서로 짝이 되어 만물이 성숙된(익은) 후에는 마땅히 교배하고 결합을 해야 하는 것이니 따라서 '戰

平乾'이라고 했다.

> 立冬에는 乾이 王이며 陰·陽이 서로 몰래 스며들어가는 상태가 된다. 『集解·崔憬』

勞乎坎 : '勞'는 '피로하다'는 의미이다. 坎卦는 방위로는 北方을 상징하고 시절로는 冬至를 상징한다. 만물이 동지에 이르면 이미 지나온 사계절 동안 충분히 부지런하게 노력했던 관계로 피로해진 상태가 된다. 따라서 반드시 돌아가 조용하게 휴식을 취하면서 봄이 다시 돌아와 生氣를 싹틔워주기를 기다리니 따라서 '勞乎坎'이라고 했다.

> 冬至에는 坎이 王이며 만물이 돌아가 휴식을 취하는 상태이다. 『集解·崔憬』

成言乎艮 : '成'은 '사업을 완성한다(成功)'는 의미이다. 이는 앞에서의 사업(공적)을 이미 완성시키고 '뒤의 사업을 다시 시작한다.'는 의미를 함유하고 있다. 艮卦는 방위로는 東北을 상징하고 시절로는 立春을 상징한다. 立春은 지난해를 종결하고 새해를 시작하는 계절이다. 만물은 立春이 되면 한해 生長의 使命을 완성시킨 후 거듭 새롭게 싹틔워 살아나오니 따라서 '成言乎艮'이라고 했다. 이 시절에 이르러서는 이미 대자연의 生氣를 주재하는 元氣(帝)가 두루두루 끊임없이 순환하며 만물을 만들어 자라 나아가게 하는 것을 명백하게 드러내고 있다.

> 立春에는 艮이 王이며 만물이 마무리 사업을 완성시키고 시작하는 사업도 완성시킨 상태이다. 이러함을 사용하여 周王의 천하가 되었으니 따라서 '帝'라고 했다. 『集解·崔憬』

震東方也 : 이는 위 문장 '帝出乎震'을 해석한 것이다.

> 震은 東方의 卦이며 北斗의 자루가 동방을 가리킬 때가 봄이며, 봄에는 만물이 살아나오는 시절이다. 『正義』

巽東南也; 齊也者, 言萬物之絜齊也 : '絜(결)'은 '깨끗하다'는 의미로서 '깨끗함이 일치한다.'는 것과 같은 뜻이다. 즉 만물이 싹터 올라온 후 온화하고 상쾌하게 성장하는 과정의 '산뜻하고 새롭고 깨끗한 상태(모양)'를 형용한 것이다.

이 세 구절은 위 문장 '齊乎巽'을 해석한 것이다.

震은 東南방향을 상징하는 卦이며 北斗의 자루가 동남을 가리킬 때면 만물이 모두 깨끗하고 산뜻한 모양을 하고 있다. 『正義』

離也者, 明也, 萬物皆相見, 南方之卦也; 聖人南面而聽天下, 嚮明而治, 蓋取諸此也 : '聽'은 '군왕이 신하의 정치적 업무사항을 듣고 결단한다.(聽政)'는 의미이다. '嚮'은 '얼굴을 마주 바라본다.(面向)'는 의미이다.
이 몇 구절은 '南面而治'의 法式을 인용하여 離卦의 방위가 상징하는 것을 증명함과 아울러 위 문장 '相見乎離'의 의미를 해석한 것이다.

離는 '日'을 상징하는 卦이니 따라서 '밝다(明)'고 했다. 日이 떠오르면(출현하면) 만물이 모두 자신을 서로 드러낸다. 日은 또한 南方에 처하니 따라서 聖人은 남쪽을 향하여 앉아서 천하의 일을 듣고 결단하는 것을 법식으로 삼았다. 즉 '밝은 곳을 마주하여 다스렸다.'는 의미이다. 『正義』

坤也者, 地也, 萬物皆致養焉 : '致養'은 '있는 힘을 다해 양육한다.'는 의미이다.
이는 위 문장 '致役乎坤'을 해석한 것이다.

坤은 地를 象으로 삼은 卦이다. 地가 만물을 싹틔워 성장시키는 그것은 힘든 일이니(苦役·勞役) 따라서 '致役乎坤'이라고 했다. … 坤은 방향을 말하지 않았으니, 이는 大地가 '사물을 양육하는데 있어서는 마음을 외곬 수로 사용하지 않는다.'는 바를 가리킨 것이다. 『正義』

兌, 正秋也, 萬物之所說也 : '正秋'는 '秋分'을 의미한다. '說'은 '悅'이다.
이는 위문장 '說言乎兌'를 해석한 것이다.

兌는 澤 즉 연못을 象으로 삼은 卦이니 따라서 '說萬物者莫說乎澤(만물을 기쁘게 하는 자 가운데 연못 보다 더 기쁘게 하는 자는 없다.)'이라고 했다. 또한 위치가 西方을 상징하는 卦이며 북두의 자루가 서방을 가리키는 시절이 곧 正秋(추분) 八月이니, 正

秋는 만물이 모두 성숙된(익은) 것을 기뻐하는 시절이다. 『正義』

乾西北之卦也, 言陰陽相薄也 : '相薄'은 '서로 교대로 몰래 스며들어 호응하고 화합한다.'는 의미이다.

이는 위 문장 '戰乎乾'을 해석한 것이다.

乾은 西北을 상징하는 卦이며 西北은 陰地이다. 乾이 純陽으로 西北에 처하는 것은 곧 陰·陽이 서로 스며드는 것을 象으로 삼았기 때문이다. 『正義』

坎者, 水也, 正北方之卦也, 勞卦也, 萬物之所歸也 : '歸'는 '감추다(藏)'는 의미 즉 만물이 '피로하여 문을 닫고 숨어서 휴식한다.'는 의미이다.

이는 위 문장 '勞乎坎'을 해석한 것이다.

坎은 水를 象으로 삼은 卦이며 水는 밤과 낮을 가리지 않고 흐르고 또 흐르니 따라서 고생하는 卦 즉 '勞卦'라고 생각했다. 또한 正北方을 상징하는 卦이며 이때 북두의 자루는 北方을 가리키며 시절로는 冬至이다. 동지에는 만물이 숨어서 휴식을 취하며 거두어들이는(收藏하는) 것을 功勞로 생각하니 坎을 '勞卦'라고 했다. 『正義』

坎은 正北方을 상징하는 卦이며 立冬 이후에는 만물이 坎으로 돌아와 숨어서 휴식을 취하며, 陽氣는 子時에서 잠복해 있고 대지 속에 있는 물에 잠기어져 성장할 수 없으며 고생스러운 국면인 衆陰의 가운데에 처해있다. 『集解·崔憬』

艮東北之卦也, 萬物之所成終而所成始也 : 이는 위 문장 '成言乎艮'을 해석한 것이다.

艮은 東北方을 상징하는 卦이며 東北은 寅과 丑 사이에 있으며 丑은 지난해의 말엽이며 寅은 올해의 초엽이니 즉 만물이 마무리를 끝낸 후 다시 시작하는 시절이다. 『正義』

艮은 東北 '寅·丑' 사이에 처하며 시절로는 立春에 짝한다. 『纂疏』

만물의 새싹은 震에서 돋아나니 우레가 소리를 내면서 그들을 돋아나게 하기 때문이다. 만물은 巽에서 깨끗하고 산뜻하게 되고 離에서 서로 드러내어 보여주고, 바람이 요동치면서 그들을 깨끗하고 산뜻하게 해 주며, (齊는 絜, 즉 '깨끗하고 산뜻하게 해준다.'는 의미이다.) '만물이 모두 서로 드러낸다.'는 것은 '태양이 발사하는 빛이 크고 강렬하다.'는 의미이며, 만물이 모두 성장을 끝내면 地氣가 함양되어 그들로 하여금 훌륭한 결실을 맺게 한다. '만물이 기뻐한다.'는 것은 '초목이 모두 성숙했다.'는 것으로 '澤氣가 흔쾌히 그들을 완성시킨다.'는 것과 같은 의미이다. 戰은 '陰·陽이 서로 스며들어 호응하고 화합한다.'는 의미로 西北陰을 말하니, 乾은 純陽으로 그와 접촉하는 것이 마치 君·臣이 마주보고 응답하면서 화합하고 있는 것과 같다. 坎은 勞卦이다. 水의 성질은 고생스러워도 싫증내지 않고 흘러가기만 할 뿐이나 만물이 돌아가서 몰래 휴식을 취하는 곳도 坎水이다. 즉 만물이 봄에 대지로부터 돋아나기 시작하여 성장하다가 冬氣에는 문을 닫고 숨을 뿐만 아니라 모두가 대지 속(물이 있는 곳)으로 들어가 버린다. '만물이 성공적으로 마무리를 하고 다시 시작한다.'는 것은 '만물의 陰氣는 마무리 되고 陽氣는 시작을 한다.'는 것으로 모두 艮이 하는 일을 말한다. 『漢上易傳·鄭玄』

【번역翻譯】

　　대자연의 생기를 주재하는 원기는 만물로 하여금 (동방과 춘분을 상징하는) 震에서는 돋아나오게 하고 (동남과 입하를 상징하는) 巽에서는 깨끗하고 산뜻하게 성장하게 하고 (남방과 하지를 상징하는) 離에서는 성대하게 서로 명백히 드러나게 하고 (서남과 입추를 상징하는) 坤에서는 있는 힘을 다해 해야 할 일을 하게하고 (서방과 추분을 상징하는) 兌에서는 성숙·숙성함으로써 기뻐하며 (서북과 입동을 상징하는) 乾에서는 陰·陽이 교배하고 결합하게 하며 (북방과 동지를 상징하는) 坎에서는 부지런히 노력하는 것을 싫증내지 않게 하며 (동북과 입춘을 상징하는) 艮에서는 최종적으로 공적을 완성시키게 할 뿐만 아니라 거듭 새로운 생명체의 싹을 틔워 내게 한다. 만물이 震에서 생명체의 새 싹을 틔워내는 것은 震卦가 (만물은 이로부터 생명체의 새 싹을 틔워낸다.) 동방을 상징하기 때문이다. 만물이 巽에서 깨끗하고 산뜻하게 성장하는 것은 (만물의 온화하고 순조로운 성장은) 巽卦가 동남방을 상징하기 때문이며, 깨끗하고 산뜻하게 성장한다는 것은 만물의 성장상태가 모두 깨끗하게 정돈된다(일치한다)는 의미이다. 離卦는 밝은 빛을 상징하니 즉 만물이 모두 왕성하게 자라나서 서로 명백하게 드러내는 것 이는 남방을 대표하는 卦이기 때문이며, 성인은 남방을 향하여 북쪽에 앉아서 천하에서 일어나는 업무사항을 신하로부터 듣고 결단을 내리니 즉 빛을 마주보고 앉아 사무를 처리하는 것은 대체로 이 한 卦가 상징하는 것을 선택하여 사용한 것이 아니겠는가? 坤卦는 대지를 상징하는 것이니 즉 만물은 모두 있는 힘을 다해 대지에서 양육되는 까닭에 坤에서 있는 힘을 다해 해야 할 일을 해야 한다고 말했다. 兌卦는 시절로는 正秋를 상징하며 만물이 이 때에 이르면 성숙·숙성하여 기뻐하는 까닭에 兌에서 성숙·숙성되어 기뻐한다고 말했다. 乾에서 陰·陽이 교배하고 결합하니 乾卦는 서북(陰方)을 상징하는 卦라는 것은 陰·陽이 이곳에서 서로 몰래 스며들어 호응하고 화합한다는 것을 설명한 것이다. 坎卦는 水를 상징하며 正北方을 대표하는 卦이며 또한 부지런히 노력하는 것을 싫증내지 않는 것을 대표하는 卦이며 만물이 노력하는 것을 싫증내지 않으면 반드시 돌아가 몰래 휴식을 하게 되는 까닭에 坎에서는 부지런히 노력하는 것을 싫증내지 않는다고 말했다. 艮卦는 동북(성공적으로 마무리를 하고 다시 시작하는 위치)을 상징하는 卦이며 만물은 이곳에서 그 마지막을 완성시키고 다시 그 시작을 출발시키는 까닭에 艮에서 마지막을 성공적으로 마무리할 뿐만 아니라 또한 다시 되풀이하여 새로운 생명체의 싹을 틔워낸다고 말했다.

【해설解説】

이상은 제 5장이다.

본 장은 제 2장과는 다른 또 한 종류의 '八卦方位'에 대한 것을 진술함과 아울러 이 종류 방위 배열형식의 요점을 집약하여 해설했다.

제 6 장

神也者, 妙萬物而爲言者也. 動萬物者莫疾乎雷. 橈萬物者莫疾乎風, 燥萬物者莫熯乎火, 說萬物者莫說乎澤, 潤萬物者莫潤乎水, 終萬物始萬物者

막 성 호 간   고 수 화 상 체   뇌 풍 불 상 패   산 택 통 기   연 후 능 변 화 기 성 만 물 야
莫盛乎艮. 故水火相逮, 雷風不相悖, 山澤通氣, 然後能變化旣成萬物也.

【주석註釋】

神也者, 妙萬物而爲言者也 : 이곳에서의 '神'은 '대자연이 돌아가면서 변화하는 규율의 신기한 재능과 공적(功能)'을 말한다. '妙萬物'은 '만물을 不可思議(神妙)하게 매우 잘 양육한다.'는 의미이다.

　이 두 구절은 앞장에서 말한 八卦方位와 그 운동변화(돌아가며 움직이는 변화규율)를 계승하여 즉 '대자연이 만물을 살아나게 하고 성장시켜 나아가는 신기함'을 추앙하는 바를 가리킨 것이다.

　　이곳에서의 '神'이란? '八卦의 運動·變化·推移는 그로 하여금 그러하게 하는 자가 없다.'는 바를 밝힌 것이다. '神'은 無物(사물이 아니다.)이며 만물을 신기하고 정묘하게 살아 나아가게 하고 성장시켜 나아가게 하는 존재로, 즉 雷가 거칠게 내려치고 風이 세차게 불며 火가 뜨겁게 타오르고 水가 촉촉이 젖어드는 것은 '저절로 그러하게 서로 더불어 하는 변화 보다 더 큰 것은 없다.'는 것이니 따라서 '만물은 이미 그러함으로 인해 이루어진 것이다.'는 바를 밝힌 것이다. 『韓注』

　　神은 乾·坤을 가리키니, 양자는 함께 만물을 완성시키며 物은 형체가 이루어지면 나누어질 수 없는 것이니 이를 합하여 神이라고 한다. 『漢上易傳·鄭玄』

　　神은 앞장에서 말한 '帝'이다. '帝'는 신묘함을 體로 삼으니, 神은 帝의 用이다. 따라서 만물을 주재하는 자는 '帝'이고, 만물을 신기하고 정묘하게 살아나게 하고 성장시켜 나아가는 자는 帝의 '神'이다. 『折中·梁寅』

橈 : '橈(뇨)'는 '撓'字와 통하며 '구부러지다·흩어지게 하다.'는 의미이다. 이곳에서는 風이 불어 '만물에 붙어있는 먼지를 털어내어 만물로 하여금 서서히 성장하게 하기도 하고 만물로 하여금 꺾어지고 부러지게도 한다.'는 바를 가리킨 것이다.

風은 만물을 흔들어서 구부러지게 할 수 있으며 봄에 부는 바람은 초목의 가지와 잎을 흔들어 흩어지게 하며 가을에 부는 바람은 초목의 가지를 부러뜨리기도 한다. 『集解·崔憬』

燥 : '燥'은 '暵'字와 같은 의미로 '건조시키다(燥熱)'·'혹독한 무더위(炎熱)' 등을 의미한다.
說 : '說'은 '悅'의 의미이다.
終萬物始萬物者莫盛乎艮 : 이 구절은 앞장 '艮, 東北之卦也. 萬物之所成終所成始也.'의 의미이다.

　　大寒·立春은 艮의 방위이다. 이 시절이 되면 만물은 그들에 의지하여 돋아나기 시작함으로 올해의 歲首가 된다. 또한 만물이 그들에 의지하여 마무리를 하니 지난해의 歲末이 된다. 『集解·崔憬』

　　앞의 여러 구절은 卦象 雷·風·火·澤·水에 대해 말하였으나 이 구절은 특히 卦名 '艮'을 예로 들었다.

　　動·撓·燥·潤의 공적은 雷·風·火·水이며, '終始萬物'에 이르러서는 '山'에 의지하는 의미를 엿볼 수 있으니 따라서 '艮'을 말하고 '止'를 말하지 않았다. 『正義』

水火相逮 : '逮'는 '及(이르다·쫓아가다·도달하다)'의 의미이다.
　　이 구절은 水·火가 비록 성질은 다르다고 할지라도 그들의 기질은 오히려 '서로 의지하고 쫓아가면서 이용한다.'는 바를 가리킨 것이다.

　　본성은 비록 서로 스며들지 않는다고 할지라도 기운은 서로 쫓아가 만난다는 것을 밝힌 것이다. 『正義』

然後能變化旣成萬物也 : 이 구절은 위 문장을 총 결산한 것으로, 雷·風·火·澤·水 물질의 끊임없는 운동을 설명함과 아울러 '그들 사이의 대립과 통일을 교대하고 합일하는 변화는 자연계 만물을 살아나게 하고 성장하게 한다.'는 바를 설명한 것이다. 이 의미는 본 장의 앞에 있는 '妙萬物而爲言'과 서로 호응한다.

'動・橈・燥・說・潤・終始萬物者'를 누가 六子(八卦 가운데 乾父・坤母를 제외한 6子女의 卦를 子卦라고 한다.)와 같다고 했는가? 혼자서 변화할 수 없는 까닭에 반드시 서로 쫓아서 따라가 만나야 하며 서로 어긋나지 않아야 기운을 소통시킬 수 있으며 그러한 연후에 변화할 수 있어 만물을 완성시키게 되니, 즉 화합해야 변화하며 변화해야 신묘하게 되기 때문이다. 『漢上易傳』

神은 天・地를 범위로 하는 까닭에 반복하여 乾・坤을 따로 말하지 않고 직접 六子를 사용하여 神의 공적과 효용을 밝혔다. 『正義』

乾・坤을 사용하여 天・地가 '하지 않는다.(無爲)'고 한 것은 '하지 않는다는 것이 아니다.(無不爲)'는 것을 표현한 것이니, 즉 雷・風 등은 有爲의 신묘함을 이루어 나아가고 있는 존재라는 의미이다. 『正義』

본 장은 伏羲 先天八卦와 文王 後天八卦의 卦位를 종합하여 논평한 것이다. 대개 變易의 순서는 '後天'에서 밝혔고 交易의 이치는 先天에서 밝혔다. '變易'이라는 것은 化를 말하는, 즉 만물을 움직이게 하고(動)・만물을 흔들어 굽어지게 하고(橈)・만물을 건조시키고(燥)・만물을 기쁘게 하고(說)・만물을 촉촉이 적셔주고(潤)・만물을 마무리하고 다시 시작하게 하는 자(終始萬物者)이다. '交易'이라는 것은 神을 말하는, 즉 變變化化하는 까닭에 道가 병행함으로써 서로 어긋나게 하지 않으며 사물로 하여금 竝育되게 함으로써 서로 해치게 하지 않는 자이다. 『折中』

【번역飜譯】

대자연의 신기한 조화라는 것은 그가 기이하고 신묘하게 만물을 살아나게 하고 성장시켜 나아가고 있다는 의미이다. 만물을 격려하여 움직이게 하는 자 가운데 우레보다 더 신속하고 맹렬하게 하는 자는 없고 만물에 붙어있는 먼지를 불어서 털어내는 자 가운데 바람보다 더 빠르게 하는 자 없고 만물을 건조시키는 자 가운데 불보다 더 맹렬히 뜨겁게 하는 자 없으며 만물을 기쁘게 하는 자 가운데 연못보다 더 온화하고 기쁘게 하는 자는 없으며 만물을 촉촉이 적셔주는 자 가운데 물보다 더 촉촉하게 해주는 자는 없으며 최종적으로 만물을 완성시켜 줄 뿐만 아니라 반복적으로 새로운 생명체의 싹을 틔워 주는 자 가운데 山보다 더 아름답고 성대하게 해 주는 자 없다. 따라서 水·火는 성질은 다를지라도 서로 간에 구제해 주기도 하고 만나 주기도 하며 雷·風은 움직임은 다를지라도 상호간에 거역하거나 회피하거나 배역하지 않으며 山·澤은 처한 곳은 다를지라도 숨 쉬는 것을 소통시키니 그러한 후에야 자연계는 비로소 변화하는 활동을 돌아가면서 할 수 있음으로써 만물의 형상을 제작할 수 있게 되는 것이다.

【해설解說】

이상은 제 6장이다.

본 장에서는 3·4·5장에서 말한 '先天八卦方位'·'後天八卦方位'의 공적과 효능을 종합적으로 논술하였다.

문장 가운데서는 八卦 변화규율의 특징을 두 방면에서 강조하였다.

① 변화운동을 멈추지 않으며 만물의 '대립' 운동을 주관한다.
② 뒤섞여서 합일하며 어긋나지 않으며 만물의 '통일' 추세를 주관한다.

본 장의 전체요지는 八卦의 상징적 시각으로부터 『周易』의 소박한 변증사상인 卦象基礎를 제시한 것이다.

제 7 장

乾, 健也 ; 坤, 順也 ; 震, 動也 ; 巽, 入也 ; 坎, 陷也 ; 離, 麗也 ; 艮, 止也 ; 兌, 說也.

【주석註釋】

兌, 說也 : 이상의 여덟 구절은 八卦의 상징적 의미를 나누어서 서술한 것이다.

乾은 天을 象으로 삼았으며 天體는 돌아가면서 움직이는 활동을 멈추지 않으니 따라서 '강건하다(健)'고 했다. 坤은 地를 象으로 삼았으며 地는 天에 순종하며 그 뜻을 받드니 따라서 '순응한다(順)'고 했다. 震은 雷를 象으로 삼았으며 雷는 만물을 진동시키니 따라서 '움직인다(動)'고 했다. 巽은 風을 象으로 삼았으며 風은 불어서 들어가지 않는 곳이 없으니 따라서 '들어간다(入)'고 했다. 坎은 水를 象으로 삼았으며 水는 힘들게(險) 흘러가다가 구덩이에 빠져 들기도(陷) 하니 따라서 '빠진다(陷)'고 했다. 離는 火를 象으로 삼았으며 火는 반드시 사물에 붙으니 따라서 '붙는다(麗)'라고 했다. 艮은 山을 象으로 삼았으며 山體는 조용하게 정지해 있으니 따라서 '정지하다(止)'고 했다. 兌는 澤을 象으로 삼았으며 澤은 만물을 촉촉이 적셔주니 따라서 '기쁘다(說)'고 했다.
『正義』

【번역飜譯】

乾은 강건함을 표시하고, 坤은 온화하게 순응(순종)함을 표시하고, 震은 진동함을 표시하고, 巽은 몰래 들어가는 것을 표시하고, 坎은 고생스럽게 흘러서 낮은 곳에 모여드는 것(웅덩이에 빠져드는 것)을 표시하고, 離는 붙는 것을 표시하고, 艮은 조용히 정지해 있는 것을 표시하고, 兌는 기쁜 것을 표시한다.

【해설解說】

이상은 제 7장이다.
본 장에서는 八卦의 명칭이 정해진 의미에 대해 말하였다.

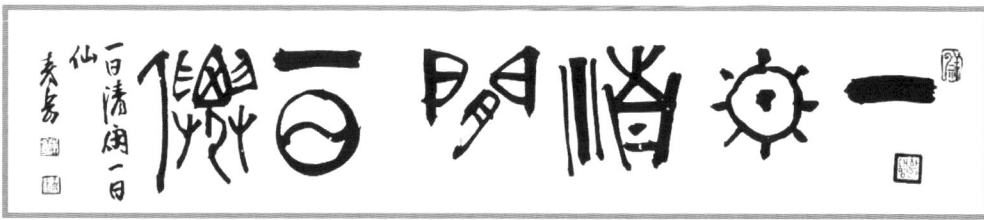

제 8 장

乾爲馬, 坤爲牛, 震爲龍, 巽爲鷄, 坎爲豕, 離爲雉, 艮爲狗, 兌爲羊.
_{건위마　곤위우　진위룡　손위계　감위시　이위치　간위구　태위양}

【주석註釋】

兌爲羊 : 이상 여덟 구절은 8종류의 동물을 사용하여 즉 八卦가 상징물상을 본보기로 선택한 사례를 설명한 것이다.

　　乾은 天을 본보기로 삼았으니 天의 운행은 강건함으로써 말(馬)을 생각해 내었으며, 坤은 地를 본보기로 삼았으니 地는 책임이 무겁고 순응(순종)함으로써 소(牛)를 생각해 내었으며, 震은 요동치는(動) 형상이고 용(龍)도 요동치는 사물이니 따라서 용을 생각해 내었으며, 巽은 지휘하고 명령하는 바를 주관하는 자이며 닭(雞)은 때를 알려주는 자라는 뜻에서 닭을 생각해 내었으며, (닭은 일정한 시점에 이르면 그 시점과 감응하여 소리를 낸다. 닭의 소리가 바람이 사람의 귀로 들어가는 것과 같음으로써 즉 '入의 의미와 흡사하다.'고 생각했다. 닭이 일정한 시점에 이르러 소리를 내는 것이 '바람과 서로 호응한다.'고 생각했다.) 坎은 물이 더러운 것을 주관하니, 즉 돼지(豕)가 있는 곳은 더럽고 축축한 까닭에 '돼지와 같다.'고 생각했다. (돼지는 더럽고 축축한 곳을 좋아함으로써 항상 우묵하게 빠져들어 간 진흙구덩이 가운데에 살고 있는 것이 마치 '빠져있는(陷) 것과 같다.'는 의미이다.) 離는 아름답게 빛나는 사물이니 꿩(雉)의 무늬가 아름답게 빛남으로써 꿩을 생각해 내었으며, (꿩은 비록 날아다니는 조류이나 걷는 것을 좋아하며 오래 동안 날아다닐 수는 없음으로 구릉지나 평원의 풀숲 속에 서식하는 것을 좋아하니 이는 '붙어있다'는 의미와 부합한다.) 艮은 조용히 정지해 있으니 즉 개(狗)는 외부 사람이 집으로 들어오는 것을 금지시키며 한 곳에 머물면서 집을 잘 지키는 자이니 따라서 개를 생각해 내었으며, 兌는 기뻐하는 것으로 즉 양(羊)은 순종함으로써 주인을 기쁘게 하는 가축이니 따라서 양을 생각해 내었다.(순종을 하면 사람들을 기쁘게 해주니 따라서 '說'의 의미와 부합한다. 안으로는 거칠고 사나우나 밖으로는 기쁘게 복종하는 자가 양이다.) 『正義』

【번역飜譯】

乾은 말에 비유했고(말을 본보기로 삼았고) 坤은 소에 비유했고 震은 용에 비유했고 巽은 닭에 비유했고 坎은 돼지에 비유했고 離는 꿩에 비유했고 艮은 개에 비유했고 兌는 양에 비유했다.

【해설解說】

이상은 제 8장이다.
본 장은 8종류의 동물형상을 인용하여 八卦가 본보기로 선택한 예를 나열하여 해설했다.

'멀리로서는 여러 가지 사물에서 그 象을 선택했다.(遠取諸物)'는 것을 밝힌 것이다. 『正義』

『周易』철학의 분명한 특징은 '본보기를 빌려서 뜻을 비유했다.(假象喩意)'는 것이다. 따라서 『周易』내용 전체가 본보기로 선택한 물상으로 八卦를 상징한 것을 구체적으로 실현하는 것에 집중되어있다. 「繫辭傳」은 『易』이라는 것은 본뜬(象) 것이다.(『易』者, 象也.)'는 말을 반복적으로 되풀이 한 것을 내용으로 삼았으며 「說卦傳」은 처음부터 끝까지 八卦가 본보기로 선택한 것을 밝혀서 설명한 즉 '象喩(본보기를 설정하여 비유하다.)'체계를 적극적으로 해명하고 있다.

『周易』의 '象'을 오늘날의 개념으로 표현해 본다면 '상징(직접 보이지 않는 사물을 그것과 어떤 유사성을 가진 것에 의하여 연상시켜 나아가는 그 과정과 그 대용물' 즉 '본보기'를 말한다.)'이라고 할 수 있다.

'상징'개념 내용은 '형상(모습)'·'의미' 두 가지로 나누어 분석할 수 있다. '형상'을 상징하는 것은 '변화'할 수 있으며 '의미'를 상징하는 것은 '변화하지 않는다.' 예를 들어본다면, 사자와 호랑이는 용감함을 상징하는 동물로서, '사자'·'호랑이' 자체는 '변화'하는 사물이나 '용감하다'는 의미는 '변화하지 않는다.'

八卦가 상징하는 것이 비록 복잡하다고는 할지라도 대체적으로 이 한 원칙을 벗어나지 않는다. 그러나 역시 예외가 없는 것도 아니다.

앞장에서 말한 '健'·'順' 등 8종류의 의미는 즉 '乾'·'坤' 등 八卦의 기본적으로 변화하지 않는 상징적 의미이며, 개별적 卦는 기본의미에서 제외시키거나 혹은 다른 의미와 겸하고 있다. 예를 든다면 '離'는 '明'의 의미와 겸해있고 '巽'은 '順'의 의미와 겸해있으니 즉 이들은 대표적인 예외라고 할 수 있다.

의미로 말미암아 비록 '변화하지 않는다.'고는 할지라도 象은 널리 선택할 수 있는 것이다.

八卦는 이미 '天'·'地' 등 8종류의 물질을 사용하여 최초의 형상을 상징하였을 뿐만 아니라 널리 다른 사물을 선택하여 象으로 삼았다. 본장에서 제시된 '馬'·'牛' 등의 동물이 그 한 예이다. 이하 3장에서 사용한 여러 사물 또한 각종의 象을 예로 든 것이다.

八卦가 선택한 象이 분잡하고 복잡한 원인은 대략 다음 두 방면으로 추측할 수 있다.

① 『易』을 지은 작자가 철학이치를 서술하는데 편리함을 도모하기 위해 物象을 광범위하게 인용하였을 뿐만 아니라 다방면으로 비유했던 까닭에 「繫辭傳」에 '仰觀'·'俯察'·'遠取'·'近取' 등의 말이 있다.
② 『易』을 사용하는 자가 占筮推理의 필요성을 위하여 卦象·旁衍(널리 퍼진다.) 그 말을 확대해서 전개시킨 까닭에 「說卦傳」에 늘어선 여러 象은 어떤 것은 六十四卦 經文 가운데 나타나지 않는 것도 있다. 당연히 시대가 멀어져 가는 것과 앞 시대 선현들과의 다른 시각으로 인하여 『易』象이 失傳·失解하는 경우를 초래하는 그러한 예도 나타나고 있다.

이러한 것들은 모두 오늘날 『易』을 연구하는 학자들이 열심히 분석하고 깊이있게 토론하는 가운데에서 헤아려지기를 기대하는 바이다.

제 9 장

乾爲首, 坤爲腹, 震爲足, 巽爲股, 坎爲耳, 離爲目, 艮爲手, 兌爲口.

【주석註釋】

兌爲口 : 이상 여덟 구절은 인체의 8종 기관을 사용하여 八卦가 象을 선택한 예를 설명한 것이다.

乾은 높은 곳 즉 위에 있으니 따라서 '머리(首)'에 비유했다. (머리는 높고 강건하니 즉 높은 곳에 처하여 굽히지 않음으로 '健'의미와 일치한다.) 坤은 속에 넣어둔 것을 포장할 수 있으니 따라서 '배(腹)'에 비유했다. (배의 용량은 넓고 두께는 두터워서 음식물을 차례대로 받아들이는 것이 '順'의 의미와 일치한다.) 震은 움직이는 것을 사용했으니 따라서 '발(足)'에 비유 했다. 巽은 順 즉 '따라 다닌다'·'순응(순종)하다'는 의미를 지니고 있으니 따라서 발을 따라 다니며 움직이는 '넓적다리(股)'에 비유했다. 坎은 북방을 상징하는 卦로서 듣는 것을 주관하니 따라서 '귀(耳)'에 비유했다. (귀의 모양이 안으로 움푹 들어가 있는 것이 마치 낮은 곳에 빠져있는 의미와 일치한다.) 離는 남방을 상징하는 卦로서 보는 것을 주관하니 따라서 '눈(目)'에 비유했다. 눈이 볼 때는 반드시 밝은 빛에 기대어 붙어야 하며 빛이 없으면 보기가 어려운 것이 마침 '붙는다(麗)'의 의미와 일치한다. 艮은 이미 정지해 있는 사물이며 '손(手)' 역시 사물을 잡으면 정지하게 되니 따라서 손(手)에 비유했다. 兌는 서방을 상징하는 卦로서 언어를 주관하니 따라서 '입(口)'에 비유했다. ('입'은 말로서 사람들을 기쁘게 하는 까닭에 '說의 의미와 합일한다.'고 했다. 사물을 기쁘게 할 수 있는 자는 입이다.) 『正義』

【번역翻譯】

乾은 머리를 象으로 삼았고 坤은 배를 象으로 삼았고 震은 발을 象으로 삼았고 巽은 넓적다리를 象으로 삼았고 坎은 귀를 象으로 삼았고 離는 눈을 象으로 삼았고 艮은 손을 象으로 삼았고 兌는 입을 象으로 삼았다.

【해설解說】

이상은 제 9장이다.
본 장에서는 인체 8종 기관의 형상을 사용하여 八卦가 象을 선택한 예를 밝혀놓았다.

'가까이로는 신체에서 그 象을 선택했다.(近取諸身)'는 것을 밝혔다. 『正義』

제 10 장

乾, 天也, 故稱乎父; 坤, 地也, 故稱乎母; 震一索而得男, 故謂之長男;
巽一索而得女, 故謂之長女; 坎再索而得男, 故謂之中男; 離再索而得女,

_{고위지중녀}   _{간삼색이득남}   _{고위지소남}   _{태삼색이득녀}   _{고위지소녀}
故謂之中女; 艮三索而得男, 故謂之少男; 兌三索而得女, 故謂之少女.

【주석註釋】

震一索而得男 : '索'은 '찾아가서 합일한다.(求合)'는 뜻이다. 문장 가운데에서는 '陰·陽은 서로 찾아가서 합일한다.'는 의미로 새겼다. 앞 네 구절에서 이미 乾·坤은 '父(男)·母(女)가 된다.'고 했으니, 이하 여러 구절은 乾·坤을 제외한 6개의 卦와 함께 父·母가 서로 찾아가서 합일하여 낳은 6명의 子·女에 관한 것을 설명했다. 그 예를 들어보자면, 乾陽이 坤陰을 찾아가서 합일하여 男性을 낳음으로써 一索·二索·三索은 '震長男·坎中男·艮少男을 얻었다.'고 했으며, 坤陰이 乾陽을 찾아가서 합일하여 女性을 낳음으로써 一索·二索·三索은 '巽長女·離中女·兌少女를 얻었다.'고 했다. 陽卦·陰卦의 長·幼 또한 主爻가 처하는 위치의 先後순서로 정해지니 따라서 震陽은 初位(☳)에 처함으로 長男이라고 부르며 坎陽은 二位(☵)에 처함으로 中男이라고 부르며 艮陽은 三位(☶)에 처함으로 少男이라고 부르고, 巽陰은 初位(☴)에 처함으로 長女라고 부르며 離陰은 二位(☲)에 처함으로 中女라고 부르며 兌陰은 三位(☱)에 처함으로 少女라고 부른다.

    男·女는 卦 가운데 一陽·一陰의 爻를 가리켜서 한 말이다. 『本義』

    乾이 坤을 찾아가서 합일하면 震·坎·艮을 낳으며, 坤이 乾을 찾아가서 합일하면 巽·離·兌를 낳는다. 一·二·三이라는 것은 그 획의 차례를 말한 것이다. 『朱子語類』

    陽이 陰을 찾아가서 합일하여 三男을 낳았다. 陰이 陽을 찾아가서 합일하여 三女를 낳았다. 初·中·上 3개 爻를 사용하여 순서를 정했다. 『尙氏學』

    '부친의 기운을 얻은 자는 남성이 되고 모친의 기운을 얻은 자는 여성이 된다.'는 것은 '坤이 첫 번째로 乾氣를 찾아가서 합일하여 얻은 것은 震이 되었고 두 번째로 乾氣를 찾아가서 합일하여 얻은 것은 坎이 되었고 세 번째로 乾氣를 찾아가서 합일하여 얻은 것은 艮이 되었으며, 乾이 첫 번째로 坤氣를 찾아가서 합일하여 얻은 것은 巽이 되었고 두 번째로 坤氣를 찾아가서 합일하여 얻은 것은 離가 되었고 세 번째로 坤氣를 찾아가서 합일하여 얻은 것은 兌가 되었다.'는 의미이다. 『正義』

【번역飜譯】

乾은 天을 상징한 것이니 父라고 이름을 지어 불렀으며, 坤은 大地를 상징한 것이니 母라고 이름을 지어 불렀으며, (父·母는 陰·陽이 서로 찾아가서 합일하는 존재이니, 陽이 陰을 찾아가서 합일하면 아들을 낳고 陰이 陽을 찾아가서 합일하면 딸을 낳는다.) 震은 첫 번째로 찾아가서 합일하여 낳은 아들인 까닭에 長男이라고 이름을 지어 불렀으며, 巽은 첫 번째로 찾아가서 합일하여 낳은 딸인 까닭에 長女라고 이름을 지어 불렀으며, 坎은 두 번째로 찾아가서 합일하여 낳은 아들인 까닭에 中男이라고 이름을 지어 불렀으며, 離는 두 번째로 찾아가서 합일하여 낳은 딸인 까닭에 中女라고 이름을 지어 불렀으며, 艮은 세 번째로 찾아가서 합일하여 낳은 아들인 까닭에 少男이라고 이름을 지어 불렀으며, 兌는 세 번째로 찾아가서 합일하여 낳은 딸인 까닭에 少女라고 이름을 지어 불렀다.

【해설解說】

이상은 제 10장이다.

본 장은 한 가정의 구성원을 사용하여 비유한 것으로 乾·坤 등 八卦는 '父·母와 그들이 낳은 三男·三女의 象을 함유하고 있다.'는 것을 보여주고 있다. 그 의미는 陽卦·陰卦의 爻序列 規律과 합일한다.

經文에서 사용되고 있는 것과 '완전히 같다.'고는 할 수 없다. 『尙氏學』

제 11 장

乾爲天, 爲圜, 爲君, 爲父, 爲玉, 爲金, 爲寒, 爲氷, 爲大赤, 爲良馬, 爲老馬, 爲瘠馬, 爲駁馬, 爲木果.

坤爲地, 爲母, 爲布, 爲釜, 爲吝嗇, 爲均, 爲子母牛, 爲大輿, 爲文, 爲衆, 爲柄, 其於地也爲黑.

震爲雷, 爲龍, 爲玄黃, 爲旉, 爲大塗, 爲長子, 爲決躁, 爲蒼筤竹, 爲萑葦, 其於馬也爲善鳴, 爲馵足, 爲作足, 爲的顙, 其於稼也爲反生, 其究爲健, 爲蕃鮮.

巽爲木, 爲風, 爲長女, 爲繩直, 爲工, 爲白, 爲長, 爲高, 爲進退, 爲不果, 爲臭, 其於人也爲寡髮, 爲廣顙, 爲多白眼, 爲近利市三倍, 其究爲躁卦.

坎爲水, 爲溝瀆, 爲隱伏, 爲矯輮, 爲弓輪, 其於人也爲加憂, 爲心病, 爲耳痛, 爲血卦, 爲赤, 其於馬也爲美脊, 爲亟心, 爲下首, 爲薄蹄, 爲曳, 其於輿也爲多眚, 爲通, 爲月, 爲盜, 其於木也爲堅多心.

離爲火, 爲日, 爲電, 爲中女, 爲甲冑, 爲戈兵, 其於人也爲大腹, 爲乾卦, 爲鱉, 爲蟹, 爲蠃, 爲蚌, 爲龜, 其於木也爲科上槁.

艮爲山, 爲徑路, 爲小石, 爲門闕, 爲果蓏, 爲閽寺, 爲指, 爲狗, 爲鼠, 爲

黔喙之屬, 其於木也爲堅多節.

兌爲澤, 爲少女, 爲巫, 爲口舌, 爲毀折, 爲附決, 其於地也爲剛鹵, 爲妾, 爲羊.

【주석註釋】

乾爲天 : 乾은 움직임을 게을리 하지 않으며 天 역시 돌아가면서 움직인다. 乾의 卦形은 '☰'으로 제작되었으니, 三陽이 함께 위로 올라가는 것이 天體가 陽氣를 축적시켜 이루어진 것과 같음으로써 '天'을 象으로 삼았다. 또한 陽性은 강건하고 天 역시 강건하게 운행하는 것을 게을리 하지 않으니 따라서 그 의미를 '강건하다(健)'고 했다.

爲圜 : '圜'은 '둥글게 굴러 간다.(圓圜)' · '둥글게 회전한다.(周轉)'는 의미를 함유하고 있다.

乾은 天이며, 天은 돌아가면서 움직이니 따라서 '둥글게 회전한다(圜)'고 했다. 『正義』

즉 둥글게 회전하는 것을 멈추지 않으니 시작도 없고 끝도 없는 것이 곧 '天行健'의 의미이다. 이는 '健'의 의미와 부합한다.

爲君, 爲父, 爲玉, 爲金, 爲寒, 爲氷, 爲大赤 : '大赤'은 태양(陽氣)이 '가장 성대할 때의 붉은 색상' · '가장 아름다운 붉은 색상'을 의미한다.

'君이 되고 父가 된다.'는 것은 그의 높고 존귀한 이치로 '만물이 시작된다.'는 바에서 취한 것이다. '玉이 되고 金이 된다.'는 것은 그가 '강건하고 깨끗하게 잘 다스린다.'는 바에서 취한 것이다. '추위(寒)가 되고 얼음(氷)이 된다.'는 것은 '西北방향은 춥고(寒) 얼음(氷)이 어는 땅이다.'는 바에서 취한 것이다. '大赤이 된다.'는 것은 '태양이 가장 성대할 때의 색상(가장 아름다운 붉은 색상)에서 취한 것이다.' 『正義』

金 · 玉은 그의 순수함을 본 뜬 것이며, 西北은 바람이 두루 미치지 않는 陰地의 차가

운 땅이니 따라서 寒·氷이라고 했다. 乾은 離로부터 떨어져 나왔으며 南方(離를 상징하는 방향)은 火를 상징하니 따라서 大赤이라고 했다. 『尙氏學』

즉 君·父는 백성들의 높은 존경을 받는 강건한 자이며, 玉·金은 金石 가운데 강건하고 견고한 자이며, 大赤은 부드러움(온화함)과 강건함이 아우러진 가장 아름다운 색상이니, 이 5가지 象은 모두 '健'의 의미를 함유하고 있다. 그러나 寒·氷 의미에 대한 것은 상세하게 고찰되지 않고 있다. 즉 氷은 '견고하고 또한 강건함으로써 寒·氷이 된다.'고 한 것에 대해서는 의심스러운 점이 있다. 그러나 사물이 강건한 여부를 실재로 체험하고 검사한 연후에 결정을 내렸을 가능성도 있으니 즉 『論語』에서 말한 '歲寒然後知松柏之後凋'가 바로 그러한 것이다.

爲良馬, 爲老馬, 爲瘠馬, 爲駁馬 : '瘠'은 '瘦瘠' 즉 '야위다'는 뜻으로 '골격(뼈대)이 현저하게 돌출해 있다.'는 의미이다. '駁馬'는 '건장하고 용맹한 말'로서 '호랑이와 표범까지 잡아먹을 수 있는 말'을 의미한다.

'良馬가 된다.'는 것은 그가 씩씩하고 강건하게 잘 달리는 바에서 취한 것이며, '老馬가 된다.'는 것은 그가 오래 동안 지구력 있게 강건하게 달리는 바에서 취한 것이며, '瘠馬(지나치게 강건하게 달리는 말은 야위어져 뼈가 많이 드러나게 된다.)가 된다.'는 것은 지나치게 강건하게 달리는 바에서 취한 것이며, '駁馬가 된다.'는 것은 톱니 같은 이빨이 있어 호랑이와 표범을 잡아먹을 수 있는 지극히 강건함(치고 박는 싸움에서 승리하는 노련미)을 가지고 있는 바에서 취한 것이다. 『正義』

乾은 '健함으로써 馬가 된다.'고 했다. 무릇 사물은 모두 처음에는 혈기가 왕성하고 용감함을 지니고 있다는 것으로부터 헤아려 나아간다면 즉 良馬로부터 老馬 그리고 瘠馬와 駁馬로 원숙해 나아가는 과정을 말한 것이다. 『尙氏學』

즉 이 4종류의 말은 전형적으로 강건한 자로서 모두 '健'의 의미와 부합한다.

爲木果 :

많은 별들이 하늘에 붙어있는 것이 마치 과일이 나무에 붙어 있는 것과 같으니 따라서 '木果'라고 했다. 『集解·宋衷』

나무에 달린 과일의 형상은 모두 둥글다. 『尙氏學』

乾을 근본으로 한 뒤에 4가지를 말하였으니, 즉 爲龍·爲首·爲衣·爲言이 그것이다. 首를 본뜬 것은 이미 본편 제 9장에서 언급했다. 龍은 굳세고 강한 동물이며, (震을 龍의 象으로 한 것은 그가 '움직이는' 의미에서 취한 것이다.) 衣가 상체를 장식하여 (乾은 위에 있음으로 上衣를 象으로 삼았다.) 그의 웅장하고 장대함을 드러나게 하니, 이 2가지의 象은 '健'의 의미와 합일한다. 言을 象으로 취한 의미는 여전히 상세하게 고찰되지 않고 있다. 『釋文·荀爽九家集解』

나무의 과일이 陽氣의 강건함을 내포하고 있는 것이 마치 마음에서 仁이 나오는 것과 같다. 즉 봄이 오면 다시 살아나서 번창하게 성장해 나아가는 것을 멈추지 않는 것이 마침 乾健의 의미와 부합한다.

坤爲地 : 坤의 괘형은 '☷'으로 제작되었다. 三陰이 함께 아래로 내려오는 것이 地體가 陰氣에 엉기어 이루어진 것과 같음으로 大地를 象으로 삼았으며, 또한 陰性은 柔順하고 大地 역시 넓고 부드러우며 화합을 잘하고 순응(순종)하는 존재이니 따라서 그 의미를 '順'이라고 했다.

爲母 :

坤은 이미 大地를 象으로 삼았다. 즉 大地는 태어나게 하고 성장시키는 중임을 부여받은 존재이니 따라서 이를 '母가 되게 했다.' 『正義』

즉 母性은 유순하고 자애롭고 온화하고 순응하니 이것이 '順'의 의미와 합일한다.

爲布 : '布'는 고대 '화폐의 명칭'이다.

고대에 '泉貨(금전·돈)'를 '布(돈·錢貨)'라고 했으며 여러 사물의 貴·賤에 의거하여 주고받았다. 『周易玩辭』

坤德은 만물에 두루 미치지 않는 곳이 없이 베풀며 극진한 양육을 실천하는 존재이기 때문에 '布(베풀다·벌여놓다·미치지 않는 곳이 없다.)'의 의미가 되었다. 『尙氏學』

'布(돈·널리 베풀다.·널리 펼쳐진다.)'는 '泉(돈·돈은 '샘'처럼 유통되는 사물)'이니, 무릇 돈이 간직되어 있는 곳을 '泉'이라고 하며 돈이 사용되고 있는 것을 '布'라고 한다. 물을 저장하고 있다가 흘러 내 보내는 샘(水泉)에서 명칭을 취한 것은 그것이 미치지 않는 곳이 없이 널리 퍼져 나아가기 때문이다. 『外府』

爲釜, 爲吝嗇, 爲均, 爲子母牛, 爲大輿 :

'爲釜'는 '한 몸이 나뉘어 새 것으로 태어난 후 완전히 발육하여 열매가 익는 것'에서 취한 바이다. '爲吝嗇'은 '大地가 사물을 싹틔워 성장은 시키나 옮겨가게는 하지 못하는 것'에서 취한 바이다. '爲均'은 '地道가 공평하게 베푸는 것'에서 취한 바이다. '爲子母牛'는 '많이 번식시켜 양육하면서 그에 순응하는 것'에서 취한 바이다. '爲大輿'는 '그가 사물을 차례로 싣는 것을 기뻐하는 것'에서 취한 바이다. 『正義』

만물은 大地에 의지하여 성장하고 열매를 익히는 까닭에 '釜(가마솥)'라고 했으며, 坤은 감추고 지장하고 단음으로써(閉) '吝嗇(인색하다)'이라고 했으며, 가리지 않고 성장시킴으로써 '均(공평하다)'이라고 했으며, '坤爲牛(坤은 어미 소에 비유했다.)' 즉 大地가 살아나게 하고 성장하게 하는 것을 쉬지 않고 하는 것이 지금의 송아지가 머지 않는 날에 아들을 낳은 어미 소가 되는 것과 같음으로써 '爲子母牛'라고 했다. 『尙氏學』

즉 '釜는 사물에 순응하여 받든다.'는 의미이며, '吝嗇은 사물을 태어나게 하고 성장은 시켜주나 옮겨가게는 하지 못하니 저절로 편안하고 순응적이 된다.'는 의미이며, '均은 사물의 정은 쉽게 이치에 순응한다.'는 의미이며, '牛는 온순한 가축으로 어미와 송아지가 서로 의지하면 더욱 유순해 진다.'는 의미이며, '大輿는 사물을 차례로 싣는 것을 기뻐한다.'는 의미이니, 이 5가지 象은 모두 '順'의 의미를 함유하고 있다.

爲文, 爲衆, 爲柄, 其於地也爲黑 :

'爲文'은 만물의 색상이 여러 가지로 '잡다하게 많다.'는 것에서 취한 바이며, '爲衆'은 大地가 사물을 실은 것이 '하나가 아니다.'는 것에서 취한 바이며, '爲柄'은 大地는 사물을 '성장시키는 근본이다.'는 것에서 취한 바이며, '其於地也爲黑'은 大地는 지극한 '陰의 색상이다.'는 것에서 취한 바이다. 『正義』

만물이 그에 의지하니 즉 만물의 근본이 되는 까닭에 '柄(근본)이다.'고 했다. 『尚氏學』

즉 '文은 명백한 이치(章理)가 순조롭게 통달하는 象이다.'는 의미이며, '衆은 사물이 하나를 높여 순응하면 즉 화목하고 서로 어기고 거스르면 흩어진다.'는 의미이며, '柄은 순응하는 사람을 파악하여 사용한다.'는 의미이니, 이 3가지 象은 '順'의 의미와 합일한다. '黑'象에서 의미를 취한 것은 상세하게 고찰 할 수는 없으나 '토양이 검은 것은 곧 비옥하다.'는 의미 즉 '사물이 순조롭게 잘 생장한다.'는 것에 비유해 볼 수 있다.

坤(巛)을 근본으로 한 후에 다시 8종류를 말하였으니, 즉 '爲牝'·'爲迷'·'爲方'·'爲囊'·'爲裳'·'爲黃'·'爲帛'·'爲漿'이 그 8종류이다. 『釋文·荀爽九家集解』

'坤文(大地의 문채)'을 '帛(비단)'이라고 생각했으며, '坤'을 '水'라고 생각한 까닭에 '漿(미음)'이라고 했다. … 그 의미를 깊이 살펴본다면, '牝(암소·암컷)은 성품이 온순하다.'는 의미이며, '迷(헤매는 자)는 한 주인을 계속 모시면서 그에게 당연히 순응해야 만이 갈림길에서 헤매는 상황으로부터 탈출할 수 있다.'는 의미이며, '方은 正으로 사물의 본성이 方正하다.'는 의미 즉 반드시 '당연히 순응하는 것이 올바른 이치라는 것을 알고 있다.'는 의미이며, '囊(자루·주머니)은 차례대로 사물을 받아들인다.'는 의미이며, '裳(치마·바지)은 아래에서 순응을 지켜 나아간다.'는 의미이며, '黃은 중간색상으로 성품이 온순하다.'는 의미이며, '帛은 그 무늬의 결이 도리에 순응하는 빛을 발한다.'는 의미이며, '漿(미음·음료)은 사람이 배가 고프고 목이 마른 것을 해소시켜 줌으로써 사람으로 하여금 편안하게 해 준다.'는 의미이니, 이 8가지의 象은 마침 모두 '順'의 의미와 합일한다. 『尚氏學』

震爲雷 : 陰·陽이 서로 접근하여 감응하면 우레가 되고 부딪히면 번개가 된다. 우레는 陰·陽이 접근하여 움직이는 현상이며 우레와 비는 만물을 성장시키는 존재들이다. 즉 陽의 기운이 펼치고자하여 부딪히는 것이 '우레'·'번개'이다.

震의 卦形은 '☳'으로 제작되었으니, 즉 二陰은 아래로 내려가고자 하며 一陽은 위로 올라오고자 함으로써 둘이 서로 부딪혀 격렬하게 요동치는 것이 우레가 발동하는 것과 같음으로써 '雷'를 象으로 제작하였다. 또한 一陽이 二陰 아래에서 억누름을 당함으로써 반드시 꿈틀거리며 움직이니, 무릇 우레는 역시 만물을 움직이게 하는 존재 그 의미를 빌려와서 '動'이라고 했다.

爲龍 : 龍은 '動'의 의미에서 취한 것이다.

爲玄黃 : '玄黃'은 '玄'·'黃'이 서로 섞여있는 색상 즉 '陰·陽이 서로 접촉한다.'는 의미이다. '玄黃'색상은 '天'·'地'가 서로 감응하여 움직이는 것으로부터 생겨나니 마침 '震·動'의 의미와 합일한다.

爲旉, 爲大塗, 爲長子, 爲決躁 : '旉'는 '꽃이 달려 늘어진 가지'·'꽃의 통칭'을 의미한다. '大塗'는 '大路'의 의미이다.

'爲旉'는 '봄의 기운이 이르면 초목이 모두 많은 가지를 토해내어 자라나게 하는 것'에서 취한 바이다. '爲塗'는 '만물이 자라나는 것'에서 취한 바이다. '爲長子'는 위 문장에서 '震'을 '장자'로 해석한 것과 같은 의미이다. '爲決躁'는 '그가 강건하게 움직이는 것'에서 취한 바이다. 『正義』

'旉'는 꽃을 의미하니, 즉 꽃이 피어나면 반드시 싱싱하게 하늘하늘 위를 향해 '움직인다.'는 의미이다. '大塗'는 車馬와 사람이 통행하고 걸어 다니며 '움직인다.'는 의미이다. '決躁'는 성품이 '움직이는 것을 좋아한다.'는 의미이다. '長子'는 본성이 '乾'·'父'와 가까우며 품성이 健하여 '움직인다'는 의미이다. 이 4가지 象은 '動'의 의미와 합일한다.

爲蒼筤浪竹, 爲萑葦 : '蒼筤'은 '어린 대나무 색상인 아름다운 靑色'을 가리킨다. '萑葦'는 2종류의 '갈대' 즉 '蒹(겸, 물억새)'·'葭(가, 갈대)'를 의미한다.

蒼筤은 푸른 색상(靑)을 의미한다. 震의 '陽爻가 아래에 있는 것은 뿌리가 튼튼하고 강건하게 자라고 있다.'는 의미이며, '陰爻가 가운데 있다.'는 것은 '밖이 푸르다.'는 의미이다. … 萑葦는 蒹葭를 의미한다. 뿌리와 줄기가 무더기로 더부룩하게 살아나서 널리 퍼져 나아가며 서로 연결되는 것이 마치 '우레가 움직이는 것과 같다.'는 의미이다. 『集解·九家易』

震은 周虛 즉 '둥글고 비어있다.'는 의미이다. 대나무와 갈대는 모두 마디를 가지고 있으니 그는 아래의 陽을 상징하며, 위의 二陰은 '둥글고 속이 비어있는 것'을 상징한다. 『尙氏學』

즉 '竹'·'萑葦'는 모두 마디를 가지고 있는데 그들이 성장할 때는 반드시 마디를 돋아나게 하면서 자라 나아간다. '蒼筤竹'은 '처음 돋아나는 어린 대나무'를 말하니 즉 봄이 되면 성장하는 속도가 매우 빠르다. 따라서 2개의 象이 모두 '動'의 의미와 부합한다.

其於馬也爲善鳴, 爲馵足, 爲作足, 爲的顙:

'馵足'은 말의 좌측 뒤발이 '흰 색상'이라는 의미이다. '作'은 '일어나다'는 의미이다. 『說文』

'作足'은 '두 발을 함께 들어 올린다.'는 의미이다. '的顙'은 '흰색 이마'를 가진 말을 의미한다.('的'은 '白'의 의미이다.) 『重訂費氏學·蔡淵』

이 네 구절에 대하여 『正義』에서는 다음과 같이 해석했다.

'其於馬也爲善鳴(그것을 말에 비유한다면 역시 소리를 잘 지른다.)'은 우레의 소리가 '멀리까지 들리는 것에서 象을 취했다.'는 의미이다. '爲馵足'은 뒤발이 흰색인 말을 '馵(주)'라고 하며 흰색은 말이 '움직이면 드러나니 그것에서 象으로 취했다.'는 의미이다. '爲作足'은 그가 '움직여서 나아가는 바가 강건한 것에서 象을 취했다.'는 의미이다. '爲的顙'은 흰 이마를 的顙이라고 하니 역시 흰 색상은 '움직이면 드러나니 그것에서 象을 취했다.'는 의미이다. 『正義』

이곳에서 4종류의 말을 예로 든 것은, '善鳴(잘 울다·소리를 잘 지른다.)'은 그가 움직이고자 하는 심정을 드러내는 것이며, '馵足'·'作足'·'的顙'은 그가 잘 움직이는 본성을 드러내는 것이니 따라서 모두 '動'의 의미와 합일하기 때문이다.

其於稼也爲反生: '稼'는 '벼농사'·'벼를 심는다.'는 의미이다. '反生'은 씨앗의 꼭대기에 붙어있는 단단한 껍질이 흙을 뚫고 생명체의 새싹을 틔워 내는 바를 가리킨 것이다.

陰이 위에 있고 陽이 아래에 있는 것이 反生이니, 이는 모시풀·콩의 종류가 '껍질을 머리위에 이고 싹을 틔워내는 象과 같다.'는 의미이다. 『集解·宋衷』

麻와 豆의 종류는 껍질을 머리위에 이고 돋아나니 즉 얇은 막으로 된 '껍질을 머리위에 이고 새 순을 틔운다.'는 의미이다. 『釋文』

즉 '껍질을 머리위에 이고 새순을 틔운다.'는 것은 그 '어린새싹이 남몰래 돋아나고 있다.'는 것이며 '일어나서 움직이는 것' 역시 흙을 뚫고 나오는 바이니 이는 모두 '動'의 의미와 합일한다.

其究爲健, 爲蕃鮮 : '究'는 '極(최상·지극)'의 의미이다. '蕃'은 '무성하다'는 의미로 즉 초목이 '무성하게 자라나서 성대해 졌다.'는 바를 가리킨 것이다. '鮮'은 '선명하다'는 의미이다.

究는 '지극하다'는 의미이다. '지극히 진동한다.'는 것은 곧 '강건하다.'는 의미이다. … 鮮은 '명백하다'는 의미로서 봄에 초목이 무성하게 자라고 선명하게 되는 바를 象으로 취한 것을 가리킨다. 『正義』

이 두 구절은 사물이 '움직여서(動) 강건함(健)'을 극대화시키는 상황을 설명한 것으로 즉 초목이 봄을 지나 여름에 이르기까지 씩씩하고 강건하며 왕성하게 성장하는 바를 예로 들어 설명한 것이다.

그것이 지극히 강건한(健) 이치 즉 震의 '動'은 乾의 '健'을 귀숙소로 삼으니 '動'·'健' 사이에는 자못 '연결고리를 가지고 있다.'는 의미이다. 따라서 위 문장에서 '長子' 象으로 추론한 것은 마침 그 성품이 '健'과 가깝기 때문이며 결국 '動의 의미를 가지고 있다.'는 것이다.

본래 '震' 뒤에 3가지, 즉 '爲玉'·'爲鵠'·'爲鼓'가 더 있었다. 『釋文·荀爽九家集解』

'玉'의 色이 白이거나 혹은 靑인 까닭에 玉에 비유했다. '鵠'은 고대에는 鶴과 통했으며, 목소리를 내는 까닭에 북(爲鼓)에 비유했다. 그들의 의미를 깊이 새겨 보면, '鼓'는 '動' 즉 움직임이 매우 분명하며, 鵠은 날개를 펼쳐서 높이 날아오르는 것이 마침 '動'의 의미와 합일한다. 玉은 그 의미를 어디에서 취했는지 상세하게 밝혀지지 않고 있다.

… 玉은 '王'字가 잘못된 것이라고 하는 자도 있다. 『尙氏學』

巽爲木, 爲風:

陽은 움직이고(動) 陰은 고요하여 움직이지 않으니(靜), 二陽은 위에서 움직이고 一陰은 아래에서 얌전하게 움직이지 않고 있는 것이 마치 나무와 같다. … 風은 土氣이며, 巽은 坤이 낳은 자이기 때문에 風이라고 했다. 또한 뿌리(本)는 고요하게 멈추어 있고(靜) 가지와 잎(末)은 움직이는(動) 것에서 취했다. 『集解·宋衷·陸績』

즉 巽卦의 卦形은 '☴'으로 제작되었으니, 二陽은 위로 올라가 있고 一陰은 아래로 내려와 있고 중간의 비어있는 곳(中空)으로 風氣가 돌아다니니 따라서 '風'을 象으로 삼았다. 또한 一陰이 二陽 아래에 처함으로써 내려갈수록 더욱 깊이 빠져 들어가며(入), 무릇 바람이 부는 것 역시 어느 곳으로든지 들어가지(入) 않는 곳이 없음으로써 그 의미를 '入'이라고 했다. 또한 앞 몇 장에서도 巽卦가 기본적으로 비유한 象이 '風'이라고 언급했다. 이곳에서는 먼저 '爲木'을 말하였으나 그 까닭에 대해서는 살펴보지 않았다. 그러나 巽이 木象을 취한 것은 六十四卦 가운데서 항상 나타나고 있음으로 宋衷이 '二陽이 위에서 움직인다.(二陽動上)'는 것을 木身에 비유했고 '一陰은 아래에서 고요히 움직이지 않고 있다.(一陰靜下)'는 것을 木根에 비유한 것은 자못 卦形과 합일하며 또한 흙에 박혀있는 木의 뿌리를 뽑아보면 그 뿌리가 깊이 박혀 들어가(入) 있는 것 또한 卦의 의미와 부합한다.

爲長女, 爲繩直, 爲工, 爲白, 爲長, 爲高: '繩直(먹줄처럼 곧다.)'은 '準繩(모범·표준·水準器와 먹줄)'과 같은 뜻으로 '붓으로 똑바로 긋는다.'는 의미이다.

'爲長女'는 위에서 '巽은 長女에 비유했다.'는 바를 해석한 것이다. '爲繩直'은 그가 지휘하고 명령하면서 사물을 다스리는 바에서 취한 것이니 '먹줄처럼 곧은 나무(直木·모범)와 같다.'는 의미이다. '爲工'은 먹줄처럼 곧은(繩直) 종류에서 취한 것이다. '爲白'은 바람이 불어서 먼지를 날려 버리는 것에서 취했음으로 '潔白하다.'는 의미이다. '爲長'은 바람은 불어서 '멀리까지 간다.'는 바에서 취한 것이다. '爲高'는 바람의 본성은 높고 멀리까지 불어서 미치는 것과 나무가 '위를 향해 성장해 나아간다.'는 바에서 취한 것이다. 『正義』

巽(木·風)은 부드러우니(柔) 따라서 '繩'에 비유했으며 巽은 風이니 따라서 '바르다(直)'고 했다. 『尙氏學』

'工'은 '아름다운 장식(말솜씨 등)'을 말하는 것으로, 사람이 법도를 지키고 있는 象이다. … '아름답게 장식한다.'는 것은 반드시 법도를 준수한 연후에 '아름답게 된다.'는 의미이다. 巽이 '순응한다.'는 것은 '법도에 순응한다.'는 것이며 법도에 순응하고 법도를 존중하여 지켜 나아감으로써 아름답게(工) 되는 바이다. 『說文』

즉 '장녀'는 '母性'과 가까운 성품을 지니고 있음으로 사물에 순응(순종)하여 들어갈 수 있다. '繩直'은 사물이 '바르면 곧 순응하여 들어갈 수 있으나 만약 굽어졌다면 들어가기 어렵다.'는 의미이다. '工'은 만약 風과 같이 '재주가 좋다면(아름답게 장식한다면), 반드시 순응하여 들어갈 수 있을 것이나 만약 거칠고 서투르다면 들어가기 어려울 것이다.'는 의미이다. '白'은 확 트여서 '막히는 것이 없다.'는 것으로 순조롭게 통과하여 '들어갈 수 있다.'는 의미이다. 사물이 '길고(長)·높으면(高)' 반드시 깊이 들어갈 수 있으나 '짧고(短)·작으면(矮)' 얕은 곳에서 일찍감치 갑자기 멈추어 버리니 '나무의 키가 크고 뿌리가 깊이 박혀있는 것이 곧 이와 같다.'는 의미이다. 위의 6가지 象은 모두 '入'의 의미와 부합한다. 이에 근거한다면 巽 '入'은 당연히 '順을 근본으로 한다.'는 것을 추론할 수 있다. 마침 앞 절에서 말한 '震動'은 반드시 '健을 귀숙 처로 삼는다.'는 것과는 상대적이다.

爲進退, 爲不果, 爲臭 : '不果'는 '용기 있는 과감한 결단력을 내리지 못한다.'는 의미이다. '臭'는 '냄새를 맡는다.'는 의미이다.

'爲進退'는 바람의 본성(風性)은 사물이 있는 곳까지 앞으로 나아가기도 하고 사물이 있는 곳으로부터 되돌아오기도 하니 따라서 進·退의 의미로 취했다. '爲不果'는 風性은 앞으로 나아가기도 하고 되돌아오기도 하니 과감한 결단력을 가진 자라고 할 수 없음으로 이 역시 進·退의 의미로 취했다. '爲臭'는 바람이 불 때 즉 아래 방향으로 부는 바람(下風)은 멀리서도 들릴 뿐만 아니라 냄새도 맡을 수 있는 바에서 취한 것이다. 『正義』

風은 앞으로 나아가기도 하고 뒤로 되돌아오기도 함으로써 '과감한 결단력이 없다.

(不果)'고 했다. 臭는 氣이며 風이 흩어지면 氣가 이르는 까닭에 臭(嗅)에 비유했다.
『尚氏學』

즉 '進退'·'不果'는 멀리로 돌아서(迂廻) 들어오기도 하고 조심하고 삼가면서 들어오기도 하나 '지나치게 느리거나 조급하면 반드시 들어가기가 어렵다.'는 바를 風性을 예로 들어 명확하게 비유했다고 할 수 있다. '냄새(臭)'는 비록 형체는 없을 지라도 오히려 들어가지 않는 곳이 없다. 따라서 이 3가지 象 역시 '入'의 의미와 부합한다.

其於人也爲寡髮, 爲廣顙, 爲多白眼, 爲近利市三倍 : '廣顙'은 '넓은 이마'를 의미한다. '白眼'은 '오만하게 남을 깔보는 눈동자의 모양'을 의미한다. '市三倍'는 '3배의 이익이 남게 가격을 매겼다.'는 의미이다. '三'은 '많다'는 의미이다.

'其於人也爲寡髮'에서 '寡'는 '적다'는 의미이다. 風이 나무의 꽃과 잎을 떨어뜨리자 나무 가지 사이가 성근 것이 마치 사람의 머리카락이 적은 것과 같은 종류이니 따라서 '爲寡髮(적은 숫자의 머리카락에 비유했다.)'이라고 했다. '爲廣顙'은 이마가 넓은 것이 '廣顙'인데 즉 머리카락이 적기 때문에 이마가 넓은 것이니 따라서 '爲廣顙'이라고 했다. '爲多白眼'은 조급한 사람의 눈알은 흰자위를 많이 들어냄으로써 취한 것이다. '爲近利'는 조급한 사람의 감정은 이익을 얻는 것에 뛰어난 바에서 취한 것이다. '市三倍'는 나무가 무성하고 왕성하게 자라나는 것이 '장터에서 장사하여 3배의 이익을 남기는 것과 같다.'는 바에서 취한 것이다. 『正義』

巽이 떨어뜨리니 따라서 '寡髮(적은 숫자의 머리카락)'이라고 했으며, 震은 '머리카락'이니 巽(☴)을 반대로 하면(反巽은 즉 震(☳)이다.) '寡髮'이 된다. 廣顙은 위 二陽의 象에서 취한 것이다. '多白眼'이란? 離(☲)는 目이니 中爻 陰은 '黑睛(검은 눈동자)'이 되고 상하의 陽은 目 가운데 있는 '白(흰색 눈자위)'을 말하는 것으로, 지금 二陽이 모두 위에 있고 검은 눈동자는 아래로 내려져 있음으로써 즉 '흰색 눈자위가 많이 노출되어 있는 것'을 의미한다. 利市三倍는 '流通' 혹은 '入'의 의미에서 취한 것이다. 『尚氏學』

가격을 올려 '3배의 이익을 내었다.'는 것은 기가 막히게 '주판을 놓는 재주가 있다.'는 것으로 '市(물가)의 사정에 따라 지출을 적게 하고 수입은 많게 한다.'는 것이다. 그 의미 역시 '入'이 중심이다. '寡髮'·'廣顙'·'多白眼'에 대해 『折中』에서는 '모두 깨끗하고 청렴한 의미에서 취했다. 오늘날 사람들은 넓은 이마(대머리)에서 빠졌다가 다시 살아나는 어린 모발이 듬성듬성 있으며 눈동자는 맑고 깨끗한 자, 이 모두를 깨끗한 자라고 한다.'고 했다.

其究爲躁卦 :

'究'는 '極(지극하다·끝나다)'의 의미이다. 風의 기세가 지극한 것을 '침착성이 없고 성급한 것'에서 취했다. 『正義』

즉 '조급함이 지극하다.'는 것에 대해 주자는 '巽(☴)이 반대가 되면 震(☳)이니 震은 결단코 조급한(動) 자이다.『朱子語類』'고 했다. 이 의미는 巽은 마땅히 '부드럽고 순응함으로써(順) 들어갈 수 있는(入) 존재가 된 것인데 만약 거칠게 난폭하고 침착성 없이 성급하게 굴면(躁) 들어가기가(入) 어렵다.'는 의미이다.

본래 '巽' 뒤에 2종류 즉 '爲楊·爲鸛'이 더 있었다. 그 의미를 깊이 새겨본다면, '楊'은 나뭇가지가 부드러워 순응하며 들어가는(順入) 의미와 합일한다. '鸛(황새 과에 속하는 새)'은 조류의 명칭이니 즉 巽을 鷄에 비유하여 鸛이라고 했다. 모두 禽鳥이다.
『釋文·荀爽九家集解』

이상은 巽卦를 상징하는 예를 넓게 들어서 巽卦의 의미인 '入'에 중점을 맞추어 해설해 본 것이다.

坎爲水 :

'水'는 '표준'·'법도'·'모범'의 의미이며 북방에서 운행되며 많은 물이 함께 흐르는 것과 중간에 陽氣가 숨어있는 것에서 象을 취했다.『說文』

坎은 陽이 속에 있음으로 속이 밝은 것이 마침 水와 같다.『集解·宋衷』

즉 坎卦의 卦形은 '☵'으로 제작되었으니, 一陽이 二陰 가운데 둘러 싸여있는 것이 水의 표면은 陰이고 속은 陽인 것과 같음으로 '水'를 象으로 삼았다. 또한 一陽이 二陰 가운데 빠져있음으로 水가 거처하는 그 땅은 반드시 우묵하게 들어간 곳이니 따라서 그 의미를 '陷'에 비유했다.

爲溝瀆, 爲隱伏 :

'爲溝瀆'은 '물의 흐름은 통과하지 않는 곳이 없다.'는 것에서 취한 것이다. '隱伏'은 '물은 대지 속에 숨어서 엎드려 있다.'는 것에서 취한 것이다. 『正義』

乾이 坤을 열어줌으로써 通水路('溝瀆' 즉 '도랑')에 비유했다. '爲隱伏'은 '陽이 陰 가운데 있는 것을 象으로 취했다.'는 의미이다. 『尙氏學』

즉 '도랑'은 모두 깊이 파져 있음으로 위태로운 상황이 많아 '隱伏(숨어서 엎드려 있다.)'이라고 했다. 陽이 陰 가운데 빠져있음으로 이 2개의 象은 함께 '위험한 상황에 빠져있다.(險陷)'는 의미를 함유하고 있다.

爲矯輮, 爲弓輪 : '矯'는 '撟'와 통하며 '굽은 것을 바로잡다.'·'굳세다'는 의미이다. '輮'는 '揉'와 통하며 '곧다'·'바로잡다'·'부드럽다'는 의미이다.

굽은 것을 바르게 고치는 것을 '矯'라고 하고 바른 것을 굽게 고치는 것을 '揉'라고 한다. 水의 흐름을 굽었다가 바르게 되었다가 하니 따라서 '矯揉(矯輮)'라고 했다. … 矯揉할 수 있음으로써 弓輪(활과 수레바퀴)에 비유했다. 『集解·宋衷』

'矯輮'·'弓輪'은 모두 형태를 '다르게 변화시킨다.'는 의미이다. 사물이 위태로운 상황에 빠지면 반드시 상태를 변화시켜야 한다. 이 2개의 象이 '險陷'의 의미를 함유하고 있다.

其於人也爲加憂, 爲心病, 爲耳痛, 爲血卦, 爲赤 :

'其於人也爲加憂'는 '위태롭고 험난하다.'는 바에서 취한 것이다. '爲心病' 즉 위태롭고 험난한 것을 근심하니 따라서 '心病'이라고 했다. '爲耳痛'은 坎을 '勞卦'라고 한 의미이며 또한 북방은 듣는 것을 주관하니 듣는 것이 고통스러우면 곧 '귀가 아프다.'는 의미이다. '爲血卦'는 사람의 몸속에서 피가 흐르고 있는 것은 '大地 속에서 물이 흐르고 있는 것과 같다.'는 의미이다. '爲赤'은 '피의 색상'에서 취한 것이다. 『正義』

'爲憂, 心病'은 모두 '陽이 陰 가운데 있다.'는 바에서 象을 취한 것이다. 乾은 大赤(가장 아름다운 붉은 색상)이며 坎은 乾의 中爻를 얻어서 형성되었음으로 역시 '爲赤'이라고 했다.(붉은 색상에 비유했다.) 『尙氏學』

즉 '加憂'·'爲心病'은 '위태롭고 험난한 상황에 빠져있다.'는 의미이다. '耳의 위 부분(首部)이 우묵하게 되었다.'는 것은 '위태롭고 근심스러운 상황을 만났다.'는 즉 '아프다(痛)'는 의미이다. '血'은 상처가 나서 피가 흘러나오는 것 즉 '흉하고 위태로운 상황이 심각하다.'는 의미이다. '赤'은 '피의 색상'을 의미한다. 이 5가지 象은 모두 사람이 갑자기 '위태로운 상황을 만났거나 함정에 걸려든 것'에서 象을 취한 것으로 '坎'이 '險陷'하게 되는 의미와 부합한다.

其於馬也爲美脊, 爲亟心, 爲下首, 爲薄蹄, 爲曳:

陽이 중앙에 있는 것을 '馬脊(말의 등골뼈·말의 척주)'에 비유했다. '亟'은 '급하다'는 의미이니 '亟心'은 곧 '焦心(초조한 마음·애타는 마음)'을 뜻한다. 下首는 '머리를 숙인다.'는 의미이다. 薄은 '迫(가깝다·몰다)'의 의미이며 '薄蹄'는 '발이 대지에 부착되어 미끄러져 넘어진다.(蹄踢)'는 의미이다. '曳'는 '水의 본성은 대지를 짚고 흘러 다닌다.(曳)'는 의미이다. 『集解·宋衷』

'其於馬也爲美脊'은 '陽이 가운데 있다.'는 바에서 취한 것이다. '爲亟心'은 '中間이 견강하고 움직인다.'는 바에서 취한 것이다. '爲下首'는 '水는 낮은 곳을 향해 흐른다.'는 바에서 취한 것이다. '爲薄蹄'는 '水는 대지를 짚고(대지에 붙어서) 흐른다.'는 바에서 취한 것이다. '爲曳'는 '水는 대지에 마찰하며(이끌려서) 흐른다.'는 바에서 취한 것이다. 『正義』

'爲美脊, 爲亟心.'은 모두 '陽이 陰 가운데 있다.'는 바에서 象을 취한 것이다. '爲憂'는 즉 근심이 있으면 머리를 내려뜨리니, '머리를 내려뜨린다.'는 것은 곧 '고개를 숙인다.'는 의미이다. 『尙氏學』

즉 '美脊'은 단지 '아름다운 척주'를 말하는 것일 뿐만 아니라 '척주 이하부분 모두가 위태로운 구덩이에 빠지게 되면 4개의 발이 움직이기가 어렵다.'는 숨은 뜻도 가지고 있다. '亟心'·'下首'·'薄蹄'는 모두 이미 위태롭고 험난한 가운데 빠져있으니 '마음은 반드시 초조하고 머리는 반드시 아래로 떨어 뜨려져 있으며 발은 반드시 땅에서 미끄러져 넘어져 있다.'는 바를 설명한 것이다. '曳'는 '있는 힘을 다해 끌어당겨 올려 위태로운 상황으로부터 구출해 내고자 한다.'는 바를 가리킨 것이다. 이 5가지 象은 모두 말이 처한 각기 다른 상황에 비유하여 취한 것으로 서로 연관되어 있을 뿐만 아니라 '險陷'의 의미에도 부합한다.

其於輿也爲多眚 : '眚'은 '災(火災·재앙)'의 뜻이다.

　　밖과 안이 陰으로 되어 있으니 힘이 약하여 무거운 짐을 실을 수가 없어 항상 재난을 만나는 것에 대해 근심하고 있는 것에서 취했다. 『正義』

　　즉 '輿(수레)'는 위태로운 곳에 빠지면 운행하기가 어려움으로써 '災眚(재난)'에 비유했다. 이 象이 '陷'의 의미와 부합한다.

爲通, 爲月, 爲盜 :

　　'爲通'은 水의 운행은 통로인 '구멍이 있기 때문이다.'는 바에서 취한 것이다. '爲月'은 月은 '水의 精氣(元氣·영혼)이다.'는 바에서 취한 것이다. '爲盜'는 水의 운행이 남모르게 은밀한 것이 '도적과 같다.'는 바에서 취한 것이다. 『正義』

　　'爲通'은 '陽이 陰 가운데 있다.'는 바에서 象을 취한 것이다. … 坎은 은밀히 엎드려 있음으로 '도적'에 비유했다. 『尙氏學』

　　즉 사물이 깊이 빠지면 (구멍을) 뚫어서 '通'하게 한다. 月은 항상 이지러지니 '이지러지다'는 것은 곧 '결함이 있다.'는 바이다. 盜賊은 은밀히 남모르는 사이에 위태로운 짓을 하여 '함정을 만든다.' 이 3가지 象 역시 '險陷'의 의미를 함유하고 있다.

其於木也爲堅多心 :

　　陽剛이 가운데 있음으로 '堅多心(지나치게 단단한 마음 : 가시)'이라고 했으며 이는 '멧대추나무와 같은 무리'라는 의미이다. 『集解·虞翻』

卷十：說卦傳_371

'爲堅多心'은 '陽이 陰 가운데 있다.'는 것에서 象을 취했다. 『尙氏學』

즉 '木堅多心'에서의 '心'은 '가늘다'·'섬세하다'는 뜻이다. 가늘고 섬세한 것은 '사물을 뚫지 못하는 것이 없다.'는 의미이다. 멧대추나무의 무리는 초기 성장 시에도 날카로운 가시를 먼저 돋아나게 하지 않는 곳이 없다. 날카로운 가시는 곧 '心'을 말한다. 이 관점으로 본다면, '堅多心'은 나무의 질은 단단하고 작은 가시가 많은 것이 '사물과 접촉하면 곧장 위태로운 상황을 만든다.'는 의미에서 취한 것이라고 할 수 있다.

본래 '坎' 뒤에 또 '爲宮'·'爲律'·'爲可'·'爲棟'·'爲叢棘'·'爲狐'·'爲蒺藜'·'爲桎梏'의 8종류가 있었다. 『釋門·荀爽九家集解』

坎은 집의 용마루(棟)에 비유되었음으로 '爲宮'·'爲棟'이라고 했다. 坎은 陽이 가운데 있음으로 강건하고 튼튼하고(健) 곧으니(直) 따라서 '爲棘'·'爲蒺藜'라고 했다. 坎은 陽이 陰 가운데 있음으로 이동할 수가 없는 것이 법률이 고정되어 있는 것과 같고 족쇄와 수갑이 발목과 손목에 채워져 있는 것과 같음으로 '爲法律'·'爲桎梏'이라고 했다. 『尙氏學』

그 의미를 깊이 새겨보면, '律(법률)'을 침범하면 반드시 위태롭고 '棟'이 이탈하면 집이 무너지고 '叢棘'·'蒺藜'는 많은 가시를 가지고 있으니 위태롭고 '狐(여우)'는 성질이 陰險하고 '桎梏'은 형벌을 가하는 도구이니 凶險함이 매우 심하다. 이 6가지의 象은 '險陷'의 의미와 부합한다. '爲宮'은 '爲輿'로부터 발전된 것, 즉 '輿'는 사람을 싣는 도구이며 '宮'은 사람이 거처하는 곳이다. '爲可'는 '爲通'으로부터 발전된 것 즉 通하면 저절로 '되지 않는 것이 없다.(爲可 즉 할 수 없는 것이 없다.)'는 의미이다. 이상은 坎卦가 상징하는 예를 광범위하게 밝혀 본 것으로 대체로 그 의미는 '陷'에 중심을 두었다. 『尙氏學』

離爲火 :

離卦는 陽이 밖에 있으니, 즉 '火가 밖에서 빛을 발산한다.'는 것에서 象을 취했다. 『集解·崔憬』

離卦의 卦形은 '☲'으로 제작되었으니, 즉 一陰이 안(中間·內)에 있고 二陽이 밖에서 훤하게 빛을 발산하고 있는 것이 火의 표면은 陽이고 속은 陰인 것과 같음으로 따라서 '火'를 象으로 삼았다.(火는 陰의 性質을 함유하고 있음으로 불이 타오를 때는 반드시 안에 있는 陰氣가 발동하고 있는 것을 볼 수 있다.) 또한 一陰이 二陽 가운데 붙어있는 것이 무릇 火는 반드시 연로에 붙어야 만이 타오를 수 있는 것과 같음으로 그 의미를 '麗(붙는다)'라고 했다.

爲日, 爲電 : '電'은 '섬광'·'번개'를 의미한다.

火가 '밝은 빛을 발산한다.'는 바에서 취한 것이다. 오랫동안 밝은 것이 마치 日과 같으며 순간적으로 밝히는 것은 雷(陰·陽의 電極이 放電되어 울리는 소리)와 같다. 『集解·鄭玄』

즉 日은 天에 붙어서 매달려 있고 電은 雷에 붙어서 발동하는 사물이다. 이 2가지의 象은 모두 '부착하다'는 의미를 함유하고 있다.

爲中女 :

陰柔가 '가운데(中) 있다.'는 의미이다. 『集解·荀爽』

즉 '中女'는 마치 '長女와 어린 여형제 사이에 붙어있는 자와 같다.'는 의미이다.

爲甲冑, 爲戈兵 :

'爲甲冑'는 그의 강건함(剛)은 밖에 있으며 강건함으로써 '스스로를 방어할 수 있다.'는 바에서 취한 것이다. 『正義』

즉 '甲冑(갑옷과 투구)'는 반드시 人體에 붙어야 하는 것이니 '부착하다'·'붙다'는 의미를 함유하고 있다. '戈兵(칼과 창·무기)'은 반드시 사람이 잡고 있는 것이니 사람에게 '부착되어(붙어) 있다.'는 의미를 역시 가지고 있다.

其於人也爲大腹, 爲乾卦 : '乾'은 '건조하다'는 의미이다.

'爲大腹'은 그것이 '陰氣를 품고 있다.'는 바에서 취한 것이다. '爲乾卦'는 그것이 日과 같이 '빛을 발산한다.'는 바에서 취한 것이다.『正義』

중간이 비어 있으니(虛·陰) 따라서 '큰 배(大腹)'라고 했다.『尙氏學』
중간이 비어있는 것을 큰 배에 비유했다. '큰 배는 임신한 여성의 배와 같다는 의미이다.『集解·虞翻』'고 했다. 즉 태아가 배속에 '붙어있다'는 것으로 '부착되다'는 의미에 합일한다. '乾'은 사물을 건조시키고자 한다면 반드시 火氣·熱氣에 가깝게 붙여야 하는 까닭에 그것에 비유하여 취한 것이다.

爲鱉, 爲蟹, 爲蠃, 爲蚌, 爲龜 : '蠃'는 '螺'와 통한다.

이 5가지는 모두 밖은 강건하고 안은 부드러운 것에서 취했다.『集解·虞翻』

자라·게·소라·조개·거북이, 이 5가지는 등의 피부가 석회질로 인해 단단하게 된 등딱지를 가진 수족동물로서 그 주체 자는 모두 단단한 껍질 속에 부착되어 있음으로써 '부착되다'·'붙다'는 의미와 합일한다.

其於木也爲科上槁 : '科'는 '木의 가운데(속)를 잘라서 없앴다(空)'·'베어 낸다.'는 것을 의미한다.

科는 '空(없다)'의 의미이다. 陰이 안(內)에 있음으로써 '없앤 것'(空)에 비유했다. 木에서 이미 '없앴다(空).'는 것은 위 부분이 반드시 '말라서 죽었다.'는 의미이다.『正義』

즉 수목은 위로 말라죽는 부분을 절단해 내면 반드시 아래 절단된 마르지 않는 부분에 의탁하여 살아가는 것이 '부착하다'는 의미와 합일한다.

본래는 離 다음에 '爲牝牛' 하나가 더 있었다. 이 象은 離는 坤의 中爻를 얻어서 만들어진 것이니, 坤은 牛에 비유되었으며 송아지는 다시 어미 소가됨으로써 離 역시 牝牛(어미 소)에 비유했다.『集解·荀爽』

즉 이상은 離卦의 卦象을 넓게 예로 들어 해설한 것으로 대체로 그 의미를 '麗(부착되다)'에 중점을 두었다. 그러나 '目'이 爲火·爲日·爲電·爲乾卦 등에 비유된 것은 사실상 모두 '明'의 의미를 가지고 있기 때문이다.

艮爲山 :

> 陰이 아래에 있어 '止(정지하다)'에 비유했으며 陽이 위에 있어 '高(높다)'라고 했으니 따라서 艮은 山을 象으로 삼았다. 『正義』

 즉 艮卦는 卦形을 '☶'으로 제작하였으니, 一陽이 二陰 위에 처하는 것이 마침 산꼭대기는 陽이고 그 아래에는 陰質을 깊이 축적하고 있는 것과 같음으로써 山을 象으로 삼았다. 또한 一陽이 높은 곳에 처하여 아래 二陰을 정지시키고 있는 것이 무릇 산이 모두 정지한 채 움직이지 않고 있는 바와 같음으로써 그 의미를 '止'라고 했다.

爲徑路, 爲小石, 爲門闕 : '徑路'는 '산길'을 의미한다.

> '爲徑路'는 '산골짜기의 좁은 오솔길'에서 취한 것이다. '爲小石'은 艮을 山에 비유하고 '陽卦가 적다.'는 바에서 취한 것이다. '爲門闕(대궐의 문)'은 '높다'는 바에서 취한 것이다. 『正義』

> 震은 '大塗(큰 길)'에 비유되었다. 이와 반대로 艮은 산골짜기의 '좁은 오솔길'에 비유되었다. 爲山은 '爲石' 즉 '돌이 많다.'는 바에 비유한 것이다. '門闕'은 象形 즉 형태를 본뜬 것이다. 『尙氏學』

 즉 '徑路'는 '협소하고 비탈지고 꼬불꼬불한 길'로서 통행에 불편하며 '小石'은 자갈이 많아 평평하지 못한 땅 즉 '자갈밭'을 의미하니, 이 모두는 車馬의 운행을 '저지하는(止) 곳'이다. '門闕'은 그 안을 보호하기 위해 外人을 들어오지 못하게 '저지하는(止)' 존재이다. 이 3가지 상은 모두 '止'의 의미를 가지고 있다.

> 『周易』에서는 '艮'은 '山에 비유되고 小石에 비유된다.'고 하였다. 石은 陰 가운데 陽이 있고 陽 가운데 陰이 있는 사물이다. 즉 '陰의 精氣가 陽氣를 돕기 때문에 山은 石을 함유하고 있다.'고 했다. 『春秋說題辭』

爲果蓏 : '蓏'는 '오이과 식물의 열매'를 의미한다.

木의 열매를 '果'라고 한다. 草의 열매를 '蓏'라고 한다. 복숭아나무와 자두나무의 종손과 지손은 모두 산골짜기에서 자란다. 『集解·宋衷』

乾이 木果로 비유된 것은 純陽이기 때문이다. 艮의 위에 一陽이 있는 것은 乾으로부터 나온 것이기 때문이며 이로서 '果(나무에서 여는 열매)'에 비유된 것이다. '蓏(草本 식물에서 여는 열매)'라고 한 것은 '陽爻는 나무에서 여는 열매와 같고 陰爻는 풀에서 여는 열매와 같다.'는 의미이다. 『纂疏』

즉 '果'·'蓏'의 의미는 나무와 풀에서 여는 열매가 산골짜기에서 자라는 것이 마침 그곳에서 '止(산골짜기 외의 외부로 퍼지지 않고 정지해 있다.)하고 있는 것과 같다.'는 의미이다.

爲閽寺 : '閽'은 '宮門'을 의미한다. '閽人'은 宮門을 지키는 자 즉 '문지기'를 의미한다.

'閽人'은 왕궁의 '中門을 들어오지 못하게 지키는 자'이다. '寺'는 寺人으로 고대 '궁중을 지키는 小臣으로 후대의 宦官과 같은 존재'이다. 『周禮·天官』

'寺人'은 '王의 집안사람들과 女官들에게 궁문출입을 관장하는 자'이다. 『周禮·天官』

'閽人'은 '宮門을 주관하여 지키는 자'이고 '寺人'은 '궁궐내부의 통로를 주관하여 지키는 자'이다. 艮을 止에 비유한 것은 이 직종이 모두 '금지(止)'하는 것을 관장하기 때문이다. 『集解·宋衷』

즉 '閽'·'寺'는 그 의미가 '止'에서 매우 밝게 드러남으로써 尙선생은 '門闕·閽寺 모두는 象形이다.『尙氏學』'고 했다. 즉 '艮'은 '門을 象으로 삼았다.'는 것과 합일하는 의미이다.

爲指, 爲狗, 爲鼠 :

'爲指'는 '사물을 잡고 있는 정지상태'에서 취한 것이다. '爲狗'·'爲鼠'는 모두 '人家에 머물고(止) 있는 동물'에서 취한 것이다. 『正義』

'指(손가락)'는 폈다 오므렸다 하면서 사물을 마음대로 부리는 것이 '手'와 같음으로써 '指'에 비유했다. 艮 즉 山에는 동굴이 있고 쥐는 구멍(동굴) 속에 살고 있음으로 '鼠(쥐)'에 비유했다. 『尙氏學』

즉 손가락은 사람을 못가게 막으며(止) 개는 문을 지키면서 외부사람을 안으로 들어오지 못하게 막으며(止) 쥐는 인가에서 머물면서(止) 살아가는 동물이다. 이 3가지 象은 모두 '止'의 의미를 가지고 있다.

爲黔喙之屬 : '黔'은 '검다'는 의미이다. '喙'는 조류의 부리 '嘴(취, 부리의 끝 뾰족하고 검고 딱딱한 부분)'를 의미한다. 즉 '黔喙(검훼)'는 '猛禽類'을 가리킨 것이다.

'喙(부리)'는 '입'을 의미한다. 부리를 사용해 먹이를 먹는다. 鳥類의 剛(陽氣)은 부리에 있고 艮의 剛(양기)은 위에 있음으로 '黔喙'라고 했다. 무릇 조류 가운데 猛禽은 부리가 검지 않는 자가 없다. 『易林』에서 '艮을 鷹(응, 매)·鸇(전, 송골매)·鵰(조, 수리)·隼(준, 송골매) 등에 비유한 것은 본래 이러하기 때문이다.'고 했다. 『周禮·天官』

즉 猛禽類(사나운 조류)가 높은 허공에서 날아 내려오면 대지 위에 있는 만물은 모두 두려워서 멈추어(止) 버리니 따라서 '黔喙'의 象 역시 '止'의 의미를 함유하고 있다.

'검은 색상의 입(黔喙)'은 肉食을 하는 짐승 즉 '표범이나 이리무리' 등을 말한다. '黔'은 '검다'는 의미이니, 즉 '검게 빛나는(陽玄 즉 陽炫 : 검게 빛나는 부분) 입이 앞쪽에 있다.'는 의미이다. 『集解·馬融』

其於木也爲堅多節 :

陽剛이 밖에 있음으로 '많은 마디를 가지고 있다.'고 했으니 '松柏(소나무와 측백나무 즉 常綠樹)'의 종류를 말한다. 『集解·虞翻』

山에서 성장하는 것 가운데 단단하고 굳센 것에서 취했음으로 '多節'이라고 했다. 『正義』

즉 '木堅多節'은 木端(나무본성)이 단단하여 '사람을 엄금시키고 사물을 정지시키는 도구로 만들 수 있다.'는 의미이다.

> 본래 艮 뒤에 3가지, 즉 爲鼻·爲虎·爲狐가 더 있었다. 『荀爽九家集解』

> '鼻'는 '얼굴 가운데의 山'이니 따라서 艮을 鼻에 비유했다. 乾을 虎에 비유한 것은 艮은 乾의 上爻를 얻어서 이루어진 것이기 때문이다. (범은 山에서의 제 일인자 즉 上爻이다.) 狐(여우)는 동굴에서 살고 있음으로 역시 狐에 비유했다. 『尙氏學』

즉 그 의미를 깊이 새겨 본다면, 鼻는 손가락에 의해 즉 사람들이 갑자기 쑤시는 것을 멈추게(止) 한다. 虎는 흉악한 동물이니 사람들을 접근하지 못하게(止) 한다. 狐는 아양과 아첨을 잘하는 동물이니 역시 사람들을 앞으로 전진하지 못하게(止) 미혹시킨다. 이 3가지 象은 모두 '止'의 의미를 함유하고 있다.

이상은 艮卦의 象을 넓게 예로 들어 대체로 '止'의 의미에 중점을 두고 서술한 것이다.

兌爲澤 :

> 陰이 위에서 아래로 하여금 촉촉이 젖게 해 줌으로써 澤에 비유하였다. 『集解·宋衷』

> 陰卦의 작음은 大地의 종류로 낮은 것에서 취했다. 『正義』

즉 兌卦의 卦形은 '☱'로 제작되었으니, 一陰이 二陽 위에 처하는 것이 연못의 수면은 陰에 비유되고 수면 아래 깊은 곳은 양의 성질로 축적된 것에 비유됨으로써 '澤'을 象으로 삼았다. 또한 一陰이 二陽의 이로움을 획득하여 기쁘게 위로 올라가니 무릇 연못은 수분의 은혜를 넓게 베풀어 모든 사물을 촉촉이 적셔주어 기쁘게 해 줌으로써 그 의미를 '說(기쁨)'에 비유했다.

爲少女, 爲巫, 爲口舌 : '巫'는 '巫師(신령을 모시는 여자 무당)', 즉 '언어(입과 혀를 사용하는 것이 언어이다.)를 사용하여 권세를 행사하는 자'를 의미한다.

> '爲少女'는 '兌爲少女'를 해석한 것이다. '爲巫'는 '말(언어)을 하는 관직'에서 취한 것이다. '爲口舌'은 五事(貌·言·視·聽·思) 가운데서 西方에 해당하는 '言'에서 취했으니 즉 '입과 혀'에서 취한 것이다. 『正義』

즉 '少女'는 천진하고 사악함이 없음으로 사람들을 기쁘게 해주는 존재이고 '巫'·'口舌'은 언어를 사용하여 사람들을 기쁘게 해 주는 존재들이다. 이 3가지 象은 모두 '悅'의 의미를 지니고 있다.

爲毀折, 爲附決 : '附'는 '從' 즉 '따르다'·'순종하다'·'의지하다'·'붙다'는 의미이다. '決'은 '단호하다'는 의미이다. '附決'은 '언어는 단호한 결단력을 표현하는 것 즉 사물의 시비를 분명하고 명확하게 결단 내림으로써 사람들을 순응하게 한다.'는 의미이다.

'兌'는 '西方'을 상징하는 卦이자 '秋'을 주관하는 卦이다. 즉 가을에는 곡초의 열매가 익고 가지가 말라서 부러지고 부서지는 시절이니 '나무의 열매와 풀의 열매들이 사람들에 의해 결단코 수확되어 진다.'는 바에서 취한 것이다. 『正義』

위에는 떨어짐으로(--) '毁折(부러지다)'이라고 했다. 陰이 아래의 陽에 순종함으로써 '附'라고 했으며 爻가 위에서 끊어졌음으로(--) '決(끊어지다·터지다)'이라고 했다. 『尙氏學』

가을에 열매가 익으면 가지는 말라버림으로 '부러지고 부서진다.(毀折)' 그러나 '과일은 기뻐한다.'는 의미이다. 익은 열매는 사람들의 단호한 판단력에 의해서 수확이 되니(附決) 즉 사물들 모두가 기뻐하니, 무릇 '사람들의 단호한 판단력에 순응하면 또한 반드시 사람들을 기쁘게 할 수 있다.'는 의미이다. 따라서 이 2가지 象은 '悅'의 의미를 가지고 있다.

其於地也爲剛鹵 : '鹵'는 '토질이 단단하게 굳어져서(척박한 땅·소금기를 머금고 있는 땅) 식물이 살지 못한다.'는 의미이다.

물이 있는 연못은 정지해(停) 있음으로 '소금기를 머금고 있다.'는 것에서 취했다. 『正義』

이 象의 의미는 단단하고 척박한 땅은 연못물의 은택을 조급하게 기다리다가 촉촉이 적셔지면 곧장 '기뻐한다(悅)'는 것이다.

'西方'은 '소금기를 함유한 땅'이라는 의미이다. 『說文』

'剛'은 '흙이 부드럽지 못한 곳'을 말하며 '鹵'는 磽地(돌이 많고 토질이 메말라 척박한 땅)로서 생물이 살 수가 없다. 『左傳』

爲妾, 爲羊 :

'爲妾'은 少女(셋째 딸)는 언니가 시집갈 때 따라 가서 잉첩(娣)이 되는 바에 비유한 것이다. '爲羊'은 '양의 성질이 온순하다.'고 해석하여 취한 것이다. 『正義』

'妾'은 '얼굴을 사용하여 남편을 기쁘게 해 주는 존재'이다. '羊'은 '순응을 사용하여 사람을 기쁘게 해 주는 존재'이다. 이 2가지 象은 '悅'의 의미를 함유하고 있다.

또한 '爲羊'을 鄭玄은 '爲陽'이라고 했다. 이는 (고대에는 羊과 陽이 통했기 때문이다.) 陽의 발음이 養과 같음으로써 가족이 없는 여성이 '밥 짓는 날품팔이를 한다.'는 의미 즉 '妾(시종)이 천한 일을 한다.'는 의미로 해석하기도 했다. '養'을 '고용되어 밥을 짓는 아낙네로 해석했다.'는 의미이다. 虞翻은 爲羊을 '爲羔'로 생각했으니 즉 새끼 양(羔)을 '심부름 하는 여자아이'로 해석한 것이다.

본래 兌 뒤에 '爲常'·'爲輔頰' 2가지가 더 있었다. 『釋文·荀爽舊家集解』

'輔頰'은 卦形에서 취한 것이다. 『九家』에서 이르되 '常은 西方의 神을 의미한다.'고 했다. 『尙氏學』

이 의미를 깊이 새겨보면, '常'을 지키는 자는 오랫동안 기뻐할 수 있으며 '輔頰(뺨)' 역시 언어를 사용하여 사람들을 기쁘게 하는 도구이다. 이는 모두 '悅'의 의미를 함유하고 있다. 이상은 兌卦의 象을 넓게 예로 들어본 것으로, 대체로 '說(悅)'의 의미에 중점을 두고 서술한 것이다.

【번역飜譯】

乾은 하늘을 본뜸으로써, 둥근 모양에 비유 되었고 군왕에 비유되었고 부친에 비유되었고 옥에 비유되었고 쇠에 비유되었고 추위에 비유되었고 얼음에 비유되었고 아름다운 붉은 색상에 비유되었고 훌륭한 말에 비유되었고 노련한 말에 비유되었고 잘 달리는 말에 비유되었고 싸움을 잘 하는 말에 비유되었고 나무의 열매에 비유되었다.

　坤은 대지를 본뜸으로써, 어머니에 비유되었고 화폐가 유포되는 것에 비유되었고 가마솥에 비유되었고 인색함에 비유되었고 공평함에 비유되었고 송아지가 어미 소로 되는 것에 비유되었고 큰 수레에 비유되었고 아름답고 명확한 이치에 비유되었고 많은 것에 비유되었고 도구의 자루(손잡이)에 비유되었고 흙에 대해 말해 본다면, 검은 색 토양에 비유되었다.

　震은 우레를 본뜸으로써, 龍에 비유되었고 玄(靑)·黃색상이 섞여있는 것에 비유되었고 꽃이 핀 가지에 비유되었고 넓고 큰 길에 비유되었고 장남에 비유되었고 강건한 결단력으로 빠르게 움직이는 것에 비유되었고 푸르고 어린 대나무에 비유되었고 갈대에 비유되었고 말에 대해서 말해 본다면, 소리를 멋대로 길게 부르짖는 말의 모습에 비유되었고 왼쪽 뒤발에 긴 흰색 털이 있는 말의 모습에 비유되었고 앞 두발을 들어 올리는 말의 모습에 비유되었고 이마에 얼룩진 흰점이 있는 말의 모습에 비유되었으며 벼농사에 대해 말해 본다면, 씨앗의 꼭지에 붙어있는 껍질이 터져서 새싹이 돋아나오는 모양에 비유되었으니, 이 卦가 발전하여 극에 이르면 즉 강건하게 변화하는 모습이자 초목이 번창하게 성장하여 선명하게 되는 모습이 된다.

　巽은 나무를 본뜸으로써, 바람에 비유되었고 장녀에 비유되었고 붓으로 곧게 그은 水準器와 먹줄 즉 표준에 비유되었고 교묘한 솜씨에 비유되었고 흰색에 비유되었고 긴 것에 비유되었고 높은 곳에 비유되었고 진퇴를 선택하는 것에 비유되었고 의심하여 망설이면서 결단을 내리는 못하는 것에 비유되었고 냄새를 맡는 것에 비유되었고 사람에 대해서 말해 본다면, 머리카락이 적은 모양에 비유되었고 이마가 넓은 모양에 비유되었고 눈의 흰자위를 사용하여 사람을 보는 모양 즉 깔보는 모양에 비유되었고 이익 되는 것에 가까이 접근하여 물건을 사면 반드시 3배의 이익을 남기는 자에게 비유되었으니, 이卦가 발전하여 극에 이르면 조급하게 서두르는 卦로 변한다.

　坎은 水를 본뜸으로써, 구덩이를 뚫고 막힌 곳을 뚫어 소통시키는 도랑에 비유되었고 숨어서 엎드려 있는 것에 비유되었고 바르게 되었다가 구부러졌다가 하는 것에 비유되었고 활에 화살을 메어 당기고 수레바퀴가 돌아가는 것에 비유되었고 근심에 깊이가 더 해지는 것에 비유되었고 마음속에 우환을 지니고 있는 것에 비유되었고 귀속 질병으로 통증을 앓고 있는 것에 비유되었고 선명한 피를 상징하는 卦에 비유되었고 붉은 색상에 비유되었고 말에 대해 말해 본다면, 척주가 아름다운 말의 모습에 비유되었고 마음이 초조하고 성질이 급한 말의 모습에 비유되었고 고개를 숙인 말의 모습에 비유되었고 발이 빈번하게 땅에서 미끄러져 넘어지는 말의 모습에 비유되었고 힘들게 끌어당기는 말의 모습에 비유되었고 수레에 대해서 말해 본다면, 多災·多難한 수레에 비유되었고 통행하는 것에 비유되었고 달에 비유되었고 도적에 비유되었으며 나무에 대해서 말해본다면, 단단하고 견고할 뿐만 아니라 예리한 가시가 많이 돋아나 있는 모습에 비유되었다.

　離는 火를 본뜸으로써, 태양에 비유되었고 번개에 비유되었고 둘째 딸에 비유되었고 신체를 보호하는 갑옷과 투구에 비유되었고 槍과 矛(가지가 없는 창) 같은 兵器에 비유되었으며 사람에 대해 말해 본다면, 부녀자가 임신하여 배가 커진 즉 큰 배에 비유되었고 건조한 卦에 비유되었고 자라에 비유되었고 게에 비유되었고 조개에 비유되었고 거북이에 비유되었으며 나무에 대해 말해 본다면, 줄기 가운데 위부분이 말라죽어서 비어낸 모양에 비유되었다.

　艮은 山을 본뜸으로써, 비탈지고 좁은 꼬불꼬불한 오솔길에 비유되었고 작은 돌이 많은 자갈밭에 비유되었고 높은 대궐 문에 비유되었고 나무 열매와 풀 열매에 비유되었고 宮門을 주관하여 지키는 자와 궁궐내부의 통로를 주관하여 지키는 자에 비유되었고 손가락에 비유되었고 개에 비유되었고 쥐에 비유되었고 단단하고 검은 부리를 지닌 맹금류에 비유되었으며 나무에 대해 말해 본다면, 단단하고 굳센 마디가 많이 살아나는 모양에 비유되었다.

　兌는 澤을 본뜸으로써, 셋째 딸에 비유되었고 신령을 모시는 여성무당에 비유되었고 말솜씨에 비유되었고 부서지고 부러지는 것에 비유되었고 결단력에 순응하는 것에 비유되었으며 大地에 대해 말해 본다면, 토양이 메마르고 단단하여 식물이 살아가지 못하는 모양에 비유되었고 잉첩에 비유되었고 양에 비유되었다.

【해설解說】

이상은 제 11장이다.

본 장은 八卦가 象을 선택한 예를 광범위한 곳으로부터 끌어당겨 선택한 것으로 「說卦傳」의 주체가 되었다.

문장 가운데 八卦 先·後의 배열은 앞장 乾坤·六子 서열을 계승하였다. 『釋文』에 '본래는 三男이 앞에 있었고 三女는 뒤에 있었다.'고 했다.

「說卦傳」에서 본보기로(비유하여) 예로 든 것이 모두 143개이다. 이렇게 많은 예 가운데 가장 기본적인 象例(본보기 예·비유한 예)는 '乾爲天'·'坤爲地'·'震爲雷'·'巽爲風(巽爲木)'·'坎爲水'·'離爲火'·'艮爲山'·'兌爲澤'이다. 이는 六十四卦 각 卦가 반드시 사용하는 象으로서 八卦의 기본 象(本象)으로 간주해야 한다. '本象'으로 말미암아 확대 전개된 卦象은 비록 지극히 번잡하다고는 할지라도 대체적으로 모두 '乾健'·'坤順'·'震動'·'巽入'·'坎陷'·'離麗'·'艮止'·'兌說'의 의미를 취하고 있다. 이 8종류는 기본적으로 不變을 상징하는 것을 내용으로 한다.

「說卦傳」의 象例를 가지고 해석하지 않는다면 결국 근거에 의해서 설정된 卦象의 의미가 적지 않게 묻혀 지거나 명확하게 밝혀지지 못할 것이다.

> 그 사이에 많은 것을 깨달을 수 없었던 것은 經文에서만 구하고자 했기 때문에 완전하게 부합하는 의미를 모색하지 못했던 것이다. 『本義』

> 「說卦傳」은 고대로부터 전해오던 象이니, 『周易』이 출현한 시점에 이르러 더욱 발전했고 더욱 정묘해졌음으로 經文에서 象으로 사용하기는 하였으나 「說卦傳」과 완전히 같지는 않다. 『尙氏學』

【說卦傳】 요점·관점

「說卦傳」은 11장으로 구성되었다. 먼저 『周易』을 창작한 자는 '蓍'를 사용하여 卦로 발전시켜 나아간 역사를 소급해 올라가 본 후 다시 八卦 2종류의 方位에 대해 언급했으며 그러한 연후에 집중적으로 八卦가 선택한 象의 특징에 대해 설명하면서 8종류의 기본물상과 그들의 상징적 의미에 대해 강조하였다. 뿐만 아니라 많고도 많은 象例를 널리 끌어들여 놓음으로써 오늘날 『易』象을 탐색하고 토론하고 발전시키는데 중요한 자료를 제공해 주고 있다.

「說卦傳」의 내용에 대해 오늘날까지 지속적으로 연구되어 나아온 이유는 다음 2

가지 방면으로 생각할 수 있다.

① '先天'·'後天' 八卦방위의 본래면목과 그들이 역사상에서 각 방면에 끼친 영향력이다.
② 早期『易』象이 설립된 배경이니, 즉 미루어 넓혀 나아가는 규율과 그것이『易』을 해석하고『易』을 사용하는데 있어서 중요한 공적을 쌓았다.

이 2가지 방면은 모두『周易』'以象爲本(象을 근본으로 삼았다.)'의 특색에 대해 과학적으로 분석하는데 기초를 제공하였을 뿐만 아니라『周易』의 特異한 상징철학 체계를 제시하는데 유익한 역할을 하였다.

序卦傳

有天地然後萬物生焉. 盈天地之間者唯萬物, 故受之以≪屯≫; 屯者盈也, 屯者物之始生也. 物生必蒙, 故受之以≪蒙≫; 蒙者蒙也, 物之穉也. 物穉不可不養也, 故受之以≪需≫; 需者飮食之道也, 飮食必有訟, 故受之以≪訟≫. 訟必有衆起, 故受之以≪師≫; 師者衆也. 衆必有所比, 故受之以≪比≫; 比者比也. 比必有所畜, 故受之以≪小畜≫. 物畜然後有禮, 故受之以≪履≫. 履而泰, 然後安, 故受之以≪泰≫; 泰者通也. 物不可以終通, 故受之以≪否≫. 物不可以終否, 故受之以≪同人≫. 與人同者, 物必歸焉, 故受之以≪大有≫. 有大者不可以盈, 故受之以≪謙≫. 有大而能謙必豫, 故受之以≪豫≫. 豫必有隨, 故受之以≪隨≫. 以喜隨人者必有事, 故受之以≪蠱≫; 蠱者事也. 有事而後可大, 故受之以≪臨≫; 臨者大也. 物大然後可觀, 故受之以≪觀≫. 可觀而後有所合, 故受之以≪噬嗑≫; 嗑者合也. 物不可以苟合而已, 故受之以≪賁≫; 賁者飾也. 致飾然後亨則盡矣. 故受之以≪剝≫; 剝者剝也. 物不可以終盡, 剝窮上反下, 故受之以≪復≫. 復則不妄矣, 故受之以≪无妄≫. 有无妄然後可畜, 故受之以≪大畜≫. 物畜然後可養, 故

受之以≪頤≫; 頤者養也. 不養則不可動, 故受之以≪大過≫. 物不可以終過, 故受之以≪坎≫; 坎者陷也. 陷必有所麗, 故受之以≪離≫; 離者麗也.

有天地然後有萬物, 有萬物然後有男女, 有男女然後有夫婦, 有夫婦然後有父子, 有父子然後有君臣, 有君臣然後有上下, 有上下然後禮義有所錯. 夫婦之道不可以不久也, 故受之以≪恒≫; 恒者久也. 物不可以久居其所, 故受之以≪遯≫; 遯者退也. 物不可以終遯, 故受之以≪大壯≫. 物不可以終壯, 故受之以≪晉≫; 晉者進也. 進必有所傷, 故受之以≪明夷≫; 夷者傷也. 傷於外者必反其家, 故受之以≪家人≫. 家道窮必乖, 故受之以≪睽≫; 睽者乖也. 乖必有難, 故受之以≪蹇≫; 蹇者難也. 物不可以終難, 故受之以≪解≫; 解者, 緩也. 緩必有所失, 故受之以≪損≫. 損而不已必益, 故受之以≪益≫. 益而不已必決, 故受之以≪夬≫; 夬者決也. 決必有所遇, 故受之以≪姤≫; 姤者遇也. 物相遇而後聚, 故受之以≪萃≫; 萃者聚也. 聚而上者謂之升, 故受之以≪升≫; 升而不已必困, 故受之以≪困≫. 困乎上者必反下, 故受之以≪井≫. 井道不可不革, 故受之以≪革≫. 革物者莫若鼎, 故受之以≪鼎≫. 主器者莫若長子, 故受之以≪震≫; 震者動也. 物不可以終動, 止之, 故受之以≪艮≫; 艮者止也. 物不可以終止, 故受之以≪漸≫; 漸者進也. 進

必有所歸, 故受之以《歸妹》. 得其所歸者必大, 故受之以《豊》; 豊者大
也. 窮大者必失其居, 故受之以《旅》. 旅而无所容, 故受之以《巽》; 巽者
入也. 入而後說之, 故受之以《兌》; 兌者說也. 說而後散之, 故受之以《渙》;
渙者離也. 物不可以終離, 故受之以《節》. 節而信之, 故受之以《中孚》.
有其信者必行之, 故受之以《小過》. 有過物者必濟, 故受之以《旣濟》. 物
不可窮也, 故受之以《未濟》終焉.

【주석註釋】

盈天地之間者唯萬物, 故受之以《屯》; 屯者盈也, 屯者物之始生也 : '受'는 '승계하다'는 의미이다.

이 몇 구절은 『周易』六十四卦는 《乾》·《坤》이 선두에 처함으로써 즉 '天·地는 만물을 낳고 성장시키는 것을 상징한다.'는 바를 설명한 것이다. 이를 계승한 《屯》은 사물의 '初生(첫 싹이 돋아난다.)' 시점상황을 상징한 것이다. '盈'은 天·地가 교배를 시작하니 '장차 만물이 태어날 것이다.' 즉 '陰·陽이 화합하여 만물을 생성하는 왕성한 기운(絪縕)이 天·地 사이에 가득 채워져 있다.'는 의미이다.

「序卦傳」은 '六十四卦의 차례는 서로 승계하는 의미를 가지고 있다.'는 바를 서술한 것으로, 卦名에 의거하여 말할 때도 있고 혹은 단지 某 卦名의 의미 한 방면만을 취하여 말할 때도 있다. 이로 인하여 卦名의 완전한 의미는 당연히 原卦를 사용하여 해석하는 것을 표준으로 삼아야 한다.

'屯'은 '盈' 즉 '충만하다'·'가득 차다.'라고 새기지(해석하지) 않는다. 《屯》의 시점에 당면하면 剛·柔가 비로소 교배를 시작하니 天·地 사이에는 만물을 생성하는 싱그러운 기운이 가득 차며 우레가 진동하고 비가 흠씬 내림으로써 그 기운은 더욱 왕성해짐을 드러내니 이를 '盈'이라고 한다. 따라서 '盈'이라는 것은 氣(왕성한 기운)를 가리키는 것이다. '物之始生(사물의 싹이 비로소 돋아 올라오기 시작한다.)'은 '시점' 즉 '時'을 말하는 것이다. '難' 즉 '고생스럽다'는 것은 그러한 '사건·'일(事)'를 말하는 것이다. 『周易玩辭』

飮食必有訟 : 이 구절은 인류는 일단 생활재료의 분배문제가 발생하면 수시로 '쟁송(다툼)을 일으키는 존재'라는 의미이다.

'살아간다'는 것은 곧 '자본(재물·의지하는 곳)'이 있다.'는 것이며 자본이 있으면 곧 다툼이 일어난다. 『韓注』

衆必有所比 :

많은 사람이 있으나 '친밀하지 못하다.'는 것은 곧 '다툼이 중단되지 않고 있다.'는 의미이니, 반드시 시로 친밀해진 연후에야 비로소 평안을 얻게 되는 바이다. 『韓注』

物不可以終否, 故受之以《同人》 :

'否'는 '생각이 통한다.'는 것 즉 '사람 사람마다 모두 같은 뜻을 가지고 있다.(同志)'는 것을 의미한다. 따라서 '출입하는 同人들은 계략을 꾸미지 않고 합심한다.'고 했다. 『韓注』

以喜隨人者必有事 : '喜'는 '喜悅(기쁘고 즐겁다.)'·'樂意(긍정적이다)'의 의미이다.
이 구절은 사람을 '따라가는(수행하는) 것을 좋아하는 자'는 반드시 '의도를 가지고 있다.'는 바를 가리키는 것으로 아래의 '蠱者, 事也.('부패'는 '사건사고가 발생했다.'는 의미이다.)'의 출발점이 된다.

신하가 군왕을 섬기고 아들이 부친을 섬기고 아내가 남편을 섬기고 제자가 스승을 섬기는 것, 그 섬기는 것이 즐겁지 않으면 지속적으로 따를 수 있겠는가? 『漢上易傳』

臨者大也 :

'臨'은 '大'로 새기지는 않는다. '臨'은 '위 사람이 아래 사람에게 가까이 접근해서 보살펴 주고 큰 것이 작은 것을 어루만져 준다.'는 의미이다. 무릇 '臨'이라고 한 것은 모두 大者(훌륭한 자)가 하는 일이니 따라서 '大'를 사용하여 이를 해석했을 뿐이다. 『周易玩辭』

可觀而後有所合, 故受之以≪噬嗑≫ ; 噬嗑合也 : '噬嗑'은 '齧合(치아를 합일 시킨다.·음식물을 씹는다.·이를 갈다.)'의 의미이다. 이곳에서는 '嗑(윗니와 아랫니가 맞닿는다. 즉 음식물을 씹는다.)'의 의미이다.

사람들의 우러러 바라봄을 한 몸에 받으면 곧 다른 방향에서 모여들어 화합하게 된다. 『韓注』

'噬嗑'은 '嗑'에서 卦名의 의미를 취했으며 아래 '明夷'가 '夷'에서 卦名의 의미를 취한 것과 같은 종류이다.

物不可以苟合而已, 故受之以≪賁≫ : 이 두 구절은 장식의 중요성 즉 고대인들의 '尙文(장식을 숭상한다.)' 사상을 반영한 것이다.

사물이 서로 만나면 반드시 장식으로 외형을 가다듬는다. 『韓注』

君臣·父子·夫婦·朋友 사이를 '合(하나)'이라고 한다. 直情(성정을 정직하게 표현한다. 즉 곧은 성정)으로 행동하는 것을 '苟(진실)'라고 하고 飾情(성정을 분위기에 맞추어 꾸며서 표현한다.)으로 행동하는 것을 '賁(장식)'라고 한다. 『東坡易傳』

致飾然後亨則盡矣 : 이 구절은 ≪賁≫上六爻辭 '白賁, 无咎.'의 의미로서 고대인들이 중요시했던 '尙文(장식을 숭상한다.)'과 '重質(바탕을 중시한다. 즉 타고난 성질을 중요시 한다.)'의 변증관념을 구체적으로 실현한 것이다.

장식을 지나치게 하면 진실이 사라진다. 『韓注』

장식은 문채를 귀하게 여긴다. 문채가 지나치면 본질을 감소시킴으로써 소통이 되지 않는다. 따라서 '장식에 지나치게 힘을 쏟으면 형통하는 길이 막힌다.'고 했다. 『折中·張栻』

復則不妄矣, 故受之以《无妄》 : 이는 사악함을 제거하고 바른 도로 회복하는 바를 밝힌 것이다.

善하지 않는 움직임을 '妄(거짓)'이라고 한다. 거짓으로 돌아오면 편안할 수 없다. '거짓이 없다.'는 것은 '진실하다'는 의미이다. 따라서 《无妄》을 《復》다음에 있게 했다. 『通書』

有无妄然後可畜 : '可畜'은 '아름다운 미덕을 모은다.(쌓는다.)'는 의미를 함유하고 있다.

无妄(거짓이 없다.) 연후에 '모을 수 있다.'는 것은 모으는 자에게 '덕이 있다.'는 의미이다. 『折中·閻彦升』

不養則不可動, 故受之以《大過》 : '養'은 '충분한 양육'을 가리킨다.
이 두 구절은 먼저 충분히 여유있게 양육된 것을 기초로 삼은 연후에 움직여서 大事에 호응하면 반드시 매우 훌륭한 즉 보통사람을 넘어서는 '비범함을 가지게 된다.'는 의미이다.

양육을 하지 않으면 움직일 수가 없으니, 양육은 지나치게 즉 厚하게(크고 많이 정성스럽게) 해야 한다. 『韓注』

현인을 양육하는 자는 마땅히 후함을 지나치게 해야 한다. 『正義·鄭玄』

양육을 하지 않으면 그 몸을 세우지 못하고 거동을 하여 대사에 호응하지 못하니 오로지 양육을 충분히 한 연후에 움직인다면 움직임은 반드시 성대하게 훌륭해져 즉 보통사람을 능가하는 효력을 발휘하게 될 것이다. 『韓注』

夫婦之道不可以不久也, 故受之以《恒》 : 이는 《咸》·《恒》 2개의 卦를 합하여

말한 것이다. ≪咸≫은 '交感(서로 접촉하여 감응한다.)'을 밝힌 것 즉 '부부의 도'를 말한 것이다. ≪恒≫은 '오래 간다.'는 의미 즉 이 도는 '영원해야 하며 바뀌거나 변해서는 절대로 안 된다.'는 의미이다.

夫婦는 '당연히 몸이 다 할 때까지 함께 해야 한다.'는 의미를 가지고 있다. 부부의 이치는 '≪咸≫·≪恒≫'을 말할 뿐이다. 『集解·鄭玄』

이 단락은 下經의 卦 순서를 말한 것으로 앞 단락에서 말한 上經의 卦 순서와는 확연히 구분되고 있다.

선현들의 말을 빌려보자면, '上經은 天道를 밝힌 것이고 下經은 人事를 밝힌 것이라고 논했으나 이는 『易』의 이치와 부합하지 않는다.'고 생각한다. 上經과 下經은 모두 '錯綜天人, 以效變化.(자연과 인간을 좌우·상하로 변통하게 하여 변화를 본받게 했다.)'로서 어느 곳에도 치우치지 않는다. 『韓注』

家道窮必乖 : 이는 家道는 '절제를 상실하면 지극히 빗나가 버린다.'는 바를 말한 것이다.

가족은 지극히 친밀하여 절제를 상실한 것에서 잘못이 발생한다. 『韓注』

아내와 자녀들이 '희희'거리는 것은 '지나치게 절제를 상실했다.'는 의미이다. 절제를 상실하면 힘들게 되고 힘들게 되면 곧 무너져(빗나가) 버린다. 『集解·崔憬』

'희희'거리는 것은 '절제를 상실했다.'는 의미이니 반드시 법도를 넘어서서 방자하게 굴고 엄숙함을 동요시키면 家道가 어려워지게 될 것이다. '어려워지게 된다.'는 것은 곧 가족들 상호간에 빗나가서 '흩어지게 된다.'는 의미이다. 『纂疏』

益而不已必決, 故受之以≪夬≫ : '決'은 '潰決(둑 같은 것이 터져서 무너진다.)'과 '決除(결단코 과감하게 제거한다.)'의 의미를 동시에 함유하고 있다. '夬'는 '과감하게 끊어서 깨끗하게 제거한다.'는 의미이다.

이 두 구절은 '불어나는(增益) 것이 끊어지지 않으면 곧장 차고(盈) 넘치다가 붕괴

됨으로써 과감하게 다스려야 할 것이다.' 즉 '益이 損으로 전환된다.'는 의미이다.

　　　불리는 것을 끊어지게 하지 않으면 꽉 차서 반드시 터져버린다.『韓注』

　　　불리는 것을 그치지 않으면 쌓이다가 가득 채워지다가 결국에는 반드시 터지고(붕괴되고) 만다. ≪益≫뒤에 ≪夬≫를 둔 것은 '높은 언덕이 계곡이 된다.'는 의미이다.
『周易集說』

決必有所遇 : 이는 '사악함을 결단코 제거한다면 기쁨을 만나게 된다.'는 의미이다. 아래 ≪姤≫卦名의 의미가 이곳에서 출발했다.

　　　正을 사용하여 사악함을 결단코 제거하면 반드시 기쁨을 만나게 될 것이다.『韓注』

聚而上者謂之升 :

　　　천하의 사물들은 그들을 흩어버리면 적게 된다. 합하여 그들을 모으면 즉 적은 것을 모으면 그것이 높고 큰 것으로 되니 따라서 '모으면 위에 있는 것이 위로 올라가게 된다.'고 했다. 『韓注』

井道不可不革 :

　　　우물은 오래 두면 더럽게 오염되니 이는 마땅히 그것을 바꾸어야 하는 까닭이 된다.
『韓注』

主器者莫若長子, 故受之以≪震≫ : '鼎'은 2가지의 의미, 즉 '음식을 익히는(삶는) 도구'·'권력을 상징하는 法器'의 의미를 가지고 있다. 앞의 '革物'은 '음식을 삶는다.'는 의미에서 취한 것이며 이곳의 '主器(祠堂·宗廟의 祭器를 맡아서 관리하는 자 즉 長子가 관리함으로써 '장자'에 비유했다.)'는 '法器'의 의미에서 취했다. '震'은 또한 '장남'의 象을 지니고 있음으로 이곳에서는 오로지 '장자가 권력을 주관한다.'는 바를 밝힌 것일 뿐만 아니라 또한 卦義의 한 부분으로 취하기도 했다.

'震'이 '장남'에 비유된 것은 '主器'의 의미에서 취한 것이다. 그리고 ≪鼎≫의 뒤에 계승시켜 놓은 것은 곧 '장자는 국가를 전수받고 名聲을 繼位하는 자'이니 따라서 '主器의 주인이 된다.'는 의미이다. 「序卦傳」에서는 이 큰 한 의미를 취했다. 『程傳』

旅而无所容, 故受之以≪巽≫: '巽'은 '順而能入(부드럽게 순응하니 들어갈 수 있다.)'의 의미를 함유하고 있다.

유랑을 할 때는 정해진 기숙 처가 없으니, 巽(風)을 사용하여 '들어가다(入)'는 의미를 표현했다. 『集解·韓康伯』

說而後散之, 故受之以≪渙≫: '散'은 '說(기쁨)'을 흩어지게 하여 다른 사람들에게 미치게 하는 바를 가리킨 것이니 즉 다음 ≪渙≫의 卦名을 낳게 한 출발점이 된다. 이를 비유해 본다면, '학자들이 연구에 성공한 기쁨은 다른 학자들과 학도들에게도 기쁜 영향력이 미친다.'는 의미이다.

기쁨은 치우치거나 얽매여서는 안 되는 것이기 때문에 '흩어진다(散)'고 했다. 『韓注』

道에서 얻은 기쁨이라면 다른 사람들에게 밀어서 이르게 해야 할 것이다. 기뻐진(說) 연후에 흩어서 나누어 주어야 함으로써 ≪渙≫으로 이를 받게 했다. 『南軒易說』

節而信之, 故受之以≪中孚≫: 이는 '節(절제)·信(믿음)'은 '서로 관련이 있다.'는 바를 말한 것이다.

'孚'는 '믿음'을 의미한다. '절제'는 마땅히 '믿음'을 사용하여 지켜 나아가는 것이다. 『韓注』

有其信者必行之, 故受之以≪小過≫: 이는 '정성을 견고하게 지켜 나아가는 사람은 반드시 다소 한도를 넘어선 것에 대해 의논하지 않아도 된다.'는 의미이다. 즉 '믿음을 지닌 행위를 할 때는 과감해야 한다.'는 의미이다.

'그를 믿는다.'는 것은 '그가 善함을 가지고 있다.'는 것과 같은 의미이다. 『折中·項安世』

有過物者必濟 : 이는 ≪小過≫卦名의 의미에서 출발한 것이며 다음 ≪旣濟≫의 의미를 겸하여 말한 것이다.

행동은 공손함의 한도를 다소 넘어서게 하고 예는 검약함의 한도를 다소 넘어서게 한다면 세상을 바로잡고 세상의 좋은 풍속을 권장하고 장려할 수 있음으로 성공하게 될 것이다. 『韓注』

物不可窮也, 故受之以≪未濟≫終焉 : 이는 사물이 비록 '旣濟(성공·완성)'의 시점에 있다고 할지라도 발전사적인 시각으로 본다면 '旣濟' 가운데는 반드시 '未濟(미성공·미완성)'의 인소가 함유되어 있는 바이니 따라서 『周易』은 최후의 卦를 ≪未濟≫를 사용하여 종착역을 알려 주고 있다. 이 가운데 은연중에 제시되고 있는 의미는 '사물의 발전은 끝이 없다.'는 바를 밝혀 주는 것과 더불어 사람들에게 '성공을 했다고 하여 안주하거나 스스로를 폐쇄 시켜서는 안 된다.'는 바를 격려해 주고 있다.

노력하는 자는 성공할 수 있는 자이며 스스로 사물을 궁극에 이르게 하는 자이다. 사물은 궁극에 이르면 어긋나고 틀어지며 공적이 지극함에 이르면 곧 혼란이 초래되는 것이니, 그것을 성공했다고 할 수 있겠는가? 따라서 ≪未濟≫로서 ≪旣濟≫를 계승하게 하였다. 『韓注』

【번역翻譯】

하늘과 대지(땅)를 있게 한 연후에 만물을 비로소 태어나기 시작하게 하였다. 최초에 하늘과 대지 사이를 가득 채운 것은 단지 만물(처음 태어날 때의 만물을 생성하는 호흡)뿐이었기 때문에 (『周易』에서는 가장 먼저 天·地를 상징하는 ≪乾≫·≪坤≫ 2개의 卦를 만들었다.) ≪乾≫·≪坤≫을 이어서 사물의 '初生(싹을 틔우기 시작한다.)'을 상징하는 ≪屯≫을 제작하였으며, '屯'은 陰陽이 처음 교감했을 때 낳아서 기르는(孕育) 기운이 가득 채워진 것을 표시한 것이며 '屯'의 의미는 또한 사물이 싹을 틔우기 시작하는 것을 가리킨 것이기도 하다. 사물이 싹을 틔우기 시작할 때는 반드시 어리석고 무지하기 때문에 ≪屯≫을 이어서 '蒙穉(어려서 어리석다.)'를 상징하는 ≪蒙≫을 제작하였다. '蒙'은 '어리석고 어둡다.'는 것을 표시하니 즉 사물이 어리다는 의미를 지니고 있다. 사물이 어리면 양육을 하지 않을 수가 없기 때문에 ≪蒙≫을 이어서 '需待(기다리다)'를 상징하는 ≪需≫를 제작하였으며, '需'는 음식을 기다리는 이치를 지니고 있다. 음식문제를 마주 대하고 있으면 반드시 爭訟(다투다)이 일어나기 때문에 ≪需≫를 이어서 '爭訟'을 상징하는 ≪訟≫을 제작하였다. 爭訟은 반드시 대중들의 힘에 의해 발생하는 것이기 때문에 ≪訟≫을 이어서 '兵衆(병사들이 많다.)'을 상징하는 ≪師≫를 제작하였으며, '師'는 병사들이 많다는 의미를 지니고 있다. 무릇 사물이 많으면 친밀하게 도와주기 때문에 ≪師≫를 이어서 친밀하게 돕는 것을 상징하는 ≪比≫를 제작하였으며, '比'는 친밀하게 돕는다는 의미를 지니고 있다. 상호간에 친밀하게 도우면 반드시 모여들기 때문에 ≪比≫를 이어서 조금 모은 것을 상징하는 ≪小畜≫을 제작하였다. 사물이 모여지면 예절과 규범적 행동을 사용해야 하기 때문에 ≪小畜≫을 이어서 예의를 지키면서 '小心行走(조심스럽게 행동한다.)'를 상징하는 ≪履≫를 제작하였다. 예의를 지키면서 조심스럽게 행동하면 '通泰(크게 통하다)'하게 되고 그러한 연후에 만사가 모두 편안해 지기 때문에 ≪履≫를 이어서 '通泰'를 상징하는 ≪泰≫를 제작하였으니, '泰'는 편안하고 넉넉하며 형통한다는 의미를 지니고 있다. 사물은 결국 오래 동안 편안하고 넉넉하며 형통할 수만 없기 때문에 ≪泰≫를 이어서 '否閉(막히다)'를 상징하는 ≪否≫를 제작하였다. 사물은 오래 동안 막혀 있을 수만 없기 때문에 ≪否≫를 이어서 '和同於人(다른 사람들과 화합한다.)'을 상징하는 ≪同人≫을 제작하였다. 사람들과 화합하면 외부사물은 반드시 많고 성대하게 충심으로 따라 붙기 때문에 ≪同人≫을 이어서 '大獲所有(크게 소유한다.)'를 상징하는 ≪大有≫을 제작하였다. 크게 소유하는 사람은 응당히 거만하고 자만해서는 안 되기 때문에 ≪大有≫을 이어서 '謙虛(겸손하고 허심탄회 하다.)'를 상징하는 ≪謙≫을 제작하였다. 광대하게 모았을 뿐만 아니라 또한 겸손하고 허심탄회한 사람은 반드시 기뻐하고 즐거워하기 때문에 ≪謙≫을 이어서 '愉樂(기뻐하고 즐거워한다.)'을 상징하는 ≪豫≫를 제작하였다. 사람들과 함께 기뻐하고 즐거워하면 반드시 사람들이 隨行하기(따르기) 때문에 ≪豫≫를 이어서 '隨從(수행하다)'을 상징하는 ≪隨≫를 제작하였다. 기뻐하고 즐거워하는 마음으로 사람들이 따르면 반드시 권력을 쥐고 左之·右之하기 때문에 ≪隨≫를 이어서 '拯弊治亂(폐단을 구제하고 혼란을 다스린다.)'을 상징하는 ≪蠱≫를 제작하였으니, '蠱'는 사무(직무)를 도와주고 바로잡아 준다는 의미를 지니고 있다. 사무를 도와주고 바로잡아 주면 이후에는 성대해지기 때문에 ≪蠱≫를 이어서 '高臨(높은 자가 낮은 자에게로 가까이 닦아가서 어루만져 준다.)'을 상징하는 ≪臨≫을 제작하였으니, '臨'은 공적이 성대하여 높은 곳에서 아래를 다스린다는 의미를 지니고 있다. 사물은 존귀하고 높아지고 성대해진 연후에는 사람들이 멀리서 우러러 바라보기 때문에 ≪臨≫을 이어서 '觀仰(멀리서 우러러 바라본다.)'을 상징하는 ≪觀≫을 제작하였다. 사람들이 멀리서 우러러 바라본 후에는 上·下가 잘 융합되기 때문에 ≪觀≫을 이어서 '齧合(씹어서 합한다.)'을 상징하는 ≪噬嗑≫을 제작하였으니, '嗑'은 서로 화합한다는 의미를 지니고 있다. 사물은 처음부터 예법에 구애받지 않고 솔직하게 교감하여 화합할 수 없기 때문에 ≪噬嗑≫을 이어서 '文飾(장식하다)'을 상징하는 ≪賁≫를 제작하였으니, '賁'는 장식한다는 의미를 지니고 있다. 지나치게 있는 힘을 다해 상식을 한 연후에는 형통하는 길이 곧 끝나게 되기 때문에 ≪賁≫를 이어서 '剝落(벗겨져 떨어진다.)'을 상징하는 ≪剝≫을 제작하였으니, '剝'은 남김없이 떨어졌다는 의미를 지니고 있다. 사물은 오래 동안 갈 수 없으니 위에 있는 것까지 남김없이 떨어지게 되면 곧장 아래로부터 회복이 초래되기 때문에 ≪剝≫을 이어서 '回復'을 상징하는 ≪復≫을 제작하였다. 정도로 회복되면 거짓행위를 하지 않기 때문에 ≪復≫을 이어서 '不妄爲(거짓행위를 하지 않는다.)'를 상징하는 ≪无妄≫을 제작하였다. 거짓행위를 하지 않으면 외부의 사물을 축적시킬 수 있기 때문에 '大爲畜聚(크게 모은다.)'를 상징하는 ≪大畜≫을 제작하였다. 사물을 크게 모은 연후라야 양육을 실천할 수 있기 때문에 '頤養(양육하다)'을 상징하는 ≪頤≫를 제작하였으니, '頤'는 양육하다는 의미를 지니고 있다. 충분히 여유있게 양육을 하지 못하면 떨치고 일어날 수 없기 때문에 ≪頤≫를 이어서 '大爲過甚(크게 지나치다·너무 성대하다)'을 상징하는 ≪大過≫를 제작하였다. 사물은 결국 오래 동안 크게 지나칠 수가 없으며 지나침이 극에 달하면 반드시 위태로워지기 때문에 ≪大過≫를 이어서 '險陷(위태로운 구덩이에 빠진다.)'을 상징하는 ≪坎≫을 제작하였으니, '坎'은 위태로운 구덩이에 빠진다는 의미를 지니고 있다. 위태로운 구덩이에 빠지면 반드시 붙들어야 만이 비로소 험난한 곳으로부터 탈출을 할 수 있기 때문에 ≪坎≫을 이어서 '附麗(붙들다·달라붙다.)'를 상징하는 ≪離≫를 제작하였으니, '離'는 달라붙는다는 의미이다.

하늘과 대지를 있게 한 연후에 비로소 만물을 있게 하였으며 만물을 있게 한 연후에 비로소 남성과 여성을 있게 하였으며 남성과 여성을 있게 한 연후에 비로소 夫婦를 짝지어 주었으며 夫婦를 있게 한 연후에 비로소 후손을 왕성히 불어나게 해 주었으며 후손을 있게 한 연후에 비로소 父子를 탄생시켰으며 父子를 있게 한 연후에 (인류의 숫자가 많아질수록 인류의 문화가 발전할수록 정치적 수단은 강화되어진다.) 비로소 君臣을 출현하게 하였으며 君臣을 있게 한 연후에 비로소 上下·尊卑의 각 명분을 출현하게 하였으며 上下·尊卑의 명분을 설정 한 연후에야 예의가 비로소 안정되었다. (상호간 감응의 교류를 상징하는 ≪咸≫이 제시하는) 夫婦의 이치는 오래 동안 존속시키지 않을 수 없는 것이기 때문에 ≪咸≫을 이어서 '恒久(영원히 오래 간다.)'를 상징하는 ≪恒≫을 제작하였으니, '恒'은 오래 간다는 의미를 지니고 있다. 사물은 오래 동안 한 장소에서 安住할 수만 없기 때문에 ≪恒≫을 이어서 '退遯(물러나서 은둔한다.)'을 상징하는 ≪遯≫을 제작하였으니, '遯'은 먼 곳으로 물러나서 은둔한다는 의미를 지니고 있다. 사물은 결국 오랫동안 물러나서 은둔해 있을 수만은 없기 때문에 (반드시 멀지 않는 장래에 다시 새롭게 떨치고 성대하게 일어나야만 한다.) ≪遯≫을 이어서 '大爲強盛(크게 강성 한다.)'을 상징하는 ≪大壯≫을 제작하였다. 사물은 결국 오래 동안 강성함만을 안정되게 지켜 나아갈 수 없을 뿐만 아니라 적극적으로 나아가 일을 할 수만도 없기 때문에 ≪大壯≫을 이어서 '晉長(昇進한다·지위가 올라간다)'을 상징하는 ≪晉≫을 제작하였으니, '晉'은 승진한다는 의미를 지니고 있다. 앞을 향하여 적극적으로 나아가면 반드시 損傷(상처를 입는다.)을 받기 때문에 ≪晉≫을 이어서 '光明殞傷(태양이 떨어져서 상처를 입는다.)'을 상징하는 ≪明夷≫를 제작하였으니, '夷'는 떨어져서 상처를 입는다는 의미를 지니고 있다. 외부에서 뜻밖의 상처를 입은 사람은 반드시 가정으로 돌아와야 하기 (가정은 따뜻한 위로를 구할 수 있는 곳이다.) 때문에 ≪明夷≫를 이어서 '一家人(한 가정)'을 상징하는 ≪家人≫을 제작하였다. (가족 모두는 지극히 친밀해야 하나 만약 절제를 상실해 버리면 함부로 방자해짐으로써 장차) 가정이 지극한 어려운 상황으로 기우러지면 반드시 여러 가지 일들로부터 어긋나는 단서들이 출현하기 때문에 ≪家人≫을 이어서 '乖背睽違(어긋나서 서로 떨어져 있다.·서로 어긋난다.)'를 상징하는 ≪睽≫를 제작하였으니, '睽'는 어긋나서 서로 떨어져 있다는 의미를 지니고 있다. 사물은 어긋나서 서로 떨어져 있으면 반드시 절름발이가 길을 걸을 때의 고통을 받는 것과 같은 '蹇難(고생)'을 초래하기 때문에 ≪睽≫를 이어서 '蹇難(고생)'을 상징하는 ≪蹇≫을 제작하였으니, '蹇'은 고생한다는 의미를 지니고 있다. 사물은 결국 오래 동안 고생하고만 있을 수 없기 때문에 ≪蹇≫을 이어서 '舒解(서서히 풀려나간다.)'를 상징하는 ≪解≫를 제작하였으니, '解'는 서서히 천천히 느리게 풀려나간다는 의미를 지니고 있다. 지나치게 느리면 반드시 손실이 초래되기 때문에 ≪解≫를 이어서 '減損(줄어져서 적게 된다.)'을 상징하는 ≪損≫을 제작하였다. 끊임없이 자신을 줄어들게 한다는 것은 반드시 다른 사람들의 이익을 증대시켜 주는 것이 되기 때문에 ≪損≫을 이어서 '施益他人(다른 사람들에게 이로움을 베푼다.)'을 상징하는 ≪益≫을 제작하였다. 이로움을 증대시키는 일을 멈추지 않으면 반드시 꽉 채워진 후에는 터져서 흘러넘치게 됨으로 과감하게 다스려야 하기 때문에 ≪益≫을 이어서 '決斷(단호하게 판결한다.)'을 상징하는 ≪夬≫를 제작하였으니, '夬'는 결단 즉 사악한 것을 깨끗하게 제거시킨다는 의미를 지니고 있다. 사악한 것을 깨끗하게 제거시키면 반드시 기쁨을 만나기 때문에 ≪夬≫를 이어서 '相遇(서로 만난다.)'를 상징하는 ≪姤≫를 제작하였으니, '姤'는 서로 만난다는 의미를 지니고 있다. 사물은 서로 만난 후에 모여서 쌓이기(會聚) 때문에 ≪姤≫를 이어서 '會聚(모여서 쌓인다.)'를 상징하는 ≪萃≫를 제작하였으니, '萃'는 모여서 쌓인다는 의미를 지니고 있다. 모여서 쌓이면 위를 향해 나아가니 이를 '上升(위로 올라간다.)'이라고 부르기 때문에 ≪萃≫를 이어서 위로 올라가는 것을 상징하는 ≪升≫을 제작하였다. 위로 올라가는 것을 멈추지 않으면 반드시 고생스러운 궁지에 빠지기 때문에 ≪升≫을 이어서 '困窮(고생스러운 궁지에 빠진다.)'을 상징하는 ≪困≫을 제작하였다. 위에서 고생스럽게 궁지에 빠지면 반드시 아래로 돌아와야 하기 때문에 (편안한 주거지를 구할 수 있기 때문에) ≪困≫을 이어서 '水井(우물)'을 상징하는 ≪井≫을 제작하였다. 우물의 이치는 (오래 지나면 반드시 더러워짐으로써) 가지런히 바꾸어 고치지(變革·變更) 않을 수 없기 때문에 ≪井≫을 이어서 '變革(바꾸어 고치다.·변경하다)'을 상징하는

≪革≫을 제작하였다. 사물을 변경하는 것에는 가마 솥(鼎器 : 날 것을 삶은 것으로 변화시키는 도구) 보다 더 좋은 것은 없기 때문에 ≪革≫을 이어서 '鼎器'를 상징하는 ≪鼎≫을 제작하였다. 鼎器를 소유하여 보존시켜 나아가는 사람은 長子 보다 더 적합한 자는 없기 때문에 ≪鼎≫을 이어서 권위를 상징하는 '雷動(천둥소리가 진동한다.·천둥처럼 격동한다.)'의 ≪震≫을 제작하였으니, '震'은 천둥소리가 진동한다는 의미를 지니고 있다. 사물은 결국 오래 동안 진동하고만 있을 수 없으며 당연히 적당한 시점에서 멈추어야 하기 때문에 ≪震≫을 이어서 '抑止(눌러서 멈춘다.)'를 상징하는 ≪艮≫을 제작하였으니, '艮'은 눌러서 멈춘다(정지시킨다)는 의미를 지니고 있다. 사물은 결국 오래 동안 눌러서 멈추고만 있을 수 없기 때문에 (반드시 곧장 점진적으로 앞을 향해 나아가야 하기 때문에) ≪艮≫을 이어서 '漸進(점진적으로 나아간다.)'을 상징하는 ≪漸≫을 제작하였으니, '漸'은 점진적으로 앞을 향해 나아간다는 의미를 지니고 있다. 점진적으로 나아가다 보면 반드시 의지하여 돌아올 곳이 있어야 하기 때문에 ≪漸≫을 이어서 '嫁出少女(딸을 시집보낸다.·남편에게로 돌려보낸다.)'를 상징하는 ≪歸妹≫를 제작하였다. 사물은 의지할 곳이 있으면 반드시 豊大(성대하다)해지기 때문에 ≪歸妹≫를 이어서 '豊大'를 상징하는 ≪豊≫을 제작하였으니, '豊'은 성대하다는 의미를 지니고 있다. 성대함이 궁극에 이른 사람은 반드시 장차 편안하게 거주할 처소를 상실하게 될 것이기 때문에 ≪豊≫을 이어서 '行旅(나그네·유랑자)'를 상징하는 ≪旅≫를 제작하였다. 유랑자는 容身할 곳(몸을 들여 놓을 처소·몸을 붙이는 곳)이 없기 때문에 (반드시 사람들에게 순응해야 만이 타향에서 거주할 수 있다.) ≪旅≫를 이어서 '順從(온순하게 호응한다.)'을 상징하는 ≪巽≫을 제작하였으니, '巽'은 온순하게 순응해야 만이 들어갈 수 있다는 의미를 지니고 있다. 적당한 처소에 들어가 있으면 마음이 즐겁고 기쁘기 때문에 ≪巽≫을 이어서 '欣悅(기쁨)'을 상징하는 ≪兌≫를 제작하였으니, '兌'는 기쁘다는 의미를 지니고 있다. 마음이 기쁜 후에는 그 기쁨을 흩어서 옮겨가게 해야 하기 때문에 ≪兌≫를 이어서 '渙散(흩어지게 한다.·흩뜨리다)'을 상징하는 ≪渙≫을 제작하였으니, '渙'은 勅命(詔書)을 발포하여 흩어지게 한다는 의미를 지니고 있다. 사물은 결국 오래 동안 무절제하게 흩어져 있을 수만은 없기 때문에 ≪渙≫을 이어서 '節制(알맞다·규율을 지킨다.)'를 상징하는 ≪節≫을 제작하였다. 절제를 한다는 것은 응당히

정성과 믿음을 사용하여 지켜 나아간다는 뜻이기 때문에 ≪節≫을 이어서 '中心誠信(마음속에 정성과 믿음을 품고 있다.)'을 상징하는 ≪中孚≫를 제작하였다. 정성과 믿음을 굳건하게 지켜 나아가는 사람은 반드시 지나치다 할 만큼의 과감한 결단력으로 직책을 수행하기 때문에 ≪中孚≫를 이어서 '小有過越(작은 일에는 조금 지나쳐도 된다. · 작은 것이 지나치다.)'을 상징하는 ≪小過≫를 제작하였다. (아름다운 행위를) 다소 지나치게 하는 자는 사리를 잘 분별함으로써 반드시 성공하기 때문에 ≪小過≫를 이어서 '事已成(일이 이미 성공하였다. · 일이 이미 완성되었다.)'을 상징하는 ≪旣濟≫를 제작하였다. 사물의 발전은 끝이 없기 (성공을 했을 지라도 역시 곧장 새로운 미성공의 인소들은 출현한다.) 때문에 ≪旣濟≫를 이어서 '事未成(일이 성공되지 않았다. · 일이 완성되지 않았다.)'을 상징하는 ≪未濟≫를 제작함으로써 『周易』六十四卦의 제작을 완료시켰다.

【序卦傳】 요점 · 관점

「序卦傳」은 『周易』 六十四卦가 순서에 따라 배열된 이유를 분석한 것이자 여러 卦가 앞뒤로 서로 이어지는 의미에 대해 제시해 놓은 것이다.

전체 문장은 두 단락으로 나뉘어 졌다. 즉 앞 단락은 上經의 卦 순서에 대해 서술하였고 뒤 단락은 下經의 卦 순서에 대해 서술하였다. 본편에서는 각 卦의 宗旨와 이름을 창작한 의미에 대해 편집해 놓았다.

문장 가운데서는 간단한 말로서 卦名의 의미를 개괄해 주었고 '卦名이 卦義와 합일한다.'는 것에 대해서는 단지 한 부분만을 취하여 설명해 주었으니, 그것은 모두 '卦와 卦 사이는 유기적 연결 관계가 있다.'는 바를 밝혀주기 위한 것일 뿐 각 卦의 완전한 의미를 분석해 주는 데 목적을 두지는 않았기 때문이다.

「序卦」가 밝히고자 한 것은 『易』의 속내가 아니었다. 『韓注』

「序卦傳」에서는 六十四卦 순서의 이치를 분석한 것과 동시에 사물의 '相因(서로 의지한다.)' · '相反(서로 반대한다.)'의 양종 발전규율에 대한 것을 집중적으로 제시해 놓았다. 즉 相因적인 것에 대한 예를 들어 본다면, '≪節≫은 정성과 믿음을 지켜야 하기 때문에 이를 받아서 ≪中孚≫가 제작되었다.'는 것 등으로 즉 사물이 正面적인 추세로 발전해 나아가는 것을 밝힌 것이다. 相反적인 것에 대한 예를 들어 본다면, '자신의 것을 부단하게 줄여 나아가면(≪損≫) 반드시 다른 사람들의 이로움이 부단하게 늘어나게 되고 자신의 이로움을 부단하게 늘려 나아가면(≪益≫) 반드시 과감하게 제거될 것이다.'는 것 등으로 즉 사물이 서로 반대되는 방향으로 전환되어 나아가는 바를 밝힌 것이다.

「序卦傳」은 相因과 相反 두 가지 의미를 가지고 있다. 相反은 '극에 이르면 변한다.'는 의미이고 相因은 '극에 이르지 않았다.'는 의미이다. 모두 이 두 가지 예에서 벗어난 것이 없다. (蔡清)

雜卦傳

《乾》剛《坤》柔, 《比》樂《師》憂; 《臨》·《觀》之義, 或與或求. 《屯》見而不失其居, 《蒙》雜而著. 《震》起也, 《艮》止也; 《損》·《益》盛衰之始也. 《大畜》時也, 《无妄》災也. 《萃》聚而《升》不來也, 《謙》輕而《豫》怠也. 《噬嗑》食也, 《賁》无色也; 《兌》見而《巽》伏也. 《隨》无故也, 《蠱》則飭也. 《剝》爛也, 《復》反也. 《晉》晝也, 《明夷》誅也; 《井》通而《困》相遇也. 《咸》速也, 《恒》久也; 《渙》離也, 《節》止也. 《解》緩也, 《蹇》難也. 《睽》外也, 《家人》內也; 《否》·《泰》反其類也; 《大壯》則止, 《遯》則退也. 《大有》衆也, 《同人》親也; 《革》去故也, 《鼎》取新也; 《小過》過也, 《中孚》信也. 《豐》多故也, 親寡《旅》也; 《離》上而《坎》下也. 《小畜》寡也, 《履》不處也. 《需》不進也, 《訟》不親也. 《大過》顚也; 《姤》遇也, 柔遇剛也. 《漸》女歸待男行也. 《頤》養正也, 《旣濟》定也. 《歸妹》女之終也, 《未濟》男之窮也. 《夬》決也, 剛決柔也; 君子道長, 小人道憂也.

【주석註釋】

≪乾≫剛≪坤≫柔 : ≪乾≫·≪坤≫ 두 卦는 六十四卦 剛柔의 근본이기 때문에 「雜卦傳」은 이 2개의 卦로부터 시작했다.

卦 가운데의 剛柔는 모두 ≪乾≫의 剛과 ≪坤≫의 柔이다. 이러함으로써 특별히 ≪乾≫·≪坤≫을 剛柔로 삼았다. 『郭氏傳家易說』

≪比≫樂≪師≫憂 : ≪比≫는 '친밀하게(가까이서) 도움으로써 즐겁다.'는 의미이며 ≪師≫는 '많은 병사들이 들고 일어나 움직이니 우울하고 걱정스럽다.'는 의미이다.

'친밀하게(가까이서) 돕는다.'는 것은 곧 즐거운 일이며 '많은 병사들이 병기를 들고 일어나 움직인다.'는 것은 걱정스러운 일이다. 『韓注』

≪臨≫·≪觀≫之義, 或與或求 : ≪臨≫은 '高臨'으로, '높은 자가 낮은 대중들에게 가까이 가서 어루만져 준다.'는 것 즉 반드시 '베풀어 줄 수 있는 능력을 가졌다.'는 의미이다. ≪觀≫은 사람들이 '觀仰해(우러러 바라보아)' 주기를 기다린다면(바란다면) 반드시 '꾀하여 구하려고 힘쓰게 된다.'는 의미이다.

내가 사물에 가까이 접근하여 어루만져 주는 것이니 따라서 '與(주다)'라고 했다. 사물이 나에게로 와서 나를 바라보는 것이니 따라서 '求(구하다·기다리다·바라다)'라고 했다. 『韓注』

높은 자가 아래로 베풀어 주는 것은 '臨(臨與)'하는 것으로 즉 아래 사람들이 구하는 것이고 우러러 바라보아 주는 것을 구하는 것은 '觀(觀與)'하는 것으로 즉 높은 자가 구하는 것이다. 2개의 卦는 모두 '주다(與)'·'구하다(求)'는 의미를 지니고 있다. 어떤 때는 주고 구하지 않으며 어떤 때는 구하고 주지 않으니 이 모두가 ≪臨≫·≪觀≫의 이치가 아니겠는가? 『郭氏傳家易說』

≪屯≫見而不失其居 : '見'은 '생명의 조짐이 드러난다.'는 의미로 이는 卦 가운데 '한 개의 陽氣(初九爻)가 下卦 震 아래에서 움직이고 있는 것과 같다.'는 의미이다. '不失

其居'는 '사물의 새싹이 움터 오르는 초기에 그가 正位에 처한다면 순리적으로 성장할 수 있다.'는 것으로 卦 가운데 初九爻·九五爻 2개의 陽爻가 모두 정당한 위치(當位)에 치해 있는 것과 같다는 의미이다.

≪蒙≫雜而著 : '雜'은 '뒤섞이다'는 의미이다. 이는 아동들의 몽매함을 제거해 주지 않음으로써 '밝음과 어두움에 뒤섞여 있는 것이 卦 가운데 2개의 陽爻가 모두 陰位에 처해 있는 것과 같다.'는 것이다. '著'는 '明'의 의미이다. 이는 아동들의 순진함을 밝게 드러내 주는 것이 곧 몽매함을 제거해 주는 것이라는 바를 가리키는 것으로, 즉 '2개의 陽爻가 陰位에 처하여 서로 섞여서 아름다움을 완성시키는 것과 같다.'는 의미이다.

≪蒙≫의 2개 陽爻는 모두 정당한 위치를 상실했음으로 '雜(陽爻가 陰位에 앉아 있으니 陰·陽이 뒤섞여 있는 상태이다.)'이라고 했다. 사물이 서로 뒤섞여 있으면 아름다움이 성장함으로써 '著(밝게 드러난다.)'라고 했다. 『尙時學』

'蒙(어둡다)'은 '분별되지 않는다.'는 의미이니 따라서 '雜'이라고 했다. '어리석은 아동들이 스승을 찾아와야 한다.(童蒙求我)'는 것은 '스승을 찾아와서 자신의 지혜를 밝혀 나아가야 한다.'는 의미이니 따라서 '著'라고 했다. 『東坡易傳』

≪損≫·≪益≫盛衰之始 :

지극한 손해는 이익의 시작이고 지극한 이익은 손해의 시작이라는 바를 가리킨 것이다. 『韓注』

≪大畜≫時 :

때에 맞추어(적당한 시기를 파악하여) 모으는 것이 크게 될 수 있는 이유이다. 『韓注』

≪无妄≫災 : '災'는 '거짓행위를 하지 않았음에도(无妄爲) 불구하고 뜻밖의 재앙을 만난다.'는 것으로, '삼가고 조심하고 정성을 다한다면 뜻밖에 날아오는 재앙을 방어할 수 있다.'는 의미를 함유하고 있다.

거짓행위를 하지 않았음에도 불구하고 재앙이 밖으로부터 이른다.『本義』

거짓행위를 하지 않았음에도 재앙을 당하는 것은 天運으로 인한 것이니 이를 '災'라고 한다.『重訂費氏學』

≪升≫不來 : '來'는 '돌아오다(還)'는 의미이다

한창 상승하고 있는 것이 돌아오지 않는 이유이다.『本義』

≪謙≫輕 : '輕'은 '자신을 가벼이 여기고 남을 중히 여긴다.'는 즉 '겸허하다'는 의미이다.
≪豫≫怠 : '怠'는 '게으르고 나태하다.'는 의미이다. 즉 '지극히 즐기는 것은 나태함을 발생시킨다.'는 의미이다.

즐길 수 있는 이유는 게으르기 때문이다.『郭氏傳家易說』

≪噬嗑≫食 : ≪噬嗑≫은 입 안에서 '음식물을 깨물어 씹어서 합일하는 象'에서 취한 것이니 따라서 '食(식, 씹어서 삼키다.·사, 양육하다)'이라고 했다.
≪賁≫无色 : ≪賁≫는 '장식하다.'는 의미이다. 즉 소박한 자연을 아름다움으로 삼았기 때문에 '无色'이라고 했다.

'白賁无咎(채색을 하지 않은 흰색으로 꾸민 장식은 재난이 없을 것이다.)'라고 함으로써 '无色'이라고 했다. '无色'은 '본질을 완전하게 보존하고 있다.'는 의미 즉 천하에서 '가장 지극한 장식을 하고 있다.'는 의미이다.『郭氏傳家易說』

만약 화려한 아름다움을 다툰다면 곧장 五色에 미혹됨으로써 자신이 지닌 자연의 아름다움을 보지 못할 것이다.『折中』

≪兌≫見而≪巽≫伏 : ≪兌≫는 '즐겁기 때문에 외부로 드러난다.'는 의미이다. ≪巽≫은 '순응하기 때문에 내부에서 엎드려 있다.'는 의미이다.

《兌》는 드러내어 기뻐하는 것을 귀하게 여기고 《巽》은 낮은 곳으로 물러나는 것을 귀하게 여긴다. 『韓注』

《隨》无故 : '故'는 '舊(오래 묵었다.)'의 의미이니, 이곳에서는 '자신이 가지고 있는 견해를 성취시킨다.'는 것을 가리킨다.

'적당한 시기를 따른다.'는 것은 '오래된 것에 묶여있지 않는다.'는 의미이다. 『韓注』

'无故'라는 것은 '옛 것을 버린다.'는 바와 같은 의미이다. 사람이 마음속에 옛 의견을 가지고 있으면 사람들을 따를 수가 없다. 따라서 堯・舜은 자신들의 의견을 버리고 사람들의 의견을 따랐던 자들이었기 때문에 '无故'했던 것이다. 『折中』

《蠱》則飭 : '飭'은 '弊亂(피폐해지고 혼란한 상태)을 바로 잡는다.(가지런히 다스린다.)'는 의미이다.
《剝》爛 : '爛'은 '爛熟(무르녹게 잘 익었다.・잘 통한다)의 의미이다.

사물은 무르녹게 잘 익으면 떨어지고 벗겨진다. 『韓注』

《晉》晝也, 《明夷》誅也 : 《晉》은 태양이 대지 위로 떠 올라오는 것을 상징하니 즉 '낮'을 의미한다. 《明夷》는 태양이 대지 아래로 떨어지는 것을 상징하니 즉 '주살하다(죽이다)・상처내다'는 의미이다.

《晉》과 《明夷》는 아침과 저녁을 상징하는 象이다. 『郭氏傳家易說』

《井》通 :

井은 '사물이 통용됨에 인색함(아낌)이 없다.'는 의미이다. 『韓注』

《困》相遇 : '遇'는 '저촉당하다(抵擋)'는 의미이다. 《困》은 어려움(困窮)이 극에 달한 것이 중심이기 때문에 행동을 하면 반드시 '뜻밖의 어려운 일을 만난다.'는 바를 가리킨 것이다.

'遘'는 서로 저지하여 통하지 못하는 象이다. 『周易玩辭』

≪乾≫·≪坤≫으로부터 이곳까지 30개의 卦는 마침 上經의 卦 숫자와 같다. 下經 역시 ≪咸≫·≪恒≫으로부터 시작하였다. 『集解·虞翻』

≪咸≫速:

서로 감응행위를 하지 않았음에도 불구하고 이르게 되었으니, '빠르다(速)'고 했다. 『集解·虞翻』

≪渙≫離也, ≪節≫止也 : 離는 '散(흩어지다)'의 의미이다. '止'는 '제약하다'는 의미를 함유하고 있다.

≪睽≫外也, ≪家人≫內也 : ≪睽≫는 어그러지고 어긋나서 소원해진 것을 주관하기 때문에 '外'라고 했으며 ≪家人≫은 화목하고 서로 친밀한 것을 중심으로 했기 때문에 '內'라고 했다.

≪大壯≫則止:

왕성할 때 멈추는 곳을 알지 못하는 것은 '소인의 용기'이며 '군자의 용기(훌륭함)는 멈추는 곳을 알고 있다.'는 것이다. 『郭氏傳家易說』

≪革≫去故也, ≪鼎≫取新也:

'革'은 '옛 것을 바꾸거나 버린다.'는 의미이다. '鼎'은 음식을 삶는 기구이니 따라서 '새 것을 취한다.'는 의미이다. 『集解·虞翻』

≪豊≫多故 : '故'는 '事'를 의미한다. 즉 '사물이 풍성하고 성대하면 반드시 걱정스러운 일들이 많이 발생한다.'는 의미이다.

'豊大하다(풍성하고 성대하다.)'는 것은 '근심스러운 사건을 많이 지니고 있다.'는 의미이다.『韓注』

親寡≪旅≫ :

친밀한 자(친한 자)가 적은 것은 유랑자이기 때문이다.『韓注』

유랑자는 몸 둘 곳이 없는 자이기 때문에 먼저 '親寡'를 말한 뒤에 卦名을 말하였다. 다른 卦의 예와는 다르다.
≪離≫上而≪坎≫下 : 水・火는 다른 방향으로 나아간다.

火는 위로 타 오르고 水는 아래로 적셔 들어간다.『韓注』

≪履≫不處 : ≪履≫의 의미는 예절을 지켜 나아가는 데 있으며 감히 편안하게 머물러 있을 수 없음으로써 '不處'라고 했다.

'不處'는 '앞으로 걸어서 나아간다.'는 의미이다.『本義』

≪需≫不進 : ≪需≫는 '坎의 험난한 경지가 앞에 있다.'는 것 즉 그 의미는 '需待하라(기다려라)'는 것이므로 '不進(나아가지 말아야 할 것이다.)'이라고 했다.

두렵고 놀라우면 멈추어야 한다.『韓注』

≪大過≫顚 : '顚'은 '떨어지다'・'죽다'・'넘어지다'는 의미를 가지고 있다. ≪大過≫는 연못의 나무(木)가 죽는 것을 象으로 취한 것이며 나무(木)가 연못 가운데서 죽기 때문에 '顚殞(넘어져 죽는다.)'이라고 했다.

'顚'은 '隕(죽는다)'의 의미이다. 꼭대기가 못 가운데에 떠 있음으로 '顚(넘어져 죽었다.)'이라고 했다.『集解・虞翻』

≪姤≫遇也, 柔遇剛也 : ≪姤≫는 一陰이 五陽을 만나는 것이기 때문에 '柔가 剛을 만난다.'고 했다. 즉 '坤이 乾은 만난다.'는 의미이다.

≪漸≫女歸待男行也 : ≪漸≫의 卦辭 '女歸吉'은 여성의 출가는 남성이 예의를 갖추어 대접한 후에 이루어지는 것이기 때문에 '점진적으로 진행한다.'는 의미에 비유되었으며 따라서 '待男行'이라고 했다.

- 여성은 남성에게 순응하는 존재이다. 『韓注』

≪頤≫養正 : ≪頤≫, 즉 신체를 양육하는 이치는 반드시 정도를 지켜 나아가는 것에 중점을 두어야 하기 때문에 '養正(정도를 양육한다.)'이라고 했다.

- 입에서 음식을 바라는 것은 양육의 정도를 얻기 위해서이다. 『尚氏學』

≪既濟≫定 : ≪既濟≫는 일이 이미 완성(성공)된 것을 의미하며 6개의 爻(六爻)가 모두 正位에 처해 있음으로 '定(바르게 앉았다.)'이라고 했다.

≪歸妹≫女之終 : ≪歸妹≫는 '딸을 시집보내는 것'을 의리로 삼았음으로 '女之終'이라고 했다.

- 여성은 결국 시집을 가야하는 존재이다. 『郭氏傳家易說』

≪未濟≫男之窮 : ≪未濟≫는 일이 완성되지 못한 상태를 말한다. 즉 卦 가운데 6개의 爻(六爻)가 모두 자신들의 正位를 상실한 상태이며 三陽이 주관자가 되어 있음으로 '남자가 있는 힘을 다해 일을 한다.'고 한 의미 속에는 '노력하여 구제한다.'는 의미를 함유하고 있다. 이곳에서는 특히 '남성은 끝까지 해야 한다.(男之窮)' 바를 말하고 있다.

- 三陽이 모두 正位를 상실했을 뿐만 아니라 三陰 역시 正位를 상실했음에도 불구하고 여성은 끝까지 있는 힘을 다하지 않아도 되는 것은 무엇 때문인가? 즉 三女(三陰)는 男(陽)을 받들어 순응만 하면 되기 때문이다. 『程傳』

≪夬≫決也, 剛決柔也 : ≪夬≫는 5개의 陽(五陽)이 결단코 1개의 陰(一陰)을 제거하

니 '陽剛의 기세가 성대하다.'는 의미이다. 陽은 군자를 상징하고 陰은 소인을 상징하기 때문에 '군자의 도는 성대하게 성장했고 소인의 도는 난처함에 빠졌다.'고 했다.

「雜卦傳」은 '≪乾≫剛'·'≪坤≫柔'로 시작하였으며 ≪夬≫는 '剛이 柔를 결연히 제거하는 바이니(剛決柔)', 이는 돌아와서 다시 ≪乾≫으로 마무리 하는 것을 의미한다. 즉 『易』 전체를 가지고 말해 본다면, 역시 '하나의 ≪乾≫에 모든 것이 모여 있다.'는 의미이다. 『需時眇言』

【번역翻譯】

≪乾≫은 陽氣로서 강건하다는 의미이며 ≪坤≫은 陰氣로서 부드럽다는 의미이며 ≪比≫는 기쁘고 즐겁다는 의미이며 ≪師≫는 괴롭고 근심스럽다는 의미이며, ≪臨≫·≪觀≫ 2개 卦의 의미는 어떤 것은 남에게 (물건을) 준다고 했고 어떤 것은 꾀하여 구하려고 힘쓴다고 했다. ≪屯≫은 생명의 조짐이 드러나는 시점에서 부터 바른 위치에 처해 있으니 순조로운 성장을 할 것이라는 의미이며 ≪蒙≫은 밝고 어두움(陰陽)이 서로 뒤섞여 있는 바를 교화를 시킴으로써 아동들의 순진함이 밝게 드러난다는 의미이다. ≪震≫은 떨치고 일어난다는 의미이고 ≪艮≫은 안정되고 평안하게 멈추어 있다는 의미이며, ≪損≫·≪益≫ 2개의 卦는 성대함과 쇠퇴함은 상호간에 돌아가면서 시작한다는 것을 의미한다. ≪大畜≫은 적당한 때에 모아서 쌓는다는 의미이며 ≪无妄≫은 조심하고 삼가면서 정성을 다하면 뜻밖의 재앙을 방어할 수 있다는 의미이다. ≪升≫은 위로 올라가기만 할 뿐 돌아오지 않고 있다는 의미이며 ≪謙≫은 자신을 가벼이 여기고 반드시 남을 중히 여겨야 한다는 의미이며 ≪豫≫는 즐거움과 기쁨에 탐닉(방종)하면 반드시 나태하고 게을러진다는 의미이다. ≪噬嗑≫은 씹어서 합일한다는 것은 입안에 음식물을 넣어 씹어서 먹는다는 의미이며 ≪賁≫는 아름다운 장식은 반드시 색채를 필요로 하지 않는다는 의미이며, ≪兌≫는 기쁨은 외부로 드러난다(노출된다)는 의미이며 ≪巽≫은 순응하여 내부에서 엎드려 있다는 의미이다. ≪隨≫는 털끝만큼도 자기의 의견을 가지고 있지 않다는 의미이며 ≪蠱≫는 있는 힘을 다해 피폐되고 혼란스러운 상황을 가지런히 다스린다는 의미이다. ≪剝≫은 무르녹게 잘 익으면 떨어지고 벗겨진다는 의미이며 ≪復≫은 다시 바

른 근본(正本)으로 돌아온다는 의미이다. ≪晉≫은 대낮에 태양이 올라와서 성장해 나아가는 것과 같다는 의미이며 ≪明夷≫는 밤중에 빛이 손상되어 떨어지는 것과 같다는 의미이며, ≪井≫은 양육되는 것이 널리 통한다는 의미이며 ≪困≫은 앞길이 저지당한다는 의미이다.

　≪咸≫은 감응이 신속하다는 의미이며 ≪恒≫은 일정불변한 마음을 오래 동안 가져가야 한다는 의미이며, ≪渙≫은 찢어지고 흩어진다는 의미이며 ≪節≫은 제약을 받음으로써 유통되지 못한다는 의미이다. ≪解≫는 흐트러지고 나태해지는(풀려 나아가는) 바가 서서히 진행되는 것을 의미하며 ≪蹇≫은 길이 험하여 걷기가 힘들고 어렵다는 것을 의미한다. ≪睽≫는 외부에서 어그러지고 어긋난 것을 의미하며 ≪家人≫은 내부에서 화목한 것을 의미하며, ≪否≫·≪泰≫ 2개의 卦는 막히고 通暢하는 서로 반대상황의 종류를 의미한다. ≪大壯≫은 강성하면 멈출 줄을 알아야 한다는 것을 의미하며 ≪遯≫은 시기가 다하면 물러나 피해 있어야 한다는 것을 의미한다. ≪大有≫는 소유한 것이 많다는 것을 의미하며 ≪同人≫은 사람들과 더불어 친밀하게 지낸다는 것을 의미하며, ≪革≫은 묵고 낡은 것을 바꾸거나 제거한다는 것을 의미하며 ≪鼎≫은 날 것을 삶아서 새것으로 만들어 취한다는 것을 의미한다. ≪小過≫는 조금 지나치다는 것을 의미하며 ≪中孚≫는 마음속에 정성과 믿음을 품고 있다는 것을 의미한다. ≪豊≫은 풍성하고 성대하면 근심스러운 일이 많이 일어난다는 것을 의미하며 친밀한 친구가 적은 것이 ≪旅≫이며, ≪離≫는 불꽃이 위로 타 올라가는 것을 의미하며 ≪坎≫은 물의 기세는 아래로 흘러간다는 것을 의미한다. ≪小畜≫은 모은 것이 매우 적다는 것을 의미하며 ≪履≫는 예를 지켜 나아가야 하는 것은 행위는 굳건하게 中道에서 편안하게 머물러 있을 수만은 없기 때문이라는 의미이다. ≪需≫는 언행을 조심하고 삼가면서 기다려야 할 것이며 조급하게 나아가서는 안 된다는 것을 의미하며 ≪訟≫은 쟁송이 분분히 많이 일어나면 서로 친밀해 지기가 어렵다는 것을 의미한다. ≪大過≫는 상식적인 이치를 넘어뜨린다는 것을 의미하며, ≪姤≫는 기대하지 않았음에도 만난다는 뜻으로 즉 陰柔가 陽剛과 만나서 합일한다는 것을 의미한다. ≪漸≫은 여성의 출가는 남성이 예절을 갖추어 대접을 한 후에 한 쌍으로 이루어진다는 것을 의미한다. ≪頤≫는 신체를 잘 양육하는 이치는 정도를 지켜 나아가는데 있다는 것을 의미하며 ≪旣濟≫는 일이 안정되

게 완성되었다는 것을 의미한다. ≪歸妹≫는 여성이 결국 돌아가 의지할 때가 되었다는 것을 의미하며 ≪未濟≫는 남성이 있는 힘을 다해 일을 해야 할 때라는 것을 의미한다. ≪夬≫는 일을 처리 할 때는 과감한 결단력을 사용해야 한다는 것으로 陽剛이 陰柔를 결단력 있게 제거하는 것을 의미하니, 즉 군자의 도는 성대하게 성장하고 소인의 도는 어려움에 처한 때를 설명한 것이다.

【雜卦傳】 요점 · 관점

「雜卦傳」은 '雜(뒤섞다)'의 의미에서 그 명칭을 취했다.

여러 卦를 뒤섞어 놓았으며 그 의미 또한 복잡하게 뒤섞어 놓았다. 『韓注』

「雜卦傳」은 「序卦傳」에서 밝힌 卦의 순서를 흩어놓은 것으로, 즉 六十四卦를 32조로 나눈 후 둘 씩 둘 씩 대칭되는 것을 마주 들어 섬세하고 긴요한 언어를 사용하여 卦義(卦의 의미)를 설명했다.

문장 가운데서 마주 든(對擧) 2개의 卦 사이에는, 즉 일반적으로 卦形 상에서는 '錯(旁通 : 좌우로 널리 통한다.)'이 아니면 곧 '綜(反對 : 상하로 통한다.)' 관계로 구성하였으며 卦義 상에서는 대부분 相反관계로 구성하였다. 예를 들어 본다면, ≪乾≫은 純陽으로 이루어졌으며 그 의미는 '剛健'을 중심으로 하였고, ≪乾≫의 錯(旁通)으로 된 ≪坤≫은 純陰으로 이루어졌으며 그 의미는 '柔順'을 중심으로 하였다. 또한 ≪睽≫는 下兌 · 上離로 구성되었으며 그 의미는 '외부에서 어그러지고 어긋난 것'을 중심으로 하였으나 ≪睽≫의 綜으로 된 ≪家人≫은 下離 · 上巽으로 구성되었으며 그 의미는 '내부에서 서로 친밀한 것'을 중심으로 하였다. 이와 같이 卦의 의미가 반대되는 2개의 卦를 마주 들고 보여준 까닭에 대해 살펴보면 다음과 같다.

① 사물의 발전은 왕왕 정면과 반면의 상대적 인소 가운데에서 그 규율을 구체적으로 실현하기 때문이다.
② 六十四卦의 卦體형식은 모두 '錯' · '綜' 현상으로 존재한다. 이에 대해 尙선생은 '卦

象은 모두 正面이 이와 같으면 反面은 저와 같다.『尚氏學』'고 했다.

「序卦傳」 작자는 '錯'·'綜' 규율의 중요성을 밝히기 위해서 「序卦傳」의 중점표현 방법을 '錯'·'綜' 규율로 했을 뿐만 아니라 '錯'·'綜' 규율은 『周易』의 卦形 결구 상에서 반영되는 소박한 변증관점을 집중적으로 제시하였다.

그러나 문장 가운데 ≪大過≫ 이하 8개의 卦는 相對的인 것으로 卦를 사용하여 설명하지 않았으니, 『易』학자들은 이에 대해 아래와 같이 다양한 의견을 제시하였다.

≪大過≫에서는 '木이 연못에서 죽었다(木滅於澤).'는 '死象(죽은 모양)을' 제시했다. 그의 下互는 ≪姤≫이며 上互는 ≪夬≫이니 따라서 순서는 ≪姤≫를 먼저 두고 ≪夬≫ 마지막에 두었다. 『集解·虞翻』

≪大過≫이하는 卦가 반대되지 않으니 혹자들은 그것을 錯簡(전후가 뒤섞였다.)으로 의심하고 있다. 오늘날 그것을 叶韻(협운 : 어떤 音韻의 글자가 때로는 다른 音韻과 통용되기도 한다.)을 사용하여 보았더니 역시 잘못된 것은 아닌 것 같았다. 무슨 의미인지 상세하게 고찰되지는 않는 바이다. 『本義』

宋儒들은 자못 錯簡이라고 생각하고 있으나 '女之終'·'男之窮'과 같이 上·下가 對文으로 된 것이 錯簡은 아닌 것 같아 보인다. 아울러 많은 卦들이 비록 對擧는 아닐지라도 그 의미는 여전히 반대되고 있다. 『尚氏學』

「雜卦傳」은 2개의 卦를 마주 들고 그 의미를 밝힌 특징을 가진 것 외에 六十四卦 전체 배열에 있어서도 있는 힘을 다해 섬세하게 연구했다는 것을 알 수 있다. 예를 들어 본다면, 전반부 30개의 卦는 ≪乾≫·≪坤≫에서 시작했으며 후반부 34개 卦는 ≪咸≫·≪恒≫에서 시작함으로써 上經·下經의 卦 수를 합하였을 뿐만 아니라 각각 上經·下經의 첫 번째에 있는 2개의 卦를 선두로 삼았으며, 본편의 말미에는 ≪夬≫를 마지막에 두고 그 의미를 '剛決柔, 君子道長, 小人道憂.'에서 취했으니 이는 『周易』이 숭상하는 '陽剛正道'의 종지와 합일시킨 것일 뿐만 아니라 모든 『易』이 ≪乾≫에서 시작하는 것과 서로 호응하게 하였다.

이러한 관점으로 본다면, 「雜卦傳」은 비록 '雜' 즉 이리 저리 '뒤섞어서 많은 卦를 진술하였다.'고는 할지라도 그 조리는 오히려 질서가 분명하니, 그 실재는 「序卦傳」의 歸妹篇에서 볼 수 있다.

　마지막으로 언급하고자 하는 것은, 「序卦傳」 전체는 韻을 사용한 '韻體文에 속한다.'는 것이다. 이 특징은 卦辭·爻辭 ·「象傳」·「象傳」 등 모두가 대부분 叶韻과 서로 호응하거나 합일 적으로 구성된 것에서 알 수 있다. 이는 상고시대 韻을 연구하는데 중요한 재료로 사용되고 있다.

大人不可不畏之 大人則無放逸之心 小民不可不畏之 小民則無毫橫之名

대인을 두려워해야 하나니, 그러해야 방종한 마음이 없어질 것이며, 미천한 노민도 두려워해야 하나니, 그러하면 함부로 하는 말을 듣지 않게 될 것이니라.

III. [後感文]

1. 『周易』의 內緣史 – 중국의 心學史(양명학맥사)

'근심거리'! 그것의 '해결'! 이 두 가지는 인류가 안고 있는 영원한 숙명이다.

인류의 '마음'은 '욕심'과 '절제욕구'로 구성되어 있고 인류의 '몸'은 '욕망'으로 구성되어 있다. '욕심'과 '욕망'은 '근심'을 낳고 '절제욕구'는 그 근심을 '해결'한다. 따라서 인류의 모든 문화는 인류의 근심거리를 해결하는 것을 원칙으로 발전해 나아가고 있다.

중국의 선현들은 수시로 튀어 오르는 욕심과 욕망을 절제하여 질서정연한 인류사회를 만들기 위해 고심해 왔다. 자연 속에서 자연에 감사하며 자연을 두려워하며 자연을 이용하며 자연을 탐색하던 선현들은 언제부터인가 인류개체와 인류군체의 생체원리·생존원리가 자연개체와 자연군체의 생체원리·생존원리와 동일하다는 생각에 이르렀다. 그리하여 인류의 격조를 알기위해 인류문화의 격조를 높이기 위해 자연의 이치적 욕심과 자연의 형체적 욕망 그리고 자연의 이치적 절제욕구를 베껴 인류의 개체원리와 군체원리에 적용하기 시작했다.

베끼고 또 베꼈다. 무엇을? '하늘·대지·공간·시간·4계절의 이치와 형체 그리고 그들의 자손을', 관찰하고 연구하면서 토론하고 논쟁하면서 더욱 정밀하게 베껴 나아왔다. 무엇을 위하여? '나'를 알기 위해서, 즉 '내 마음'·'내 몸'·'내 마음과 몸의 관계'를 알기 위해서 '인류의 복된 사회를 만들기 위해서', 얼마나? '현생인류의 조상이 태어났다는 20만 년 전에서부터 어쩌면 오늘날까지'…, 그리하여 인류 개개인은 우주자연의 주재자와 똑같이 위대한 존재라는 '天人合一論'的 '吾性自足形'을 중국사상사의 대명제로 완성시켰다. 『學德悟熙』

이는 필자가 중국사상사의 특징을 단적으로 말해 본 結文이다.

중국농목사회의 원시철학가들이 복된 인류사회를 만들기 위해 베낀 첫 번째 대상은 '공간'·'시간'·빛과 열의 혼일체인 '하늘(태양)'·물과 흙의 혼일체인 '대지'였다. 이는 BC 4000년경 황하상류 寧靖(?)에서 발견되었다는 태극도로부터 추론해 본 것이다.

1) 황하문명 思惟시원의 흔적 – 太極圖

寧靖(?)에서 발견되었다는 태극도형(☯)은 황하문명권에서 출현된 최초문형으로 우주자연변화의 무궁한 조짐과 인류문화발전의 다채로운 조짐을 모두 품고 있는 이치적 至善體 즉 이치적 陰陽混一體이다.

우주자연의 변화측면에서 본다면, 둥근 원형 안에 5만 종류의 자손을 생산할 하늘(양·능동)과 대지(음·수동)가 들어있는 모습 내지 하늘·대지·4계절·24절기·4방8방·밤낮을 아직 출산하지 않은 混一體이기도 하며 동식물이 어미의 배속과 씨앗 속에서 잉태되고 있는 모습을 표현한 도형이기도 하다.

인류의 개인측면에서 본다면, 사람의 두개골 안에 5만 종류의 생각을 창출해 낼 수 있는 '知(陽·능동)'와 '能(陰·수동)'을 품고 있는 혼일체 내지 아이가 어머니의 배속에서 잉태되고 있는 모습이기도 하다.

陽의 반원형 속 점은 陰을 표현한 것이고 陰의 반원형 속 점은 陽을 표현한 것이다. 이는 陽은 陰을 품고 있고 陰은 陽을 품고 있으면서 생명체의 이치적·육체적 생산을 주어진 공간에서 시간적으로 무한히 창출해 낼 준비단계의 調和體 즉 至善體를 의미한다.

2) 우주자연을 한 가족으로 본 복희씨 – 八卦

BC 3000년경 天水에서 살았다는 복희씨는 괘대산에서 태극도 속의 하늘과 대지를 '━(陽爻)'와 '╍(陰爻)'로 고안한 후 3개씩 조합해 인류생존에 절대적 요소인 하늘·연못·불·천둥·바람·물·산·대지를 상징한 ☰·☱·☲·☳·☴·☵·☶·☷의 八卦를 만들었다.

그리고 복희씨는 八卦를 이용하여 생존공간에 대한 자각도와 우주공간을 하나의 가정으로 구상했다.

태극도형 속에서 하늘과 대지가 태어났고 봄·여름·가을·겨울과 춘분·입하·하지·입추·추분·입동·동지·입춘이 태어났고 아침·낮·저녁·밤이 태어났고 동·동남·남·남서·서·서북·북·북동이 태어났다는 자각도와 4계절을 주도하는 하늘(아버지)이 대지(어머니)와 결혼하여 낳은 우레(맏아들)·바람(맏딸)·불(둘째딸)·물(둘째아들)·연못(셋째딸)·산(셋째아들)의 3남3녀가 다양한 자질과 성품으로 자신에게 부여된 책임과 의무를 다하며 조화롭게 살아가는 화목한 가족의 모습을 구상했다.

복희씨가 八卦를 도안할 때 '━'과 '╍'을 하필 3개씩 조합하여 '☰'의 三才로 구성한 이유는 무엇일까? '하늘'과 '대지'가 결혼하여 생산한 5만 종류의 자손 가운데 고도로 높은 지능과 두 손을 가진 '인류'가 가장 중요한 존재라는 것, 즉 아래 爻는 '대지'를 상징하고 중간 爻는 하늘과 대지의 자손 중 최고의 걸작 품 '인류'를 상징하고 위 爻는 '하늘'을 상징한다는 것이었다. 이로써 八卦 도형은 중국역사문화의 특징인 인류중심주의(인본주의)의 태동점이 되었다.

3) 선사의식을 계승시켜 역사문화를 창도한 문왕 · 주공 － 『周易』

BC 1140년경에 출현한 『周易』은 太極圖와 八卦를 발전시켜 인류의 공동체사회 속에서 발생하는 각양각색의 근심거리들을 최적의 지혜로 해결함으로써 복지사회가 건설되는 곳에 목적을 두고 편집되었다는 BC 2000년 경 夏代의 『連山』과 BC 1500년 경 商代의 『歸藏』을 계승하여 주민족의 문왕과 주공 부자가 구상한 책이다.

중국인권문화사의 실재를 개창한 주민족 2母(태강 · 태임)의 태교훈육으로 태어나 『周易』의 卦象과 卦辭를 편집한 문왕은 상나라 말엽 황하상류 영정과 천수에서 멀지 않은 주원과 풍읍에서 살았던 훌륭한 학자이자 정치가였으며 3母(태강 · 태임 · 태사)의 100년 태교로 태어나 『周易』의 爻象과 爻辭를 편집한 문왕의 셋째아들 주공은 풍읍 · 호경 · 낙읍에서 일생을 보낸 학자이자 정치가였다.

문왕과 주공은 인류는 변화를 中和體로 삼아 4계절을 주노하는 하늘 · 내지와 우뢰 · 바람 · 불 · 물 · 연못 · 산의 집체활동이치와 개체활동이치를 본 받아 주어진 공동체 속에서 상호간의 책임과 의무를 절도 있게 완수하는 것이 곧 인류복지사회건설의 걸림돌인 다양한 근심거리를 해결해 나아가는 최선의 방법이라는 것을 제시했다.

『周易』은 太極圖에서 파생된 八卦를 六十四卦로 다시 파생시켜 六十四卦의 조직체와 六十四卦를 구성하고 있는 三百八十六爻의 개별상황, 즉 '64개의 공동체와 64개 공동체 속 386 개별상황을 설정하여 주어진 공동체의 특정 환경 속에서 개인 각자가 자신에게 주어진 책임과 의무를 다 할 수 있는 지혜를 최대한 발휘하여 공동체와 공동체의 관계 공동체와 개인의 관계 개인과 개인의 관계를 잘 조율해 이성적이고 합리적이며 조화롭게 잘 살아갈 수 있는 방법'을 이야기 했다.

문왕과 주공 부자는 양효(一)를 강건한 자 · 존귀한 자 · 활동적인 자 · 능동적인 자 · 명쾌한 성격의 소유자 등으로, 음효(--)를 유순한 자 · 비천한 자 · 비활동적인 자·수동적인 자·암울한 자 등으로 성품과 지위를 규정한 후 陽爻와 陽爻·陽爻와 陰爻·陰爻와 陰爻·陰爻와 陽爻 상호간에 호응과 불 호응·순응과 반항·공경과 경시·나아감과 물러남 등으로 어우러져 나아가는 과정에서 근심과 후회와 안타까운 현상이 일어날 수 있는 기미가 보일 때는 성찰하고 절제하고 노력하고 인내함으로써 닦아올 불운을 길운으로 전환시키는, 즉 개인과 개인·개인과 공동체·공동체와 공동체간의 원만한 관계성립에 대처하며 수많은 현실적 삶의 난관을 해결해 나아가는 지혜에 관한 이야기를 生·長·熟·滅과 起·承·轉·結의 순환구도로 구상한 『周易』을 편집했다.

4) 『周易』에서 찾아낸 우주자연의 원리 – 노 자의 '道'

太極圖·八卦는 문자가 만들어지기 이전의 자연의 이치와 현상을 본떠 만든 부호 철학이다.

문왕·주공은 복희씨의 八卦 부호와 문자를 함께 이용하여 六十四卦의 卦象과 卦辭·三百八十六爻의 爻象과 爻辭로 구성한 『周易』을 편집했다.

『周易』의 주제는 '인류가 그들의 공동체를 운영하고 개인적 행위를 하는 데에 있어서는 우주자연의 군체활동과 개체활동을 본받는 것이 최선의 바른 길이다.'는 것으로, 즉 우주자연 중심주의 내지 현상학 중심주의 사유방법론에서 인류중심주의 방법론으로 넘어오는 과도기성 사유방법론으로 편집되었다고 할 수 있다.

BC 570년경 장강 중류에서 태어난 노자는 '순수하게 自然을 따라가는 '道'에서 '太極'으로, '太極'에서 '陰陽'으로, '陰陽'에서 '四象(四季)으로, 四象(四季)에서 복희씨의 八卦로, 八卦에서 문왕의 六十四卦의 卦象과 卦辭·주공의 三百八十六爻象과 爻辭 등으로 이어지는 철학사를 통섭하여 '道'라는 하나의 원론을 창안한 인물이다. 즉 '道'란? 太極과 八卦 그리고 『周易』속에서 출현하고 있는 5만 가지 현상과 이치들을 수렴하고 파생시키는 원론이다. 다시 말하면, '道' 하나로 太極과 八卦 그리고 『周易』六十四卦象·六十四卦辭·三百八十六爻象·三百八十六爻辭 모두를 해설 할 수 있다는 의미이다.

노자는 道에서 太極이 출생했으며, 太極에서 하늘과 대지가 출생했으며 하늘과 대지의 기운은 봄·여름·장하·가을·겨울(오행)을 출산했고 오행은 삼라만상을 출산했으며 삼라만상은 각 종별 개체별로 생·장·숙·사의 순환과정을 통해 변화해 나아가며 변화의 과정상에서 지극히 얽히고 부패하고 막히는 단계에 이르면 다시 태극으로 그리고 道로 순환한다는 논리적 우주자연의 생성론을 주장했다.

노자는 道·太極·四象·八卦·『周易』에서 '인류공동체 속의 복잡 다양한 문화윤리는 일단 우주자연의 이치와 현상을 베껴서 만들자.'라는 현재성에 근거하여 '우주자연은 어떻게 생성되었을까?' '우주자연은 어떠한 본성을 가진 존재인가?' '우주 속에 존재하는 모든 생명체의 순환성을 관리하는 자는 누구일까?' '수많은 생명체 가운데 가장 명석한 인류의 두뇌활동인 "생각"은 어떠한 것이며 생각으로 표현되는 인류의 본성과 인류개체의 본성은 어떠한 것일까?' 즉 문자가 만들어진 후의 최초서적 『周易』에서 언급하지 못한 道에서부터 그 후 오늘날까지 그리고 미래의 우주자연생태사와 인류문화사의 문제를 미시적이며 거시적으로 현실체험에 의한 예측연구에 골몰한 결과, 우주자연을 능동적으로 관찰하고 연구하고 분석하여 인류문화사에 효율적으로 적용시킴으로써 우주자연을 쳐다보며 설계한 『周易』속 인본주의를 우주자연을 내려다보며 설계한 인본주의로 그 격조를 한껏 높여 놓은 인물이다.

노자는 道에서 태어난 사물 가운데 하늘과 대지는 그 생존기간이 가장 길다고는 하나 역시 언젠가는 생·노·병·사를 한다고 생각했다. 즉 사물로 존재하는 생명체는 생·노·병·사의 특징을 가지고 있다는 것과 생·노·병·사를 하는 생명체의 시작은 하늘과 대지이며, 그 하늘과 대지를 출산한 이치적 존재인 太極은 어떠한 존재일까? … 노자는 '그는 아마도 사물로는 존재하지 않으며 따라서 생·노·병·사를 하지 않으며 영원히 존재하지 않는 것처럼 존재하는 자로써 그가 바로 자신이 출산한 생명체의 생·노·병·사의 순환 고리를 영원히 대대손손 관리해 주는 부모에 해당하는 자일 것이다.'고 확신했다. 그리하여 노자는 그 실체에게 '无'로 존재하는 '道'라고 이름을 지어 주었다. 이 '无'로 존재하는 '道'는 우주에서 유일하며 절대적이며 외부조건에 의해 변화하거나 소실되지 않는 독립적 존재이나 끊임없이 활동하는 변동체이니 그가 변동함으로써 천지만물의 생·노·병·사 순환 고리가 연결되는 것이라는 연구결과를 내놓았다. 다시 말한다면, '道'의 '无'는 품격 상 시간상 어떤 존재보다 앞서서 현실세계를 향해 사물(道의 有)을 질서정연하게 만들어 낼 뿐만 아니라 그 자신을 만물의 내부에 존재시켜 각 만물로 하여금 생·노·병·사의 후손을 출산시키게 하는 즉 자연계의 일체 존재를 부단히 출산시키는 에너지원이니 만물이 쉬지 않고 생·노·병·사를 하는 순환 속에서 그의 무궁한 활동력으로 우리는 그를 만나 볼 수 있다는 것이다.

이로 볼 때, '道'는 '无'의 道와 '有(사물)'의 道가 있으니, 즉 '无'와 '有'는 합칭이며 '无'와 '有'는 대립개념이 아닌 연속개념이며 '无'는 나타나지 않은 채 무한한 생기를 함유하고 있는 실체이며 무한한 사물을 저장하고 있는 저장체이다. 즉 노자는 형체가 보이지 않는 '无'가 형체를 가진 만물을 만들어 내는 것을 '道'라고 했으며 '无'와 '有'를 이용해 '道'가 하나하나 무형 질로부터 유형 질을 만들어 나아가는 선후과정의 지속적인 활동과정, 즉 현실세계로 떨어져 만물을 만들어내는 순환운동 과정을 이야기 했다. 또한 모든 만물은 '道'로부터 만들어져 나온 후 운행하고 발전하는 과정상에서 갈수록 道와 멀어지며 道와 멀어지면 만물이 번잡하게 분쟁함으로 반드시 道로 돌아오는 특성을 가지고 있다고 했다.

다시 말해 본다면, '道'는 현실존재의 만물에서 출발하며 만물은 각자 자신의 生成과정을 가지고 있다는 것으로, '无'는 노자 사유의 종극 점이자 이 종극 점으로 소급했다가 다시 이 종극 점에서 만물을 생산해내는 과정을 이야기했다. 노자가 '无'가

'有'를 낳았다고 한 것은 돌발적인 상황을 이야기한 것이 아니라 점진적 진화발전 과정으로 본 것이다. 그는 우주의 최초기원을 '无'로 본 것이며 '无'가 '有'를 생산하는 진화과정을 '道'라고 한 것이다.

노자는 '道'에 대한 논리성을 정립하는 과정에서 인생에 작용하는 '道'를 '德'으로 표현했다. 즉 '道'는 인류의 감각과 지각으로서는 직접 접촉할 수 없으며 그러한 '道'가 인류의 생리 속으로 내면화되어 인류행위의 지표가 되고 생활방식이 된 것을 '德'이라고 했다. 따라서 '道'와 '德'의 관계는 '體'와 '用'의 관계와 같은 것으로 '德'은 '道'의 작용이자 '道'의 표현이며 '道'는 생명의 출산과 활동 가운데에 있고 만물에 내재되어 만물의 속성을 형성한 것이 '德'이다. 즉 경험세계로 떨어진 '道'가 곧 '德'이라는 의미이다. 따라서 노자는 '太極·八卦·『周易』은 道에서 생성된 德의 구체적 내용들이다.'라는 이론을 전개시켰다.

그렇다면 노자는 왜 하필 '道'와 '德'이라는 글자로 그의 철학이론을 표현했을까?

노자가 '道'의 개념을 정립하기 전에 '道'는 대체로 '도리'라는 개념으로 사용되었다고 한다. 그러나 노자는 무형에서 유형의 사물이 질서정연하게 창출된다는 이론을 완성시킨 후 그 유·무형을 가리키는 용어를 찾기에 고심하다가 문득 인류의 두뇌활동인 '생각'을 떠올렸을 것이다. 즉 인류의 두뇌활동 '생각'은 분명히 '无'이며 그곳에서 산출되는 5만 종류의 '생각'은 두 손과 두 발에 의해 인류자신에게 유익한 수많은 '有'의 '물질문화와 정신문화'를 만들어 발전시켜 나오고 있기 때문이다. 그리하여 노자는 생각의 저장고 '首(두뇌)'와 '辶, 걷다·실천한다'는 의미를 가진 '辶'으로 조합된 '道'자를 채택하여 이름을 붙였을 것이다. 노자는 '道'가 인류의 생리와 생활 속으로 내면화되어 인류윤리의 기준이 된 것을 '德'이라고 했는데, 이 글자 역시 선택의 의미가 심오하다. '德'은 실천을 의미하는 '彳'·눈 섶 모습의 '十'·눈을 의미한 '罒'·공간과 시간을 의미하는 '一'·생각을 의미하는 '心'으로 조합되어 있다. 즉 노자가 눈 섶 아래에 있는 두 눈으로 우주자연현상과 이치를 관찰하면서 인류인 자신을 생각해 보니 道의 이치가 자신의 생각과 육체이치와 동일하다는 것을 깨달음으로써 '德'이라는 글자를 선택하지 않았을까? 『學德悟熙』

『周易』이 공동체의 특정조건 속에서 개인의 책임과 의무의 타율성을 강조한 면이 강하다면 노자는 우주자연의 이치 '道'가 인류 개체의 본성 '德'으로 내면화 된, 즉 개인의 자율적 책임과 의무를 격려한 학자였다.

5)『周易』에서 '知'·'能'의 의미를 밝혀낸 해설의 명수 – 공자

노자와 동시대 황하하류에서 살았던 공자는 노자와는 학습방법이 달랐다. 공자는 『周易』의 매 卦와 매 爻를 해설하여『周易』에「易傳」을 첨부한 보수주의 학자였다.

공자는『周易』의 ≪復≫〈象傳〉·〈繫辭傳〉에서, 노자의 '道·德'개념을 이어 중국 心學史를 개창하는 또 하나의 획기적인 해설을 남겼다.

① ≪復≫〈象傳〉: '復其見天地之心乎! (회복의 이치는 대개 천지만물을 살아나게 하고 성장시키는 마음의 쏨쏨이로 나타나는 것이지!)'
② 〈繫辭傳〉: '乾以易知, 坤以簡能 (태양은 쉽게 알고 : 知, 땅은 간단하게 행 한다 : 能.)'

공자는 개인의 '心理'·'知能'을 '天地의 이치'와 하나로 한다는, 즉 중국 역사철학의 명제인 '天人合一論'은 이를 단서로 삼아 점진적으로 완성시킬 것을 부탁하는 대과제를 후손들에게 던져 주었던 것이다.

그리고 이를 인사에 응용하여 '안회는 仁者이며 天·地(乾·坤)를 마음(知·能)으로 삼은 자이다.'라고 했다.

이는 노자의 '道'·'德'이론과 함께 맹자가 구축한 性至善說이론 의 모태가 되었다.

6) 『周易』에서 밝혀 낸 仁義禮智의 心性원리 – 맹자의 心善論

　BC 370년경 황하하류에서 태어난 맹자는 궁전 안에는 못다 먹고 버려지는 진수들과 못다 입고 버려지는 비단옷 그리고 못다 사용해 보고 버려지는 금은보화 안아도 안아도 못다 안아보는 희첩비빈들이 개미처럼 많은 귀족들의 작태와 신하는 군왕을 죽이고 자식은 아비를 죽이고 자식은 어머니를 강간하고 시아비는 며느리를 안으며 외삼촌은 생질녀를 아내로 맞이하고 주인과 노비가 간통하는, 즉 전쟁으로 인한 최악의 생존터전에서 '나의 아들은 이러한 혼탁한 세태를 정화시키는 데에 목숨을 아끼지 않기 위해 이 세상에 올 것이다.'는 어머니의 태교로 태어났으며 '수레는 사물과 사람들을 실어 나르는 물건이다. 나의 아들은 장차 수레와 같이 재난에 처한 중생들을 가득실어 행복한 세상으로 데려다 줄 뿐만 아니라 그들에게 서로 사랑할 줄 아는 방법도 실어다 줄 것이다.'는 의미로 '軻'라고 이름을 지어준 아버지와 함께 살았던 인물이다. 즉 최악의 생존환경에서 최선의 태교로 태어난 맹자는 인류의 심성을 육체와 관련시켜 분석했을 뿐만 아니라 그 효용을 공동체의 인화 단결에 귀결시켜 『周易』·'道·德'·'知·能'의 주제를 절실하게 발전시킨 학자였다.

　맹자는 『周易』≪乾≫；元·亨·利·貞, 즉 4계절 春·夏·秋·冬의 활동과 효력을 인류의 본성 仁·禮·義·智에 합일시킨 공자의 관점을 계승시켰다. 또한 仁·禮·義·智 본성은 동정하는 마음(惻隱之心)·공경하는 마음(恭敬之心)·부끄러워하는 마음(羞惡之心)·옳고 그른 것을 가리는 마음(是非之心)의 활동으로 감지된다고 했다. 그리고 공자가 하늘과 대지의 공능으로 제시한 '知·能'을 인류의 두뇌활동(생각)에 대입시켜 '良知·良能'으로 표현했다. 그는 良知·良能(생각)은 마음을 표현하는 기관이며 마음은 춘·하·추·동이 자율 주체적으로 3개월간 자신에게 부여된 책임과 의무만 하고 물러나 인류와 동물의 생존을 풍요롭게 해주는 것과 같이 변화를 주제로 하는 조화체로서 자율 주체적으로 원만한 사회를 영위해 나갈 수 있는 능력을 가졌다고 했다.

즉 春夏와 仁禮는 陽氣이자 능동성이 강하며 이는 생각하지 않고도 저절로 알 수 있는 良知이며 秋冬과 義智는 陰氣이자 수동성이 강하며 배우지 않고도 할 수 있는 良能이라고 했다. 자연계와 인류사회는 개체의 陰陽과 知能의 능동성과 수동성이 대립·통일운동과 자율반성운동을 하면서 잘 운영되어 나아가고 있다는 이론을 보다 구체적으로 전개시켰다. 맹자는 知能의 天地를 마음으로 삼고 있는 안자를 칭찬한 공자의 사상을 잘 발휘시켜 마음속의 절제력과 인체의 감각성과의 관계를 연구한 후, 소인과 대인의 품격을 규정지어 인류사회의 인품규격을 제시했다. 즉 '귀·눈·코·입·피부의 감각기관은 절제능력이 없어 외부의 유혹에 매료될 뿐이나 마음은 4계절의 절제능력이 내면화되어 있음으로써 외부의 유혹에 적절히 대체할 수 있다는 것이다. 따라서 귀·눈·코·입·피부가 하고자하는 데로 하는 자는 소인이며 귀·눈·코·입·피부의 끝없는 욕망을 마음의 절제능력으로 잘 조절하는 자는 대인이다.'고 했다.

맹자는 太極圖·八卦·『周易』의 변화를 中和體로 하는 '우주자연의 현상을 본 받아 살아야 할 것이다.'·노자의 '道·德'·공자의 '知·能'을 잘 활용하여, 즉 우주자연의 현상과 이치를 인류 개인의 내재이치로 설정한 내용을 현실생활에 보다 체험적으로 활용할 수 있는 天人合一論을 '자신의 영명한 본심의 공능을 다 표현할 줄 아는 자는 자신이 가지고 있는 본성을 깨달을 수 있는 자이며 자신의 본성을 깨달을 수 있는 자는 곧 天道를 깨달을 수 있는 자이다.'라는 이론으로 心學史를 다시 한 번 일보 전진시킨 철학자였다.

7) 太極圖 · 八卦 · 『周易』 · 道德 · 知能 · 心善論의 통섭원리

– 왕양명의 心卽理 –

1500년대에 장강하류에서 태어난 왕양명은 BC 4000년경의 '太極圖' · BC 3000년경 복희씨의 '八卦' · BC 1140년 경 문왕과 주공의 '『周易』 六十四卦의 卦辭 · 爻辭' · BC 550년 경 노자의 '道'와 '德' BC 550년 경 공자의 '知'와 '能' · BC 300년 경 맹자의 '良知 · 良能'과 '四端之心'의 心至善論을 관통시키는 天人合一論史를 고품격 '吾心(性)自足形'의 '心卽理'이론으로 마무리한 희대의 대 학자였다.

왕양명은 太極體 = 道體 = 心體, 즉 우주자연의 이치를 전화시킨 마음(생각)의 활동이치를 최대한 구사하여 주자학적 인간차별론이 극대화된 사회에서 개인의 인권을 최상의 지위에 올려놓은 학자였다.

무한한 생기를 함유하고 있는 마음(心體), 즉 良知 · 良能의 자율조화기능은 귀 · 눈 · 코 · 입 · 피부를 중간매체로 자연환경과 사회환경에 적응하여 발생되는 인간만사 각양각색의 근심거리들을 스스로 지혜롭게 해결해 낼 수 있다는 아름다운 인류의 모습을 제시했다. 왕양명이 제시한 마음의 '자율조화기능'이란? 마음은 변화를 중심체로 한 '良知(陽) · 良能(陰)'의 합일기능을 '생각'으로 출현시키는, 즉 春(한 생명의 모든 모습을 저장하고 있는 씨앗이 발아하는 계절) · 夏(발아한 씨앗이 잎과 가지와 꽃으로 성장하는 계절) · 秋(피어난 꽃이 열매로 발전하는 내실을 다지는 계절) · 冬(차가운 창고에서 잘 영글지 못한 열매와 잘 영근 열매로 가려지는 계절 : 영근 열매는 다시 씨앗이 되어 인간과 동물의 먹이로 준비하는 계절)과 동일한 仁性 · 禮性 · 義性 · 智性 · 樂性의 表德으로서, 仁은 부모를 정성껏 봉양할 수 있는 에너지 즉 근본이며 이는 동정하는 마음으로 표현되며 禮는 형을 섬길 수 있는 능력, 즉 仁의 1차적 성장모습이며 이는 공경하는 마음으로 표현되며 義는 仁 · 禮를 바르게 결단하여 실천할 수 있는 절제능력, 즉 仁·禮를 잘못 실천한 것을 부끄러워 할 줄 아는 마음으로 표현되며 智는 仁·禮를 지나치거나 모자라게 실천한 것에 대한 반성(깨달음)능력, 즉 옳고 그른 것을 분별하는 마음으로 표현되며 樂은 仁·禮를 적당하게 실천함으로써 생겨나는 즐거움, 즉 仁·禮의 결과물(仁은 곧 仁禮義智樂을 품고 있는 원천이다.)로 구성되었다고 한 맹자의 학설 등을 발전시킨 심학이론을 그의 저서「傳習錄」에 남겼다. 즉 마음은 자신 안에 사욕이 있으면 스스로 어지러워하고 피곤해하며 쉽게 깨달아서 피로함을 제거하는 易覺體이자 스스로 가볍고 무겁고 두껍고 얇은 것을 갖추고 있어 새로운 사물에 당면하면 즉시 그에 충족되는 이치를 발생시키지 절대로 어디가 빌려와서 머리털만큼이라도 보태거나 빼지 않는 不添不減體이며 자주자주 두루두루 옮겨 다니며 변동하여 머무르지 않고 가는 곳을 따라 변화하며 그에 적당한 의리를 만들어 내는 變化體이자 創生體이며 옳은 것은 스스로 옳게 회복시키고 그른 것은 스스로 그르게 돌려놓는 裁判體이며 인류와 만사만물을 하나로 연결시키는 媒介體이고 살아나고 또 살아나는 生生體이며 지나치거나 부족한 곳을 스스로 체득하여 조율하는 中和體이자 陰陽이 살아나고 살아나는 가운데 신묘한 작용을 쉬지 않고 하는 太極의 陰陽一氣體이며 어떠한 사물사건이라도 마음 밖에서 작용하지 않는 太虛의 無形體라는 이론을 제시했다.

天人合一的 吾心(性)自足形 構圖

天理의 大目	人性과 人心의 大目					日氣	釀酒	手足				未發	已發	材料	時間	通律
春·元	仁·惻隱之心	仁之仁	仁之本體	生意	生意之生	早氣清明	微發溫氣	左手	柔軟	良知	陽	誠	實	人身	循環無窮	道
夏·亨	禮·恭敬之心	仁之禮	仁之節文	亨通	生意之長	午氣極熱	發得極熱	右手								
秋·利	義·羞惡之心	仁之義	仁之斷制	誠實	生意之成	晚氣漸凉	熟時	左脚	堅實	良能	陰					
冬·貞	智·是非之心	仁之智	仁之分別	貞固	生意之藏	夜氣收斂	成酒	右脚								

天人合一論적 吾心(性)自足形, 이는 중국 황하문화의 시작과 발전의 극치를 두고 한 말이다. 4계절이 분명한 온대성기후의 황하유역에서 일어난 중국문화는 개인의 심성문화이든 가족문화이든 사회문화이든 정치문화이든 건축문화이든 宇·宙와 天體·地體와 춘하·추동 사계절에 대입되어 형성·발전되어 나오지 않는 것이 없다. 중국의 문화구조는 온대성 지역이라는 공간과 시간상의 변화이치를 관찰하고 연구하여 제반현상에 대입시킨 天人合一의 관점으로 되어있다. 심지어 인류의 신체 가운데 둥근 머리는 둥근 하늘에, 네모진 발바닥은 네모진 대지에, 4지는 4계절에, 2팔의 3마디와 2다리의 3마디는 12개월에, 개인 신체의 전체 마디는 366개라고 하며 이는 1년 366일에 비유하여 天人合一 학설을 제시한 학자도 있었다. 바로 이러한 중국문화의 특징이 인류의 心性문화연구에 적용되어 위와 같은 心性문화사를 정립한 것이다. 따라서 중국문화는 원시형을 알면 중세형과 현재형은 물론 미래형까지 예측할 수 있는 특징을 가지고 있다.

온대성 자연현상은 인류에게 정해진 공간 내에서 예측할 수 있는 규율속의 신선한 변화를 가져다주며 그 변화 속에서 삶을 영위해 나아온 중국인은 우주자연이 개별적 책임과 의무를 자율 주체적으로 수행하여 조화로운 공동체 원리를 주도해 나아가는 현상을 자신들의 문화본성, 특히 인류의 心性본능에 대입시켜 정해진 규율 속에서 공동체의 신선한 변화와 발전을 위해 개인의 개발과 책임과 의무를 자율 주체적으로 다할 것을 격려하며 天人合一論的 吾心(性)自足形의 보다 완벽한 이상향을 향해 나아가고 있다.

2. 『周易』의 外緣史 – 중국의 君主體制史(주자학맥사)

문왕이 구상한 『周易』의 卦象·卦辭에는 부친 王季가 商王 文丁에게 살해당한 사무친 한을 품은 채 어쩔 수 없이 혼용한 군주 紂王을 모셔야하는 능력있는 제후로서의 신중함과 장차 주민족의 정권으로 교체시키고자 하는 준비단계에 서러있는 고뇌를 후손들에게 — 자연의 이치와 현상을 본받은 올바른 품행과 겸손하고 신중한 자세로 갖은 역경을 지혜롭게 해결해 나아가면서 과감한 결단력으로 기회를 정확하게 포착하여 주민족에게 돌아오는 천운을 훌륭하게 맞이해 줄 것을 — 간절하면서도 강력하게 부탁하는 내용으로 편집되어 있음을 엿볼 수 있다.

중국역사상 BC 1111~221년, 즉 890년이라는 최장의 周朝를 유지하게 했을 뿐만 아니라 중국과 동양역사정신을 결정짓게 했던 것은 천자 중심의 강력한 봉건질서의식을 구상한 주공의 정치사상이었다.

강태공과 함께 부왕의 『周易』 편집에 참여했음은 물론 정치적 재덕으로 문왕·무왕·성왕 3대를 보좌했던 문왕의 셋째아들 주공은 증조할머니 태강·할머니 태임·어머니 태사 3대 3모의 100년 태교로 태어나 '旦'이라는 이름처럼 중국역사정신사의 아침창문을 시원하게 열어 젖혔을 뿐만 아니라 역사정신이 나아갈 방향을 구체적으로 제시해 주고 흐름을 확실하게 잡아 준 호걸이었다.

주공의 정치사상을 대표하는 『周易』의 爻象·爻辭에는 천하 주인이 될 주민족의 정권을 공고히 하며 혹여 어리석은 천자의 주변에서 일어날 수 있는 하극상의 변고를 근본적으로 차단시키는 용의주도한 방책이 숨어져 있다.

주공은 중국의 始天子 무왕이 80살에 낳은 성왕이 태자교육을 여의히 받지 못한 채 13세 어린나이로 천자 직에 등극한 점을 못내 근심한 나머지 천자 성왕에게 태자교육을 시행함으로써 천자의 자질을 돈독히 해주고자 했다. 그러나 현행 천자에게 감히 태자교육을 실시하는 것이 주변에 알려지면 천자의 체면에 상당한 타격이 가해질 것을 염려한 결과 주공 자신의 장자 백금에게 의식주를 천자와 함께할 것을 명하고 백금에게 강력한 태자교육을 시킴으로써 천자 성왕이 태자교육을 간접적으로 받도록 하였다. 이로 인해 주공은 형제들과 주변으로부터 천자직위를 탈취할 것이라는 중상모략에 시달렸으나 무덕으로 혼란했던 상황을 무난히 평정하였다.

더불어 건국초기의 어수선한 국정과 어리고 어리석은 천자의 직위를 공고히 할 수 있는, 『周易』 爻象·爻辭이론에 부합하는 봉건제도를 구상하여 시행함으로써 중국 최장의 조대를 탄생시켰던 것이다.

주공이 지었다는 『周易』의 六爻辭, 그 가운데 九五·六五 爻辭에는 여전히 최고통치권자를 대체로 '군왕(≪大有≫九三爻辭 : 公用亨于天子에만 '천자'가 등장)'이라고 했다. 이는 주민족정권이 들어서기 전 商 紂王 말엽에 爻象·爻辭의 편찬이 이미 완성 되었다는 증거이다. 그리고 '진실성이 없거나 영악한 미래의 천자상'도 나오지 않는다. 이는 미래 주민족 정권하에서 미래 천자의 인품과 도덕성은 周室에서 철저하게 책임질 것이라는 의중을 천하에 내보인 것이라고도 할 수 있다. 반면 『周易』 爻象·爻辭의 도처에서 어리석은 미래의 천자를 보좌해야 하는 강건하고 능력 있는 제후 이하 계층이 취해야 할 마음가짐과 태도에 대하여서는 지성으로 보좌할 것과 능력을 과시하지 말 것과 모든 업적은 미래의 천자에게 돌릴 것을 강력히 경고하고 있다.

주공은 주민족 국권의 철통같은 수호를 위해 상나라를 정복하기에 앞서 『周易』 편찬을 완성시켜 놓고 때를 기다리면서 강태공과 함께 미래의 제후 후보자들에게

『周易』을 강론했을 것이며 주민족 정권 하의 제후국이 정립된 후에는 천자국 王畿의 교육기관 辟雍과 각 제후국의 교육기관 學宮에서 귀족자제를 중심으로 『周易』 강학을 실시할 것을 명했을 것이다. 주공은 결국 미래 주민족 정권하의 국정교과서를 미리 완성시켜 놓고 있었던 것이다.

『周易』은 귀족계층 교육의 필수교재로 읽혀지다가 봉건질서가 와해되던 춘추말엽, 즉 노자와 공자의 생존시대 즈음에 학문대중화의 물꼬가 터지면서부터 『周易』의 내용은 일반생활예속에 점진적으로 활용되어 나왔던 바이다.

자연변화를 중심체로 한 『周易』의 내연성은 노자·공자·맹자·왕양명 노선에서 인류의 보편적 심학을 연구하는 데에 핵심으로 적용되었다.

『周易』의 외연성, 특히 주공의 爻象·爻辭 외연성은 가깝게는 진시황의 황제전권주의와 한나라의 통치이념으로 동중서에 의해 재편된 유교사상·멀리로는 한민족 구국관으로 제시된 남송 주자의 통치사상에 다음과 같이 활용되기도 했다.

① 군왕의 지고무상한 권위를 옹호하며 군권의 쇠약과 하락을 절대 반대했다. 군신간의 의리를 특별히 강조함으로써 정치·사회의 기강이 확립되도록 했다.
② 인간은 '각각 선천적으로 결정된 숙명적 신분을 가지고 태어난다.'라는 '和而有別(다른 계급이 모여서 조화가 이루어진다.)'적 사회구조의 당연성을 인식시켜 빈부와 귀천에 불만을 가진 서민들의 혁명의식을 다스려 나가고자 했다.
③ 인간의 천성적 氣稟을 '소수의 지혜로운 자와 다수의 어리석은 자'·'소수의 성인과 다수의 소인' 등으로 분류해 어리석은 다수의 소인 백성들은 반드시 지혜로운 소수 성인들의 교화에 따라야 한다는 점을 강조함으로써 정치·사회의 하극상 풍조를 극복하고자 했다.
④ 통치계층과 부유한 자들의 사치와 부패를 질책했으며 천하고 가난한 자들에게는 부귀를 추구하는 욕망을 자제하고 현실적 자신의 신분에 안주하도록 독려하여 통치권에 안정을 기하고자 했다.

『周易』의 외연성은 결국 진·한·남송·원·명·청·조선 군주체제의 통치이념 즉 관학의 원조가 되었다.

결국 『周易』의 내연성과 외연성은 중국과 활발한 문화교류를 해 나오던 동양의 정치·사회·개인의 전통예속 의식과 행위까지를 특징지은 수신·제가·치국·평천하 이론의 근간 처, 즉 '개인 心性身의 生成活動'·'사회의 생성활동'·'국가와 민족의 생성활동'과 '우주의 생성활동'은 一氣流通體로서 陰陽대립과 陰陽통일의 활동규율로 발전한다는 동양사상사의 대명제 '天人合一論'의 始原處가 되었다.

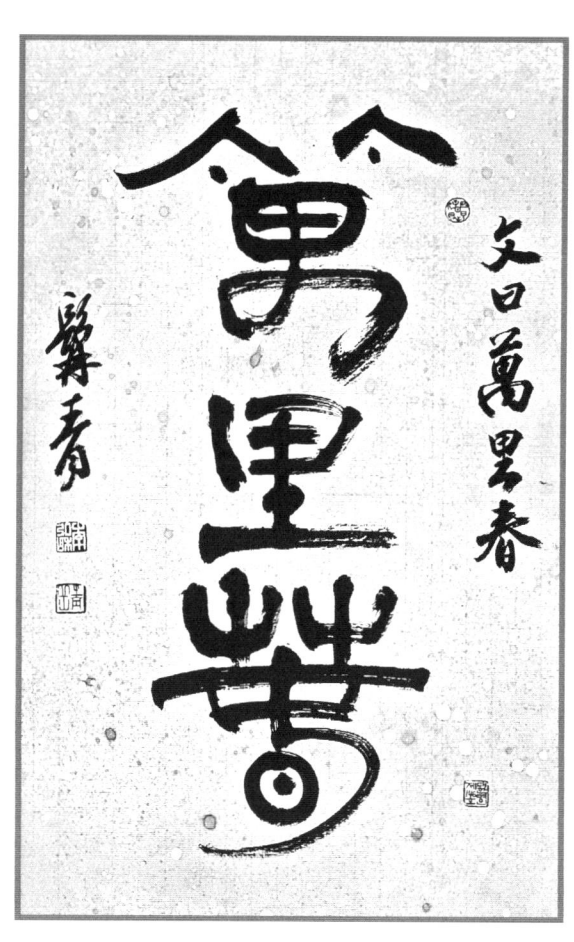

主要引用書目 簡介

Ⅰ. 易類 文獻資料

1. 『周易注』: 魏 王弼·晉 韓康伯注, 四部叢刊本.(『周易』上經·正義下經과「文言傳」·「彖傳」·「象傳」은 王弼이 注한 것으로 본서에서는 『王注』라고 했다.「繫辭傳」·「說卦傳」·「序卦傳」·「雜卦傳」은 韓康伯이 注한 것으로 본서에서는 『韓注』라고 했다.

2. 『周易略例』: 魏 王弼 撰, 四部叢刊本.

3. 『周易釋文』: 唐 陸德明 撰, 通志堂經解本. 이는 육씨의 『經典釋文』卷二로서 『周易音義』라고도 부른다. 본서에서는 간단하게 『釋文』이라고 했다. 『釋文』은 아래와 같은 여러 역학가들의 학설을 다양하게 인용했다. 본서에서 인용한 순서를 보면 다음과 같다. 『子夏易傳』·薛虞·孟喜·京房·馬融·荀爽·鄭玄·劉表·虞翻·陸績·董遇·王肅·姚信·王廙·張璠·干寶·蜀才·『荀爽九家集注』·向秀 등.

4. 『周易正義』: 唐 孔穎達 撰, 阮刻13經注疏本. 본서는 간단하게 『正義』라고 했다.

5. 『周易集解』: 唐 李淵鼎祖 撰, 津逯秘書本. 본서는 간단하게 『集解』라고 했다. 『集解』는 漢代부터 唐代 儒學 35家의 『易』주석설을 채용하였을 뿐만 아니라 『九家易』(즉 『經典釋文』이라고 하는 『荀爽九家集注』一書)을 인용하였다. 본서에서 인용한 순서를 보면 다음과 같다. 子夏·孟喜·京房·馬融·鄭玄·荀爽·劉表·宋衷·王肅·王弼·何晏·虞翻·陸績·姚信·翟玄·韓康伯·向秀·王廙·張璠·干寶·蜀才·沈驎·士·翟觀·盧氏·何妥·王凱沖·侯果·朱仰之·孔穎達·崔憬·『九家易』 등.

6. 『周易學正』: 唐 郭京 撰, 津逯秘書本.

7. 『周易口義』: 宋 倪天隱述其師胡瑗之說, 臺灣商務印書館景印文淵閣四庫全書本.

8. 『溫公易說』: 宋 司馬光 撰, 臺灣商務印書館景印文淵閣四庫全書本.

9. 『橫渠易說』: 宋 張載 撰, 通志堂經解本.

10. 『東坡易傳』: 宋 蘇軾 撰, 津逮秘書本.

11. 『周易程氏傳』: 宋 程頤 撰, 臺灣商務印書館景印文淵閣四庫全書本. 본서는 간단하게 『程傳』라고 불렀다.

12. 『漢上易傳』: 宋 朱震 撰, 通志堂經解本.

13. 『郭氏傳家易說』: 宋 郭雍 撰, 臺灣商務印書館景印文淵閣四庫全書本.

14. 『周易本義』: 宋 朱熹 撰, 金陵書局 『13經』 讀本. 본서는 간단하게 『本義』라고 불렀다.

15. 『周易玩辭』: 宋 項安世 撰, 通志堂經解本.

16. 『誠齋易傳』: 宋 楊萬里 撰, 淸 光緒21年湖北官書處刊本.

17. 『周易卦爻經傳訓解』: 宋 蔡淵 撰, 臺灣商務印書館景印文淵閣四庫全書本.

18. 『周易總義』: 宋 易祓 撰, 臺灣商務印書館景印文淵閣四庫全書本.

19. 『周易集說』: 宋 俞琰 撰, 通志堂經解本.

20. 『易纂言』: 元 吳澄 撰, 通志堂經解本.

21. 『周易本義通釋』: 元 胡兵炳文 撰, 通志堂經解本.

22. 『大易輯說』: 元 王申子 撰, 通志堂經解本.

23. 『學易記』: 元 李簡 撰, 通志堂經解本.

24. 『周易會通』: 元 董眞卿 撰, 通志堂經解本.

25. 『周易參義』: 元 梁寅 撰, 通志堂經解本.

26. 『易經蒙引』: 明 蔡淸 撰, 臺灣商務印書館景印文淵閣四庫全書本.

27. 『來瞿唐先生易注』: 明 來知德 撰, 淸寧遠堂刊本. 본서는 간단하게 『來氏易注』라고 불렀다.

28. 『御纂周易折中』: 圉 李光 撰, 淸康熙54年內廷刊本. 본서는 간단하게 『折中』이라고 불렀다.

29. 『周易淺述』: 淸 陳夢雷 撰, 臺灣商務印書館景印文淵閣四庫全書本.

30. 『周易校勘記』: 淸 阮元 撰, 附阮刻13經注疏本 『周易正義』後. 본서는 간단하게 『校勘記』라고 불렀다.

31. 『64卦經解』: 淸 朱駿聲 撰, 1958年中華書局出版.

32. 『周易集解纂疏』: 淸 李道平 撰, 湖北叢書本. 본서는 간단하게 『纂疏』라고 불렀다.

33. 『周易姚氏學』: 淸 姚配中 撰, 光緒3年湖北崇文書局刊本.

34. 『需時眇言』: 靑 沈善登 撰, 淸光緖刊沈毂成易學本.
35. 『重定周易費氏學』: 馬其昶 撰, 集虛草堂叢書本(甲集). 본서는 간단하게 『重定費氏學』이라고 불렀다.
36. 『周易尙氏學』: 尙秉和 撰, 1980年中和書局出版. 본서는 간단하게 『尙氏學』이라고 불렀다.
37. 『周易學說』: 馬振彪 撰, 稿本. 본서는 未刊稿本으로 현재 福建師範大學圖書館에 소장 중이다.
38. 『周易參同契』: 漢 魏伯陽 撰, 漢魏叢書本.
39. 『焦氏易詁』: 尙秉和 撰, 1934年刊本.
40. 『焦氏易林注』: 尙秉和 撰, 民國間忤道益等校刊本.

研究諸書

1. 黃壽祺·張善文 撰, 『周易譯註』, 上海古籍出版社, 1989年 5月.
2. 高亨 著, 『周易大全今注』, 齊魯書社, 1998年 4月.
3. 金景芳·呂紹綱 著, 『周易全解』, 吉林大學出版社, 1989年 6月.
4. 主編 呂紹綱, 『周易辭典』, 吉林大學出版社, 1992年 4月.
5. 呂紹綱, 『周易闡微』, 吉林大學出版社, 1990年 8月.
6. 周振甫 譯註, 『周易譯註』, 中華書局, 1994年 12月.
7. 南懷瑾·徐芹庭註譯, 『周易今註今譯』, 臺灣商務印書館發行, 1981年 11月.
8. 朱伯崑 著, 『易學哲學史』, 華夏出版社, 1995年 1月 北京.
9. 楊樹凡 著, 『周易符號思維模型論』, 四川人民出版社, 1998年 4月.
10. 鄧立光 著, 『象數易鏡原』, 巴蜀書社出版發行, 1993年 11月.
11. 中國道敎協會, 『道敎大辭典』, 蘇州道敎協會, 華夏出版社出版發行, 1994年 6月.
12. 『易學大辭典』, 張其成 主編, 華夏出版社 1995年 2月.
13. 『周易符號思維模型論』, 楊樹凡 著, 四川人民出版社 1998年 4月.
14. 『天文崇拜與文化交融』, 陳江風 著, 河南大學出版社 1994年 9月.
15. 『中國自然神與自然崇拜』, 何星亮 著, 三聯書店上海分店 出判 1992年 5月.
16. 『老莊新論』, 陳鼓應, 上海人民出版社, 1992年 8月.

17. 『중국을 만든 민족과 정신』, 鄭德熙, 中文出版社, 2011年 8月.
18. 『素王學과 帝王學』, 鄭德熙, 中文出版社, 2012年 3月.

Ⅱ. 易類外 文獻資料

1. 『漢詩外傳』: 漢 漢嬰 撰, 漢魏叢書本.
2. 『爾雅注疏』: 晉 郭璞 注, 宋 邢昺 疏, 阮刻13經注疏本.
3. 『爾雅義疏』: 淸 郝懿行 撰, 1983年 上海古籍出版社景印同治4年郝氏遺書本.
4. 『說文解字』: 漢 許愼 撰, 1963年中華書局景印同治12年陳昌治刻本. 본서는 간단하게 『說文』이라고 불렀다.
5. 『說文解字注』: 淸 段玉裁 撰, 1981年上海古籍出版社景印經韻樓刻本. 본서는 간단하게 『段注』라고 불렀다.
6. 『廣韻』: 宋 陳彭年 等 重修, 1982年北京中國書店景印張氏澤存堂刊本.
7. 『二程集』: 宋 程顥·程頤 撰, 1981년 中華書局出版.
8. 『朱子語類』: 宋 黎靖德 編, 臺灣商務印書館景印文淵閣四庫全書本.
9. 『朱子大全集』: 宋 朱熹 撰, 西京淸麓叢書正編本.

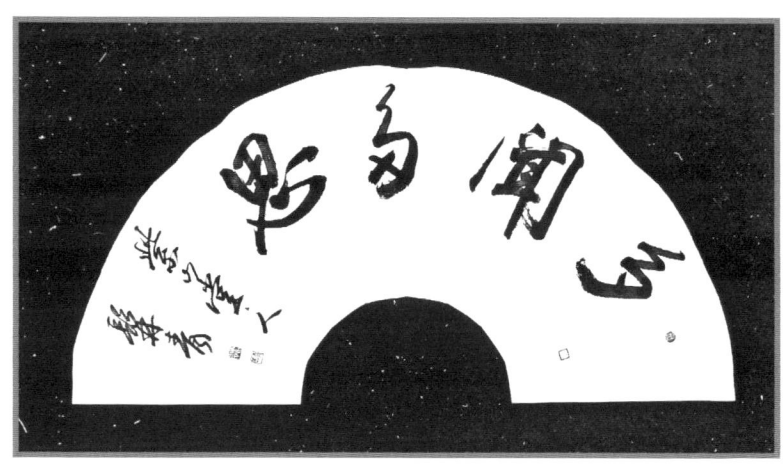

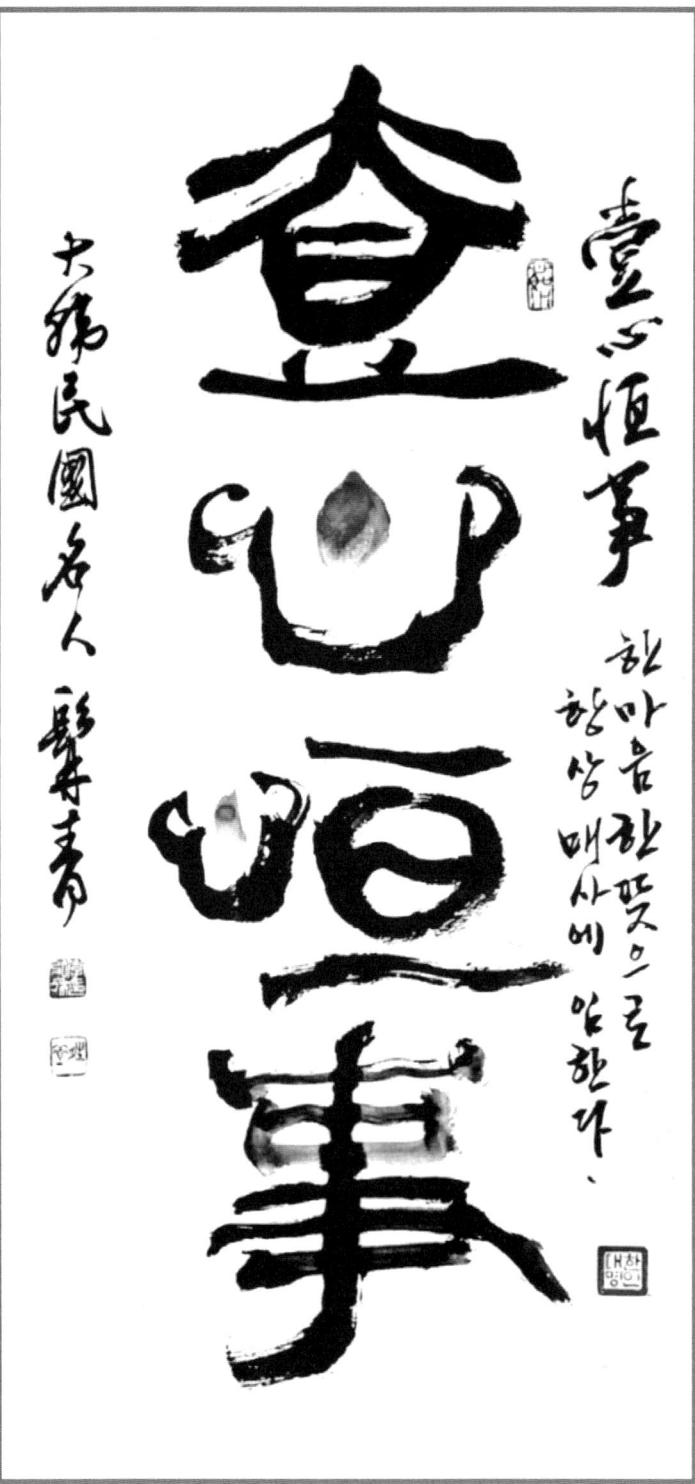

壹心恆事

마음을 한결같으로
항상 매사에 안한다

大韓民國名人 馨青

壹心恆事

「周易」
우주자연 법칙식 周 민족주의 봉건 강국 윤리론 3

초판인쇄 _ 2023년 4월 10일
초판발행 _ 2023년 4월 14일

저자 _ 정 덕 희
펴낸이 _ 장 의 동
펴낸곳 _ 중문출판사
주소 _ 대구광역시 중구 봉산문화길70
전화 _ (053) 424-9977
E-mail _ jmpress@hanmail.net
등록번호 _ 1985년 3월 9일 제1-84호
ISBN _ 978-89-8080-624-9 93140

정가 _ 25,000원